RECLAM-BIBLIOTHEK

Rückhaltlose Aufklärung als Massenbetrug? Lügen an allen Fronten? Politiker gekauft und geschmiert? Das Land ein schwarzes Loch der Korruption?

Jürgen Roth und Kay Sokolowsky diagnostizieren eine sich gegenwärtig rasant beschleunigende Karriere von List und Tücke, Lug und Trug in Kultur, Staatsbürokratien und Medien. Der Betrug wird allgemein und systematisch. Signifikante Vorfälle aus der politischen und der neueren Militärgeschichte werden ebenso inspiziert wie Beispiele aus dem aktuellen Mediengeschehen.

Jürgen Roth, geb. 1968, lebt in Frankfurt/Main. »He's not really a rascal«, schrieb die englische Ausgabe der *FAZ* (13. Mai 2000). Letzte Buchveröffentlichungen: *Verona Feldbusch – Roman eines Lebens* (Zürich 2000) und *Nullkultur – Feuilletons, Glossen, Aufsätze* (Mainz 2000).
Kay Sokolowsky, geb. 1963, lebt in Hamburg und leidet unter Höhenschwindel. Letzte Buchveröffentlichung: *Who the fuck is Alice! – Was man wissen muß, um Alice Schwarzer zu vergessen* (Berlin 2000).

Jürgen Roth / Kay Sokolowsky

Lügner, Fälscher, Lumpenhunde

Eine Geschichte des Betrugs

Mit Gastbeiträgen von F. W. Bernstein, Eckhard Henscheid und Michael Rudolf

RECLAM VERLAG LEIPZIG

ISBN 3-379-01721-3

Reclam-Bibliothek Band 1721
1. Auflage, 2000
Reihengestaltung: Hans Peter Willberg
Umschlaggestaltung: Matthias Gubig, Berlin
Gesetzt aus Stempel-Garamond
Satz: Peter Conrad, Brandis
Druck und Bindung: Ebner Ulm
Printed in Germany

Inhalt

Zwischen Platon, Gott und Hitler

Sterne lügen nicht. Sie müssen keine Weiber werben, sie müssen, außer im Kino, keine Kriege führen, sie müssen nicht »kommunizieren«. Wahrscheinlich unterhalten sie, von physikalischen abgesehen, keinerlei nennenswerte Beziehungen – geruhsam kreisende Feuerkugeln, die Naturgesetzen folgen und die Klappe halten, und bisweilen verlöscht einer der Ihren. Schnuppe. Sterne sind. Sterne lachen nicht, Sterne lügen nicht. Beides teilen die sphärischen Elemente mit ihrem (und unsrem) angeblichen Schöpfer. »Gott ist nicht ein Mensch, daß er lüge«, predigt die Bibel (4. Buch Mose 23,19), ja, »es ist unmöglich, daß Gott lügt« (Hebräer 6,18) – oder kürzer: »Gott ist kein Lügner«.

Der Erdbewohner lügt. Gerne oder der Not gehorchend. Aus Gewohnheit oder weil's »die Situation« (M. Schumacher) verlangt. Er lügt, daß die Balken knirschen. Es geht auf keine ehrliche Kuhhaut. Die Geschichte des Homo sapiens – wenigstens seinem christlichen Zuschnitt nach, an die Arbeit und die Sünde gekettet und nur durch Demut, Erlösung resp. den Messias von Frevel und Grundschurkentum zu kurieren – ist die Entwicklung aller fünf Sinne – und eines sechsten: des Gespürs für den Betrug, auf der perzeptiven und auf der aktiven Seite des Subjekts.

»Alles Lüge« hieß ein Feature des deutschen Grandiosjournalisten Tilman Jens, das *kulturzeit* (3sat) am 14. April 2000 versendete. »Die Lüge gehört zum Leben wie der Sex«, quakelte es da eher anthropologisch denn christologisch, und ein *Bild*-tauglicher Professor, der »Emotionsforscher« Paul Ekman (University of California), will Jens zufolge den Lügendetektor (Polygraphen), eine Erfindung des mit omnilateralen Betrügereien wahrlich gesegneten 20. Jahrhunderts, endlich ablösen durch die Analyse der Aussprache und der Mimik – um den Falschredner beim Geschäft zu ertappen.

»Täglich lügen wir in einem Ausmaß, daß die Grundlagen der Kultur bedroht scheinen«, munkelte T. Jens und vergaß, seine eigenen Uwe-Johnson-Lumpereien zu erwähnen, eine Kulturleistung ersten Ranges. Andererseits sei, dem achten Gebot »Du sollst nicht falsch Zeugnis reden wider deinen Nächsten« (das Jens allerdings auch prompt falsch zitierte) scharf zuwiderlaufend, Lüge – als Ibsens weltbekannte *Wildenten*-»Lebenslüge« – »zumindest eine Lebenshilfe«, eine Krücke der schamlos Unaufrichtigen, was der zornige, fast schon islamistisch »eifernde Gott« (2. Buch Mose 20,4) ungern hört, weshalb er zur Globalbeichte, dem Jüngsten Gericht, rufen wird.

»Gehen wir mit der Lüge ehrlich um! Da steht eine aufregende und sehr humane Debatte ins Haus«, schloß der Sohn des größten Eppendorfer Humanisten diverser Zeiten und Geschlechter, und wir schließen uns gerne an. Vielerlei Versuche sind unternommen worden, das Erzübel zu bannen bzw. überhaupt erst einmal abzugrenzen gegen den Betrug, die Täuschung, die List, die Blendung etc. – wobei uns ebensosehr die Gemengelage, das Durcheinander etlicher Versionen des Übervorteilens, der bewußten Falschbehauptung, des Herstellens von Tradition, Glauben und Mythen, des Falsch-glauben-Machens, Fehlredens und Simulierens affiziert.

Die Historie der europäischen Einbildungskraft beginnt in einem ihrer frühesten Zeugnisse, der *Odyssee*, mit der Erzählung darüber, wie die Hinterlist dem Helden aus der Klemme hilft: eine Urszene des Betrugs, dessen mythische Begründung und Rechtfertigung. Die Aufklärung liest Geschichte als teleologischen Prozeß, welcher der List der Vernunft zu verdanken sei und deren (Selbst-)Vollendung betreibt, bis die Vernunft keiner List mehr bedarf und wirklich geworden ist. Ende der vierziger Jahre des zwanzigsten Jahrhunderts diagnostizierten Horkheimer/Adorno aus verfallsgeschichtlicher Perspektive eine unaufhörliche und sich zuspitzende Verschlingung von Aufklärung und Mythos, von Verblendung und (instrumenteller) Vernunft, kulminierend in den Apparaturen der Medien, der Kultur (»Aufklärung als Massenbetrug«), des militärisch-industriellen Komplexes und der Staatsbürokratien.

Zwischen diesen drei Polen spannt sich ein weites Feld menschlicher Betätigungen: Den ehrwürdigen Aufklärern, Forschern und mit begrenzten Wahrheiten operierenden Skeptikern widerstreiten, so scheint es, seit jeher ganze Armeen von Lügnern, Dummköpfen, Gaunern und Banditen, solchen, die die Irreführung betreiben, um andere zu übertölpeln, ins offene Messer laufen zu lassen, also taktisch vorgehen, und solchen, die aufschneidend-wurschtelnd das Leben bewältigen. Unter die Räder gerät allemal die Realität. Der Betrug verstellt die Sicht auf die Verhältnisse, und nicht selten wird gelogen, um Interessen durchzusetzen, die – bei Licht besehen – partikular und herrschaftssichernd sind. So changiert die Geschichte des Schwindels zwischen Irrsinn und Spaß, zwischen Lächerlichkeit und mörderischem Wahn, zwischen Possen, Clownerien, Verwirrspielchen, Narreteien und Scherzkeksrochaden einerseits, gemeinen, destruktiven, todbringenden Lügen und Gerüchten andererseits. Die einen erfinden nur ihre privaten Geschichten, die anderen erzählen und erdichten Geschichte, gewinnen die historische Definitionsmacht und fälschen das Vergangene.

Der Übergang vom verehrungswürdigen Hanswurst oder Kesselflicker zum Gangster, Verbrecher und Dunkelmann scheint manchmal fließend. Der *Kriminalgeschichte des Christentums* (Karlheinz Deschner) korrespondiert die eher drollige Endlosreihe bewußt herbeigeführter oder auf Aberglauben und »Hirnspinnerei« (Gottfried Keller) beruhender Manipulationen der Öffentlichkeit via ein stets wachsendes System der pressebetrieblichen Schufterei, Spekulation und Boulevardisierung, deren phasenweise mit greller Publicity ausgestattete Deuter die Mogelpackung noch schamloser aussehen lassen, als sie eh ist. Der Theorieunfug eines McLuhan oder Baudrillard bis zu Norbert »Telekom« Bolz oder Dietmar Kamper, dem »rasenden Fasler der Gegenaufklärung« (Klaus Laermann), hat eine Zeitlang den gleichermaßen törichten und automatisch fortgezeugten »Diskurs« über das »Medienzeitalter« so stark angeheizt, daß kein Feuilleton ohne die Nullvokabeln »Postmoderne«, »Virtualisierung« oder »Simulation« auskommen mochte. Sofern die

Medien heutzutage die industrielle Produktion eklatanter Lügen betreiben, darf *Lügner, Fälscher, Lumpenhunde* ihnen auch den verdienten Platz einräumen.

Es fing indes weit früher an, »das alles« (Oliver Stone). Alle Kreter lügen. »Die Kreter sind immer Lügner.« (Bibel) Kann ja gar nicht sein. Aber alle Welt, die lügt. Oder *scheint* zu lügen, zu betrügen, zu schwindeln, zu fälschen, zu schlawinern, so zu tun als ob: als ob's eh wurscht wär', ob Verlautbarung und Handlung, Methode und Objekt, geäußerte Absicht und Plan zur Deckung kommen.

Nichts stimmt, beinahe nichts. Der Mensch versucht sich als Wahrheitssucher, und, wer weiß, aus phylogenetischer Torheit, aus Infamie, Unwissen, Ignoranz, Klatschsucht, aus Versehen oder mit Bedacht oder einfach dreist: Ständig haut er daneben oder führt seinesgleichen auf die falsche Fährte. Ob er die eigentliche Fehlkonstruktion ist, ein Balg der Lasterhaftigkeit und Frechheit, Feschheit und Gefallsucht – Betrugsbedürfnis und Gaunergesinnung treiben ihn zu den schändlichsten Tricksereien und Finten an. Wo bleibt der Wille zur Wahrheit? Stecken im Sumpf der Shakespeareschen Schein-Sein-Dualität?

Gelogen, wie gesagt, wurde nahezu everywhere und immer, bei Gelegenheit und »im großen Maßstab«, kultur-, gesellschafts-, militär-, wirtschafts-, religions-, wissenschafts-, kunst- und philosophiegeschichtlich betrachtet und bekräftigt. Wo aber nimmt das Nachdenken über den Big Swindle seinen Ausgang? Und wenn schon der Betrug der allfälligen »kriminellen Energie« geschuldet sei, welche Ursachen soll man dann der Lüge nachsagen? Welch Quell dingfest machen?

Schöpfungsakt? Den Sündenfall?

Kant pries die »Tugend des Wahr-Redens« (wir folgen bisweilen Steffen Dietzschs philosophiehistorischem Essay *Kleine Kulturgeschichte der Lüge*, Leipzig 1998) und brandmarkte die Lüge als »faulen Fleck in der menschlichen Natur«. Die christliche Morallehre zuspitzend und dem modernen, bürgerlichen Subjekt anpassend, geißelte er die Selbstverleugnung, die, Entmündigung, der Selbstverdinglichung gleichkomme: »Die Lüge ist Wegwerfung und gleichsam Vernichtung seiner Menschenwürde. Ein Mensch, der selbst nicht glaubt, was er einem andern [...] sagt, hat einen noch geringeren Wert, als wenn er bloß Sache wäre [...]. Die Mitteilung seiner Gedanken an jemanden durch Worte, die doch das Gegenteil von dem (absichtlich) enthalten, was der Sprechende dabei denkt, ist ein der natürlichen Zweckmäßigkeit seines Vermögens der Mitteilung seiner Gedanken gerade entgegen gesetzter Zweck, mithin Verzichtung auf Persönlichkeit.« Ja, seit dem Apfelbiß pflege die Menschheit den »Hang zur Gleisnerei« und müsse daher pflichtschuldig der Erfahrung, dem Glanz der Dinge und dem Ruck der Triebe (noch ärger denn das Lügen dünkte Kant bloß noch die Onanie) mißtrauen, das Sittengesetz nämlich auf die bändigende Vernunft gründen. Augustinus schied zwar die harmlose Scherz- und die verzeihliche Notlüge von der gefährlichen Schadenslüge, stellte jedoch unmißverständlich klar, daß die Grundlagen der Kommunikation lästerlich zerstöre, wer falschrede: »Die Sprache ist den Menschen nicht gegeben, damit sie einander täuschen, sondern damit sie einander ihre Gedanken mitteilen. Wer die Sprache zur Täuschung gebraucht, mißbraucht die Sprache, und das ist Sünde.« *(De mendacio)*

Gar Montaigne *(Über die Lügner)*, der Skeptizist, mochte das Bollwerk der Wahrheit nicht verlassen und betonte: »Nur durch das Wort sind wir Menschen zur Gemeinschaft fähig.« Offenbar schmiedet aber auch das unvertrauliche, nicht-göttliche Wort (der Un-Logos, Un-Sinn) Bande, eine brüchige allerdings, und der Schatten, der bald auf die Sprechergemeinschaft der Lügenden fällt (denn jene benutzen nicht Worte, sondern Sätze, die falsch sein können, und verzweigte Argumentationen, die Komplexität und Undurchschaubarkeit weiter steigern), verdunkelt die Welt. Verzagt konstatierte Montaigne die Geschmeidigkeit des Lügens, der sozialen Mimikry, die praktische Macht des großen Arsenals der Verstellungskunst: »Hätte wie die Wahrheit auch die Lüge nur ein Gesicht, wären wir besser dran: Wir würden dann einfach das Gegenteil von dem, was der Lügner sagt, für gewiß halten. Die Kehrseite der Wahrheit hat jedoch hunderttausend Erscheinungsformen und verfügt über einen unbegrenzten Spielraum.« Jean-Paul Sartre verstand demgegenüber Spaß und gestand dem menschlichen Sein zu, es sei, anders als Gott, »auch dasjenige, was sich zu sich selbst negativ einstellen kann« (*Das Sein und das Nichts – Versuch einer phänomenologischen Ontologie*, Reinbek 1952), es vermag, »sich abzuleugnen«, wird aber dialektisch heimgeholt in den Friedenskreis des »Mit-Seins«: »Denn die Lüge ist ein natürliches Phänomen dessen, was Heidegger ›Mit-Sein‹ nennt. Sie setzt mein Dasein voraus, das Dasein des Anderen, mein Dasein für den Anderen und das Dasein des Anderen für mich. So begreift man unschwer, daß der Lügner in aller Klarheit die Lüge entwerfen muß und daß er ein vollkommenes Verständnis der Lüge haben muß und der Wahrheit, die er entstellt.«

Das Spiel auf der finsteren, der sonnenabgewandten Seite des Seins ist Schandwerk. »In Wahrheit ist das Lügen ein verfluchtes Laster«, schnaufte Montaigne. Das antike Griechenland unterhielt noch, der tollen Vielgötterei und einem Olymp zugetan, wo pausenlos gehurt und getrickst wurde, ein entspannteres Verhältnis zum Gewerbe des Schummelns (und dem andern da); *to pseudos* bedeutete Betrug, List (argumentative genauso wie nicht-kommunikative, kriegerische), Täuschung oder Fiktion, die Differenz zwischen den Begriffspaaren Wahrheit/Irrtum und Wahrhaftigkeit/Lüge war keineswegs entwickelt, kein Wahrheits- und Moralbegriff zuhanden, der das sündige Lügen präzise einschränkte und negativ sanktionierte.

Epimenides schuf das Paradoxon, wonach jeder Kreter »genau dann die Wahrheit [sagt], wenn er lügt« (Dietzsch). So beginnt (unsere) Kulturgeschichte mit der Verwirrung der scheinbar evidenten Opposition wahr/falsch. Paulus nutzte *den* Satz und wendete ihn gegen die Glaubensschwachen, die unzureichend Indoktrinierten, Folgen bekannt. Des Lügners »Los wird die See von brennendem Schwefel sein«, droht die Offenbarung des Johannes, und Gerhard Polt übersetzte den Abfall von der Offenbarung durch Gottes Wort in eine Philippika und Tirade wider das Leasen (*Die Hölle*; auf: *Der Standort Deutschland*, Zürich 1998).

Hie und da eifernde Apostel und (scheinheilige) Kämpfer, die das Mangelwesen Mensch auf den rechten Weg, auf Linie bringen wollen. Die Antike, wir deuteten es an, ging mit der Plage, ein Äquivalent zur biblisch angeblich nobilitierten Plackerei im »Schweiße unseres Angesichts«, geschmeidiger um. »Die Lüge«, so Dietzsch, »war vom Fiktionalen und Falschen bzw. Irrtum lexikalisch noch nicht unterscheidbar«, ja, »die Griechen wären damit schon vocaliter in der bevorzugten Lage, nicht eigentlich lügen zu können.«

Die Vorzüge und unschätzbaren Möglichkeiten des Blendens preist die Geschichte des findigen Heros Odysseus. Platons *Hippian minor* lobt Achilleus zunächst als »wahr und einfach«, den Verschlagenen nennt man »vielgewandt und falsch«. Sokrates wendet das Blatt, denn Odysseus' taktische Brillanz setzte jenen instand, wissentlich mal zu lügen, mal Klartext zu reden, je nach Bedarf. Hans-Joachim Neubauer (*Fama – Eine Geschichte des Gerüchts*, Berlin 1998) unterstützt diese Lesart: Bereits die *Ilias* schildert den häufigen Einsatz des Gerüchts, einer Schwester der Lüge: ein kollektives, tausendzüngiges, lückenhaftes, lindwurmartiges, immer wild wucherndes Poesiegebilde, das den Schwätzern und Schwindlern stets zu Diensten ist. Kolportage, Klatsch, Halbwahrheiten oder geschmeidige, glaub*würdige*, also gut gemachte Fakes reizen die Phantasie und steuern Verhalten; *pheme*, die göttliche Stimme, war allgegenwärtig und einflußreich, weil nicht zu greifen: »Die Stadt hindurch schnellen Gangs / Das Gerücht; ob's wahrheitsgetreu, / Wer weiß es, oder eines Gottes Täuschung ist?« (Aischylos: *Agamemnon*) Agamemnon träumt den »trügerischen Traum vom nahen Sieg«, Odysseus baut auf »den autopoietischen Effekt« der Vernebelung, der Mythisierung seiner Absichten und Taten. Er lügt strategisch. »In Konkurrenz zum Rationalen, zum Logos und zur schriftlichen Tradition« überdauert das Gerücht – wie die Lüge, die andere Konkurrenz des Logos – jede Epoche. Im Zeitalter der Meinungsfreiheit und der Entstehung der Presse wird die Kolportage endlich sichtbar an die Wand geschlagen. Plakate objektivieren die »écriture parlée«, fixieren, was sonst von Mund zu Mund wandern muß. Unter manch leitendem Akteur der Französischen Revolution entsteht Mißtrauen gegen die neue Dynamik der Volksinformation. Die üble Nachrede könne die Ideale der Transparenz, Offenheit, des ehrlichen politischen Handelns fatal schwächen zugunsten einer lügenhaften, verführten volonté generale: »Der Proteus Gerücht verbirgt seine Absichten wie der Brandstifter sein Gesicht. Verführerisch umgarnt er seine Zuhörer wie die Schlange Adam und Eva.« Die Figur des kritischen Bürgers, des aufgeklärten Individuums, droht zu verschwinden just, da sie gesellschaftliche Relevanz erlangt – Betrüger statt Akteur, kein Bürger, sondern Manipulierter, Aufgestachelter. »Ganz so auf Trug und Verkehrtheit erpicht« (Vergil: *Aeneis*), verschlingt der Mythos – der die Gestalt des Gerüchts/der Lüge oder vice versa annimmt – die Wirklichkeit, und der Wahn gewinnt die Macht übers Denken. »Fama verrichtet das klassische Handwerk des Verrats« (Neubauer), wenn sie »aus Kleinstem durch Lügen ins Große wächst« (Vergil), und das Große heißt Weltkrieg und Vernichtung. »Die Realität der Schützengräben« (Neubauer) begründete einen bis dato unbekannten Erfahrungsmodus: jenen der Leerstellen. »Nie sind«, notierte Walter Benjamin *(Der Erzähler)*, »Erfahrungen gründlicher Lügen gestraft worden als die strategischen durch den Stellungskrieg, die wirtschaftlichen durch die Inflation, die körperlichen durch die Materialschlacht, die sittlichen durch die Machthaber.« Die ökonomische Ausplünderung der Bevölkerungen und den Einsatz fanatisierter Soldaten ergänzte die ubiquitäre Korruption des Geistes durch Presse und Propaganda (zur Kriegsbegeisterung und zur Wirkung kaiserlicher Lügen vgl. Gerhard Henschels Untersuchungen *Der Amtmann Gottes* und *Deutschland, nichts als Deutschland*, in: Eckhard Henscheid/Gerhard Henschel: *Jahrhundert der Obszönität*, Berlin 2000). Hinzu kam, was Günther Anders die »Antiquiertheit des Menschen« nannte: »Der Mensch bleibt hinter den Möglichkeiten seiner Technik zurück; nie wird er so genau sein wie die Filmkamera.« (Neubauer) Der Innovationen bedienen sich die Kriegsherren. Das Kameraobjektiv, die Linse, die stechend scharf eins zu eins die Wirklichkeit reproduzieren und – einer Formulierung Siegfried Kracauers zufolge – »retten« sollte, wird zum Instrument der Fälschung, Lenkung und Manipulation; des Untergangs; der Zerstörung der Realität. Das Gerücht erlangt als reine, gezielte Lüge, wörtlich: als pure Erfindung vernichtende Gewalt: entweder in Form der Informationsunterdrückung, der »Gerüchtemythen« und Zensur oder, aktiv, in Form der lancierten Greuelmärchen. »Krieg als ›Labor‹ der Geschichte« meint: Verfügbarmachung, Uminterpretation, Neubewertung der Symbole und Bestände an historischen Narrationen, meint Steuerung der Ängste, Affekte, Vorurteile und Ressentiments, meint Beschleunigung der Lüge bis zur gesellschaftlichen Besinnungslosigkeit, vulgo Dummheit – ein Zustand, den Kapital, Militär und Politik den günstigsten heißen. Hierin manifestiert sich die Dialektik der Aufklärung: Während die technische und die Produktivkraftentwicklung gewaltige Sprünge unternehmen, regrediert der »objektive Geist« auf antikische Legendengläubigkeit, ja kindliche Hörigkeit gegenüber den Märchenerzählern: »Wer im Krieg nach der Wahrheit der Geschichte fragt, erfährt durch das Gerücht die Legenden der Schlacht.« (Neubauer)

Die »Krise des Augenzeugen« (Marc Bloch), »das Ende einer Verbürgung des Historischen in einer originären Teilhabe« (Neubauer), dramatisiert die faschistische Bewegung qua Ästhetisierung der Masse (eine Art Modellierung des kollektiven Imaginären) und des Politischen (kultische Konnotation aller Gesten der Repräsentation und Verlautbarung). Zudem schafft sie ein Historisches, das sie herbeilügt (unter Rückgriff auf diverse reaktionäre Denkbestände). In der antisemitischen Raserei schießen Manipulation, das Verbreiten des »Gerücht[s] über die Juden« (Adorno), Verschwörungsmythen, Fälschung und Mord schließlich zusammen. Daß der Zweite Weltkrieg die planetarische Mobilisierung der Barbarei und des Betrugs maßgeblich einerseits durch (Nazi-)Propaganda, andererseits durch die gezielte Streuung von Gerüchten, Legenden und anderen fiktiven

(Flugblatt- und Radio-)Meldungen beschleunigte, um die Lüge quasi abzudichten gegen jede Überprüfung, bewiesen u. a. die US-amerikanischen »rumor clinics«, deren Matrix lautete: »Gerücht: Eine Minderheit (Schwarze), (Juden), (Katholiken) (oder andere) ist Amerika nicht treu, sondern (plant einen Aufstand), (verschwört sich, um die Regierung unter Kontrolle zu bringen), (drückt sich vor dem Wehrdienst).« Die Werbung übernahm solche Methoden freilich bald. Schon 1946 freut man sich: »Die Kunst, die öffentliche Meinung zu steuern, hat ein hohes Maß an Vollkommenheit erreicht.« Die Gigagerüchtemaschine, der millionenfache Lügenmultiplikator Internet war da noch nicht zu erahnen. Kaum auszumalen, sollte der Globus tatsächlich einmal den Bild- und restringierten Schriftmedien anheimfallen.

Kommunikation unter den Griechen changierte zwischen Pose und Ernst, Wahrheit und Lüge: Dem Jongleur Odysseus, dem wahrhaftigen Schwindler, glaubte man gern. Seine erfundenen Kriegslisten galten als bildungs-, d. h. bindungspolitischer Modus geschichtlicher Selbstverständigung, als traditions- und normenstiftende Urerzählung (außer den Historikern). »Bei Homer«, resümiert Harald Weinrichs *Linguistik der Lüge* (Heidelberg 1966/München 2000), »ist die Lüge noch unproblematisch. Odysseus, der Listenreiche, wird von Göttern und Menschen gelobt, wenn ihm eine faustdicke Lüge gelungen ist. Es zeugt von Ingenium, die Kunst der Lüge zu beherrschen.« Platons vernichtende Kritik der jugendverderbenden Dichtung hingegen fixiert die »Trennung von Wahrheit und Lüge« (Dietzsch) und überantwortet jede Kunst dem Orkus, weil sie die Götter lästert, da sie behauptet, die (vermenschten, fehlbaren) Götter lögen. Abschnitt 2.2.3.2.3. der *Politeia* erörtert das Postulat »Gott ist als unwandelbar darzustellen und ganz ohne Trug«: »Keiner also von den Dichtern […] sage uns […], daß Götter in wandelnder Fremdlinge Bildung jede Gestalt nachahmend durchgehn […], und noch viel anderes dergleichen mögen sie uns nicht vorlügen«, Ammenmärchen nicht erzählen noch glauben machen, daß »sie uns nämlich hintergehen und bezaubern«; sondern, und dann wären sie Philosophen, nimmermehr »Künstler«, die Frage stellen: »Sollte denn Gott lügen wollen, indem er uns in Wort und Tat ein leeres Schattenbild darstellt?« Nein, denn während die sinnenverhaftete und bildhafte Kunst eitel leeren Schein vorstellt, stellt die Seele, das Ätherischste, die größtmögliche Fülle dar, die Vorstellung der Idee, »daß in der Seele über das was ist sich zu täuschen und getäuscht zu haben und töricht zu sein, und dort die Unwahrheit zu haben und zu besitzen, Alle am wenigsten wünschen, sondern sie vielmehr dort vorzüglich hassen«.

Haß auf die Lüge, Liebe zur Wahrheit/Weisheit: Platons Gebot erstreckt sich weit, um den idealen Staat zu fundieren. Blendungen werden verboten, Autoritäten gezimmert, an allen Fronten, bis zu den »Leitlinien für die Darstellung des Menschen« (2.2.3.3.4.): »Wie nun aber die Unwahrheit in Reden, wann und wozu ist die doch nützlich, so daß sie den Haß nicht verdient? Nicht gegen die Feinde? und auch der sogenannten Freunde wegen, wenn diese im Wahnsinn [...] etwas arges zu tun unternehmen, wird sie dann nicht als ableitendes Mittel nützlich? und auch in den eben erwähnten Dichtungen, da wir nicht wissen wie sich die alten Begebenheiten in Wahrheit verhalten, bilden wir der Wahrheit die Unwahrheit so genau nach, und machen sie dadurch gar sehr nützlich.«

Nein. Keine Schöpfungsgeschichte, keine Kriegslist, keine Schutzlüge, keine schützende Lüge erlaubt: Gott, s. o., mein Gott, unser vollkommener Gott: lügt nicht, lacht nicht, jammert nicht – gleich seinen Abbildern: »Heroen dürfen nicht als jammernd oder lachend dargestellt werden, ebensowenig Götter.« Mehr: Er benötigt nicht ein einziges Abbild, nicht ein Bild, nicht den Schein der List, »offenbar also ist Gott einfach und wahr in Wort und Tat [...], noch hintergeht er andere in Erscheinungen noch Reden«. Gott dichtet nicht, und du sollst dir kein Bild von ihm basteln; »alle Götter-Gefechte, welche Homeros gedichtet hat, diese sind nicht zuzulassen in unserer Stadt, mag nun ein verborgener Sinn dahinter stecken oder auch keiner«, der Jüngling begreift den Unterschied zwischen Dichtung und Wahrheit, Kunst und Leben ohnehin nicht.

Am entkörperten und entvölkerten »Begriffshimmel« (Nietzsche), der den lokalisierten Olymp der anthropomorphen Götter ablöst, ist nicht viel los (»Auch wohl überhaupt nicht […], daß Götter Göttern nachstellen und mit ihnen Krieg führen und fechten, wie es ja auch nicht einmal wahr ist«). Das Ideale, das Erste und Einzige, das Absolute kennt weder Wandlung noch Verwandlung. »Nun ist doch Gott wesentlich gut, und auch so darzustellen!«, zur Not durch den christlich-monotheistischen »frommen Betrug«.

Platons Poesieschlachtung betet, R. »Mr. Wachsam« Augstein antizipierend, spitzfindig-textkritisch Ungereimtheiten bei Hesiod und Homer herunter, hinterfotzig geleitet vom Mimesisgedanken: Wie der Maler müsse der Dichter seinen Gegenstand präsentieren, so er ist. Das Nichtdarstellbare darzustellen aber heißt unweigerlich fehlzugehen.

Der Dialog *Kratylos* suchte kleinteiliger zu eruieren, ob eine Kongruenz von Wort und Sache, mithin von Denken/Sprache und Wirklichkeit gegeben oder zu erreichen sei – kleinteiliger und zugleich radikaler. Die bare Sprache und, präzise, deren erste Sinnelemente, die Namen der Dinge, Wörter, standen auf dem Prüfstand der Erkenntnis. »Ob Sprachkritik als Wortkritik überhaupt möglich sei« (Jürgen Schiewe: *Die Macht der Sprache – Eine Geschichte der Sprachkritik von der Antike bis zur Gegenwart*, München 1998), war zu entscheiden zwischen der Konventionalismus- (resp. *physei*-) und der nominalistischen These. Wie man die Richtigkeit der Wörter belegen könne (außerhalb des per se willkürlichen und »richtigen« Benennungsaktes der Taufe – bei der in der Tat kann mal nichts schiefgehen), jene bedeutungsschwere Reflexion mündete erneut in den reinen Unfug: der Etymologie nun; und eskamotierte unwillentlich eine der angeblich schwindelresistentesten geisteswissenschaftlichen Übungen, die Wortwurzelbehandlung. Weil: »nur eine Aussage (Rede) kann wahr oder falsch (d. h. unwahr) sein, ein Wort dagegen kann nur richtig oder falsch benutzt werden« (Schiewe).

Wer weiterhin dem »Wort von Natur eine ›gewisse‹ Richtigkeit« bescheinigt, gehört der Kurie an oder ist Gott höchstselbst. Lautgestalt und Assoziationsrichtung hin und her, Sokrates' Plädoyer für die *physei*-These bezeugt lediglich dessen »gehörige Portion Ironie« (Schiewe) und die Wirkung der kunstgriffigen Mäeutik, der Hebammenkunst, die auch nicht ganz koscher scheint. Sprache, lernen wir, ahmt nach – und lügt. Und lügt nicht. Kein erster Wortbilder regiert den Logos, sondern Mischwesen bevölkern ihn, sprachliche Zeichen, und die werden kontextbedingt bewertet, ohne ganz und gar beliebig (arbiträr) zu sein. Die Scholastik mühte sich um die Klärung desselben Problems, ohne zur Einsicht zu gelangen: »Wörter selbst sind immer unschuldig; die Sprache kann nicht lügen.« (Schiewe)

»Wahr sind Sinneswahrnehmungen, während Vorstellungen sehr oft irrig sind«, versachlichte Aristoteles und ließ, wenn überhaupt, einen Blender gelten, den Ironiker »vom Typus des Sokrates« (Dietzsch), den Erkenntnisgebärer mit einer gewissen opernhaften und doch geduckten Grandezza, der durchaus die Etymologie benutzen kann, um sich kleiner zu machen, als er ist. Er, »Lehrer der Wahrheit« (Weinrich), *scheint* im Dienste der Wahrheitsfindung und beschreitet irrige Pfade – beispielgebend: »So geht's ja nicht!« mag er gedacht haben, und der Schüler findet via Umweg die Pforte zur ungöttlichen Verstellung.

Daß Philosophie etwas mit abwesender Ehrfurcht, Verneinung des platonischen Ideengötzendienstes und Engagement für die Wahrheit zu schaffen hat, legt Harald Weinrichs Synopsis nahe: »Ja, die Ironie des Sokrates ist Lüge. [...] Augustinisch gesprochen: die Täuschungsabsicht wird durch die Heilungsabsicht wettgemacht und neutralisiert.« Sokrates sendet »Ironiesignale« wie Tartuffe, den metaphysischen Großtuern, sophistischen Showargumentlern und grantelnden Gesetzgebern zum Tort. Lukian literarisiert und ironisiert ein zweites Mal die abergläubische Bindung an die Wahrheit und eskamotiert derart die Lüge eindrücklicher denn die starre Systematik des herrischen Weisheitsverwalters.

Jener Geschmeidigkeit eines Denkens auf der Bühne der Öffentlichkeit, das der Spätrömer als sozial angemessenes zeichnete, fährt die achunterdrückte christliche Kirchenlehre in die Parade. Zwar warnte Aristoteles, man möge die Welt nicht falsch libertär und sinnleer zum Theater degradieren, doch Augustinus' Angriff auf die »Täuschungsabsicht« radikalisiert das Konzept einer notwendigen, natürlichen Übereinstimmung der Ding- und der gottgefügten sozialen Ordnung. Wo jetzt Wahrheit zu ihrem Recht gelangt, triumphiert die ontologische Lüge; und geht anything. »Fast alle Spaßmacher lügen«, keift der Kirchenvater und ächtet selbst die barmherzige Notlüge – da solche Verfehlung den Anspruch aufs ewige Leben verwirkt.

Gott war, unterm »Gebot der Heilsökonomie« (Dietzsch), selten heftiger im Eimer. Es ist nur mehr um Organisation des Kirchenstaates zu tun, eifernd, geifernd. Lehrend, restringierend. So entstehen Vereine. Die Satzung gebietet, zwecks »Heilshygiene«, die Verdammung »allen Welten-Scheins«. Das schändlich ergaunerte Sündenfalldogma mündet, tobte Nietzsche rechtens, in »verpöbelten Platonismus«, der starre Ordo-Gedanke dominiert: »Die Lüge darf deshalb unter keinen Umständen als eine kommunikative Option anerkannt sein.« (Dietzsch) Luther darf gleichwohl »eine scharfe Barmherzigkeit üben« (Luther) und *(Von den Juden und ihren Lügen)* Synagogenverbrennungen befehlen. Die Kreuzritterei segelt unterm Banner des »heiligen Kampfes gegen die Lüge« (Dietzsch). Die Kasernierung des einzelnen durchbrechen erst die Apologeten des kapitalistischen Kosmos, zunächst die Renaissancegauner, später die englischen Vorreiter der Kommerzialisierung sämtlicher menschlicher Beziehungen.

Die Karriere der genuin politischen und simultan privaten Lüge ist steil. »Alles Ständische verdampft« (Marx/Engels), und das »Danaer-Geschenk der Aufklärung« (Dietzsch) wird zur Handreichung für Herrscher. Darf man mogeln, sofern der Betrug Gutes bewirkt? sinnierte Voltaire und verwarf (noch) das Geschäft des Bescheißens. »Das Volk zu täuschen«, wollte Friedrich der Große eruieren, sei trotz allerheftigster Demokratie und Rechtsstaatlichkeit erlaubt. »Die Rechtsgarantie auf Lüge für einen Menschen«, faßt

Steffen Dietzsch Kants Position zusammen, »wäre allerdings ein Unrecht, das der Menschheit überhaupt zugefügt würde.« In weltbürgerlicher Absicht schlägt er das Kapitel zu: »Es gibt hier keine Kompromisse. Es gibt nicht kleine und große Lügen. Notlügen sind ebenfalls voll und ganz Lügen.« (Arno Baruzzi: *Philosophie der Lüge*, Darmstadt 1996) Denn »es kann sein, daß nicht Alles *wahr* ist, was ein Mensch dafür hält (denn er kann *irren*); aber in Allem, was er sagt, muß er *wahrhaftig* sein (er soll nicht *täuschen*)« (Kant). »Wenn es ein Recht auf Lüge gäbe«, faßt Baruzzi zusammen, »würde das Recht überhaupt letztlich fallen. Mit der Lüge fällt also nicht nur die Menschenwürde, sondern auch das Menschenrecht.«

Theater und Oper ventilieren den im Spalt zwischen privatem Leben des moralischen Wesens (inkl. der neuen, pflichtethisch gefaßten Individualrechte) und gesellschaftlichen Direktiven gärenden Widerspruch, und der Maßstab des Handelns (Verhalte ich mich gerecht gegen andere und damit gegen mich?) verrutscht, da das allgemeine Warenäquivalent die Existenz zu dirigieren beginnt – weniger die Wahrheit als »Freiheit im Sinne der Autonomie« (Baruzzi). Einst war die Wahrheit bei Gott, dann beim Menschen, nun ist sie beim Profit. Die totale Vermittlung der Individuen parodiert die Idee der Selbstgesetzgebung und der Gattungsvernunft und erwirkt brutales Zweckdenken, Ausdruck quasi verewigter Hobbesscher Konkurrenz. Niemand, der sich nicht ein Ich zurechtlügt, das längst zu Markte getragen wird. Die Illusion der Gleichberechtigung, der Gleichwertigkeit greift Raum, der emphatische »freie Wille« gerät außer Sichtweite. Zwecks Selbsterhaltung muß täuschen, wer zu überleben oder sein täglich Brot zu erwerben gedenkt. Feuerbach entzaubert, auf der Höhe der Zeit, den Lug der Religion, Marx attackiert nicht nur den Betrug der (idealistischen) Philosophie *(Die deutsche Ideologie)*, er legt auch den Grundschwindel der bürgerlichen Gesellschaftsformation offen: Frei sei der einzelne lediglich in der Wahl nicht der Beschäftigung, sondern des Kapitalisten, der ihn um den Mehrwert der erbrachten Arbeit beraubt. Das angebliche Wohlfahrtsverhalten und die zugestandenen demokratischen Beteiligungsformen (allgemeines Wahlrecht etc.) verschleierten die klassengebundenen (Macht-)Interessen, und demzufolge betrögen sich die Herrschenden bestenfalls selbst, wenn sie die Allgemeinheit zu vertreten meinen qua »Scheinidee, ja letztlich die verlogene Idee des Besitzes« (Baruzzi). Die soziale Lage determiniert die Bewußtseinsinhalte (»notwendig falsches Bewußtsein«) und erschafft einen ganzen Komplex der Lügen: die »Lüge von der Gerechtigkeit innerhalb der modernen Gesellschaft, die Lüge von der freien Bahn, die Lüge vom Gottesurteil des Erfolgs, alle Kulturlügen, die das Leben vergifteten« (Max Horkheimer). August Strindberg ersann für nämliche »systematische Betrügerei« (Lars Gustafsson: *Sprache und Lüge*, München/Wien 1980) den Begriff »öffentliche Lüge«, und Gustafsson dehnt den Befund auf die (durch Karl Kraus später an den Wiener Verhältnissen exemplifizierten) kriminell verheuchelten Sexualrituale aus, um das 19. Jahrhundert, das »tintenklecksende Säkulum« (Karl Kraus: *Literatur und Lüge*), selbst Egon Friedells Renaissancecharakteristik toppend, das essentiell verlogenste zu nennen: »Es entsteht eine Kluft zwischen der offiziellen Sprache der Gesellschaft und deren tatsächlicher Handlungsweise«, und da die Gesellschaft in toto und per se schwindelt (»Lügnerin Gesellschaft«, so Kraus), erhält das Klischee der Doppelmoral einen konkreten Sinn. Es »gilt dies selbstverständlich auch für die sexuelle Moral. Der grelle Kontrast zwischen der offiziellen Forderung nach vorehelicher Unberührtheit und der Welt des Bordells schafft den Eindruck der *doppelten* Gesellschaft«, eindrucksvoll zu bestaunen gewesen bis in die deutschen sechziger Jahre.

Nietzsche verabsolutiert die Krise der Akkumulation zur Pathologie der Gattung. »Hier«, faselt seine kanonisierte Schrift *Über Wahrheit und Lüge im außermoralischen Sinn*, »ist die Täuschung, das Schmeicheln, Lügen und Trügen [...] das Bühnenspiel vor anderen und vor sich selbst« öddröge Erfordernis. »Wahrheit« aber wird nicht im Getümmel des »bewegliche[n] Heer[s] von Metaphern« generiert und wäre darob zur generell dummen lebenserhaltenden Sklavenmoral zu depotenzieren, sondern just die Metapher, zeigt Weinrich, steht gerade für das wahre Falschscheinen. Betrüger sind diejenigen, die insistieren, das reale Jetzt sei die Wahrheit des möglichen Wirklichen – und ihre Begriffe drückten es aus. Kein Wort ist wahr resp. falsch, ein Text kann wahr sein oder falsch. Nietzsche verfällt ex negativo »der Lüge der natürlichen Sprachen« (Weinrich), die Übereinstimmung zwischen Wort und Ding suggerieren (sog. Korrespondenztheorie). Der radikale Relativismus »des Naumburgers« (B. Sander) bleibt dem naiven Glauben verhaftet, man könnte eine Sache unmittelbar zu fassen bekommen. Mit Babel wurde das Quatsch. Bedeutung entsteht, seit die Menschheit schreibt und spricht, in sog. Kontexten, wo sprachliche Handlungen (Äußerungen) Meinungen, Stellungnahmen, ein Sich-zur-Welt-Verhalten erzeugen. Jetzt, da die Wortsemantik der textuellen weicht, können wir auch von Lüge sprechen. Wir texten, wenn wir reden, wir lügen – evtl. –, wenn wir sprechen, sofern wir wahre Sätze verbergen, die wir benötigen, parlieren wir – ohne Wortontologie: »Man lügt nicht nur mit Hilfe der Sprache, man denkt auch das Wahre mit Hilfe der Sprache. Beides geschieht durch Sätze. Sätze aber bestehen aus Wörtern, deren Bedeutungen sich gegenseitig zu Meinungen determinieren und auf diese Weise einen Sinn bilden.« Der Satz hinter dem Aussagesatz konstituiert die Lüge, nicht die schwirrende, bodenlose Metapher, der ein Wahrheitsanspruch auferlegt wurde, den sie nie besaß. Falsch heißt nicht: nicht sachgerecht; der sprechend Tätige täuscht, weil er eine mitgemeinte Handlung verbirgt. Das entzieht der psychisch motivierten Relativierung des Zeichensystems zu einem kontingenten Verbund subjektiver Weltsichten die Grundlage; zumal »sich bereits bei Platon die Erkenntnis findet, daß ein Satz nur dann Sinn haben kann, wenn auch seine Negation einen Sinn hat. […] Wenn eine Sprache Lügen erlaubt, muß sie auch die Negation der Lügen, d. h. wahre Sätze zulassen.« (Gustafsson)

Den »Weg zur Wahrheit« gehen wir über bildhafte Stege. »Mit der Metapher«, erklärt Weinrich, »ist also notwendig eine Täuschung verbunden. Aber ist diese Täuschung von der Art der Lüge? Sicher nicht. Denn es handelt sich ja nur um die Täuschung einer Erwartung, also im eigentlichen Verstande um eine Enttäuschung«, eine Erhellung. Wir lügen nicht der vergessenen sprachlichen Verabredung wegen, wir sagen die Dinge in ihrer den Dingen weitestgehend möglichen Annäherung. »Metaphern sind so eigentlich, wie man es sich nur wünschen mag.« (Weinrich)

Ver- und Entdecken sind vielleicht seit der gescheiterten Revolution meist dasselbe und die Lügen daher epidemisch. »Ich nenne Lüge Etwas nicht sehen wollen, das man sieht, Etwas nicht so sehn wollen, wie man es sieht«, stärkt Nietzsche dem Subjektivismus den Rücken, der längst auf verlorenem Posten steht, da »das Ich nicht mehr Herr der Lüge ist« (Dietzsch), und lieber redlich dem Molièreschen Pessimismus das wahre Wort redete, wäre er bei Trost (gewesen). Sich per Glauben »aus unserer gemeinsamen Welt wegzulügen«, war dem deutschen »Täuschevolk«, Nietzsche hier klarer sehend, allezeit erstes Anliegen, zuletzt im Zuge des Zurechtwürgens der eigenen Auschwitztrauermahnmalsgesinnung, um die »Normalität« der »Zukunftsfähigkeit« wiederzuerlangen. Das »scheint die Pointe des Nationalsozialismus zu sein« (Rayk Wieland: *Dialog mit dem Kunden – Zur Debatte um das Holocaust-Mahnmal*, in: Wolfgang Schneider [Hg.]: *Wir kneten ein KZ [...]*, Hamburg 2000): nach der Großlüge der »Stunde Null« noch einen draufzupacken. »Daß sie ungestraft schweigend lügen konnten, verdankten die Täter einer glücklichen Fügung der Weltgeschichte, die bewirkte, daß die Deutschen hier wie dort von ihren Besiegern gebraucht wurden und deshalb von peinlichen Fragen oder gar Forderungen nach Entschädigung der Opfer verschont blieben« (Hermann L. Gremliza, ebd.), was sie, die Deutschen, fünfzig Jahre später und wiedervereint, veranlaßt, sich ihrer »Identität« zu vergewissern: »Auschwitz und die DDR als zwei ›Erfahrungen‹, ›die Deutschland durchlaufen hat‹ – so unverschämt ist die Geschichte von den Deutschen, die die Juden Europas vernichtet und zwanzig Millionen Sowjetbürger umgebracht haben, nicht einmal von Nolte und den Schülern seiner nationalpolitischen Erziehungsanstalt umgelogen worden.« (Ebd.)

Dem »sprachphilosophischen Extremisten« Nietzsche (Gustafsson) widerfuhr bekanntlich eine geringfügige nationalpädagogische Interpretation seitens der Schwester. Die durch ihn favorisierten »Ideogramm[e] für ›Empfindungs-Gruppen‹«, die ab ovo lügenden Wörter, Zeichen für Begriffe und letztlich Weltanschauungsweisen, sollten ursprünglich in kraftvollen Akten der Dekonstruktion und simultan die göttliche Macht der Grammatik zertrümmert werden. Dem »amorphen« (Gustafsson), u. U. befreienden Programm war kein Erfolg beschieden. »Wir leben in einem Gebirge von Lügen«, ächzte Nietzsches Interpret Jacques »Grammatologie« Derrida und verlief sich in den Schluchten der eigenen Pseudowissenschaft, die selbst vor dem Lemma »Falschgeld« nicht haltmachte. Während Franz Kafka, fürs Zitat sei Dietzsch gedankt, erkannte: »Die Lüge wird zur Weltordnung gemacht« *(Der Prozeß)* und eine der Institutionen, erbringen die Agenturen des Weltgeistes jeden denkbaren Beweis, daß sie, die Lüge, eine dem Ibsen-Arzt Relling nicht bekannte Globaldimension zu gewinnen vermag, die das Leben einspinnt in den Kokon der »Hörigkeit« (Max Weber): der Demut gegenüber den Lautsprechern des entfesselten Wahns.

»Ein Wendepunkt in der Geschichte der Lüge ist durch den Ersten Weltkrieg markiert«, weshalb Dietzsch »eine lückenlose ›konzertierte Aktion‹ umfassender Täuschung« Richtung »Totale[r] Mobilmachung« erblickt, vornehmlich durch die parlamentarischen Demokratien. »Den ersten August 1914, den Beginn des Weltkrieges, könnte man als den geisteswissenschaftlichen Sedan-Tag zur Erinnerung eines großen Sieges der Lüge gegen Gesellschaft und Mensch feiern.« (Dietzsch) Zum Feiern war weder Karl Kraus noch dem *Weltbühne*-Mitarbeiter Hellmut von Gerlach zumute. Letzterer, das große Vorbild Carl von Ossietzkys und der »Hohlheitsdetektor des Wilhelminismus« (Adolf Wild), lebte »mitten in einer Zirkuswelt von Hysterie, Selbstbetrug, Heuchelei, falschem Moralisieren und pathetischem Geschrei«, umgeben von der »theatralischen Staffage« der Uniformen und Ränge und Orden. Seine Destination: dem

Kriegspatriotismus und »dem bombastisch aufgemachten Betrug« beizukommen.

Das hervorstechendste Merkmal »der deutschen Zensur«, berichtete der Zeitungspraktiker Gerlach (*Die große Zeit der Lüge – Der Erste Weltkrieg und die deutsche Mentalität*, München 1916/Bremen 1994), »war nicht ihre Brutalität, sondern ihre Heuchelei«. Die »Lügensaat« ging auf, recht i. S. des kaisertreuen Spitzensoziologen Max Weber, dessen beispielgebender Vortrag *Politik als Beruf* (gehalten 1926; Berlin 1958) die Weltkriegslehre enthält: »Daß die Verantwortung eine weit größere ist, und daß auch das Verantwortungsgefühl jedes ehrenhaften Journalisten im Durchschnitt nicht im mindesten tiefer steht als das des Gelehrten: – sondern höher, wie der Krieg gelehrt hat –, wird fast nie gewürdigt, weil fast naturgemäß gerade die verantwortungslosen journalistischen Leistungen, ihrer oft furchtbaren Wirkung wegen, im Gedächtnis haften.«

Im Gedächtnis haften blieb Gerlach, wie die ehrenwerten Kollegen »mit dem Mut der noch im Schreiben beim Lügen ertappten Verzweiflung« (Eckhard Henscheid) Greuelpropaganda verbreiteten, welche, erneut Gerlach, »förmlich systematisch organisiert« war: »Den Russen wurde vor allem vorgeworfen, daß sie den Männern Arme und Beine abgeschnitten, den Frauen die Brüste. Die Franzosen und Belgier wurden beschuldigt, die Augen auszustechen. Es gab Varianten und Kombinationen. Aber das Leitmotiv blieb immer: Im Osten wird gehackt und geschnitten, im Westen gestochen.«

Im Westen wütete die Kriegspsychose, u. a. bei unserem beliebten Stecher Thomas Mann, einem »Führer in die Wüste des Ungeistes«. Er war »ganz vom Kriegstaumel erfaßt. Ihn ärgerte, daß diese dummen Deutschen zum Teil anscheinend noch immer gewisse Bedenken gegen Neutralitätsbrüche, uneingeschränkten U-Boot-Krieg und andere Verletzungen des Völkerrechts empfänden. Darum hielt er für seine Aufgabe, ihnen wieder einmal den alten Machiavell als den allein anbetungswürdigen Heiligen vorzuführen. Und so schrieb er sein Büchlein: *Der König und die große Koalition*, um ihnen klarzumachen, daß Friedrich der Große gerade deshalb so gewaltige Erfolge gehabt habe, weil er, jenseits von Gut und Böse, mit herrlicher Amoralität sich den Teufel um Recht und Verträge gekümmert und ruhigen Blutes jede Schändlichkeit begangen habe, die er für Preußen nötig und nützlich glaubte.«

Neben Fridericus Rex und Tommy Buddenbrook trug sich Wilhelmzwo, »ein unheilsamer Illusionist« und der ideelle Gesamtvertreter des ostelbischen Junkergesockses, ins »Buch des deutschen Arschlochs« (Henscheid) ein, obschon er begeistert telegraphierte; z.B. am 22. Dezember 1917 der Truppe: »Es hat das Jahr 1917 mit seinen großen Schlachten gezeigt, daß das deutsche Volk einen unbedingt sicheren Verbündeten in dem Herrn der Heerscharen dort oben hat. Auf den kann es sich bombenfest verlassen, ohne ihn wäre es nicht gegangen.«

Es ging viel zusammen – an Lug und Seim und Schleim und Trugdreck. Gerlach: »Ob er zu Beginn des Krieges das Schwert mit feierlichem Schwur aus der Scheide zog oder unmittelbar vor dem endgültigen Zusammenbruch die Arbeiter gegen ihre innerste Überzeugung zu einem nichtssagenden ›Ja‹ veranlaßte: Immer war es die Geste, die ihn berauschte. Und ihn selbst belog! Denn dieser schlechte Schauspieler hatte das mit einem guten gemein, daß er an die Rolle glaubte, die er spielte.«

Standesgemäß von der Rolle zeigte sich die »durchweg charakterlos gewordene Presse«, vornehmlich ihre sozialdemokratische Fraktion, die bereits Übung darin bewiesen hatte, die Bewilligung der Kriegskredite zu verherrlichen. Wie sprach Genosse Schliefke in Karl Kraus' *Die letzten Tage der Menschheit*? »Die Sozialdemokratie ist eine revolutionäre Partei (Oho-Rufe!), sie muß deshalb auch, wenn es die veränderten Verhältnisse erfordern, mit alten Traditionen brechen – [...] – ich meine mit ihren eigenen Traditionen! Sie muß in ihren eigenen Reihen revolutionieren. Sie ist eben eine durch und durch revolutionäre Partei!«

Die nie stattgehabte Revolution wird in der »Lügenzentrale«, der Pressekonferenz, nachgeholt, wo »die Menschheit« allzeit »bereit ist, sich für die Machtlüge ihrer Beherrscher aufzuopfern« (Karl Kraus), denn »daß die Deutschen, und wenn sie noch so lügen, aus ihrem Herzen keine Mördergrube machen« (ders.), hört man am Biertisch resp. am Pult der Pressekonferenz. »Eines muß man der Militärbehörde lassen«, konzedierte Gerlach, »sie hat vom ersten Tage an erkannt, daß die Mobilisierung der öffentlichen Meinung genauso wichtig sei wie die der Truppen. Darum schuf sie schon in den ersten Augusttagen von 1914 die Pressekonferenz: die dreimal wöchentlich stattfindende Zusammenkunft der Vertreter aller Berliner und einer größeren Anzahl von Provinz-Blättern.«

Lüge als »Leitinstrument des Politischen« (Dietzsch) und Werkzeug zu dessen Vernichtung – konkret sah die Kooperation der vierten (unabhängigen) Gewalt so aus: »Die Pressekonferenz, die in Saal I des Reichstages tagte, war durchaus autokratisch gestaltet. An der Spitze als Höchstkommandierender stand mit diktatorischer Gewalt ein militärischer Vertrauensmann der Obersten Heeresleitung. Neben ihm saßen, sozusagen im Range von Unteroffizieren, etwa ein Dutzend Vertreter von Reichs-, Staats- und Gemeindebehörden. Und dann kam die Masse der gemeinen Soldaten, der Nichts-als-Journalisten. Mich mutete die Geschichte dauernd wie eine militärische Instruktionsstunde an. Wir mußten hören, was man uns sagte. Wir durften sogar fragen. Aber ob man uns antwortete, hing von der Gnade der Obergötter ab, die mir zum Beispiel oft nicht hold war. Der Versuch einiger sanguinischer Kollegen, sich in Erörterungen mit Regierungsvertretern einzulassen, wurde von vornherein von den Vertretern des Auswärtigen Amtes mit den sehr von oben kommenden Worten unterbunden: ›Wir sind hier kein Parlament, vor dem die Regierung sich zu rechtfertigen hätte.‹« (Gerlach)

Daß es keine Parteien, nur mehr Deutsche gebe, hatten die Zeitungen gefressen. Die »Offensive des Lügenfeldzuges« folgte dem Diktat der »patriotischen Lüge«. »Meine Herren«, konnten Gerlach und Kompagnons vernehmen, »jetzt kommt es viel weniger auf die Richtigkeit der Nachricht als auf ihre Wirkung an.« Gerlachs Zettel notiert u. a. folgende Punkte der »fortgesetzten amtlichen Lügenkampagne«: »Erlogen waren oft die Nachrichten über die von den U-Booten versenkten Schiffe. [...] Gelogen wurde in der Pressekonferenz über die Wirkungen des verschärften U-Boot-Krieges. [...] Gelogen wurde über die Größe der amerikanischen Truppentransporte. Systematisch wurden sie zu niedrig angesetzt. Gelogen wurde bis zum letzten Augenblick.«

Und Jamie Shea war noch nicht mal geboren.

»Und mit diesen Militärs, die uns so planmäßig irre zu führen und zu irreführender Berichterstattung zu verführen suchten, sollte die Presse ›zum Dank für vertrauensvolle Zusammenarbeit‹ einen Bierabend feiern. So schlugen es wenigstens, als der Krieg gerade ein Jahr gedauert hatte, eine Anzahl Journalisten vor, darunter einträchtig mit dem *Berliner Lokal-Anzeiger* bekannte Freisinnige und ein Sozialdemokrat, der mich wegen meiner Opposition als ›alten Restbestand von 1848‹ glaubte verhöhnen zu sollen.«

Fernando Pessoa erahnte, Nietzsche auf die Füße stellend, das Ende dessen, was man früher Aufklärung, später das »Projekt der Moderne« (Habermas) nannte: »Aus Instinkt haßt die Menschheit die Wahrheit [...]. Die Welt leitet sich durch Lügen; wer sie erwecken oder führen will, muß sie bis zum Delirium belügen«, am Hunnenreden-Quai Bremerhavens, im Sportpalast oder auf der Titelseite. Denn belogen wollen sein die massenhaften Abnehmer von Parolen und Hetze. »Wir erleben und erleiden in diesem 20. Jahrhundert die Verschmelzung von Öffentlichkeit und Lüge« (Dietzsch), bis zur Unkenntlichkeit, als Entpersonalisierung und gesteigerte Personifizierung zugleich. Betrug schlägt nach beiden Seiten aus: jener des Einzeltäters und jener des gesellschaftlichen Systems. Mythen aller Art und falscher Provenienz setzen sich an die Stelle des Wirklichen, die Simulation erlangt ontologischen Status – »ein bemerkenswerter und beunruhigender Tatbestand« (Hannah Arendt: *Wahrheit und Lüge in der Politik*, München 1972).

Ob Goebbels' »Konspiration am hellichten Tag« (Arendt), ob Geheimdienstapparate, Gremien zur Herstellung taktisch-zerstörerischer Lügen, ob staatsideologisch geforderte Desinformationskampagnen, ob Nomenklaturen, ob die omnipräsente Verwurstung sämtlicher Lebensäußerungen durch die Werbung, ob ubiquitärer, demokratiekonstitutiver Lobbyismus, ob »ein schwindelhaftes Wertpapier« (Karl Kraus: *Die Büchse der Pandora*), ob Börsen- oder Internetvirtualitätswahnsinn: Die Tatsachen zerstäuben zum Gischt des Als-ob. »Die singulären Lügen von ehedem verbargen Teile der Wirklichkeit, die universale politische Lüge von heute vernichtet sie – durch Imitation. [...] Tatsachen als solche haben gar kein eigenes Gewicht mehr, sie werden je nach politischer Opportunität ent- oder bewertet. Dabei geht man so weit, die Vergangenheit den Macht-Bedürfnissen der Gegenwart entsprechend umzulügen«, beschließt Steffen Dietzsch seine *Kleine Kulturgeschichte der Lüge*, und jüngst setzte Robert Kurz (*Schwarzbuch Kapitalismus – Ein Abgesang auf die Marktwirtschaft*, Frankfurt/Main 2000) die schwer widerlegbare Pointe der politökonomischen Vergöttlichung der Lüge: »Noch keine Gesellschaft in der menschlichen Geschichte hat sich derart unverfroren als das Absolute gesetzt. Das totale Marktsystem färbt seine eigene Geschichte aber nicht bloß schön, sondern löscht sie sogar großenteils aus. Der ›homo oeconomicus‹ lebt quasi im Zeithorizont eines kleinen Kindes; nämlich in einer ewigen Gegenwart von Markthandlungen, die alle auf derselben zeitlichen Ebene stattzufinden scheinen. Beschwört der konservative Geist die Geschichte, um sie im Namen der Autorität zu verfälschen, so verscherbelt der wirtschaftsliberale Geist die Geschichte wie Unterhosen, Kampfbomber, Fertigsuppen und andere Marktgegenstände, in die sich die erfahrbare Welt unterschiedslos verwandelt. Und war schon die mündliche Überlieferung mythologisch standardisiert, so enthistorisieren die kapitalistischen Medien die Geschichte selbst und lösen sie in die Ökonomie des Marktes auf.«

Das Ganze ist das Unwahre. »Hat sich doch die offizielle Ideologie des nationalsozialistischen Regimes als Lüge allen enthüllt« (Adorno: *Auferstehung der Kultur in Deutschland?*, in: *Kritik – Kleine Schriften zur Gesellschaft*, Frankfurt/Main 1971), trieben sie alle trotzdem um so begeisterter das tödliche Spiel. Der Wahn, das verworrene Lügenkonglomerat, nistet in den Schädeln hartnäckiger denn je, und der »komplette, seiner kritischen Vernunft beraubte und entmündigte Idiot« (Kurz) bestimmt den Ton, sei er Produzent oder Politiker, sei er Konsument oder Wähler. »Es ist der Mensch«, deutet Arno Baruzzi Platons *Sophistes*, »der sich nicht mit dem Wirklichen, dem Wesentlichen, vielmehr mit allem und jedem beschäftigt. [...] Darin besteht die große Lüge. Die heißt beispielsweise für heute, daß wir uns auf Ideen einlassen, uns Ideen vormachen, die im Grunde gar keine sind. Es sind täuschende, verlogene Ideen, die sich als Ideen ausgeben, aufspielen.«

Die Missionen des Augustinus und des Immanuel Kant sind gescheitert, Platons zweifelhafte Idee der politischen Ordnung des Lebens, die »Freiheit in Wahrheit« (Baruzzi), ward ruiniert, jeder philosophische Wahrheitsbegriff ging zuschanden. Und die Taten des Odysseus bestaunt in der Ebene der neomythischen Konformität niemand mehr.

»Alle Menschen sind Lügner«, resigniert Psalm 116, während die akute Kommunikationswissenschaft, beispielsweise Hermann Reicherts *›Lüge‹ und ›Selbstgespräch‹ – Zwei Kommunikationsmodelle* (Wien 1999), »konstruktiv« mit dem nicht auszurottenden Phänomen hausieren geht: die Verbesserung der Erfolgschancen beim Schwindeln eruiert, Entlarvungsstrategien diskutiert oder den Lügner zur Wahrhaftigkeit erziehen möchte. Neben den milden Täuschungsformen des paradoxen Schwafelns, reiner Trugschlüsse (Sophismen, meist ein Gewirr aus Synonymen) und der euphemistischen Verkleidung marschieren die »impliziten Lügen«, die »institutionalisierten Lügen« (Höflichkeitsfloskeln etc. im Dienste der Sozialhygiene) und die »pathologischen Lügen« auf, die sich, heißt es, nicht mehr aussagenpragmatisch kontrollieren und bändigen lassen. Leugnen, Verschweigen, Verheimlichen sind hingegen »beinlose Lügen: nichts sagen, wo etwas gesagt werden muß«, und des wahren Teufels, des mittelalterlichen Vaters der Lüge, ist weißgott »das ›ins Angesicht Lügen‹«, ein »Kernbereich der

Lüge«, übertroffen womöglich nur noch von der politisch äußerst relevanten »Pharisäerhaftigkeit (so zu tun, als sei man immer wahrhaftig)«. Zur Kenntnis nehmen sollten wir darüber hinaus den »Unterschied zwischen Lügen, Anlügen und Belügen« und bedenken: »Die Täuschungsabsicht ist ein wesentliches Kennzeichen der Lüge, und daher kann man nur dann von einer erfolgreichen Lüge sprechen, wenn die Täuschung im Sinne des Lügners gelungen ist«; während sich die Rechtswissenschaft seit Jahr und Schöpfungstag mit Meineiden, falschen Tatsachenbehauptungen, Verleumdungen und der Vertrauenswürdigkeit von Zeugenaussagen, Klein- und Großbetrugsdelikten und deren messerscharfer begrifflicher Fassung und folglich eisverstandeskalter Strafbemessung herumschlägt; und die neuste Wirtschaftsprüfungshochkultur bald gar nicht mehr weiß, wo anfangen; aber dicke Wälzer hervorbringt, die »Risikospektren« beschreiben, Täterprofile erstellen, »gefälschte Unterschriften« beäugen, den »passenden Firmenmantel«, der »die Weste sauber hält«, lüpfen (vgl. Johannes Ludwig: *Anleitung zum Betrug – Machenschaften ums große Geld*, Hamburg 1990), betriebliche sowie öffentliche Sektoren, Gerhard Poltsche Autohändlerkniffe (die bitte per Apokalypse unterbunden werden) und kommunalen und heute fürwahr globalen Filz in den Bereichen Kreditnahme/-vergabe, Depositengeschäfte, Versicherung, allgemeine Anlage, Hypotheken, Leasing (vgl. G. Polt) anprangern; nicht zu vergessen den hysterisch aufwallenden Hacking-, Viren- und Softwarediebstahl und -schwindel, die: »Computerkriminalität«, die uns samt und sonders fertigmachen wird. Empfehlungen (vgl. Ian Huntington/David Davies: *Wirtschaftskriminalität – Betrug erkennen und bekämpfen*, Frankfurt a. Main/New York 1999): effektive Personalpolitik, eine starke Unternehmensethik (mutmaßlich Ausbau der gründlich verlogenen Corporate identity), Ulrich Becksches »Risikomanagement«, totale Kontrolle und hartes Durchgreifen (»Verdächtige sofort von ihrer Funktion entbinden und des Geländes verweisen«), in summa: »Downsizing und Hierarchieabbau« und Lohnsklaven feuern.

Erfolg beim Kampf gegen die Lüge also hie wie da, bei den spätmodernen Mogellehren der Kommunikation und der Managementberatung. Akzeptiert wird evtl. die Notlüge, die (meist kindliche) Lüge aus Angst und die Mitleidslüge, die dem Schutz des Schwächeren, des zu Unrecht in die Bredouille Geratenen oder demjenigen helfen, der nur qua Täuschung vor Unheil bewahrt werden kann. Kurz: »Sicherheit, betrogen zu werden, ist vor allem gegeben, wenn man den anderen sehr gut kennt.« (Reichert)

Sind wir denn alle Rumpelstilzchen, böse Wölfe und tapfere Schneiderleine? »Sind wir alle Fälscher?« (Karl Corino, in: ders. [Hg.]: *Gefälscht! – Betrug in Politik, Literatur, Wissenschaft, Kunst und Musik*, Frankfurt/Main 1996) Potentielle Gleiwitz-Schwindler? »Phänomene, die über Jahrtausende virulent bleiben wie die Fälschung, wurzeln vermutlich in unserer Stammesgeschichte«, spekuliert Corino, »und reichen hinab bis in die frühesten Schichten der Evolution: bis zum Sich-als-etwas-Anderes-Ausgeben von Raub-Insekten, die mit ihrem Körper tote Äste nachahmen, dem Sich-Totstellen von Katzen oder Füchsen, die dadurch ihre Beute überrumpeln. Aber schon die Betrugsmanöver von Affen können recht kompliziert sein. Sie sind möglicherweise in der Lage, den Blickwinkel eines genasführten Artgenossen zu berechnen. Die entscheidende Variante, die der *homo faber* in das gefährliche Spiel einführte, ist, daß er nicht nur *sich verstellen*, sondern beliebige *Gegenstände herstellen* kann, die etwas anderes sind, als sie zu sein vorgeben«, von den geschätzten falschen Stradivaris, Urkunden (derer eine die Dreyfus-Affäre auslöste), Siegeln, Autographen, Teppichen, Leicas, Antiquitäten, Havannas, Arzneimitteln bis zur Bernsteinfliege (zahllose solcher Fälle listet Werner Fulds *Lexikon der Fälschungen – Fälschungen, Lügen und Verschwörungen aus Kunst, Historie, Wissenschaft und Literatur*, Frankfurt/Main 1999, auf; ebd. schwafelt auch der unleidliche Stefan Zweig, dies Langweilerthema der Markenpiraterie und des Aktenbluffs für uns abschließend: »gewiß ist eine kleine Fälschung, eine Fälschung geringer Dimension ohne Mühe zu bewerkstelligen; nichts leichter als ein winziges Billet Goethes, eine

Bücherbestellung oder eine Tischeinladung sorgsam nachzumalen oder eine Unterschrift Napoleons unter irgendein Dekret«). Wenn der Homo sapiens schon nicht vom Affen abstammt, macht er sich doch ohn' Unterlaß zum selben. »Der Hang zum Lügen steckt in unseren Genen und schult das Gehirn« (U. Kocher), lautet die positive Variante; die schwärzere: daß »der Weg vom betrogenen Betrüger zum Fälscher [...] nicht allzu weit« (Corino) sei und uns eine Zerrissenheit beschert, die für des Geschlechtes Zukunft nichts Gutes vermuten läßt. Die schemenverliebte Scharlatanfigur des Volks-Faust und Hamlet stellen, scheint's, die (abendländischen) Muster bereit, die wir, die Onto- repetiert die Phylogenese, zwanghaft erfüllen: »Die gezackte Linie zwischen echt/wahr und falsch/gefälscht läuft durch Hirn und Brust jedes einzelnen.« (Corino)

Die avancierte Philosophie streckt die Waffen und bearbeitet künstliche Sprachen oder KI. Das Postulat der formalen Widerspruchsfreiheit isolierter Aussagesätze streicht die letzten materiellen Reste. Wittgensteins Sprachspiele gehorchen konsequent nur noch den Kriterien der Übereinstimmung mit den Regeln, die die jeweilige Sprechergemeinschaft für gültig erklärt. Und der Gigant der Kritischen Theorie, Jürgen Habermas, spielt *Faktizität und Geltung* und wägt vor lebensweltlichen Hintergründen geteilte Geltungsansprüche ab, Sollgeltungen, keine Wahrheitsgeltung.

Der »Lumpenhund« (Goethe: *Faust II*) in all seinen Erscheinungsformen und mit all seinen »Lügenfahnen« (Goethe: *Faust I*) wirkt unverdrossen fort. Bevorzugt vergessen wird, daß »sich die Lüge [nie] mit einer solchen Last auf ein ganzes Land gelegt [hat] wie in Deutschland unter der Diktatur Hitlers« (Weinrich). Hitler, »ein Schwindler in der Maske eines Staatsmannes« (Sebastian Haffner: *Germany: Jekyll & Hyde*, Berlin 1996), lieferte beispielgebende Bravourleistungen en masse, »die großen Lügen, die den Lauf der Welt zum Bösen verkehrt haben. Hitler hat so gelogen. In der Sudetenkrise des Jahres 1938 und im Rückblick auf seine Verhandlungen mit dem britischen Premier Chamberlain beteuerte Hitler am 26. 9. 1938 in einer öffentlichen Rede: ›Ich habe ihm versichert, daß das deutsche Volk nichts anderes will als Frieden. [...] Ich habe ihm weiter versichert und wiederhole es hier, daß es – wenn dieses Problem gelöst ist – für Deutschland kein territoriales Problem mehr gibt.‹« Der Generalität hatte er am 30. Mai beschieden: »Es ist mein unabänderlicher Entschluß, die Tschechoslowakei in absehbarer Zeit durch eine militärische Aktion zu zerschlagen.«

Hitlers Sätze, kommentiert Weinrich, »verwerfen mit einem klaren Nein die Vorinformation: Krieg? – Nein. Aggression? – Nein. Das ist der genaue Ort der Lüge in jener Sprechsituation, die vielen von uns als banges Lauschen am Volksempfänger noch deutlich gegenwärtig ist. [...] Die schlimme, die böse, die totale Lüge ist syntaktischer Natur; sie fälscht den Sinn an jener entscheidenden Stelle, wo sich Sprache und Welt begegnen, in der Sprechsituation.«

Sich selbst und die Sprechsituation und den treuen Deutschen übers Ohr barbierte ähnlich versiert Hitlers Deszendent Adenauer (»In der Politik handelt es sich gar nicht darum, recht zu haben, sondern recht zu behalten«). Was ihn, den der MdB Mommer am 12. Juni 1959 »Lügenkanzler« scholt (um die Replik des Kollegen Menzel einzufahren, jener sei ein »Wahrheitskanzler«), sein Geschwätz von gestern interessierte? Syntaktischer Natur waren zweifellos diese Sätze:

»Ich bin nach wie vor gegen eine Remilitarisierung der Bundesrepublik« (1950);

»Wer die Neutralisierung und Demilitarisierung in Deutschland hier bei uns will, ist entweder ein Dummkopf allerersten Ranges oder ein Verräter« (1951);

»Es ist ja nicht alles, was ich den Bürgern sage, gelogen.« (1962) (Zit. n. Klaus Waller: *Lexikon der klassischen Irrtümer – Wo Einstein, die katholische Kirche und andere total danebenlagen*, Frankfurt/Main 1999)

Tröstlich in einer Zeit »der aktenkundigen Lügenpest« (Jörg Lix: *Elegien aus dem Büro*), da der Erdball »pfeifferhaft vergaunert« (Eckhard Henscheid: *Musikplaudertasche*, Hamburg 1990) zu sein scheint, Kanzler Schröder »Grauhaarbilanzfälschung« (*Frankfurter Allgemeine Sonntagszei-*

tung, 5. März 2000) betreibt, die *Bild* (8. März 2000) dem »Megaproduzenten Dieter Bohlen« einen – und wer weiß den wievielten – »Liebes-Schwindel« vorwerfen kann, »Bimbeswahn in Deutschland« (*taz*, 7. März 2000) herrscht und das ZDF textet: »Die Medien haben Hochkonjunktur, die Einschaltquoten bei Informationssendungen steigen, das Bedürfnis nach Hintergrundinformationen und Erklärungen ist groß«; da Phoenix-Programmchef Alexander von Sobeck-Skal tönt: »Was der Golfkrieg für CNN war, ist der Spendenskandal für uns«; da der Vatikan seine »übertriebenen Methoden der Wahrheitsfindung« schwerstmütig bereut und J. Trittin, »Minister Doppel-Zunge« (*Bild*, 25. April 2000), des weiteren dennoch im Amt verbleibt; da Hütchenspiel und Kettenbriefe grassieren und Wahlergebnisse und Arbeitslosenstatistiken gefälschter nicht daherzukommen vermögen, da die japanische »Lüge des arbeitslosen Arbeitsgängers« (*Woche*, 9. Juni 2000) und die »Öko-Lügen« (Papier- vs. Plastiktüte usf.; vgl. *Bild*, 29. Juni 1998) sich halten, andererseits »schon Schweigen Betrug ist« (Konstantin Wecker), der »Pfusch am Bau im Gallus-Park« (*Bild Frankfurt*, 29. März 2000), der Versicherungsschwindel, der Bucheinbands- und der Scheckkartenbetrug augenscheinlich zunimmt; da Lügen bei der Jobsuche und -beratung gang und gebe sind und der Erfolg der Benimmbücher, Kataloge des reinen Schwindelns, schwindelerregende Dimensionen erreicht, derjenige der fälschungswissenschaftlichen von Bingens, von Dänikens, Castanedas usf. nicht minder; da die Cola gefaket, das »naturidentische« Aromajoghurt wg. hohlen Fußes halb gefüllt, die echt neapolitanische Pizza bereits in Rom amerikanisch ist, die glutamatglühende *Suppe lügt* (Hans-Ulrich Grimm; Stuttgart 1997) und definitiv nicht mal der Lemming-, der Loch-Ness-, der Lourdes- oder der Lothar-Matthäus-Mythos stimmt, zu schweigen von diversen inexistenten und dauernd entdeckten Ur- und Indianervölkern und Germanen – tröstlich, in solchen schwankenden und wankenden Zeiten durch die *Frankfurter Allgemeine Sonntagszeitung* (20. Februar 2000) eisern aufgeklärt zu werden: »Alles Lüge! – Ohne Täuschung geht es nicht«: »Aus psychologischen Studien ist bekannt, daß jeder Mensch durchschnittlich vier- bis fünfmal am Tag die Unwahrheit sagt, Komplimente und Schmeicheleien nicht einmal eingerechnet. Harmlose Lügen sind erwünscht; denn die ungeschminkte Wahrheit ist oft verletzend, distanzlos und nur schwer zu ertragen. Zu große Offenheit bei der Beurteilung des Aussehens und der Leistung anderer Menschen gelten als Zeichen mangelnder sozialer Intelligenz.«

Nun – und den Wust etwas verdichtend gefragt: Wie ist es bestellt um die gegenwärtige, neujahrtausige westliche und deutsche Welt? »Alles nur Geld, Lügen, Beschiß« (*Tatort*, ARD, 12. März 2000)? Oder überzeugt eher die richtig und gut abgehangene Erkenntnis, »daß nirgendwo soviel gelogen wird wie im Wahlkampf« (ARD: *Morgenmagazin*, 13. März 2000)? Was wurde aus Willy Brandts Demokratie-, den Kohlschen Wahlkampf-, Renten- und Steuer- sowie den gleichfalls nicht mehr frischen Schröder/Fischerschen Wir-machen's-besser-Versprechen? Kann sich an die noch jemand erinnern? Fordern nicht Presse und Fernsehen permanent die »Einlösung« derselben und dergestalt die sicherlich baldige »Endlösung der Lügen«? Des »Renten-Betrugs« *(Bild)* z. Hd. Walter Riester?

Scheinbar, »das Perfide der Welteinrichtung« (Adorno) kennt kein Maß noch bestimmbares Ziel. Das Vergessen dito. Die Mehrheit scheut die Plage, den ganzen schamlosen Schamott abzuspeichern. Allseitige hemmungslose, täglich erneuerte und unkorrigierbare Gier, Korruption, Raffsucht und Übervorteilungsaktionitis im Zuge der »Globalisierung« als jetzt »Internationalisierung« (Wolfgang Clement) der »Finanzwelt« und »Fusionitis« (Erich Böhme, Sat.1: *Talk in Berlin*, 2. April 2000) vom dunklen Grunde her blendend expandierender »Neuer Märkte« stimmen denn doch eher finster. »Die Jugend von heute«, schnabelte ein unbekannter Gast im Hamburger *Waldfrieden* am 19. März 2000, »kann man einfach nicht mehr bewegen.« Ihr ist alles, gleich der waltenden und wütenden Generalpublizistik, knackwurstegal. Denn »das geht jetzt heut' alles übers Internet« (Wirt).

Oder nach wie vor in die Zeitung hinein. Ein beliebiger *BamS*-Sonntag, der 2. April 2000, lieferte uns zwei Zweiseitengeschichten, sensationelle, sauexklusive, erwartbare. »Das Ende eines Milliarden-Betrügers«, des ehemaligen Finanzvorstandes der westfälischen Balsam AG, Klaus Schlienkamp (47), zum Zeitpunkt seiner Verhaftung wohnhaft in Cebu-City (Philippinen), besiegelte dessen Vorliebe für deutsches Brot. »Ein Angestellter des einzigen Inselladens, der diese Sorte führt, gab den entscheidenden Hinweis ...«

1994 hatte die Balsam AG, weltweit Marktführer bei Sportböden, »den damals größten Konkurs der Nachkriegsgeschichte« gebaut, die Staatsanwaltschaft Bielefeld die Ermittlungen wegen schweren Betrugs, Urkundenfälschung, Untreue und Bilanzfälschung (»Luftgeschäfte«) aufgenommen. Luftikus Schlienkamp wurde zu zehn Jahren verurteilt. Wer trug die Schuld? Der Kapitalismus? Die Frauen, Gattin und Freundin: »Beide waren beziehungsdominant und trieben den Manager (letztes Jahresgehalt rund drei Millionen DM) immer weiter an. Mehr Geld und noch mehr Geld sollte er besorgen – für edle Reitpferde, teure Autos, Luxusreisen, ausschweifende Feste.« Jetzt, nachdem Schlienkamp den Zielfahndern ins »Netz« gegangen war, »bekam« er »vielleicht etwas, das für den gläubigen Christen mehr zählt: inneren Frieden«, den augustinischen.

Ein anderes immerwährendes Übel: »Schwarzarbeit am Bau – Die neue Mafia«: »Internationale Banden operieren mit Scheinfirmen, Strohmännern und gefälschten Papieren«, zuungunsten der »deutschen Volkswirtschaft« (W. Clement; sehr ähnlich seit 1993 zirka dreihundert ZDF-ARD-RTL- und Sat.1-, insbesondere Stefan Austsche *Spiegel-TV*-Aufklärungsreportagen). »Carmine L. galt bis zu seiner Festnahme als oberster Pate der Schwarzarbeit-Mafia im Rheinland. [...] Für Josef Schön«, einen sauber benamsten Stammdeutschen, den »Referatsleiter Wirtschaftskriminalität beim Bundeskriminalamt, sind Fälle wie der von Carmine L. längst nichts besonderes mehr: Wenn Experten wie der BKA-Mann über Schwarzarbeit reden, meinen sie längst nicht mehr den Handwerker, der seinem Nachbarn nach Feierabend beim Dachgeschoß-Ausbau hilft. [...] Banden, die Schwarzarbeiter aus halb Europa nach Deutschland einschleusen und für Hungerlöhne auf Baustellen arbeiten lassen, sind immer häufiger nach dem Vorbild der Mafia oder Cosa Nostra strukturiert. Schön: ›Sie verfügen über internationale Verbindungen, sind streng hierarchisch gegliedert‹« und leiten einen »Menschenstrom« von jährlich 275 000 Kanaken und Spanaken nach Germany. Worin die größere Lüge besteht: in der heuchlerischen und rassistisch determinierten Litanei über organisierten Betrug, Firmenzusammenbrüche, Steuerhinterziehung (der Gauner, nicht der Stuttgarter Nobelunternehmung) und kriminelle Machenschaften oder in der via sämtlich verfügbare Kanäle eingetrichterten Globalisierungsideologie, darf ungeklärt bleiben.

Auch das private und privat, lebensnah operierende Fernsehen läßt sich themenspezifisch nicht lumpen und fördert die soziale Intelligenz der Unterweltbewohner. »Wenn die Person den Mund aufmacht«, informierte RTL-Text, S. 360, am 3. April 2000 anläßlich der *Sabrina*-Folge »Du erzählst nur Lügen über mich«, »kommen nur widerliche Lügen heraus. Was denkt die sich nur dabei, so einen Unsinn zu erzählen. Doch das Schlimmste ist, daß die Leute den Schund auch noch glauben.«

Ein Selbstporträt des Senders? Beileibe nein. »Sabrinas Gäste sind verdammt sauer, sie wollen der Wahrheit endlich auf den Grund gehen und ein für allemal klarstellen: ›Du erzählst nur Lügen über mich.‹«

»Wen möchtest du denn hier heute zur Rede stellen?« teufelt die Vorsteherin des Volksgerichtshofs, und Nicole (Insert: »Nicole sagt … … Marion lügt«) gesteht wie aus der Gummiwalther geschossen: »Meine beste Freundin«, die sie, Nicole, des Diebstahls, der Drogeneinnahme, des wahrscheinlich Wellensittichzüchtens und – Sabrina, die für RTL 2 die Werbespotshow *Die dicksten Dinger* verantwortet, ganz geil: »Wir haben noch nicht geklärt, was denn die Lügen im konkreten waren« – des Für-Kohle-Rummachens beschuldigt oder bezichtigt. »Die Geschichte mit der Prostitution find' ich noch den Hammer an der ganzen Geschichte«, scharwenzelt Sabrina um die eigene hohle Birne, und Zeugen treten vor, irgendein Boy und Marion, und Nicole faselt sehr prachtvoll schwammig und sumpfig: »Ich hab' gehört, daß sie das gesagt hat«, was Sabrina zur Einsicht bringt: »Also, ganz durchgeblickt hab' ich durch die Geschichte noch nicht.« Ende. Apfelkuchen. Nächste Charge Arschgeigen. Wir schalten um.

Es ist etwas Diabolisches nicht nur am und um den bombastischen, formatübergreifenden und nahezu jedes Blatt und jede Anstalt beherrschenden Boulevard, es eignet der Lüge selbst heutzutage fürwahr die Qualität der Omnipräsenz. Wann immer man die Augen aufschlägt, wird überführt, enthüllt, verdächtigt, geziehen – eine, die tatsächlichen Lumpereien gar nicht in Abrede gestellt, ekelerregende, preßseuchenartige Spätfolge des *Spiegel*-Prinzips vielleicht.

Theodor W. Adornos *Minima Moralia* (Frankfurt/Main 1951) kennzeichnet den Umschlag der bürgerlichen, den Konzepten »Wahrheit«, »Aufrichtigkeit«, »Redlichkeit« und »Streitkultur« (so die bereits schäbigen phrasenhaften Reflexe auf die ehedem *gedachte* Institutionalisierung der freien Rede unter Gleichgestellten, die ohne Tücke ihre – auch widerstreitenden – Interessen verhandeln sollten) verpflichteten Öffentlichkeit in den Intimitätsterror der verwalteten Welt, jener Infamie, wonach jeder bereit sein muß, sein (zugerichtetes) Eigenes ausbeuten zu lassen, sonst gehört er der Katz': »Die Unmoral der Lüge besteht nicht in der Verletzung der sakrosankten Wahrheit. Auf diese sich zu berufen hat am letzten eine Gesellschaft das Recht, die ihre Zwangsmitglieder dazu verhält, mit der Sprache herauszurücken, um sie dann desto zuverlässiger ereilen zu können. [...] Trotzdem haftet der Lüge etwas Widerwärtiges an, dessen Bewußtsein einem zwar von der alten Peitsche eingeprügelt ward, aber zugleich etwas über die Kerkermeister besagt. Der Fehler liegt bei der allzu großen Aufrichtigkeit. Wer lügt, schämt sich, denn an jeder Lüge muß er das Unwürdige der Welteinrichtung erfahren, die ihn zum Lügen zwingt, wenn er leben will, und ihm dabei auch noch ›Üb' immer Treu' und Redlichkeit‹ vorsingt. Solche Scham entzieht den Lügen der subtiler Organisierten die Kraft. Sie machen es schlecht, und damit wird die Lüge recht eigentlich erst zur Unmoral am anderen. Sie schätzt ihn als dumm ein und dient der Nichtachtung zum Ausdruck. Unter den abgefeimten

Lügnern von heute hat die Lüge längst ihre ehrliche Funktion verloren, über Reales zu täuschen. Keiner glaubt keinem, alle wissen Bescheid. Gelogen wird nur, um dem andern zu verstehen zu geben, daß einem nichts an ihm liegt, daß man seiner nicht bedarf, daß einem gleichgültig ist, was er über einen denkt. Die Lüge, einmal ein liberales Mittel der Kommunikation, ist heute zu einer der Techniken der Unverschämtheit geworden, mit deren Hilfe jeder Einzelne die Kälte um sich verbreitet, in deren Schutz er gedeihen kann.«

Die immanente Scheißegalheit der Medienkorruption (zuletzt am packendsten durch den Fall Tom Kummer demonstriert: der, Selbstbezeichnung »Choreograph der Realität«, »schöne Lügen zum Zwecke der Stilisierung« [*Woche*, 9. Juni 2000] ersann und sein »schamloses Surrogat« als »Borderline-Syndrom« einer schizophren durchgeknallten Journaillekanaille manifestierte) bestätigt den Befund auf niedrigem Niveau. Die Institute der Bewußtseinsmanipulation fordern von ihren Adressaten und Konsumenten, sich als Lügner, Schmutzfinken und Konrad Kujausche Lumpenhunde vorführen zu lassen und das Büßerhemd überzustreifen – und schreiten selbst ungerührt zur nächsten Sauerei. Dieses Buch versucht, einige der gravierendsten und einige der verquersten, selten sympathieheischenden Fälle jüngerer und älterer Zeit zu beschreiben. Mit rührseligem Kulturpessimismus oder konservativer Medienschelte (vgl. Jean-François Revel: *Die Herrschaft der Lüge – Wie Medien und Politiker die Öffentlichkeit manipulieren*, Wien/Darmstadt 1990) haben wir nichts zu schaffen.

Was bleibt? Viel. Eine schier unüberschaubare Menge an Fälschungsfällen, Schurkereien und planvollen Blendungen begleitet, garniert oder grundiert die menschliche Geschichte. Möglich, daß die genetisch programmierte Vorstellungskraft an allem Schuld trägt oder das biologistische Konzept recht behält, die Lüge sei »eine wesentliche Lebenskraft« im Dienste von Selbstwohl und -erhaltung (vgl. Volker Sommer: *Lob der Lüge – Täuschung und Selbstbetrug bei Tier und Mensch*, München 1992); oder die Tatsache, daß wir die Differenz zwischen Vernunft und Wirklichkeit oft schwer ertragen und die Transzendenz zu denken vermögen.

»Zahlreiche Ausstellungen befaßten sich in den letzten Jahren auf unterschiedliche Weise mit dem Phänomen des kriselnden Originals«, eröffnete der Katalog zur 2000er Ausstellung *echt und falsch – Die Wahrheit im Medienzeitalter* (Gutenbergpavillon Mainz). »Warum eigentlich? Weil es unserem Bedürfnis nach Enthüllung von Fälschungen und Skandalen entgegenkommt« und wir längst geformt sind nach den zwanghaften Wahrnehmungs- und Urteilsritualen des Boulevards? »Oder weil wir irgendwie alle ahnen, daß die Dinge nicht so sind, wie sie scheinen?« Hatte nicht schon Platon den universellen Ideologieverdacht gegen die Erscheinungen gepflegt? »Das sokratische scio ut nescio erfährt im sogenannten Medienzeitalter eine ganz neue Dimension: die Krise des Originals im Spiegel der Produktionsbedingungen, in der Tradition Gutenbergs, die Frage nach der Wahrheit im Zeitalter der Reproduktion«, das gewiß ohne Walter Benjamins verabschiedete Aura auskommt.

Wessen entbehrt man darüber hinaus? Die Mainzer befürchteten den Siegeszug »der digitalen Informationsverarbeitung« und des »kommunikativen Atomismus«. Wären wir kommunikativ atomisiert, entfiele allerdings der Anspruch auf Wahrhaftigkeit und, komplementär, das Kriterium für Lügenhaftigkeit. Es gibt Indizien: »Jeder kann heute theoretisch alles, das Individuum wird im Datennetz zum Chamäleon, es kann sich älter, klüger und schöner machen, kann sogar das Geschlecht wechseln, seine Identität ist Bild, PIN und Code geworden. Der Mensch tritt immer weniger als echtes stoffliches Wesen, immer weniger in Wirklichkeit und immer mehr als Kommunikationsform in Erscheinung, als Telefonierer, als Faxer«, als Faxenmacher.

Die kunstvolle, formenreiche, beredte, die verquere Animalisierung als Prozeß der Entzivilisierung und als Herrschaft totaler Mimikry führte zurück zu den Anfängen, ins Reich der unauflöslichen Paradoxie. »Sie werden sich vielleicht an das Paradox des Epimenides erinnern, das mehr oder weniger so lautet: *Der folgende Satz ist falsch. Der vorhergehende Satz ist richtig.* Wie Sie wahrscheinlich bemerkt haben«, gibt ein indischer Theosoph dem europäischen Autor Tabucchi zu verstehen (*Indisches Nachtstück*, München/Wien 1990), »reflektieren die beiden Hälften des Ausspruchs jeweils die andere Hälfte. Ein amerikanischer Mathematiker, Douglas R. Hofstadter, Autor eines Werks über das Gödelsche Theorem, hat unlängst die logische (aristotelische und kartesianische) Dichotomie in Frage gestellt, die Ihrer Kultur zugrunde liegt und der zufolge eine Behauptung entweder richtig ist oder falsch. Tatsächlich kann diese Behauptung jedoch gleichzeitig richtig und falsch sein, und zwar deshalb, weil sie sich auf die Verneinung ihrer selbst bezieht: sie ist eine Schlange, die sich in den Schwanz beißt, oder, in der Definition Hofstadters, ein ›endlos geflochtenes Band‹ *(a strange loop)*.«

Wir halten, solange nichts anderes in Sicht ist (und warum sollte es), an Aufklärung fest; am, knurren wir, unveräußerlichen Recht, die Wahrheit erfahren und wissen zu wollen, die einer beschreib- und erforschbaren geschichtlichen, gesellschaftlichen und kreatürlichen Objektivität zu konfrontieren ist. Tilgt man jenes Merkmal der Distinktion, der Erkenntnis, läßt sich jeder Unfug, jede Untat und jede Unwägbarkeit als entweder gottgegeben, schicksals- oder kontextbedingt legitimieren. Hier beginnt die Ideologie, die gerngesehene Täuschung, der Betrug, der Wahn.

Unter den Auspizien der Gattungsdämmerung regiert der Beschiß, vor allem materiell, ohne daß es belangvoll wäre: der »Lug und Trug der Freihandelstheorie«, »ein glatter Schwindel« (*Le Monde diplomatique*, November 1999), oder ein Ausbeutungsprogramm, das sich als »Neoliberalismus« tarnt und »den Markt« absolut setzt: »Hinter den offiziellen Dogmen der Vergangenheit wie der Gegenwart bleibt verborgen, wie die zwischenmenschlichen Beziehungen, die den verschiedenen Eigentumsformen und Wirtschaftsmechanismen zugrunde liegen, sich tatsächlich darstellen.« (Ebd.)

Und es ist, again, egal.

»Es ist heuchlerisch, wenn gesagt wird, daß die Freiheit des Menschen und die absolute Freiheit des Marktes untrennbare Begriffe sind.« (Fidel Castro, 1. Januar 1999)

Freilich und beim Barte des Elefanten: *Lügner, Fälscher, Lumpenhunde*, das, folgte es der Thematik so umfänglich, wie es die bisher absolvierte Humangeschichte verlangte, enzyklopädische Ausmaße annehmen müßte, ist, selbst auf den engeren europäischen bzw. westlichen Kulturkreis bezogen, sträflich lückenhaft. Wir hatten uns stark zu beschränken und Fälle, anläßlich derer eine nähere Inspektion angeraten gewesen wäre, ungebührlich abzukürzen. Wer z.B. Björn Engholm, der schwindelte, bis die Pfeife pfiff, vermißt, den dürfen wir bescheiden auf unsere zwei themenverwandten Bände zu Verschwörungen und Verschwörungsmythen verweisen: *Wer steckt dahinter?* (Köln 1998) und *Der Dolch im Gewande* (Hamburg 1999). Gestanden sei trotzdem, wie ungern wir beispielsweise auf die Betrügereien in den Naturwissenschaften verzichten mußten (hier helfen weiter: Anthony Grafton: *Fälscher und Kritiker – Der Betrug in der Wissenschaft*, Frankfurt/Main 1995; Frederico Di Trocchio: *Der große Schwindel – Betrug und Fälschung in der Wissenschaft*, Reinbek 1999; Roland Girtler: *Bösewichte – Strategien der Niedertracht*, Wien/Köln/Weimar 1999; sowie Corino, a. a. O., über den stalinistischen Wirrkopf Lyssenko und den Krötenküsser Kammerer); gejammert sei, daß uns die Borgias (vgl. Joachim Brambach: *Die Borgia – Faszination einer machtbesessenen Renaissance-Familie*, München 1988; Ivan Cloulas: *Die Borgias – Biographie einer Familiendynastie*, Zürich 1988) mehr oder weniger durch die Lappen gingen und Gert Postel gerade mal kryptisch Erwähnung findet; die Borgias, weil sie die »moralische Bilanz der Renaissance« formulierten und der Neuzeit, zumindest in Egon Friedells Lesart (»Die Renaissance war der zweite und wahre Sündenfall des Menschen«), den Takt vorgaben: »Der Mord gehörte damals ganz einfach zur Ökonomie des Daseins, wie heutzutage ja auch noch die Lüge zur Ökonomie des Daseins gehört. Unser Zeitungswesen, unser Parteiwesen, unsere politische Diplomatik, unser Geschäftsverkehr: dies alles ist auf einem umfassenden System der gegenseitigen Belügung, Übervorteilung und Bestechung aufgebaut. Niemand findet etwas daran. Wenn ein Politiker aus Gründen der Staatsraison oder im Interesse seiner Partei einem anderen Zyankali in die Schokolade schütten wollte, so würde die ganze zivilisierte Welt in Entsetzen geraten; daß aber ein Staatsmann aus ähnlichen Motiven betrügt, Tatsachen fälscht, heuchelt, intrigiert: das finden wir ganz selbstverständlich«; Postel, weil seine Hochstaplerkarriere weithin freundlich zu zeichnen gewesen wäre; ja, eingestanden sei, daß der Nicht-Schriftsteller Günter Wallraff sträflicherweise fehlt (vgl. Peter Huth/Ernst Volland [Hg.]: *Dies Buch ist pure Fälschung*, Frankfurt/Main 1989; Hermann L. Gremliza: *Karl-Kraus-Preis 1987 – Preisrede*, Hamburg 1987), daß Gerhard Kromschröders Abenteuer mit den neuen und alten Nazis, daß Ibrahim Böhme, der IM, der Kanzler werden wollte, daß der Filmminister Goebbels und seine Kontrahenten in Hollywood, daß die Katyn-Lüge keine und daß Sigmund Freuds phantastische Schwindeleien nur kursorische Berücksichtigung fanden. Der Fall Kerr, der Fall »Internet« und »Cyberspace«, die Lügendichtung, die monströsen Eroberungen und der Kolonialismus (samt Post-), Theophrastus Bombastus Aureolus Paracelsus, der fiktive Diplomat Edmund Dräcker, Alfred Edel und die Satire als solche und Ganzes: waren vorgesehen und werden in einem Folgeband verarztet.

Wie man's am End' dreht, es gilt der Grundsatz: »Alle Gerüchte auch zum Mitnehmen.« (Pizzeria in Frankfurt-Bornheim, legasthenische Überlieferung)

Bzw. lesen Sie Thomas Lempert: *Schwindel – Was steckt dahinter?* (München 1994)

Resp. glauben der Heiligen Schrift: »Sie schießen mit ihren Zungen lauter Lügen.« Denn »Lügen [...] haben überhandgenommen«. (j. r.)

Mit dem Speer soll man eine Gabe emp- / fangen, Spitze wider Spitze. Du bist, alter Hunne, unmäßig schlau / lockst mich mit deinen Worten, willst mich mit deinem Speer wer- / fen. Ein so alter Mann du bist, so führest du ewig Trug.

Hadubrand zu Hildebrand

Der Troja-Schwindel und andres Fabelhaftes

Die bahnbrechende Erkenntnis, daß die *Ilias* und die *Odyssee* Dichtungen sind, hat sich mittlerweile hie und da durchgesetzt. Der Bibel und anderen heiligen Schriften, Urtexten, die konstruiert und zusammengeflachst wurden, bis die Schwarte krachte und Absatz machte, Blinde in Bann zog und zieht und die fatalsten institutionellen, informellen, esoterischen, sektiererischen, entweder gaunerhaften oder schwerkriminellen Glaubensgemeinschaften und politische, bündlerische Bewegungen zu begründen vermochten, blühte dasselbe – so denn die Aufklärung mal vorankäme: beispielsweise dem Nibelungen-Mythos, einer der verworrensten, vielsträngigsten Lügenerzählung der neuzeitlichen Kulturgeschichtsschreibung. »Konstruierende Rezeption« nennt's Joachim Heinzle (*Die Nibelungen*, Frankfurt/Main 1991); resp. »haarsträubenden Unsinn«, einen multiplen Parade- und folgenreichen Fall mutwilligen Mißverstehens. »Nach Belieben« exegierte man isolierte Szenen des konfusen Stücks. Die bekanntesten Ergebnisse deutscher Irrsinnsphilologie sind die von Reichskanzler v. Bülow am 29. März 1909 aus der Taufe gehobene »Nibelungentreue« zwischen »Preußen-Deutschland« und Österreich-Ungarn (»Worin diese eigentlich besteht, ist freilich nicht leicht zu sagen«, bemerkt Heinzle, Hagen von Tronje und sein Waffenbruder Volker von Alzey jedenfalls kämpften demnach stolz und stark Seit' an Seit' mit dem heiteren Sangesmann, dem Österreicher, wider das Slawenpack; vorher ging die Tendenz mehr gen Siegfried, so daß Herwegh den »Bismarck-Siegfried« preisen durfte) und die »Dolchstoßlegende«: »Wie Siegfried unter dem hinterlistigen Speerwurf des grimmen Hagen, so stürzte unsere ermattete Front; vergebens hatte sie versucht, aus dem versiegenden Quell der heimatlichen Kraft neues Leben zu trinken.« (Paul von Hindenburg, im Felde unbesiegt) Jetzt also die Sau: Hagen (= Novemberrevolutionäre).

Das Hildebrandlied ist laut »Amateurhistoriker« (Selbstbezeichnung) Gustav Süßmann (*Das Hildebrandlied – gefälscht?*, Staufenberg 1988) keine Handschrift aus dem 9. Jahrhundert, sondern ein »Manuskript aus dem frühen 18. Jahrhundert«, welche Pergamente man in den USA ein zweites Mal fälschte. Die »gelehrte Fälschung« (ähnlich verhält es sich wohl mit den altteutschen Schriftdenkmälern der Meerseburger Zaubersprüche, des Heliand, des Weißenburger Katechismus, des Ludwigsliedes u. a., »entdeckt« allesamt ab Mitte des 16. Jahrhunderts) wird offenbar, vergegenwärtigt man die heidnischen Konnotationen der Handschrift, die ein Mönch im karolingischen Zeitalter verantworten soll. Süßmann macht als Urheber den Historiograph, passionierten Plagiator, Urhebererschleicher, Co-Produzent der »Würzburger Lügensteine« (1725) – untergejubelt dem fürstbischöflichen Leibarzt Adam Beringer –, »Schwindler und Betrüger« Johann Georg von Eckhart, Schüler der Nationalbildungsanstalt Schulpforte bei Nietzsches Naumburg, dingfest. Geübt war der spätere Bibliothekar Leibniz', Urkunden aus der Epoche des zweifelhaften Karl des Großen – einen »Mörder im Weltmaßstab« und »Star-Banditen der Geschichte« nennt jenen Karlheinz Deschner, die bekannten 262 Diplome des Regenten dürften samt und sonders Fakes geheißen werden – zu fingieren. Beweiskräftig sei die »Fantasiesprache«, die der »einzige Kenner einer imaginären Sprache« entwickelt habe, und vieles mehr. Der »Betrug, ein Professorenscherz«, gewann Kontur. 1730 edierte Eckhart das *Hildebrandlied*. Seine Arbeit wirkte apokryph – Bedingung zahlloser mysterienbehafteter und nur deshalb fortgezeugter Kollektivlegenden, denn das Dunkle, umwölkt Raunende übt Faszination aus: »Es gab keinen Menschen der Welt, welcher diesen Text lesen und verstehen konnte. [...] Mangels eigenen Wissens konnte niemand Eckhart Lügen zeihen.« Erst die »Schmach« der napoleonischen Besatzung förderte das Interesse an des »Scharlatans« dreister Erfindung. Die Dichtung eines Pseudoforschers und genialen Editors fiel auf fruchtbaren Boden. Die Grimms vollendeten die nationalkulturamtliche Mission und sicherten die wundersame Kostbarkeit streng philologisch ab: »Niemand nahm Anstoß daran, daß den Grimm-Brüdern das Einzwängen des Textes in das Korsett der Alliteration nur gelingen konnte durch einen Etikettenschwindel, indem sie den Text veränderten, Fehler annahmen, vergessene Worte erfanden, andere strichen und die nun einmal vorhandene Interpunktion außer acht ließen.« Die »Textkorruption« basierte auf schierer Unkenntnis: »Hätten sie [...] gewußt, daß Eckhart überhaupt keine akademische Ausbildung genossen hatte [...], wäre ihnen die ›Verwandtschaft‹ zwischen *Hildebrandlied* und *Weißenbrunner Gebet* sicher aufgefallen, und sie hätten den Schwindel erkennen müssen.« Taten sie nicht.

»Wenn Eckhart sich als Betrüger und Fälscher erweist, geraten alle angeblichen ältesten deutschen Sprachdenkmäler ins Zwielicht.« Tut nichts. Und es braucht keine Mediävistik, die sagenhaften Sippenstories zu mehren. Werner Fuld *(Lexikon)* dokumentiert diverse historische Verdrehungen, die der Fabrikation von Tradition dienten. Der Wilhelm-Tell-Mythos war eine lupenreine Projektion zwecks Verklärung konservativer Machtpolitik (aus ökonomischen Erwägungen) zur eidgenössischen Freiheitsliebe. Tell selbst betrat nie die Erdschrunde und begehrte darob keineswegs gegen die Vögte auf (Schillers Tell-Apfel verfaulte schon zu Recht in der Tischschublade, um dem Schwabenschwindler das Hirn zu vernebeln). Die Bündnisurkunde der Kantone Uri, Schwyz und Unterwalden besiegelte die notwendig gewordene wirtschaftliche Kooperation. Sonst nichts.

Des Indianerhäuptlings Seattle ökologische Grundsatzrede vor dem US-Präsidenten wurde mehrfach »in ökologischem Sinn umgearbeitet« (Fuld), der »Bewegung« und den Landkommunen zum Plaisir. Das finnische Nationalepos *Kalevala* ersann der Arzt Elias Lönnrot (1835) und konnte »eine Wertschätzung erringen, die derjenigen gleicht, die die

Edda genießt, und der sich, wenn nicht Homer, so doch Hesiod unter den Griechen und Römern erfreute« (Lönnrot). Fabelhaft schlug desgleichen die tschechische *Königinhofer Handschrift* (1819; vgl. auch Ota Filip: *Die Königinhofer und die Grünberger Handschrift*, in: *Gefälscht!*) aus den Säkulen neun bis vierzehn n. u. Z. ein, worauf deren »Übersetzer« (Fuld) Wenceslaw froh vermeldete, die »tiefe Sehnsucht des Volkes gestillt« zu haben. Der »taktische Zweck [...], in der Bevölkerung, die sich um wissenschaftliche Dispute ohnehin nicht kümmerte, zur Bildung eines neuen tschechischen Nationalbewußtseins beizutragen«, erfüllte ebensogut die *Grünberger Handschrift*. Und der »Scherz« (Fuld) der *Ura-Linda-Chronik* verfing dito: Das angebliche Friesengroßreich um 2600 v. u. Z. richtete die halbe Subweltgeschichte ein: »Die friesische Ehrenmutter Min Erva war es, die den Ureinwohnern Attikas die Demokratie und die Burg Athenia schenkte. Odysseus war in Wahrheit der friesische Seefahrer Ulysus, und Atlantis [...] gehörte selbstverständlich auch zu Friesland. Ein Jesus verkündete Lehren, die ganz dem alten friesischen Recht glichen« – was zwar als Humbug erkannt wurde, indes pikant in die zweite Staffel ging: »Eine zusammenfassende Analyse im Jahr 1876 machte der Sache ein Ende, allerdings nur vorläufig. Fünfzig Jahre später entdeckte nämlich der holländische Volkskundler Hermann Wirth auf der Suche nach germanischem Kulturgut die *Ura-Linda-Chronik* und übersetzte sie ins Deutsche. Als überzeugter Nationalsozialist glaubte er einen wichtigen Beitrag zum germanischen Ahnenerbe zu liefern und behauptete die ›Quellenechtheit‹ der Chronik.« Bloß die Nazis verschmähten das 1933 erschienene matriarchale Manifest und verboten es. »Die Chronik wurde als urgermanische Fälschung verworfen, aber Hermann Wirth durfte dennoch als SS-Obersturmführer Parteikarriere machen.« (Fuld)

Ad lib.

Mythen, Fälschungen, Legenden leben fort und stiften denen, die meinen, dessen nicht entbehren zu können, die sog. (chthonische) Identität; und sei's, im vorderhand eher peinlichen als fanatisierenden Fall, jene der kulturgeschichtlich verbürgten Größe. Ein Buch Adolf Rieths liefert das Motto: *Vorzeit gefälscht!* (Tübingen 1968)

»Der Troja-Schwindel«, titelte der *Spiegel* 15/1996, »Echte Maske, falscher Agamemnon«. Was da referiert wurde, war Experten und Interessierten schon lange bekannt, lohnt aber dennoch die Wiedergabe. Vielleicht glauben's ja ein paar Leser.

Heinrich Schliemann, ein »Glücksritter und archäologischer Außenseiter«, will die Maske Agamemnons, der laut homerischer Dichtung den Krieg gegen Troja anführte, 1876 in Mykene, dem behaupteten Herrschersitz, gefunden haben: »Ich habe das Grab, das die Überlieferung der Alten als das des Agamemnon bezeichnet, gefunden!« grölte der Größenwahnsinnige, bis der Peloponnes, nicht jedoch die Überlieferung erschüttert war. Heureka! »Unglaubhaft ist, daß der vor Betrügereien nicht zurückschreckende Schliemann dieses Prachtstück selber hat anfertigen lassen. Doch niemand will ausschließen, daß Teile im Bartbereich der Maske, von wem auch immer, gefälscht worden sind.«

Genauso »exemplarisch für den großen Schwindel um Troja, jenes abenteuerliche Flechtwerk an Mutmaßungen und Wunschbildern«, verhält es sich mit dem sagenhaften Schatz des Priamos, dem Gold aus Troja, von dem höchst ungewiß ist, ob es jemals existierte. Die homerische Kriegsepik gilt ohnehin als – Epik, nicht als Tatsachenbericht. Der Tübinger Archäologe Manfred Korfmann bestreitet, daß die Griechen zehn Jahre eine Stadt belagerten, über deren Namen nicht mal ein Nachweis existiert. Agamemnon lebte demzufolge wahrscheinlich nie. Und während seine prunkvolle goldene Maske zirka 300 Jahre vor des Titanen Tod gefertigt wurde, nannte Schliemann den Haufen an Diademen, Gehänge, Kugelflaschen, Nadeln, Armbändern, Ohrringen und königlichem Tafelgeschirr, den er 1873 aus dem Hügel Hisarlik herausgewühlt hatte, marktschreierisch »Schatz des Priamos«, um den willkürlich zugeordneten Fund »dem deutschen Volk« und vorausschauend dem besonders inbrünstig traditionsfesten Führer zu vermachen. Eine Legende war geboren, und sie überwinterte in bombensicheren

Verliesen des reichshauptstädtischen Museums für Vor- und Frühgeschichte, später im Moskauer Puschkin-Museum.

Man phantasierte, Helena hätte Schliemanns Kleinodien getragen, man speiste virtuell mit dem König, und die Deutschen verehrten ihr funkelndes »Heiligtum« wie die Irren, nämlich von der bereits gegen Ende des 19. Jahrhunderts bekannten Erkenntnis unbeirrt, Knöpfe, Nadeln, Ketten, Becher und Armreife müßten auf eine Zeit um 2400 v. u. Z. datiert werden. Homers Heroen und die Epopöe entstammen der Periode zwischen 1400 und 1200.

»Schliemanns lockerem Umgang mit der Wahrheit« korrespondierte nicht bloß das Gieren nach Heiligtümern und Heilsgeschrei, ihm widmete auch Rudolf Augstein, Spezialist für Große Deutsche, im selben Heft einen stolzen Elfseiter. Soviel Platz und Zeit muß sein, das Wesentliche dieser Geschichte einer Homer-Obsession zu berichten.

Was Rudl Augstein und wir wissen: »Das deutsche 19. Jahrhundert« war nicht eben arm an Hallodris und Hurensöhnen und Hochstaplern. Karl May frisierte seine dümmliche Biographie, log sich die Befähigung, vierzig oder vierhundert Sprachen zu beherrschen, zurecht und marschierte erhobenen Hauptes in den Karzer. Von Fürst Pückler bis Konsul Weyer (und ins brandheiße Aktualgeschehen) reicht der feiste Früchte tragende Zweig fett auftragender Schwindler, allein, Heinrich Schliemann übertraf sie, germanogeistes- und wirkungsgeschichtlich betrachtet, doch immerhin allesamt, denn er schuf die Grundlagen für die Anbetung einer historischen Tatsache, die keineswegs gesichert ist.

Schliemann war Kaufmann, einem inneren Reim gehorchend. Er legte Geld nicht zu knapp auf der renommierten Londoner Baring-Bank nieder, schürfte Gold in Sacramento, durchkämmte südamerikanische Urwälder und umkurvte nebenbei die halbe Welt. Schliemann ergaunerte seinen freilich Rostocker Doktortitel und dinierte mit dem Erzschurken und Hauptkulturkämpfer Bismarck. »Er sprach und schrieb zwölf Sprachen«, nölt Rudolf Aufsteiger, »zu seinem Kummer das Altgriechische nicht richtig, weil er Syntax und Duktus nicht verstand. Er log, schwindelte und betrog, er bestach und fälschte.«

Das tut ein deutscher Kaufmann nicht, gleichwohl, Schliemann stechschritt den Weg entlang, der ihm, aus notorisch armem Hause abkünftig, vorgezeichnet dünkte oder deuchte. Bald zählte er zu den beliebtesten Lehrgegenständen deutscher Gymnasien und der Psychoanalyse.

»Die Schliemann-Legende, von ihm selbst gestrickt, verläuft nach bekanntem Muster«, murrt Rudi »Der hat ein Auge« Bernstein, und der gnomgenetische Kerl (1,56 ü. NN) aus dem mecklenburgischen Ankershagen gehorchte derweil lediglich dem onomatopoetischen Kommando seiner Heimatstatt: Suche den Hafen, allwo du den Anker werfen kannst, der soll Hagen verraten – zugunsten Siegfrieds.

That hieß einerseits: »Geld macht schön« (Schliemann), andererseits wurde Heinrich vorerst Hamburger Kaufmann erster Gilde und Pfefferstreuervollmitglied. Da sein Bruder Ludwig 1850 in Sacramento sackzement zu Boden ging und starb, gründete er verdammtnocheins eine »Goldgräber-Bank«: »Sein Kompagnon sagte ihm Betrug beim Goldwiegen nach. Der Betrugsverdacht wird hinter Schliemann zeitlebens einen halben Schritt hergehen.« Ein ausgezeichneter Satz. Man hört ihn trapsen und trippeln, den Betrugsverdacht.

Unbeirrt zahlt Heinrich I. von Deutschland, Wohnsitz jetzt mal St. Petersburg, zehnstellige Dollartausendbeträge bei den Barings ein und heiratet fälschlicherweise eine lesbisch-orthodoxe Matrone. Kurzerhand läßt »er sich zum Schein im US-Staat Indiana nieder« und erwirbt und erwirkt »unter strafwürdigen Umständen beides: die amerikanische Staatsbürgerschaft und seine Scheidung«. Punkt.

Und organisiert, tantiemenmehrend, die wesentlichen Salpeterlieferungen zwecks Krimkriegsführung.

Ein gemachter Mann steigt nun wie Herkules aus den erkalteten Gesteinsbrocken und wirbelt mächtig Knochenasche auf. Da »kommt« ihm, wenn sonst schon nichts, eine Idee. Rudolf »Sharp eye« A.: »Schliemann muß, als er 41 Jahre und steinreich geworden war, auf die Idee gekommen sein, dies könne in seinem Leben ja wohl nicht alles gewesen sein. Bis dahin hatte der besessene Briefschreiber Homer nie erwähnt.« Er absolviert eine zwanzigmonatige Globusexpedition ohne das trockene Schwammerl (Eheweib, St. Petersburg) und realisiert den »Traum seines Lebens« (Schliemann): visitiert 1868 die Inseln Korfu, Kephallenia und Ithaka: Homer Schliemanns Destinationsort.

Allein, er frisierte retrospektiv-introspektiv spektakulär den Gang der Dinge nicht unwesentlich. »Im Jahre 1881, als Schliemann diese Absichten niederschrieb«, krittelt Auge, »log er, denn da hatte er bereits eine erfolgreiche Karriere als Ausgräber hinter sich«, genauer: in Mykene die total falsche Agamemnonmaske längstens hochgewuchtet aus dem dreckerten Gaiaerdreich. Die entsprechende Projektion und rückwärtige Prospektion Schliemanns zeigte oder zeitigte guten Effekt: »Jetzt erst wurde Homer Schliemanns Idol. Beweise brauchte er hinfort nicht mehr, wenn er die Helden Homers zeitlich und örtlich lokalisieren wollte.« Er war im Reich der Dichtung angelangt.

Schliemann erspähte, der homerische Fährtensucher und – »Harrrrrrrrrr!« – Steuermann durch Trümmerfelder, die Asche des Odysseus und der ihm so fernen Gattin Penelope in einer Urne, womöglich ein Kompensationsakt bzgl. der persönlichen Bettkalamitäten, wer weiß das und will das allzu genau und exakt auch wissen. Via Athen initiierte der Irrende und Herumirrende neuerlich, unterstützt vom amtlich verschurkten griechisch-orthodoxen Erzbischof Vimpos und dessen »Gangstereien« (Karlheinz Deschner), die zweite Heirat und »näherte sich nun« – it's Rud again – »der an der türkischen Westküste gelegenen Troas an, Homers Ilion. [...] So beginnt denn die Geschichte Trojas, von Schliemann erfunden, am 9. August 1868.«

Schliemann schwankt zwischen Hisarlik und Ballidagh. Er gräbt an letzterem Ort, scheitert und verwirft ihn. »Es würde Schliemanns Troja geben oder gar keines«, mag er entschlossen haben, und die Entscheidung, neben seinem Athener Palazzo (inkl. nie benutztem Ballsaal für 400 Franseln) an Hisarlik als genuinem Troja festzuhalten, unterstützt der Brite Frank Calvert, finanziell und ideell.

Schliemann beginnt generalstabsmäßig zu rackern und zu ackern, peitscht »wie ein Boß aus Detroit« seine Hilfsalis zu

Höchstleistungen und birgt den Schatz des Priamos. Freilich ging er derart engagiert und ungestüm zu Werke, »daß er einen ausgrabungswürdigen Teil Trojas oder vielmehr Ilions oder vielmehr Hisarliks durch seine Unkenntnis zerstörte«, blutberauschter Amateur, der er war. Rudolf Augstein (Name v. d. Red. geändert) kommentiert: »Auch bei dieser Entdeckungsgeschichte steht der Betrug Pate: Schliemann will den Schatz unter Lebensgefahr und mit Hilfe seiner griechischen Frau gefunden haben. Sophia war aber nachweislich nicht in Kleinasien, sondern in Athen. Wie er die wertvollen Teile und Teilchen außer Landes brachte – die Hälfte hätte laut Vertrag dem Osmanischen Reich zugestanden –, darüber schwieg das Ehepaar sich auf immer aus.«

Zu mächtig war mittlerweile Schliemanns Griechenphantasma, auch »sein lügnerisch romantisierendes [...] Alter ego« (Tamara Spitzing: *Der Schatz des Priamos oder: Mythos im Zwielicht*, in: *Gefälscht!*), seine Obsession angeschwollen oder besser angewachsen zu einem osmanischen Berg, ja einer Bergkette von »Kapriolen« und Einbildungen und wuchernden Hirngespinsten, die er evtl. selbst für wahr hielt. Einen Schlüssel, den er fest glaubte freigeschabt zu haben, ordnete er einer Schatulle zu. »Vermutlich«, bewies Schliemann, »hat jemand aus der Familie des Priamos den Schatz in aller Eile in die Kiste gepackt, diese fortgetragen, ohne Zeit zu haben, den Schlüssel herauszuziehen«, der ein Stück steinalter und steinöder Meißel war.

Egal, der schwärmerische Schliemann, »jeder wissenschaftlichen Systematik« abhold, hatte den Schlüssel zu den Urromanen des Abendlandes, den Initiationstexten des Wahrlügens, gefunden, das Paket geschnürt und die Kisten weggeschleppt. Mißtrauen regte sich rasch. Des leicht übel beleumundeten Altertumsforscherlaien Methoden nährten den Verdacht, »er habe die Fundobjekte während seiner dreijährigen Ausgrabungen zusammengetragen und sie zum Schluß dann sozusagen mit einem Paukenschlag als einmaligen Schatzfund präsentiert. Dem war nicht so, der Fund kam für ihn selbst unerwartet.«

Um den Braten fett zu machen und die Beute wirklich und

wahrhaftig auf die Seite zu schaffen, versuchte der Schelm in Paris durch einen über Calvert vermittelten Goldschmied Kopien der Originale dengeln zu lassen, lediglich die »Zollschranken« (Schliemann liebte das Geld recht inbrünstig und neidete den Ländern der archäologisch zerwühlten Erde jeden Heller, Pfennig und Peso) verhinderten den gigantischen Coup. Calvert seinerseits enthüllte später, ein Athener Handwerker wollte den Dienst gerne verrichten. Wie immer, »das ganze Schatz-Getue« (Goldschatz Augstein; wir danken ihm für diesen Artikel) nahm seinen endlosen Lauf, die Sage und Saga wucherte, und die deutsche Adels- und Staatslenker- und -dienerbagage schnappte entzückt und scharf begeistert zu: fraß den Brocken, den Klumpen, den Schliemann ausgespien hatte – zu dessen letztendlichem Ruhm und für den weiteren Erfolg im Gesellschaftsleben des Bismarckschen Gaunersystems.

Kein Einwand nützte etwas. Einmal in der Welt und in den »Köpfen«, leuchtete das fiktive Troja (gleich Atlantis) lodernd und numinos, trotz fachkundiger Einwände. »Anstatt den Quatsch der Journalisten zu glauben, ist es gut«, beschwor der Altertumswissenschaftler Wilamowitz-Moellendorf seine Eltern brieflich, »daß Ihr die Wahrheit hört. Denn das Reich des Königs Priamos liegt in demselben Land wie das himmlische Jerusalem, Dantes Inferno, Schillers Böhmische Wälder, das Schloß von King Lear und jenes Island, wo Brunhilde regiert.«

Schliemann verdient sich »die kämpferische Fleißkarte« (Hans-Peter Pull, Bayern 1, 3. Mai 2000) an der heimischen Front und Orden, »so viele Orden, wie zu kriegen sind« (Schliemann). Der Goldgräber benötigte »diese Leute« (Augstein) der höheren Schichten und Provenienz und Idiotie, »diese« (ders.) mythenversessenen Nationalungeheuer. »Das Bismarckreich brauchte, was Schliemann zu bieten hatte« (Augst.), seine besten »Köpfe« (a. a. O.) stützten ihn und das eindrucksvolle Lügengebäude. Rudolf Virchow protegierte Schliemann, der Kasinostaat, das permanente protzig-preußische Reichsgewese, spendierte dem Wahlamerikaner, weil echt deutschen Blutes, die hauptstädtische Ehrenbürgerwürde. Vom Eisernen Kanzler bis zu Hitlers Schliemann-

Troja (1933, unmittelbar nach der »Machtergreifung«, stufte man das Geschirr und Gelumpe als »Wertvollstes« und »Tresorgut« ein) blieb die Begeisterung ungebrochen. Ob Troja-Exhibitionen im Gropiusbau oder Vorortinspektionen: Selbstredend begriff 1911 auch das völlig verlogene Obszönitätsmonster Wilhelmzwo (vgl. Eckhard Henscheid/Gerhard Henschel: *Das Jahrhundert der Obszönität*, Berlin 2000) den demonstrativen Wert einer entsprechenden Inspektion und streichelte auf Korfu Kieselsteine, um die machtvolle Kulturnation an und unter der Sonne zu repräsentieren.

Was überdauert – außer Hirngespinsten, Täuschungsmanövern und einer Museums- und Tradierungsdaueroffensive, deren Protagonisten und Mäzene und Steigbügelhalter logen und nichts als logen? »Sicher ist, daß Heinrich Schliemann *sein* Troja erfunden und in aller Welt populär gemacht hat«, findet Augstein mal einen Punkt, auch wenn sie, die Welt, von ihrem Irrtum nicht genesen möchte. Seit den Kreuzzügen ranken sich die Mythen um Troja, der Homer ist, trotz unendlicher Ungereimtheiten, die »Bibel« der kriegskunstinteressierten Potentaten. Wo Achill und Hektor rauften, findet noch immer die schweifendste Phantasie Halt, obgleich z. B. der Archäologe Michael Siebler konstatiert, »daß bis zum heutigen Tag auch nicht ein einziger unwiderlegbarer Beweis für die Historizität des bei Homer überlieferten Trojanischen Krieges zu benennen ist, ja, daß bei genauem Hinsehen nicht einmal die Identifizierung von Hisarlik mit einer bronzezeitlichen Stadt namens Troja oder Ilios/Ilion gesichert ist« (zit. n. Augstein).

Das fälschungsversierte Mittelalter tat das Seinige, neuzeitliche Forscher ermittelten sieben (oder acht) Trojas. Ilos, Sohn des Tros, gründete Ilion. Ilos' Sohn Laomedon zeugte Priamos. Der wiederum soll von Zeus abstammen – als Ur-Ur-Ur-Enkel des Dardanos, Sohn des Gespanns Zeus/Elektra. Den auf die Rechnung des Dardanos gehenden Zeus-Rastplatz Dardania regierte Äneas, den Poseidon »durch ein Trugbild vor den Schlägen des Achill bewahrt«, sehr wichtig; der julischen Sippe und vornehmlich Cäsar und Augustus galt er als Stammvater. Während Franz Josef Strauß hier lieber schwieg. Und aber die Dardaner, mitunter den Trojanern verbunden, lieber balgten. Auch wenn sie gar nicht existierten.

»Wo immer er konnte, suchte Schliemann den Homer wörtlich zu nehmen.« Augstein erzählt folgende Episode: »So rannte er dreimal, wie Hektor, aber ohne Rüstung, um das bis dahin favorisierte Bunarbaschi. Nicht zuletzt, weil er diesen Rundlauf nicht schaffte, gab er Bunarbaschi als den Zielort seiner Bemühungen auf« und ließ die quälende »homerische Frage« nicht in seinen Hirnkasten eini; sondern traumtanzte, die literarische Fiktion vor strahlenden Augen, durch die Gegend. Er starb 1890 und wußte, spät, nichts Echtes, nichts Authentisches gefunden zu haben. Da war's Piependeckel. »Schliemanns Einbildung hatte sich selbständig gemacht.« (Augstein)

Ob die Gruppe der Barden, die man Homer nennt, zu Zeiten der niedergehenden mykenischen Palastkultur wirkte; ob der Burgberg Hisarlik mehr war denn ein Handelsknotenpunkt; ob am End' gar, so suggeriert's die *Odyssee*, die *Ilias* korrigierend, die Trojaner die Griechen und nicht umgekehrt belagerten; ob das Trojanische Pferd »des listenreichen Odysseus« (Augstein weise) eine reale Finte darstellt oder eben ganz sicher einen imaginären Trug – hundswurscht. Erregt schenkt die Kulturmenschheit den Mythenbastlern Glauben, vorderhand Schliemann, jener Figur, die der vollendeten Projektion ihrer selbst glich.

Der womöglich hartnäckigste Schwindler des 19. Jahrhunderts schuf die populären Grundlagen der griechischen Frühgeschichte und des Abendlandes, den Megamystizismus Troja – ein Verdienst, das der eine Schurke dem anderen nicht hoch genug anrechnen kann. »Inzwischen dient der damals schon wertvolle, heute noch viel wertvollere Schatz des Priamos einem Gerangel zwischen Deutschen und Russen«, meldete der schrotige Deutschnationale Rudolf Augstein aus dem Pressehauptquartier, »sollten wir ihn zurückkaufen, [wird er uns] teuer zu stehen kommen. Schliemanns Troja aber wird so oder so Bestand haben.«

Die Lüge lebt. Churchills Credo, die Wahrheit sei »so kostbar, daß sie von einer Leibgarde von Lügen geschützt werden muß«, entbehrt des deutschen Kerns. Jener, die Verpflichtung zu Aufrichtigkeit, Rechtschaffenheit und geistessoldatisch ewiger Treue gegenüber der Wahrheit, vergammelt in den tiefen Erdschichten der gloriosen Vergangenheit. (j. r.)

Heiliges Zweckmittelalter

»Reliquien, Urkunden, Rechtstexte, Briefe und Abhandlungen wurden im Mittelalter in einem Ausmaß gefälscht, von dem sich der Laie keine Vorstellung machen kann«, stellt Theo Kölzer (*Urkundenfälschung im Mittelalter*, in: *Gefälscht!*) fest, und Karlheinz Deschner (*Die Konstantinische Schenkung*, in: *Gefälscht!*) fügt hinzu: »Die Fälschungen [...] beginnen in neutestamentlicher Zeit und haben nie aufgehört.«

Horst Fuhrmann (*Einladung ins Mittelalter*, München 1997, 5., durchges. Aufl.) nennt das Mittelalter die »Zeit der Fälschungen«. Gesichert ist: die Hälfte der Urkunden der Merowingerkönige, mindestens 100 der 262 Urkunden Karls des Großen und sämtliche vor 385, dem Jahr der ersten päpstlichen Dekretale, datierte Edikte sind Fälschungen – eine Bilanz, die noch verbessert werden sollte.

Bistümer, Klöster und Stifte fälschten ihre Unterlagen, um »den vortrefflichen Zustand von Recht und Besitz des Konvents« zu belegen. Es ging um »Rechtsfragen«, die vor allem im 12. Jahrhundert die klerikalen Zellen, vom zusehends schwachen König allein gelassen, gegen den Adel positiv für sich zu entscheiden suchten. Regelrechte »Fälschungskonsortien« (Kölzer) belieferten die notleidenden Institute. »Besitztitel« abenteuerlicher Provenienz zirkulierten: »Nicht neues Recht wurde in solchen Fällen geschaffen, sondern neue Beweise für altes Recht.« (Ebd.) Bzw. nach dem Motto: »Der Anspruch bestehe, aber es fehle ein entsprechendes

Zeugnis« (Horst Fuhrmann: *Überall ist Mittelalter – Von der Gegenwart einer vergangenen Zeit*, München 1986). Sakralspielzeuge waren tonnenweise im Umlauf, die Legendenbildung erfreute sich extremer Beliebtheit, ob nun eine generalkalenderamtliche hl. Genoveva, Schutzpatronin von Paris, oder eine ebenso hl. Ursula erfunden werden mußte, um Hunnenmordorgien zu phantasieren und Tausende profane Knochen eines Kölner (römischen) Grabes zu teuren Reliquien umdeuten zu können (vgl. *Fälschungen im Mittelalter, Teil V: Fingierte Briefe, Frömmigkeit und Fälschung, Realienfälschungen*, Hannover 1988).

Pfaffen entwickelten Geschick und Meisterschaft beim Fingieren der konkrete Vorteile erwirkenden Dokumente. Selbstredend fälschten auch Päpste, etwa Kalixt II. (Anfang des 12. Jahrhunderts). In einem seiner seltenen lichten Momente empörte sich Thomas Mann: »Wie ist das? Legenden können, ›wenn die Welt sie anerkennt‹, zur Wahrheit – Mythen, Märchen, Fälschungen, Lügen zur Grundlage der geschichtlichen Wirklichkeit werden? [...] Dann ist sie eine widerwärtige Art von Poesie, die Poesie der Gewalt, denn alles Wahrwerden des Unwahren ist letzten Endes Gewalt.« (Zit. n. Fuhrmann: *Einladung*)

Ja, das »Zeitalter des Glaubens« (W. Durant) und Raufens und Ranschaffens kümmerte sich, seinem Selbstverständnis nach, kaum um Wahrhaftigkeit, um Faktentreue, um den Niederschlag der historischen und gesellschaftlichen Tatsachen in Schriftzeugnissen. Philologie? Ach. Eine drängend aktive und Knete und Macht akkumulierende und die gewünschte Gewalt fördernde Einbildungsschaffenskraft war am Werke, wo nur eine Kutte durch die Gänge wandelte, gottgefällig. »Was heißt hier Fälschung, wo es doch darum geht, der von Gott gesetzten Wahrheit zum Sieg zu verhelfen?« (Fuhrmann)

Da Gott gewiß kein Lügner ist, lügt nicht, wer in seinem Sinne lügt. Der Kniffe hat es vor den handwerklichen Anwendungen gewissermaßen reichlich theologische auch. Augustinus z. B. sprach Jakob, der sich vor dem beinahe blinden Vater als Esau ausgab und den Segen des Erstgeborenen ergaunerte, frei von List und Trug, denn solch Handeln sei ein »Vorzeichen der christlichen Heilsgeschichte« gewesen, d'accord, und somit eine »Falschangabe«, die »von einer Fälschungsabsicht frei war« (Fuhrmann).

Zwar verkündete Papst Innozenz III., »Fälschung unter dem Mantel der Heiligkeit darf keinesfalls geduldet werden«, allein, was zählen hier Worte des hl. Vaters, der ja Gottes Gerechtigkeit praktiziert und nicht eine rationaler Übereinkunft entsprungene gesetzliche Regelung repräsentiert bzw. achtet. Kurz, die Rechtsauffassung vornehmlich des fälschungsmäßig heißlaufenden 12. und des 13. Jahrhunderts, eigentlich aber des gesamten Mittelalters folgte dem »höheren Sinn« des göttlichen Willens und, synonym, der »gerechten Sache«; so daß Kaiser Otto I. 967 entschied, »Echtheit oder Unechtheit einer Urkunde […] durch Gottesurteil im Zweikampf« zu klären.

Es herrschte der »Geist der Billigkeit«, der subjektiv empfundenen Richtigkeit einer Tat gegenüber, welche der allgemeinen Sittlichkeit zum Ausdruck verhalf. So fälschte, dem Trend folgend, nein: das Gebot des Lügens befolgend, Bischof Burchard von Worms kurzerhand eine Synodenverordnung, ohne durch den Papst gebrandmarkt zu werden – wie die »Erzbetrüger« aus Reims, die Mitte des 9. Jahrhunderts einem Isidorus Mercator ihr krudes Patchwork als urchristliche Papstepisteln unterjubelten (sog. Pseudoisidorische Fälschungen, der »größte Betrug der Weltgeschichte« [J. Haller]).

Wurscht, dit Janze. Wer Wirklichkeit und die droben beschlossene Ordnung zur Deckung brachte und amtlich machte, sozusagen auf Brief und Siegel verbürgte, gehorchte einer klerikalen Lebens- und Wahrheitsauffassung: »Ich bin überzeugt, wenn es sich auch mangels Fälscherkonfession des Mittelalters schwer quellenmäßig belegen läßt, daß manch ein für sein Kloster Urkunden komponierendes Mönchlein, von Fälscherheiligen wie Pseudo-Isidor ganz abgesehen, in seinem Maulwurfsbau sich den Himmel verdient hat. War es denn nicht sozusagen aus Vernunft, Rechtsgefühl, leisen oder lauten Überlieferungen usw. klar und einleuchtend, daß jener Acker nicht dem bösen Vogt gehören *kann*, da er doch so geschnitten ist, daß er zu dem anstoßenden Klostergut ursprünglich gehört haben *mußte*? Ist nicht die Kirchenverfassung des 9. Jahrhunderts ein unerträglich verunstaltetes Ding gegenüber der reineren Form, wie sie in der alten Kirche bestanden haben *muß*?« (Fritz Kern, zit. n. Fuhrmann)

Gewiß, es gab Fälscher, die das Gewissen plagte, doch »zwei Heere geschickter Fälscherparteien« (Kern) kultivierten konkurrenzbefeuert, trotz Strafandrohung Friedrichs II. und anderer, das, was einem bösen jesuitischen Glaubenssatz zufolge die durch den Zweck geheiligten Mittel waren, komprimiert zum »pia fraus«, zum »frommen Betrug«, der der »Sicherung des Glaubensguts« (Fuhrmann) diente. »Was ist Wahrheit?« bedenkenschleppt Pilatus. Was ziemt.

»Manche Fälscher haben wirklich dem Himmel gedient« (Fuhrmann) und bastelten »Himmelsbriefe«, die die Sonntagsheiligung befahlen und zu Kreuzzügen aufriefen, oder »Teufelsbriefe«, die Höllenqualen schilderten. Angst und Schrecken, Heil und Versprechen, das lief. »Jeder 5. Papstbrief, der uns aus der Zeit von den Anfängen des Christentums bis zum Jahr 1200 erhalten ist, wurde zwischen 1160 und 1200 geschrieben«, und Innozenz III. führte die Siegelprüfung ein, die jeder weiteren Fälschung Tür und Tor öffnete, der albernen Regularien wegen. Indes, Werke, Zeugnisse durften ruhig apokryph sein, es schadete der ihnen innewohnenden Überzeugungskraft nicht die Bohne. Der hl. Bonaventura meinte: »Obwohl sie [die Schrift] falsch ist, enthält sie dennoch viel Wahres.« Und Nikolaus von Kues (15. Jahrhundert), der die großen Falsifikate Pseudo-Isidor und Konstantinische Schenkung als solche anerkannte, postulierte: »Selbst wenn alle jene Schriften (als gefälscht) wegfallen sollten, die heilige römische Kirche ist dennoch der erste Sitz höchster Macht und Größe unter allen.« (Zit. n. Fuhrmann)

Da kann man nichts machen. Die »Massenepidemie der Fälscherei« (Marc Bloch) war durchs machtpolitisch gestützte und orientierte Gottergebenheitsduseleiprimat positiv sanktioniert. Es verließ »sich der aktive Fälscher, so er sich als Vertreter einer vor Gott gerechten Sache empfindet, auf dessen Billigung« und praktizierte »seine Kunst zu gemeinnützigem und gottgefälligem Tun«. Der Buchstabensinn ohnehin galt wenig, der allegorische viel. Hineingeheimniskrämerei legitimierte jeden Unfug und Schwindel, zeitigte Grabstättenschacher und Abendmahlslehren; nur wer die Gültigkeit der zusammengelogenen Inhalte in Frage stellte, den ereilte die »gerechte« Strafe für den Ketzer. Ansonsten konnte selbst der gewaltigste Urkundenbetrug beim Namen genannt werden; achtete man nikolausig die Pfründe, die Gesinnung und die erworbenen weltlichen Hoheiten, blieb der Krittler gelitten.

Wirkung ist alles, Entstehungsgeschichte nichts. Eine Fälschung, Legende, die lange genug als Wahrheit überliefert ward, bleibt gültig und rechtskräftig bis zum Zusammenbruch des Vatikans, d. h. der Welt. »Authentisch« meint: autorisiert. Das wahnsinnigste Exempel für diese institutionalisierte Täuschung liefert die Konstantinische Schenkung, »die größte, erfolgreichste« (Deschner) und evtl. folgenreichste Fälschung des Abendlandes – sieht man von den Symmachianischen Fälschungen ab, die der Unfehlbarkeit des Papstes dessen Unantastbarkeit, »Nichtjudizierbarkeit« (Fuhrmann) beifügten, u. a. den wunderbaren Grundsatz, »daß der erste Sitz von niemandem gerichtet wird«.

Wie kam es zur »Konstantinischen Wende«, zur »Durchsetzung des Christentums als Reichsreligion« (Fuhrmann)?

Mitte des 8. Jahrhunderts betrieben die Päpste, »mit Hilfe der oströmischen Kaiser, ihrer Oberherren, stets mächtiger geworden« (Deschner), ein ziemlich kriminelles Spiel: Sie trennten sich vom Ostreich, unterstützt durch die Langobarden, und als die Langobarden ganz Italien einnehmen wollten, riefen die Kirchenherren die Franken an, die Langobarden zu zähmen. Papst Gregor III. stachelte auf, wem immer er die »Liebe zum Apostelfürsten« drohend vor Augen zu stellen vermochte. Sein Deszendent, Zacharias, tat es ihm gleich, und der rasch nachrückende Stephan II. eilte, da die Langobarden planten, Rache zu nehmen für Zacharias' Sauereien (Schlösser- und Domänenklau und Verschickung der Königsfamilie Liutprand in die Klosterhaft), 754 über die Alpen und beflennte Pippin – einen »eidbrüchigen Usurpator«, der Childerich III. verbannt und mit Zustimmung des Zacharias den Merowinger-Thron erklommen hatte – um militärische Hilfe wider die Langobarden. Pippin zögerte nicht und »schwur jetzt, den ›Nutzen des heiligen Petrus im Römischen Reich‹ wahrzunehmen«.

Der Papst brauchte endlich einen Staat. »Und so kommt es auf dem Reichstag zu Quierzy (Carisiacum) im April 754 zur berühmten ›Pippinischen Schenkung‹, zur Begründung des Kirchenstaates. Pippin macht dem Papst ungeheure territoriale Zusagen, verspricht dem heiligen Petrus, was ihm, Pippin, gar nicht gehörte, sondern rechtmäßiges Eigentum des Kaisers war, nicht weniger als den größeren Teil Italiens, zumal angeblich ja Kaiser Konstantin schon viel mehr versprochen hatte.«

Die Konstantinische Schenkung, »gewaltigster Auftakt ungezählter geistlicher Gaunereien des Mittelalters«, wurde wahrscheinlich vor Stephans II. Frankenreise in dessen Kanzlei fingiert. Der gemalte Rechtstitel muß Pippin beeindruckt haben. Eine »Urkunde, die den hl. Petrus als rechtmäßigen Herrn und Besitzer Italiens, den Papst als Inhaber kaiserlichen Ranges, ja geradezu als Kaiser des Abendlandes auswies«, konnte ihre Wirkung schlechterdings nicht verfehlen. Papst Gelasius I. (Ende 5. Jahrhundert) hatte noch die Kompetenz seines Amtes auf die »Verwaltung himmlischer Geheimnisse« beschränkt, den Rest (und oft selbst jene höheren Dinge) regelte der oströmische Kaiser. Im 11. Jahrhundert sind die Verhältnisse umgekehrt. Gregor VII. dekretiert, »daß allein der Papst die kaiserlichen Herrschaftszeichen benutzen könne«. Auf halber Wegstrecke wurden die Grundlagen gelegt: durch die Lüge, und wir sind wieder beim Duo Pippin/Stephan, des »Nachweises« der Konstantinischen Schenkung (Constitutum Constantini); resp. deren Inhalts, der Silvesterlegende: Kaiser Konstantin soll siech gewesen sein, weil er Christen drangsalierte, Papst Silvester heilte ihn aber vom Aussatz (Actus Silvestri) und taufte den dankbaren Mann. Ihm solch noble Tat zu vergelten, schenkte der bewegte Imperator dem hl. Vater Rom, den Lateranpalast »und das ganze Abendland« (Donatio Constantini); er vergab neben territorialen auch sämtliche hoheitlichen Rechte, um zu verkünden, in die »östlichen Regionen«, d. i. Byzanz, zu übersiedeln und dort ein neues »herrliches Reich« zu errichten, Konstantinopel.

Samt und sonders Tinnef, Märchen, ein schlechter »Heiligenroman des Christentums«, dem Erfolg beschieden war: Nun besaß der Papst die vollkommene Macht. Er durfte die kaiserlichen Insignien (Herrschaftsmütze, Kaiserbinde, Purpurmantel) tragen, hatte einen Kirchenstaat (Temporale), und es bestand, wie es das 12. Jahrhundert artikulierte, das die Sage der Donation ordentlich bemühte, kein Zweifel mehr: »Der wahre Kaiser ist der Papst.« Man kann diesen der Fälschung zu verdankenden Vorgang »Angleichung des Papstes an den weltlichen Herrscher« (Fuhrmann) nennen, doch Stephans Überredung des dämlichen, romorakelgläubigen Pippin gründete auf arglistigen Drohungen, Beschwörungen und staubtrocken zusammengeschummelten Belegen der weit zurückliegenden Rechtsabtretung zugunsten einer dann jeder Prüfung entzogenen Kirche. »Dabei stand hinter dem Papst«, so Deschner, »stets der hl. Petrus persönlich, der eigentliche Vertragspartner, dessen Kult die ›Stellvertreter‹ systematisch aufgebaut hatten, besonders bei Angelsachsen und Franken«, obwohl Petri Existenz freilich genauso erlogen war – und so wurde »die weltliche Gewalt der Päpste begründet« (Gregorovius).

Sie dauerte, Friedrich I. Barbarossa oder Otto III. mochten sich gegen den Allmachtswahn verwahren, an (»Daß vom 16. Jahrhundert an die großen Fälschungen aufgedeckt wurden, konnte das überkommene Glaubens- und Rechtsgut nicht zerstören, ja nicht einmal stören. Die Schriften waren wegen ihres ›Geeignetseins‹ eingebaut und wurden von ihrer bewährten Funktion, nicht von der Lauterkeit ihres Ursprungs her begriffen«; Fuhrmann), bis Paul VI. die Tiara, die dreifache Krone, ablegte. Die Fälschung aber hatte »den Ausbau einer zentralistischen Papstkirche gefördert«; wer gegen den gewonnenen irdischen Reichtum und die irdische Macht wetterte (Apostoliker, Waldenser etc.), sah die Sonne nicht mehr. Stephan, apropos, erreichte dito das zweite Ziel: den Krieg, Pippins Überfall auf die Langobarden.

Gregor VII. machte die Schenkung zum Bestandteil des kanonischen Rechts, und Gregor IX. (13. Jahrhundert) weitete die dort erteilten Befugnisse sogar noch aus, dahingehend, »daß der Papst auf dem ganzen Erdkreis nicht nur den Seelen, sondern allen Menschen und Sachen gebiete«.

Das Mittelalter: eine dunkle Epoche? Oder eine vom uneigennützig verbreiteten Heilsglauben beseelte? Eine der Wohltäter, der zur Not Fälscher der guten Sache wegen? Egon Friedell (*Kulturgeschichte der Neuzeit*, München 1927) schien das poetische Zeitalter nicht zur Lüge fähig, denn »damals glaubte man wirklich an alles« und entbehrte der Wahrheitsdifferenz, der Kritik. »Man glaubte an jede Vision, jede Legende, jedes Gerücht, jedes Gedicht, man glaubte an Wahres und Falsches, Weises und Wahnsinniges, an Heilige und Hexen, an Gott und den Teufel. Aber man glaubte auch an sich. Überall sah man Realitäten, selbst dort, wo sie nicht waren: alles war wirklich. Und überall sah man die höchste aller Realitäten, Gott: alles war göttlich. [...] Das Mittelalter war nicht finster, das Mittelalter war hell!«

Hell, die Hölle war's, die Zeit der universalen Täuschung und Verblendung, der Irrealisierung der Realität(en). Sämtliche »großen Männer der Geschichte«, erläutert Friedell an anderer Stelle, wurden zuweilen »Abenteurer, Scharlatane, ja Verbrecher genannt«, außer Christus. Und in dessen Namen unternahmen die Männer der Kirche und ihre Chargen durchaus alles, dem Betrug weltbewegende Kraft zu verleihen.

Erst das Dreipäpstejahr 1409 ließ Friedell zu zweifeln beginnen: »Und da sowohl Kaiser wie Päpste sich gegenseitig für Usurpatoren, Gottlose und Betrüger erklärten, so lag es nahe, sie auch wirklich dafür zu halten, alle drei, ja noch mehr: in ihrem ganzen Amt keine gottgewollte, sondern eine erschlichene Würde, nicht mehr den Gipfel geistlicher und weltlicher Hoheit, sondern einen erlogenen Scheinwert zu erblicken und den Schluß des Nathan zu machen: ›Eure Ringe sind alle drei nicht echt. Der echte Ring vermutlich ging verloren.‹«

Oder es hat ihn nie gegeben. Was der Wahrheit schon recht nahekommt. (j. r.)

Die Fälschung unterscheidet sich vom Original dadurch, daß sie echter aussieht.

Ernst Bloch

Das letzte wirkliche Bild einer wirklichen Welt wurde von Courbet gemalt.

Donald Judd (Minimal-Artist)

Ist doch keine Kunst! – Falsche und gefälschte Bilder

Ende 1900 schreibt Peter Altenberg an Karl Kraus: »Sie haben oft und oft gesprächsweise mir gegenüber es beklagt, wie schwer es Ihnen gemacht sei, den gleichsam negativen Kräften, die im Angriffe gegen Unzulänglichkeiten sich ausleben, die gleiche Summe vitaler Herzens-Kräfte gegenüberzustellen, die in Begeisterungen und Verehrungen für Zulängliches sich ausleben könnten! Nun, ich verhelfe Ihnen ein wenig dazu, indem ich Sie auf den mährischen Maler Joza Uprka aufmerksam mache [...]. Frei und reingebadet gleichsam im Felder-Morgen-Dunste von allen Verlogenheiten ist dieser Maler-Bauer! [...] Schlicht und schön sind diese Bilder, und man stellt sich den Maler vor wie einen, der nicht lügen könnte und kindlich erstaunt blickte auf die Ränke des Lebens. Lieber Karl! Solche sollen erstehen als Saat auf Ihrem Schlachtfelde niedergemähter Schurken!«

Ende des Jahrhunderts hegte Thomas Kapielski, selbst ausstellender und in Braunschweig lehrender Künstler, Photograph und entschieden fähiger Autor komisch-essayistischer Texte, seine Zweifel, ob es bei der Kunst, der jetzt noch stärker modernen, mit rechten Dingen zugehe: »Ich vermute, daß die abstrakte Malerei, mal abgesehen vom Kaschieren der technischen Unzulänglichkeiten, zu einem nicht unbedeutenden Teil gegenaufklärerischer, regressiver Schwindel ist. Verkorkste Sehnsucht nach Bauernmalerei, Ikonen-Kitsch und Ursprünglichkeit, dazu der Quatsch mit den Bauchgefühlen und natürlich auch Baumschmuck. Etwas Chagall für Madame Blavatzkis Audienzsalon, ein theosophischer Gesellschaftstrief und auch noch ein großes Mißverständnis unter Zahnärzten und Architekten, die zur Kompensation ihrer Bauhaushygiene einer gewissen optischen Hilfeschreierei bedürfen, und da die Munchs ausverkauft sind« – sofern, wir kommen darauf zurück, sie nicht wg. hoher Nachfrage von fremder Hand gepinselt werden –, »nehmen wir einen wilden Stöhrer.« (*Davor kommt noch – Gottesbeweise IX–XIII*, Berlin 1998)

Bzw. einen Baselitz oder Penck oder sonst ein neoexpressionistisch-deutsches Geseuchel.

»Mit der ›Entarteten Kunst‹«, fährt Kapielski fort, »haben sie letztlich auch verdammtes Glück gehabt. Daß Stalin und Hitler mehr die Neigung zum Neoklassizismus hatten, ist schade für diesen.« (Und zumindest der Führer plus räuberischem Anhang ästimierte ja die Expressionisten durchaus.) »Und für mich ist es beruflich ein großes Glück, daß wir in der Moderne und sogar schon danach sind. Andererseits wäre man vor der Moderne vielleicht was Ordentliches geworden. Und Lüge ist natürlich, und Wahrheit natürlich künstlich.«

Daß Kunst der Künstlichkeit wegen nicht lügen könne, geht wohl auf Nietzsche zurück. Während diejenigen, die kunsten, das Freiticket in Galerien und auf Messen lösen, Stipendien abschranzen und Rathäuser behängen, soll seit Anbruch der Moderne die Wirklichkeit lügen. Daran findet die bildende Kunst zum Gutteil ihre Geschäftsgrundlage, solche, die Arnold Hauser »Atelierkunst« nannte.

Der sozialistische Realismus log mit jedem Pigment, das die Funktionäre an die richtige Stelle der Leinwand dirigierten, keine Frage. Der westliche Nachkriegskunstbetrieb unternahm nicht wenig, die verfemte junge abstrakte Tradition zu retten und zu hätscheln. Richard W. Eichlers erfolgreiches, das Lob der Ignoranten einheimsendes, erzbürgerliches bis *FAZ*-altschreierisches 350-Seiten-Manifest *Könner Künstler Scharlatane* (München 1960) traf gleichwohl weitenteils die Richtigen und das Falsche. Einstens, da die Künste sich ihrer kultischen und magischen, dann, im Spätmittelalter und in der Frühen Neuzeit, ihrer gottespreisenden Funktion entledigten und ihnen Autonomie zuwuchs, waren »Naturtreue, handwerkliche Sauberkeit und Schönheit« gefordert. »Die Hauptschuld an der offensichtlichen modernen Misere«, doziert Eichler, »trägt nach meiner Überzeugung die Auflösung jenes so fruchtbaren und wohl einzig natürlichen Zusammenwirkens von Auftraggeber und Künstler. Hier war das Regulativ vorhanden, welches verhinderte, daß sich der Maler oder Bildhauer im luftleeren Raum der Spekulation verlor, daß er sich mit sterilen Experimenten begnügte.«

Das Übel der bankenangetriebenen Kunstindustrie, die unentwegt frische Genies, Kraftmeier oder sensible Naturen entdeckt, die für »Innovation«, »Irritation« der »Wahrnehmung« oder »Infragestellung unserer Sehgewohnheiten« kerzenschief geradestehen, kulminiert im Selbstbildnis der »gestörten«, »verstörten«, »zerfurchten« »Identitäten« der Schaffer und Macher. »Sie kennen nur eine Sorge: um jeden Preis anders als die anderen zu arbeiten [...]. Wer Einwendungen erhebt, wird zum Banausen oder Faschisten erklärt.«

Die Strategie, Plunder zu nobilitieren und dergestalt zu immunisieren gegen Kritik, die dem schönen Schein des Häßlichen, steil Reflektierten oder furchtbar Durchdachten skeptisch begegnet, funktioniert ungebrochen, wie die »Wiederentdecker« der europäischen Moderne es vorgaben. Eichler: »Zunächst einmal kommt man in den Genuß des Vorzuges, ›entartet‹ zu erscheinen. Dieses Schlagwort, keineswegs von den Nationalsozialisten, sondern lange vor diesen vom jüdischen Schriftsteller Max Nordau geprägt, wird in simpler Umkehrung seiner ursprünglichen Bedeutung zu einem Kunstadelsprädikat erhoben. Mit seiner Verleihung ist eine ganze Reihe publizistischer und finanzieller Vorteile verbunden.«

»In Wahrheit wählen sie die Maske des Snobs, um ihre ganz profane Dummheit zu verbergen«, tadelt Eichler nicht etwa die Vernissagenritter, sondern die Urheber des großen Kunstschwindels als »Falschmünzerei im Geistigen«. Vierzig Jahre später bestätigt der Praktiker Kapielski: »Kunst ist weder schön noch bedeutend, allenfalls erfolgreich, also Zufall, Ränke, Aufwand und theatralischer Mist.«

Der Marktwert muß mit großem Engagement gebildet werden. Hierzu dienen Feuilletons, freundliche Expertisen und ein Fetischismus des Neuen, der lediglich in der Modebranche ähnlich ausgeprägt zu sein scheint: »Des alten Plunders ist genug, wir wollen neuen haben! Der Designgehalt und Designbedarf der Kunst ist aus Gründen der Marktchancen, der Markterweiterungen und des Betruges folglich enorm.«

Die »Korruption« (Karl-Schorsch Fülberth) bzw. »Gratifikation« (Schorschi Gefühlbert) sämtlicher Beteiligter, der Kuratoren, Käufer, Tandler und Produktlieferanten, kennt fast keine Grenzen. Denn Kunst kommt vom Verkommen. »Denn bis vor kurzem, solange nämlich Auftraggeber, gegenständlicher Inhalt und handwerkliches Können wesentliche Erfordernisse künstlerischer Betätigung waren, blieb wenig Raum für Scharlatanerien.« (Eichler)

Es hat sich geändert, zahllose Ausstellungsräume für endlos moderne Gaunereien sind vorhanden, zusammengenommen »ein Schlaraffenland für Falschmünzer« (Eichler). Man möge uns Ressentiments der widerwärtigsten Sorte ankreiden, doch was tat Pollock? Nicht dies? »Ein ›moderner‹ ›Künstler‹ braucht sich nur unabsichtlich auf eine Farbtube zu setzen, und schon haben sich auf seinem Hosenboden der Kosmos, die Zeitseele und mindestens dreizehn atavistische Komplexe gebildet.« (Eichler)

Kapielskis *Aqua botulus* (Berlin 1992) führt u. a. durch die Halbglamourwelten des neustdeutschen revolutionären und diederesken Galerien- und Künstlerschwindlermilieus. Köln z. B.: Man »frißt dieses ›Halve Hahn‹, guckt sich die ernsten *Texte zur Kunst* durch und wundert sich. Das alte Spiel; Elite herauskehren. Künstler sind irgendwie erbärmliche Trottel; die meisten jedenfalls. Nach Leinöl stinkende Wahrzeichen der Korruption. Allein diese Abhängigkeiten! In Berlin dieses Geflenne um Ateliers. Zu klein, zu teuer! Na leck mich am Arsch, wer so was braucht, der macht was falsch! Der verwechselt schon mal Größe mit Größe und Arbeitslosigkeit mit Künstlertum!«

Man könnte Videokunst machen. Die bringt was. Bilder und Selbstbildnisse immerhin: »auf einem zusammengekupferten Theorienhochstapel (Baudrillard + Virilio + Marschall McLuhmann + dies und jenes, das sich ›Medientheorie‹ nennt), der oben ordentlich wackelt, steht noch ein Fernseher, in dem mäßige Videos laufen. Sein [des ›radikalen Konstruktivisten‹ Peter Weibel] wahres Können besteht im Management der Künste, Symposien, Professuren, Institute, Budgets. Das muß man anerkennen, das ist auch irgendwie eine Kunst, zehn Posten zu haben und überall die Flossen drin.«

Daß Kamerakunst vom Verwackeln kömmet, kommt hierzulande vom Kunstgewerbe Kluges, einem der »harten Rumpelmänner mit großen Verblüffungseffekten« – und endete bei der Talkshow. »Mit Wackelvideo und Weltveränderungsmessianismus; nur daß jetzt keine Revolution und so, sondern die ›Wahrheit‹ und der ›Sinn‹ verbergen sich in irgendwelchen elektrokosmischen Cybersachen.«

»Das Reale läßt sich auch alles gefallen!« merkt Kapielski an. »Denn Baudrillard ernährt sich zwar vom Virtuellen, aber wenn man ihn ins Reale schickt, braucht er auch ein Paar ordentliche Schuhe, der alte Schlaudrillard. Wenn's im Virtuellen regnet, nimmt man doch besser den Regenschirm mit!«

Zu Kölle am Rhein wiederum gilt mehr die Performance, »muß aber mit Absicht sein, es herrscht Subjektzwang. Und das müssen wir nun wohl auch kritisch finden.« Egal wann, »irgendeiner aus dem Pulk hatte dann Performance [...], weil der Trick ja ist, daß mit der Zunahme an Undeutlichkeit der Erklärungswahn, der Sinngebersadismus triebhaft und schaffensfroh mit anwächst«.

Kulturkunst ist »dieser ekelhafte Antrieb von dem Ganzen, eben Ehrgeiz, Erfolgssucht. [...] Es war inzwischen so egal, daß es egal war, ob ich was mache oder nichts mache. Ich habe also in meine Titel- und Ideenkladde geguckt, ob was Komisches auf Lager ist. Außer ›The Piepel of San Francisco‹ war nichts da. Ich hatte Hemdenfotos, ich hatte Piepelfotos, habe das Piepelfoto genommen, fein säuberlich den Schniepel ausgeschnitten, wird schon irgendwie komisch, die Handlung, und habe den Piepel mit Uhu auf das Oberhemd geklebt, haha, so daß der Piepel scheinbar zwischen zwei Hemdknöpfen hervorguckte, um zu sehen, was los is in San Francisco. Das war einleuchtend, das war immerhin Fotomontage und Collage, und das war: Haha. Sag was dagegen!«

Nö.

»Ich war auch nie für das dumpfe Cage-Ding mit dem Zufall. Einfach zufällig Titel und Ding koppeln. Das wird entweder zu doof oder zu schön oder beides. Diese Zufallssachen sind meist seltsam dekorativ und so pseudovergrübelt. [...] Ich war mehr für Schummeln.« Und Kapielski gesteht: »Vielleicht bin ich auch mal Künstler geworden, weil ich gehört hatte, das sind geniale, irre Einzelgänger, da macht jeder, wie er braucht und kann. Abgesehen davon, daß man Künstler wird, weil man denkt: Das können wir doch aber auch!«

Die Kunstmalaise hat mehrere prangende, besonders aber einen Namen: Picasso (including his very special Friedensbewegungstaube). »Ich behauptete einmal«, zieht Kapielskis *Davor kommt noch* Bilanz, »ich hätte von Ahnung keine Kunst. Deshalb mache ich moderne Kunst! Was anderes kann ich leider nicht. Und das ist schon ziemlich listig: Diese schiefen Picassos, die blauen Phasen und abgeschnittenen Pinselohren, das läuft überraschend lange, und das hält sich noch! Dieser stümperhafte Dauerleerlauf. Dabei würde ich schon gern richtig malen und zeichnen können. Das fröhlich nihilistische Düchampeln geht auch nur einmal, und dann geht es einem als Wiederholung auch auf die Nerven. Konzepte können etwas Wunderbares sein, aber nichts ist gräßlicher als ein tatsächlich stattfindendes John-Cage-Konzert! Aber alle sind so blöd! Gehen sich die dumpfen Kopfstände von irgendeinem röhrenden Bösewitz angucken und finden Burenstreifen toll. Überall hängen die Kiefers, die dumpfen Pencks, immer das gleiche, und die ›Alten Abteilungen‹ sind soviel schöner und stiller und tiefer.«

Ein Kiefer allein wäre zu verkraften. Die Moderne en bloc hat jedoch Eichler auf dem Kieker. »Verblüffend sind die Übereinstimmungen zwischen Scheinwissenschaft [Esoterik, Strahlenkunde etc.] und Scheinkunst«, einer snobistisch aufgeputeten Avantgarde, deren Initiation sich diverser Mogeleien verdankt: »Die Reihe der Tricks, mit denen die Modernisten ihre Produkte in die Gattung ernsthafter Kunst einzuschmuggeln suchen, beginnt damit, daß sie den Anfang ›moderner Kunst‹ möglichst weit, das heißt mitten in die anerkannt-legitime Kunstentwicklung, zurückzuverlegen trachten. Sie nehmen nicht nur die Impressionisten für sich in Anspruch, sondern belasten auch Namen wie Courbet, Menzel und Delacroix mit einer vorgeblichen Verwandtschaft.« Was eigentlich der teufelsverlogenen Historiographie des Ostblocks vorbehalten war, wird hier, das Posertum der Ausdrucksstarken befördernd, zum Usus. Sie amalgamieren »außerkünstlerische Mittel«, »spekulative Konstruktion und esoterische Spielerei«, und das Jahrhundert der Ismen erhält die Gestalt der »Gesamterscheinung eines hektischen Kunstrummels«, der auf »Zirkusrummel« geeicht ist: »Ihre künstlerischen Zahlungsmittel heute unter die soliden Werte zu mischen, ist Betrug.«

»Am Anfang der Geschichte modernistischer Ismen«, weiß Eichler, »steht eine Fälschung. Es gibt kaum ein Buch über die ›moderne Kunst‹, in dem nicht Cézanne als der geistige Vater des Kubismus herhalten muß«, der Cézanne, der gerne so grandios gegenständlich hätte arbeiten können wollen wie Ingres. »Und das nur, weil er einmal vermerkte: ›In der Natur gestaltet sich alles nach Kugel, Kegel und Zylinder.‹« Die rein technisch gemeinte Lehranweisung fand »eine ungeahnte Interpretation« und zeugte »die phrasenreichen Deutungen jener Befürworter der ›Moderne‹«, die »viele taube Nüsse, schillernde Seifenblasen und eitle Wortspielereien« für die bare Münze des falschen 50-Pfennig-Stücks Bank deutscher Länder 1949 nahmen.

Der Reihe nach: Ein einziges »schwindelerregendes Werk genialer Schwindler« (Jean Arp) sei das Wirken der Dadaisten gewesen, der »Revolutionäre unter der Maske fröhlicher Deppen«, der Surrealismus habe aus »Anhäufungen von Panoptikumsrequisiten« und »Mätzchen« bestanden, insbesondere Dalí ohnehin von früh an kinderzimmerposterprächtige Spielplatzphantasien geklebt, und die Konstruktivisten ähnelten »technischen Bastelkindern«, deren jeweilige Spezialversion (Suprematist etc.) nichts denn »eine hochtrabende Firmenbezeichnung« abgebe.

Das wesenseigene Moment des selffullfilling Management der Goetheschen »Afterkünstler« und Malewitschschen

Witzeleivirtuosen erfülle sich in Kandinskys synästhetisch-murmelmystischem Mist: »Mystische Ansprüche und technische Roboterideale wirbeln bunt durcheinander.« Parallel setze Piet Mondrian die »Maske der Modernität« auf und verschwafele den eigenen »Rückfall in den mittelalterlichen Irrglauben von der Errechenbarkeit einer Zirkelkunst, einer Art künstlerischem Homunkulus«, durch purdreiste »Hochstapelei«: »Holland hat drei große Maler hervorgebracht«, zitiert Eichler einen Katalogtext, »der erste war Rembrandt, der zweite van Gogh, der dritte ist Mondrian.«

Wie Mondrian »die Freude am Schein, die Neigung zu Putz und zum Spiele« (Friedrich Schiller: *Briefe über die ästhetische Erziehung des Menschen*) zur erhabenen und tieflotenden Dekorationsästhetik umdeutete, übertrifft noch Kandinskys Schwulst: »So ist die neue Darstellungsweise durch die Komposition dualistisch angelegt. Durch die exakte Darstellung der kosmischen Relationen ist sie ein unmittelbarer Ausdruck des Universellen. Durch den Rhythmus, durch die materielle Wirklichkeit ihrer Darstellung ist sie Ausdruck der Subjektivität des Künstlers als Individuum.«

Sie schwadronierten über die »Musikalität« ihrer Kompositionen und über kopfstehende Bilder (1907 verdankte Kandinsky einem solchen seine Erleuchtung: »Ich wußte jetzt genau, daß der Gegenstand meinen Bildern schade«). Oskar Kokoschka erblickte nichts als »modernistische Kuckuckseier« und »smarten Geschäftssinn«. An der Spitze der Bewegung malte Picasso, ein »genialer Schelm«. Auch ihm verzeiht Eichler nichts: »Picasso ist für mich der Cagliostro der Malerei.« Der »propagandistische Kunstrummel« finde »in Picasso einen kaum noch überbietbaren Gipfelpunkt«.

Hans Sedlmayr räumte, die expandierende, ja rasende konformistische Beliebigkeit einer sich absolut setzenden internationalen Kunstszene vor Augen, 1976 mit dem Essay *Kunst, Nichtkunst, Antikunst* auf: »Innerhalb der immanenten und autonomen modernen Welt ist die Abschaffung der Kunst ein Akt absoluter Folgerichtigkeit. Die große Lüge aber ist, daß das, was nicht mehr Kunst sein wollte, wieder als Kunst ausgegeben, besprochen, kritisiert und verkauft wird.« Bereits 1955 (*Die Revolution der modernen Kunst*, Reinbek) hatte er das Schlußwort gesprochen: »Niemand kann leugnen, daß in unserem Jahrhundert, mehr als in jedem anderen – schon die Zahl der ›Künstler‹ ist Frevel – gefördert, ja zum Teil provoziert durch die Verantwortungslosigkeit und Gewinnsucht eines gewissen Kunsthandels und durch die Urteilslosigkeit eines großen Teils der Tagespresse, das Unechte das Echte überwuchert, ja daß starke Interessen bestehen, die Grenzen zwischen dem Echten und dem Unechten nicht erkennbar zu halten oder gar für grundsätzlich unerkennbar zu erklären.«

»Wer sich auf das Gefühl, das inwendige Orakel beruft, ist gegen den, der nicht übereinstimmt, fertig«, dekretierte Hegel *(Phänomenologie des Geistes)*. Während der Künstlerdarsteller und »Alleskleber« (Hermann L. Gremliza) die Wahrheit des Werkes aus der ziselierten Subjektivität schöpft (und jede individuelle Empfindung zählt bekanntlich gleich viel), zerstört die Nivellierung und/oder Beseitigung der Bewertungskriterien die Autonomie des Ästhetischen, um sie dem kulturbetrieblichen Ensemble einzupassen. Gefordert wird die bedingungslose, geschmeidige, chamäleonartige Anpassung an den Markt, gefördert wird die popjahrhundertkurrente Talentlosigkeit, der Kitsch und Schund und die »Flucht in den Dunst und in billige Tricks« (Eichler).

»Kunstwerke sind substantiell anschauliche Qualitäten«, definierte Sedlmayr, und man muß der Strukturanalyse nicht zustimmen, um zu erkennen, daß die Moderne (und selbstredend die sog. Postmoderne) häufig dem Nepp und der Narrheit den Vorzug vor einer nicht effekthascherischen, nicht dekorativen Anschaulichkeit einräumte. Die unbestechlich kompetente Antje Vollmer rügte Gerhard Richters Reichstagshinterglasambaumalerei als »Scharlatanerie«. »Nun ist der Begriff Scharlatanerie – besonders im Zusammenhang mit der aktuellen künstlerischen Produktion – leider etwas aus der Mode gekommen«, kommentierte die *taz* (24. April 1999). »Zu Unrecht. Was hat es in diesem Jahrhundert nicht alles für bedeutende Scharlatane gegeben. Marcel Duchamp, der Erfinder des Ready-mades und damit wirkungsmächtigster

Künstler der Moderne, war ein Scharlatan. Danach kamen andere, der Amerikaner Jackson Pollock beispielsweise [...]. Oder der Tscheche Warhola, der seinen Namen später in Andy Warhol änderte. Der letzte der großen alten Scharlatane war Joseph Beuys«, einer, der »die Proktatur des Dilettariats« (Raoul Hausmann) errichtete. »Heute ist die Salonmalerei sehr avantgardistisch«, spottete Hans Platschek (*Figuren und Figurationen*, Hamburg 1999) und setzte dagegen: »Malerei ist ein hartes Geschäft, das selbst bei aller Spontaneität Disziplin verlangt. Sie ist keine Sache für den Feierabend. Bitte schreiben Sie ›Feierabend‹ mit Ypsilon.«

Für die »Virtuosen der Überanpassung« hatte er nichts übrig, Dalís »Beitrag zur Soziologie der modernen Kunst« sei »vor allem das Leitbild, eine konsumierbare Legende vom Künstler«, und wenn die Protagonisten der Abstraktion ihre »bald präpotente Sprache [...] in erster Linie an einen zu gewinnenden Käufer« richteten, mischten sie in akuten Fällen von »Tonfallschwindel« »vorgeschaltete Eidetik«, abergläubisches Geraune und obszönen Stuß – zwecks Religionsstiftung (»Der blaue Reiter«) oder der blanken Angeberei wegen. »Der Geist bricht Burgen auf«, griffelte Franz Marc, »die Mystik erwachte in den Seelen«, und Kandinsky schwätzte »vom weißen, befruchtenden Strahl«.

In einem Gespräch kurz vor seinem Tod rückte Platschek noch mal die Dinge zurecht und nannte Esel und Gauner beim Namen: »das schwarze Schaf Andy Warhol, der jetzt noch übertrumpft worden ist durch den Travolta-Verschnitt Jeffchen Koons«, den »anderen Schwachkopf: Malewitsch« (»Mir sagte ein deutscher Museumsdirektor, er möchte gerne einen Malewitsch kaufen. Ich habe ihm gesagt, ich könne ihm einen besorgen. – Woher, woher? – Ich sagte, ich mache Ihnen morgen einen. Heute gibt es nämlich Klebeband, da geht es schneller«) oder Francis Picabia, den schwerreichen Blender (»Das Verlangen verschwindet mit dem Besitz, besitzt nichts«; Picabia) und Verwandlungskünstler (»PICABIA hat ein Gehirngyroskop gegen den Berühmtheitsschwindel gefunden«; ders.); nicht zu vergessen die Gattung »Installation«: »Sehen Sie, alle Leute machen Installationen. Wenn mein Abfluß verstopft ist oder ich einen Rohrbruch habe, glauben Sie, daß da ein Installateur kommt? Wahrscheinlich malt er gerade.«

Die »Mythologien oder Mystifikationen«, den »Bluff« der letzten hundert Jahre und vor allem quälend rumrabaukende »Aktionskünstler« wie die »schwindelhafte« (Hans Mayer) Kölner Talkshowwurst HA Schult beiseite geschoben, »das Gebaren der Gemeinden, der Cliquen und der Marktinteressen« bewirkte auch handfeste Betrügereien. Evtl. beginnen »Lug und Trog« (*Süddeutsche Zeitung*, 22. November 1999, anläßlich der nächsten Reichstags-, der Haacke-Debatte) zwar erst richtig mit der Erfindung der Ölmalerei und der Entdeckung der Perspektiventechnik im 15. Jahrhundert, kurz: dem illusionistischen Trompe-l'œil; doch gefälscht wurde vorher schon – und praktisch alles.

Gefälscht wurden im »Fälschungsparadies Ägypten« (Sepp Schüller: *Fälscher, Händler und Experten – Das zwielichtige Abenteuer der Kunstfälschungen*, München 1959) Sarkophagmasken, Töpfe, Ramses-, Echnaton- und Tutanchamun-Materialien (Statuen, Mumien etc.). Gefälscht wurden archäologische Funde in beispielsweise Cardiff und im französischen Kaff Glozel, Fakes, die eine der »größten Schwindelaffären der Geschichte« nach sich zogen und Fragen aus dem geheimnisvollen Erdreich heraufwühlten und -spülten: »Kann ein ungebildeter Bauernjunge«, der prähistorische Ziegel, Steintafeln und Mauerreste offenbar: fälschte, ebenjene »Kultur so eingehend studiert haben?« Ohne Diplom?

Dito ein Bauer klaubte die »Venus von den Kohlrüben« zusammen und recht clever vor die Augen der begeisterten Händlerwelt, eine Marmorstatue aus dem ersten Jahrhundert v. u. Z.; in unwillentlicher Kooperation mit dem Bildhauer Francesco Cremonese, dem ein Popularitätsschub, dachte er, nicht schaden könnte. 1935 verbuddelte er sein Artefakt in Herrn Landwirt Gonons Acker, der zwei Jahre später die Venus emporrackerte – leider keine Arbeit des Praxiteles oder des Phidias, lediglich eine werbetrickige »Venus von Bizet«.

Gefälscht wurde im antiken Rom. Die Eroberungen waren erfolgreich abgeschlossen, da verlangte es die Oberschicht nach echt griechischen Modestücken. »Lug und Trug beginnen auch hier wieder in der Antike.« (Manfred Reitz: *Große Kunstfälschungen – Falsche Kunst und echte Fälscher*, Frankfurt a. Main/Leipzig 1993) Phidias lieh seinen Schülern die verkaufs- und prestigefördernde Signatur, während sich die Patrizier Gärten und Paläste mit Repliken, Plagiaten, Imitationen, Variationen oder genuinen Fälschungen vollmüllten. Und Pseudovergoldungen? Kein Problem. »Der größte Betrüger im Römischen Reich war allerdings der römische Staat«, der den Zinkgehalt der Zahlungsmittel beständig herunterzinkte.

Die Antike ging, das Mittelalter fälschte anderweitig (Individualkünstler, die hätten betrügen oder betrogen werden können, waren nicht vorgesehen), und im 14. Jahrhundert wurde wieder Kunst gefälscht. Der Herzog von Berry, »der erste bedeutende Sammler in Europa seit der Antike«, wurde mit falschen Stundenbüchern und Siegelringen und Konstantin- bzw. Heraklius-Medaillen verseppt. Ende des fünfzehnten Jahrhunderts startete Michelangelo als »Meister im Kopieren« und ergo Fälschen. Er fälschte derart genial Graphiken usf., daß es keine Menschenseele merkte. Tja, angesichts des fehlenden Urheberrechts war's eh nebensächlich, und so bewies die Renaissance, ein halbes Millennium vor Schorsch Seeßlen »den Mythos des Authentischen entlarvt zu haben – so wie die Kunstfälscher den Mythos des Originals zerstörten« (*taz*, 23. Dezember 1996).

Mythos und Authentizität und Urwüchsigkeit und deren Negation als kritisch-dekonstruktivistische Dekomposition des faulen Eis des kolumbianischen Originalgenies hin und ohnehin her, es wurde gefälscht. »Der Verschlagene versucht, durch tausend Schliche zum Ziel zu kommen. Tausende Schleichwege, tausend Betrügereien wendet er an«, murrte, den Kladderadatsch ahnend, bereits Horaz, und wenn schon Lorenzo de Medici den notorischen Michelangelo leicht zu überreden vermochte, ihm bitte seine alberne Cupido-Statue auf very old and real antique zu trimmen, dann wollte Leonardo da Vinci gleichfalls nicht faul bleiben, ließ hinter seinem Rücken, sehr viel später aber erst, doch das wußte das

Universalhirn sicher auch bereits im langen voraus, eine Fahrradskizze fälschen und fälschte seinem Lehrer Verrochio für das Gemälde »Taufe Christi« gewissermaßen einen Engel und den landschaftlichen Hintergrund herein; während Tizian den üblichen Großkunstschwindel der Täuschung dergestalt realisierte, daß plötzlich echte Schafe seine gemalten Lämmer anblökten und das belämmerte Volk dem zum Trocknen am Fenster aufgestellten Papstporträt zujubelte.

»Ist doch keine Kunst!« schrie Michelangelo und fälschte auf neuerliches Geheiß Lorenzos brav den schlafenden Amor z. Hd. Raphael Riario, Kardinal von San Gorgio, was aber aufflog. Na und? Der »Betrug in Schönheit« (Schüller) ging weiter, selbst im ehrlichen Deutschland wurde gefälscht, wahrscheinlich noch nicht dezidiert als »Reaktion auf Unterdrückung durch Cliquen und vor allem durch die Kritik«, mehr so aus Jux und Dollerei bzw. Geldbeschaffungsabsicht oder wie, jedenfalls wurde permanent Dürer gefälscht, außerhalb des Reiches zunächst engagiert in Venedig durch den Signaturenspezi Raimondi (1505 erfährt's Dürer, er gerät heftig in Wallung) und den Holzschnittfachmann Marc Antonio, »sogar ein Kind tat sich als Dürerfälscher hervor« (Reitz), und daheim fälschte fließbandschaffend Hans Schäufelein (manche meinen, er habe kopiert, gut), übertroffen durch den Hofmaler Rudolfs II. zu Prag, der den »Hasen« packte. Zu Lebzeiten erwirkte Dürer darob beim Kaiser das Privileg des Nachdruckverbots, post mortem indes wurde um so hemmungsloser gefälscht. »Man spricht heute von rund einer halben Million Fälschungen Dürerscher Graphik.« (Schüller) Die Witwe verzweifelte schier und kaufte an gefälschten Holzstöcken auf, was ihr in die Finger kam. Allein, »etwa 990 umstrittene Platten und Holzstöcke mit Dürerthemen aus der Zeit des Fälschungsfiebers« (Reitz) waren zu viel. Sie starb später.

Da seit Maximilian I. Dürer bzw. dessen Werk das »deutsche Kunstideal« abgab, streckten die Nazis ihre Finger nach dem niederländischen Kupferstich »Ritter, Tod und Teufel« aus, der »als Geburtstagsgabe für Hitler für 250000 Mark« (Schüller) gehandelt werden sollte. Wurde nichts.

Dafür wurden Grünewald, Cranach und Holbein gefälscht.

Gefälscht wurde die berühmte, im Louvre plazierte Terrakottabüste des Renaissancepoeten Benivieni, ein Meisterwerk des Quattrocento – vom Florentiner Giovanni Bastianini (1864), talentierter Sproß einer Steinbrucharbeiterfamilie, der prächtig mit dem skandal- und Presseschlachten auslösenden Kunsthändler Antonio Freppa harmonierte. Es folgten Madonnen in Serie, ein Savonarola-Porträt etc., und bis zu seinem frühen Tod erklärte Bastianini wiederholt, kein Künstler des 19. Jahrhunderts zu sein, nein: einer freilich des 15. Er war Urheber der Gattung »Fälschungen ohne Fälscher« (Schüller). »Das Motiv des Fälschers ist nicht immer nur materiell, oft will er den anderen und sich zeigen, daß er auch kann, was große Meister vollbracht haben.« *(echt und falsch)* Genau.

Gefälscht und kopiert wurde seit dem 16. Jahrhundert in flämischen und römischen sog. »Malergaleeren«, die ganze Schiffsladungen Madonnen- und Christusdarstellungen für portugiesische und spanische Kolonien produzierten. Gefälscht bzw. kopiert wurde Raffaels Gemälde »Papst Leo X. [...]« durch Andrea del Sarto, derweil bereits die Originalbrecher Jan Breughel der Jüngere und Rubens recht lax Eigenes mit Werkstatterzeugnissen vermengten und zur Not signierten, damit die Sache stimmte.

O ja, o doch, gefälscht wurde wie besessen und wie der Deibel. Der in der Fälscherzentrale Neapel ansässige Luca Giordano (geb. 1632) ward geheißen »Blitz der Malerei«. Ein früher Wolfgang Herrndorf. Er hatte, angetrieben durch seinen Vater (»Mach' schnell, Luca!«), Rembrandt, Rubens, Dürer et al. auf dem Zettel und im Programm und semmelte an einem Tag ein Hochaltarbild zusammen. Nun, da mußte Rubens eben auch irgendwie mal fälschen – als Hofmaler des Herzogs von Mantua 1603 zugunsten König Philips III.

Gefälscht wurde ziemlich heftig Jean-Baptiste-Camille Corot, so »daß von siebenhundert nachgewiesenen Originalen von Corot etwa achttausend in die Vereinigten Staaten gebracht wurden. Nach Vermutungen gibt es etwa 100000 Arbeiten, von denen behauptet wird, sie seien von Corot. In den Vereinigten Staaten sollen etwa 30000 Bilder von Corot hängen.« (Reitz) Gefälscht wurde die Tiara (Goldhaube) des Skythenkönigs Saitaphernes durch den Russen Israel Rouchomowski (1896). Abermals der Louvre erwarb das angeblich 300 Jahre vor der Zeitenwende entstandene Stück. »Auf der Straße wurden Spottlieder auf die Tiara und den Louvre gesungen.« Und der Fälscher? »In späteren Jahren erhielt er wegen seines überragenden Könnens eine Goldmedaille.« (Reitz)

Herr Schüller ist deshalb in Sorge: »Wir finden Fälscher aus Ehrgeiz, Eitelkeit und Geltungsbedürfnis – Menschen, die auf diesem ungewöhnlichen Wege zu Ruhm und Anerkennung kommen wollen. Nicht zuletzt aber begegnen wir den Kunstfälschern, die aus Gewinnsucht betrügen. Sie werden als Betrüger mit Recht zu Freiheitsstrafen verurteilt. Aber damit ist der Kunstbetrug nicht ungeschehen gemacht. Immer wieder lauert der Fälscher auf eine günstige Gelegenheit.« Was tun? Kopf ab? Reicht die Hand? Die »Kunstwelt« sei »beunruhigt«. Giert sie aber nicht vielmehr nach Echt-Altem, nach »Namen« und »Werten«? Und fordert die Verstöße gegen »Treu und Glauben im Wirtschaftsverkehr« selbst heraus? »Solange die Kunst religiös gebunden war, einen festen Platz im sozialen Gefüge hatte, ist für Fälschungen kein Platz. Erst wenn der Name wichtiger als das Werk und die Kunst ein Spekulationsobjekt wird, antwortet auf die gesteigerte Nachfrage nach den Arbeiten eines toten Malers ein plötzlich sich steigerndes Angebot«, bemerkte klug Fritz Nemitz. Anatole France sah's cooler: »Das Gewerbe der Kunsthändler ist mit der Wahrheit unvereinbar […]. Ich kaufe einfach, was mir gefällt, und ich will mich nicht drum kümmern, was falsch oder echt ist.«

Er hätte beim im Zuge des antikefixierten Ausgräber- und Sammelunwesens des 19. Jahrhunderts dem Berliner Museum angedrehten, plump gefälschten Marmorkopf evtl. zugegriffen; oder bei der vorgeblichen da-Vinci-Flora-Büste, die Generaldirektor Wilhelm Bode 1909 für die Preußischen Kunstsammlungen erwarb, einer zumindest Teilfälschung resp. Nachbearbeitung eines nie und nimmer leonardesken Stückes, das endlose Streitereien und zähes Gutachtergezänke auslöste, die und das einem noch heute auf den Senkel gehen. Oder France wäre Kunde des »Königs der Fälscher«, Aleco Dossena, gewesen. Der Soldat und gelernte Steinmetz narrte die Expertenwelt 1919ff. mit Erzeugnissen der kompletten Kunstgeschichte, ja »Spitzenwerken der italienischen Kunst« (Reitz), die in Paris und sonstwo zirkulierten: Sarkophage, Madonnen, Statuen, was grad anfiel. »Er arbeitete aus dem Impuls des Augenblicks heraus und sang dabei noch Arien aus italienischen Opern. Ein Marmorblock bereitete ihm keine Angst.« Kunsthändler erteilten die Aufträge, und als Dossena 1927 an die Öffentlichkeit trat, weil er merkte, selbst der unterbezahlte Betrogene zu sein, reagierte die Kennerwelt mit Denunziationen und der panischen Abwehr der Wahrheit. »Dossena erlebte die gleiche Tragödie wie viele bekannte Kunstfälscher nach der Aufdeckung ihrer Geheimnisse: Die allgemeine Bewunderung wandelt sich in Ablehnung.« (Schüller) Er starb 1937 in einem römischen Armenhospital.

Weniger dreckig erging es dem Düsseldorfer/Berliner Kunsthändler Otto Wacker, der ab 1927 mit Fälschungen des elend verreckten van Gogh einen Riesenreibach machte (Ergebnis: 1932 ein Jahr Knast auf Grund Betruges und Urkundenfälschung, aber alle Ohren dran), wobei ihm van Goghs unstetes Leben, konfuse Arbeitsweise und die schwierige Datierungslage entgegenkamen. Hitler seinerseits wollte partout Reichswirtschaftsminister Schacht zum Sechzigsten einen falschen Spitzweg vermachen; aufgeklärt über den Fehlkauf, tobte der Führer »und ließ ein Gutachten anfertigen. Später erhielt Schacht die Mitteilung, das Geschenk von Hitler wäre ein Original.« (Reitz) Die Expertise stammte von Hitlers Hausphotograph Heinrich Hoffmann.

Weil er einen Vermeer an Göring verscherbelte, bekam der Kunstmaler Han van Meegeren zwei Jahre später, am 29. Mai 1945, polizeilichen Besuch. Um der Verurteilung wg. Kollaboration zu entgehen, bekannte der Beschuldigte, das Bild »Christus und die Ehebrecherin« selbst gefertigt zu haben – sowie weitere dreizehn Meisterwerke des 17. Jahrhunderts. 1937 lieferte er der nach christlichen Vermeer-Zeugnissen lechzenden Gelehrtenwelt ein (alterungs-)technisches Bravourstück auf akribisch vorbereiteter Leinwand, das sofort als Original zertifizierte, mit 340000 Gulden entlohnte Œuvre »Christus und die Jünger von Emmaus« aus Jan Vermeer van Delfts dunkler Frühphase. »Mit den Emmausjüngern hatte er fast ausnahmslos alle Experten hinters Licht geführt« (Ronald Jonkers: *Ein Kampfhahn mit falschen Federn – Der Fall van Meegeren*, in: *Gefälscht!*) und sein Ziel erreicht: sich vom despotischen Vater, der sämtliche Zeichnungen zerrissen hatte, zu emanzipieren – und von den Kritikern, die van Meegerens Porträt- und andere Arbeiten als Plunder abtaten: »Ich glaubte nicht an die Unfehlbarkeit dieser Herren, und so reifte in mir der Plan, diese Experten, diese Herrscher des Kunsthandels, die meine Gemälde, die mit ›van Meegeren‹ signiert waren, für ungefähr drittklassig erklärten, einer Probe zu unterziehen. […] Es ist eine krasse Lüge, wenn man behauptet, ich hätte Vermeer kopiert. Ich malte in vollkommen eigenem Stil, jedoch mit der Pinselführung des siebzehnten Jahrhunderts. […] So entstanden nach und nach sechs biblische Darstellungen – den größten Erfolg hatten ›Die Emmausjünger‹, die unter anderem auch Dr. Bredius, dem berühmten Vermeer-Experten, zur Begutachtung angeboten wurden. Er erklärte dieses Gemälde zu einem der allerschönsten Vermeers.«

Jonkers weiß es hinterher besser: »Im nachhinein bleibt es eine erstaunliche Sache, daß so ein häßliches Gemälde […] soviel Rührung und ästhetische Anerkennung hat finden können.« Der Größenwahn des 1947 zu einem Jahr Haft verurteilten und bald an Herzversagen gestorbenen »Truqueurs« (Eudel-Roessler) wenigstens wurde so amtlich (»Die Meister der Malerei sind in Holland nicht ausgestorben. Ich beispielsweise, Han van Meegeren, bin genauso groß, wie Rembrandt und Vermeer gewesen sind«) wie jener des Lothar Malskat: »Die mich heute einen Fälscher nennen, sind die gleichen, die einst einen van Gogh oder Cézanne in Grund und Boden kritisierten und mittlerweile längst vergessene Halbtalente in den Himmel hoben.«

Malskat war die obligatorische »bemerkenswerte Begabung«, Sohn eines Königsberger Antiquitätenhändlers und nicht zufrieden, den Anstreicherberuf auszuüben. Er wurde zum renommierten Restaurator und Kirchenmaler Ernst Fey vermittelt und wirkte fortan segensreich an dessen Seite. 1937 pinselte er die frühgotischen Fresken des Schleswiger Doms neu an die Wände (und verewigte dabei Vater, Schwester und Freunde). Die Truthähne irritierten zwar geringfügig, doch die Nazikunstwissenschaft bog das hin. Malskat verewigte anschließend die Soldatenkameraden vor Norwegens deutschen Wäldern und entwickelte »nach dem Krieg« in Lübeck eine rege Fälschertätigkeit bzgl. u.a. Barlachs, Munchs, Becksteins – bis Dieter Fey die Deckengemälde über dem Hochaltar der Lübecker Kirche St. Marien, der ersten gotischen Backsteinkathedrale Deutschlands, restaurieren sollte und Malskat engagierte, der aus diversen Büchern Vorlagen zusammenklaubte und frei auf die neue Kalkschicht kombinierte. Die Bewunderung wuchs nach Fertigstellung ins Unermeßliche: Die Bundespost druckte Sondermarken der herrlichen Motive, und Adenauer staunte 1951, während der 700-Jahr-Feier der Stadt, nicht schlecht.

1952 zeigte Malskat Fey und sich an und erklärte, ein früher Presse- und Medienstar, dem man Eulenspiegel-Qualitäten andichtete, energisch: »Meine Heiligenbilder in den Kirchen Schleswig-Holsteins sind aber keine Fälschungen. Sie wurden erst durch die wissentliche Falschdarstellung von Dietrich Fey dazu. Ich habe mit diesen Falschdarstellungen niemals das geringste zu tun gehabt.« (Zit. n. Verena Auffermann: *Lothar Malskat – Mittelalter al fresco*, in: *Gefälscht!*) Anderen die Schuld in die Schuhe schieben und selbst das Opfer sein: ein bekanntes Reaktionsschema. »Über den vielen verwirrenden und immer wieder neu auftauchenden, zum Teil schwer zu beurteilenden Einzelfragen«, wendet Schüller ein, »darf man nicht den eigentlichen Betrug übersehen, der sich in der Lübecker Marienkirche vollzogen hat: Hier ist alte, echte und wertvolle mittelalterliche Kunst vernichtet und durch neue plumpe Fälschung ersetzt worden.« Und Günter »Grass meint, mit Malskat jenen Fisch an der Angel zu haben, der zur idealtypischen Beweisfigur für die verlogenen fünfziger Jahre taugt. Grass zählt in seiner *Rättin* ›drei Meisterfälscher‹ und benennt sein Fälscher-Triumvirat mit den Namen: ›Adenauer-Malskat-Ulbricht‹.« Und um den Dreh perfekt zu machen, konkludiert Auffermann: »Eine Hand wäscht die andere. Thomas Mann hat von seinem Honorar für den 1954 erschienenen Meisterbetrüger *Felix Krull* für die Restaurierung der ›Ruhmeshalle städtischen Patriziats‹, für Lübecks ›Sankt Marien‹, und so dafür Geld gespendet, daß Lothar Malskats Meisterfälscher-Gotik wieder abgewaschen werden konnte.«

Parbleu. Und Chapeau dem zu Kölle am Rhein (wo sonst?) fälschenden Museumsdiener Jupp Jenniches, einer Frohnatur, die dem dummen, entarteten Volke zum Helden heranwuchs. 1947 inspirierte ihn die Exhibition »Von Nolde bis Klee«. Er »verschaffte sich Zugang zu den Bildern, kopierte sie oder pauste sie manchmal nur einfach durch. Später erklärte er ganz unverblümt vor Gericht, was der Klee kann, das könne er auch.« (Reitz) Die Reaktionen des Mannes von der Straße lauteten unisono: »Wenn die Leute schon solchen Blödsinn kaufen, kann Jupp genauso das Geld verdienen wie irgendein Professor!«

Mit Ausrufezeichen.

Ob die verbreitete »unglaubliche Leichtfertigkeit von Gutachtern« (Reitz) oder der allgemeine tierische Wille zum Nachahmen oder der unstillbare menschliche Trieb des Nachmachens die Kunstfälscherei am ewigen Laufen hält, who knows; »Skandal«, zetert ein Prinzessinnenbilderfälschungsorgan wie die hochherrliche *Bunte*: »Eine Sammlerin besitzt ein Aquarell von Emil Nolde. Ein Experte drückte einfach den Stempel ›Fälschung‹ darauf und strich die Signatur durch. Jetzt treffen sich die beiden vor Gericht« (2/2000) – und wir könnten ein ganzes Buch lang röntgenstrahldurchblickerhaft skandalisieren. Denn – –:

Gefälscht wurde Edvard Munch, gefälscht wurde Goya. Gefälscht wurde Chagall, und der greise Kirchenfensterer signierte gern ihm vorgelegte Chagall-Fälschungen (»Ich habe soviel gemalt, daß ich mich kaum [...] erinnern kann«). Gefälscht wurden ab den zehner Jahren des 20. Jahrhunderts in Neuauflage alter Fälscherbräuche Porträtköpfe der Nofretete, gefälscht wurde verdienterweise Dalís Druckgraphik zu geschätzten neunzig Prozent (der Multimagier unterzeichnete Blankobögen), gefälscht wurden Dix, Picasso, Braque, Matisse, Dufy, Magritte, De Chirico, Ernst (Max), Modigliani, Man Ray, Rodin, Reißmüller, Renoir und Claudel.

Ja, gefälscht wurden: alle Guten, alle Schlechten, alle im Töpfchen der Kunstlotterie.

Robert Gernhardt, unzweifelhafter Urheber des Erzählungsbandes *Lug und Trug* (Zürich 1991) und ein Zeichner/Maler, der Aufschneider und Beutelartisten mit besten Sichten und Absichten nicht leiden mag, kolportierte (*Der letzte Zeichner*, Zürich 1999) einige erbauliche, begütigende Geschichten aus Giorgio Vasaris Standardwerk *Lebensläufe der berühmtesten Maler, Bildhauer und Architekten* und andere illusionistische Schnurren: »Jemanden an seinem Verstand zweifeln zu lassen, ist zweifellos ein übler Scherz, doch werden den Florentiner Künstlern noch üblere Täuschungen zugeschrieben, wahrhaft furchtbare Streiche, welche auf die Zerstörung der geschlechtlichen, ja der gänzlichen Identität der Opfer zielen. Boccaccio berichtet, wie die beiden Maler Bruno und Buffalmacco ihrem Kollegen Calandrino mit Hilfe des Freundes Nello und des eingeweihten Arztes Meister Simon einredeten, er sei schwanger, was der entsetzte Calandrino darauf zurückführt, daß seine Frau immer unbedingt habe oben liegen wollen. [...] Seltsame Spaßvögel, diese Künstler, die mit kriminell zu nennender Scherzenergie ans Verwirrwerk gingen.«

So hören wir's und haben wir sie gerne. (j. r.)

[...] womit niederträchtige Zeitungs-Mäkler das Ohr der Fürsten zu umsumsen pflegen [...]

William Shakespeare: *Heinrich IV.*

Machiavelli für Arschgeigen

Verfickt und verflucht noch mal, halt: na, so soll man nicht reden und nicht beginnen, wenn es um ernste Dinge geht, ja geht, immerhin werde ich Ihnen hier heute abend ein paar bedenkenswerte geile Einsichten, Quatsch und Quark und Knoblauchzehe an die Wand!, haha, gute Erkenntnisse des Begründers der modernen politischen Wissenschaft vortragen und zur hoffentlich erbaulichen und behilflichen Weiterverarbeitung in Ihrem gottdammich verfetteten Stammhirn ablegen oderwiemandasagt, hihi, ja Gott, scheißrein, wir sind alle mal down und nicht up on date und fullforce feiering the fuckin' but gagging Hierität, ha, was? Sie verstehen mich nicht?

Oho.

Na, dann will ich mal sagen: Man hat mir ein Honorar geboten. Sie führen eine Firma. Sie sitzen am Schalthebel der Macht, am Roten Knopf der, noch ein Bier, Fröllein, der dienstleistungsindustriellen Chemie unseres Landes, das einem Fürstentum ja gar nicht so unähnlich ist, jucks, aarrrrr, danke, Früllin, und ich bin gebeten und beauftragt ja quasi worden, Ihnen heute abend kurz eine Einführung zu geben in den Machiavel, den der junge Friedrich der Große noch nicht mochte und töricht und selbstverleugnerisch mit seinem faden *Anti-Machiavel* zu widerlegen meinte sich anheischig machen zu müssen, was uns aber genausowenig interessiert wie die näheren und die weiteren und die ganzen historischen Umstände dieser und der anderen Schrift, der berühmten und vielfach diskutierten Abhandlung *Der Fürst*, verfaßt 1513, erschienen erst 1532, fünf Tage, halt: Jahre nach dem Tod des Heerführers und Florentiner Vielfachbeamten und diplomatischen Gesandten, da kenn' ich mich im Augenblick grad nicht so aus, mit den genauen und exakten Verwendungen des, lassen sie mich sagen: Diabolo Niccolò; und den hier gar nicht zu erwägenden Krisenverhältnissen der Republik Florenz und des gesamten königsreich- und kirchenstaatszerstückelten Italien da in dieser Zeit.

Shall off! pflegen wir, die Berater der Firma Co. & K.o. KG McKinsmeier, zu sagen und in medias res zu rauschen. Hack. Bier weckt's Tier in dir.

Schön und gut, was darf und kann ich Ihnen mit dem Machi lehren heute abend hier und jetzt?

Nun, und um mal auf den Klarpunkt zu machen, er sagt uns, mit dem auch sehr gerissenen und stark erfolgreichen Verlegerpatron Sieghold Unfried zu quackeln und zu schabracken, noch immer sehr viele und Ihnen dienende Lehren dahin an den Kopf, so aktuell würkt oder deucht er uns bzw. erst mal mir und dann, nach meinem kleinen Vortrag, auch Ihnen. Da bin ich mir doch sicher.

Ich meine, was interessiert uns heute das Gekrittel am sog. Zynismus des Old Nick, wie der Engländer das Teufelssynonym taufte, des zweiten Kanzlersekretärs – wie meinen? Die *Süddeutsche Zeitung* vom 14. März 2000 menetekelt frontseitig »Kohl und Machiavelli«, ha, mir, urps, echt egal, Ihnen sicher auch – ich meine, unser Mann, unser Vorbild, unser Vordenker und Querdenker und Querlenker dedizierte seine hier zur weiterbringenden Nutzbarmachung vorzustellende Traktatschrift dem erlauchten Lorenzo de Medici und versicherte jenem gewieften Schurk' und Lurch, ohne »Blendwerk und Zierat« seine Ansichten darzulegen, die ja wirklich, glauben Sie's mir, echt spitzeknorke sind.

Was denn lehrt uns nun Machi? Und Sie? Sie müssen und wollen doch profitieren von diesem Abend hier heute abend! Was haben Sie eigentlich hingelegt für den ... na, wie werden Unternehmen regiert, das ist doch die Frage! Und wie können Sie sie behaupten. Gegen feindliche Übernahmen und feindliche Umtriebe im Inneren.

Schlagen Sie alles zusammen, was sich widerständig regt, außen herum und innen herinnen. Das wäre mal das erste Gebot, das uns Machi lehrt. Gern wechseln die Beschäftigten in dem irrigen Glauben, sich zu verbessern, den Herrn (oder würden es gerne), und dabei werden sie Opfer einer Täuschung, denn die Erfahrung zeigt ihnen, daß sie ihre Lage verschlechtert haben. Sie merken das aber nicht, Sie haben immer mit Trotteln zu schaffen.

Also, wenn Sie selbst mal eine Firma übernehmen möchten, löschen Sie die bisher die Stricke ziehenden Fredis aus. Das genügt meistens, um sich Respekt zu verschaffen. Haben Sie Erfolg gehabt, müssen Sie die Angestellten entweder verwöhnen oder vernichten, also rausschmeißen. Leichte Demütigungen nützen da gar nichts. Immer volle konsequente Pulle ran an die Maden im Speck! Weg den Dreck!! Ratputz sauber ausmisten den Stall des Augustus! Ha!

Na, schon die Römer, die dem belesenen Machi, Sie lesen nichts mehr heute?, dachte ich mir, deshalb sitzen Sie ja hier und stehe ich hier und, ah, Frallein, noch ein Bier, dalli bitte, die dem Machi als Vorbild dienten und die er genau studiert hatte, diese listigen Helmträger und stolzen Racker achteten darauf, Unruhen unter den Angestellten des gerade eingenommenen Betriebs zu unterdrücken und künftige aber auch gleich eimerweise »unter Aufbietung aller ihrer Kräfte im Kein zu ersticken«. Also, die Keime. Manchmal auch die Keimträger, die Bazillenschleudern da, Sie verstehn mich.

Sie müssen sich gar nicht schämen, »die Eroberungslust ist wahrlich eine sehr natürliche und verbreitete Erscheinung«, bloß machen Sie's nicht wie König Ludwig XII., klar, kennen Sie auch nicht, hören Sie sich's einfach an und halten die Schnauze, und bitte da hinten nicht so unruhig auf den billigen Plätzen herumrutschen!, was sagte ich? Ah ja, die machthungrigen Florenzer riefen den Ludwig, der Erbansprüche auf das Königreich Neapel hegte, herzu, und der rannte durch Mailand, glaub' ich, und beging aber u. a. den Fehler, den Spanier, den Erzkatholen, gleich mitzubringen, und fertig war der Lack bzw. schon wieder alles am Arsch. Wer den, den Arsch, nicht auf Grundeis bringen will, halte sich deshalb, spitzen Sie die Läuscherchen, hihi, daran, was uns Machi am Beispiel des Papstsohnes, Papst meint: Alexander VI., Cesare Borgia demonstriert: Übernehmen ja, aber immer, aber keinen neben sich dulden, der Sie an Einfluß und Macht übertreffen könnte! Schreiben Sie sich das auf Ihre Blöcke oder wenigstens hinter die Ohren.

Ahhr.

Jetzt haben Sie also, ich kürze den Machi etwas stark ab, diese ganzen Kriegskunsterwägungen begreifen Sie ohnehin nicht, und ich muß um zehn in der Kneipe sein, ein Unternehmen unter Ihre Gewalt gebracht und wollen da den neuen Hitler geben, Pardon: den neuen Patron oder, wenn Ihnen das in Ihrer Sprache besser gefällt, die neue leitende Hand bzw. Führungskraft. Was tun? fragte Lenin, den Sie besser gleich wieder vergessen, was tun? frage aber ich Sie? Hä? Noch sind Ihnen die Angestellten nicht hörig. Sie können sie vernichten, rauspfeffern, fadenscheinig abfinden oder was, Sie können die Löhne erst mal kürzen, damit klar ist, wer das Sagen hat, aber denken Sie immer daran, die Waffen zu zeigen und die Instrumente nicht aus der Hand zu geben, nichts zu delegieren, sondern eisenhart die neuen Richtlinien zu statuieren und egalwie zu sanktionieren, sollte wer nicht kuschen. »Laschheit«, wußte Machi, eeeyy, ich bin noch nicht fertig, die wichtigsten Lektionen kommen noch!, Laschheit entsteht »aus Furcht vor den Gegnern, welche die Gesetze auf ihrer Seite haben«, also den Gewerkschaften z. B., oder »aus dem Mißtrauen der Menschen, die erst an die Wahrheit von etwas Neuem glauben, wenn sie damit verläßliche Erfahrungen gemacht haben«.

Madame, wenn Sie mir bitte ein weiteres Bier ... recht so. Dank' Ihnen.

Sie können zum Donnerwetter aber nicht warten, bis die Säckel sich bequemen, die neuen Verhältnisse zu akzeptieren. Der bewaffnete Prophet ist der Prophet, auf den man hört – bestes Gegenbeispiel: der abgefrühstückte Savonarola! – und der das erfolgreich eroberte Unternehmen auch zu halten imstande ist gegen innere Zersetzungsbestrebungen und gierige Nebenbuhler, die vielleicht Ihrem Dienstvolk falsche Versprechen vorzüngeln und es abspenstig machen möchten, man sei auf alles gefaßt und wappne sich! Claro?

Ich sehe, ich fessele Sie langsam, und ich komm' ja ooch immer ratziger fetziger rasanter in feurige Fahrt, haha, wir nehmen also nun noch mal an, die Übernahme habe geklappt unter »Anwendung von List« und Vorspiegelung echter Gesinnung und Aufrichtigkeit. So, wie es Machi an Cesare Borgia, diesem brutalen Haudegen und Instücketrümmerer, als vorbildliche technische Vorgehensweise beschreibt, wenn man das so sagen kann. Sie müssen es ja nicht wie der verschlagene sizilianische Parvenü und baldige König von Syrakus, der Agathokles, anstellen und regelrechte Blutbäder anrichten; man könne es schwerlich, zeigt Machi wenig Verständnis für dessen rabiates Geholze, »Tüchtigkeit nennen, seine Mitbürger umzubringen, seine Freunde zu verraten und ohne Treue, Mitleid und Religion zu sein; auf solche Weise kann man zwar Macht erwerben, aber keinen Ruhm«. Wenn schon, »muß man alle Gewalttaten auf einmal begehn« und ein paar wirkungsvolle Exempel stempeln, äh setzen. Nein: statuieren.

Ach, ich entnehme Ihren Blicken, den Agthikleres kennen Sie auch nicht, dachte ich's mir doch, ich glaub', ich lasse die geschichtlichen Beispiele lieber weg und wende mich dem Aspekt des Regierens Ihrer neuen Firma zu, um zehn, spätestens um zehnfuffzehn stehe ich nämlich am Tresen! Da können Sie Gift drauf nehmen!

Nun, Sie interessieren sich doch dafür, wie man jetzt endlich es anstellt, die Esel zu zähmen, oder? Eben. Sie haben ja bezahlt, nicht zu knapp, wie ich mir denke, hehe. Nun, Sie werden dann sicher, wenn es um den Käse der Wurst des fetten Stücks von der Torte des Wirtschaftsbratens geht, den Sie, hach, ich seh' Sie schon lefzen und lechzen, den Sie riechen und zu gerne verspeisten, yeah, Sie werden dann ohnehin über Geld und ein Heer, also Werkschutz praktisch, und ein Gefolge verfügen, und dann beginnt das eigentliche kraftvolle Walten und Schalten, Ruckeln und Ausräuchern und Reorganizing, und es schlägt Ihre, des Fürsten Stunde mit Gebell und hohem, ho-hem Verstand!

Halten Sie sich an die Wirklichkeit, nicht an irgendwelche Vorstellungen über sie, »denn es liegt eine so große Entfernung zwischen dem Leben, wie es ist, und dem Leben, wie es sein sollte«, Machi trifft jetzt voll ins Zentrum unserer und vor allem Ihrer Angelegenheiten und Angelegenheit, er wühlt den Stein der Weisen aus dem Acker, den Sie bestellen werden, deshalb erwerben Sie die »Fähigkeit [...], nicht gut zu sein«, sofern Sie verficktnocheins es eh sind, bereits, nicht gut, he. Prassen Sie nie vor den Augen Ihrer mißgünstigen Angestellten, und greifen Sie, tut es not, hart durch, »einen Fürsten«, der Sie jetzt unzweifelhaft sind, ein Baron, ein Wirtschaftskapitän, darf es kruzefix »nicht kümmern, der Grausamkeit bezichtigt zu werden, wenn er dadurch bei seinen Untertanen Einigkeit und Ergebenheit aufrechterhält«. Also, mal so, mal so, nach Einschätzung der Lage und Entwicklung der Dinge, mal gefürchtet, mal geliebt auch, »denn man kann von den Menschen im allgemeinen sagen, daß sie undankbar, wankelmütig, unaufrichtig, heuchlerisch, furchtsam und habgierig sind«, heute mehr denn je, Sie kennen Ihre feigen und ewig nörgelnden Pappenheimer ja.

Ja, das haben wir geschnallt, nehme ich mal an, wenn ich Ihre Mienen richtig zu lesen verstehe. Bliebe beinahe nur noch zu klären, »inwieweit Fürsten ihr Wort halten müssen«. Haben Sie jemals jemanden belogen oder betrogen? Ihre Frau vielleicht? Nicht doch! Ihre engeren Mitarbeiter? Nie! Den Mann an der Werkbank! Ach was! Dann ändert sich nun Ihr Leben aber arschgewaltig, meine lieben Backfische da hinten! Nur diejenigen Fürsten, beweist uns Machi, konnten Großes vollbringen, »die auf ihr gegebenes Wort wenig Wert gelegt und sich darauf verstanden haben, mit List die Menschen zu hintergehen; und schließlich haben sie sich gegen diejenigen durchgesetzt, welche auf die Redlichkeit gebaut haben«.

Lassen Sie's sacken, gaaaanz lang-saam sacken, psssstttt, und lassen Sie die Worte nachhallen ... Frau da! Ein Bier hätte ich gerne! ... Seien Sie schlau wie der Fuchs. Gesetze schön und gut, doch wir machen, wollen wir einen ganzen Menschen abgeben, der führen, herrschen und nicht teilen will, uns auch die Kräfte und Finten der Natur zu eigen. Alle Menschen sind schlecht, und da die, die Ihnen ans Leder und den Geldsack grapschen, noch schlechter sind, die niedersten der Elenden, »brauchst du dein Wort gegenüber ihnen nicht zu halten«, eine alte Regel. Friedensverträge und andere Abmachungen hat man der Reihe nach täglich gebrochen, warum soll heute, wie uns diese »Modernen« weismachen wollen, anderes gelten, anderes als Naturrecht? Nein, der Starke täusche die Schafe und Gänse, und »wer es am besten verstanden hat, von der Fuchsnatur Gebrauch zu machen, hat es am besten getroffen. Aber man muß eine solche Fuchsnatur zu verschleiern wissen und ein großer Lügner sein«, hören Sie, hören Sie den in Marmor gemeißelten Anweisungen, Sie Pfeifen!, hören Sieeee!!: »die Menschen sind so einfältig und gehorchen so sehr den Bedürfnissen des Augenblicks«, dem Brottrieb, dem Autotrieb, dem Stereoanlagentrieb, »daß derjenige, welcher betrügt, stets jemanden finden wird, der sich betrügen läßt«.

Punkt. Moment, ein Schluck ... Sehen Sie, »Alexander VI. tat nie etwas anderes und war nie auf etwas anderes bedacht, als die Menschen zu täuschen«, und, rumpelt Machi fort, »es gab noch nie einen Menschen, der mit größerer Eindringlichkeit Versicherungen abgegeben, mit heiligen Eiden Versprechungen gemacht und sie weniger gehalten hätte«, und wenn Sie den alten Superschurken auch wahrscheinlich ohnehin nicht kennen, wie ich Sie kenne, denken Sie immer, egal, was Sie gerade anzustellen sich anschicken, an diesen oder irgendeinen anderen Papst oder einfach die Kirche: »Betrügereien stets nach Wunsch«, schlicht den Anschein erwecken, mal milde und väterlich und treu zu sein, und seinen Stiefel tolldreist durchtreten!

Er, Alexander VI., desgleichen sein grausamer Sohn Cesare Borgia, sei Ihnen glühendes Vorbild, beide seien Ihnen stets vor Augen gehalten, sollten Sie zaudern oder zur Weicheirigkeit neigen und umzufallen drohen. Die Menschen trauen fälschlich nur dem, was sie eigenen Auges sehen, trauen nur dem Augenschein, und also dienen sie ganz dem Augenschein und damit ihrer Sache, hehe, genau, also, geht das rein in Ihre tropfigen Schädel? – Achten Sie sehr darauf, so zu erscheinen, halten Sie vielleicht gerade vor der Mitarbeiterversammlung eine kleine Ansprache, von allen guten Tugenden erfüllt zu sein. Merke merke merke mehrmals und sprechen Sie mir nach: »Alle sehen, was du scheinst, aber nur wenige erfassen, was du bist!«

Los!

Na, das üben wir noch. Mit der holden Gattin zu Hause vor dem Badezimmerschränkchen.

Wir kommen, icks, zum Schluß. Auf der einen Seite, so sieht es aus mit der Welt, steht der Pöbel, und »der Pöbel läßt sich immer von dem Schein und dem Erfolg mitreißen; und auf der Welt gibt es nur Pöbel«, und auf der anderen, der Sonnenseite stehen Sie und strahlen ins Dunkel der amorphen Masse, und verhalten Sie sich nicht wie ein alter Depp, herrschen und beherrschen Sie nach eigenem Gutdünken und Willen und hauen weg, was nicht hereinpaßt in den verfuckten Laden. Daß Sie sich auf diesem Königsweg der Unternehmensführung befinden, zeigt, daß Sie »ein solches Ansehen« errungen und, schöner gesagt, gewonnen haben, »daß niemand daran denkt, [Sie] zu betrügen oder zu hintergehen«.

So sehen Sieger aus. Und wenn ich mir Sie genauer betrachte, sehen Sieger anders aus.

Na, egal für heute. Große Unternehmungen, außergewöhnliche Beweise Ihrer Tatkraft, eine durchaus ja auch mal »fromme Grausamkeit«, die Ferdinand von Aragon, unser Spanakenkönig, nicht verschmähte, eine präzise Freund-Feind-Feinunterscheidung, Achtsamkeit vor falschen Gunstbezeugungen und Schmeichelei, und Sie werden unter den verbliebenen, den leider notwendig verbliebenen anstellerischen Angestellten Zufriedenheit, Arschkriecherei, Speichelleckertum und Ergebenheit in allen Formen, die Sie wünschen, dauerhaft festigen.

Fortuna wird Ihnen hold sein! Fortuna wird Ihnen auf den Schoß springen! Jau!! Da hau' doch die Wand vom Putz!

Ich danke für Ihre geneigte Aufmerksamkeit. Wer noch auf ein Getränk mitkommen will, schlürfe sich, uggs, schließe sich an. Sie werden dessen bald entsagen müssen. Hahaha. (j. r.)

Pinselpein und Bumerangbumsen

Leonardo da Vinci mogelte. Seine Zeichnung »Der Geschlechtsakt« (1493) zeigt, deckte der *Spiegel* 1/2000 auf, »mit freimütigem Pinselschwung«, wie »das Glied des Mannes« pfahlgleich »in geradem Zustand in die Scheide der Frau« fährt. Das ist, eruierten Gynäkologen der Universität Groningen, Unfug. »Vielmehr schlägt der Körperteil auf halber Strecke einen kühnen Winkel um 120 Grad und nimmt die Form eines Bumerangs an.«

Der falsche Hase schlägt also beim Vögeln den Winkel, bis er den richtigen Haken raus hat. Um »befriedigende Schnittbilder der Schwellkörper und Weichteile« zu erhalten, arbeiteten die Forscher seit 1991 mit verschiedenen Kernspintomographen. Ihnen »gelang es zu enthüllen, daß die Manneszier weit stärker verbogen ist«, und »dennoch gingen die Experimente zunächst in die Hose«. Ein »potenteres Kernspin-Gerät« brachte 1996 entscheidende Verbesserungen, und Viagra gewährte den durchleuchteten Probanden »das gebotene Stehvermögen«. Die »scharfen Schüsse« besiegeln »den glücklichen Ausgang einer erregenden Insidestory, an deren Beginn Leonardos falscher Pinsel stand« und an deren Ende freimütig der Name des Oberjournalistenpinselsacks, ja der pinselweichsten Schlaffbirne des jüngst geborenen Jahrtausends »steht«: Jörg Blech. (j. r.)

[…] man log dazu und log hinweg, man log hinein und log heraus, stets wie man es gerade brauchte […]

Karlheinz Deschner: *Écrasez l'infâme*

Michael Rudolf

Du sollst lügen! – Wie die Christen das Blaue vom Himmel herunterschwindeln

Es ging schon gut los mit Maria: Läßt sich vor dem in Judäa dafür vorgesehenen Mindestalter von irgendeinem dahergelaufenen Strolch anknallen – die Pantera-Legende spricht gar von einem römischen Legionär. Aber Maria, nicht dumm, denkt sich eine der coolsten Ausreden aus, welche die Weltgeschichte bis dato zu bieten hatte. Und eine der folgenreichsten, wie wir noch sehen werden. Danach habe der Heilige Geist sie geschwängert, »lehren« die Theologen. Dazu mußte dieser Heilige Geist zwar erst erfunden werden, aber dazu später.

Maria hatte Glück. Ihr wurde geglaubt, nicht nur vom Dorf. Auch ihr Verlobter, der vor der Hochzeit nicht ran durfte, nahm die Sache hin. Wenn es ihn als »Joseph« überhaupt gegeben hat. Aber egal. Der Casus wäre den Sitten und Gebräuchen entsprechend übrigens mit Steinigung geahndet worden. Eine total uncoole Sache, wie Maria sich lebhaft vorstellen konnte. So was kam um die Zeit ja alle naslang vor. Ihr »child of innocence« (Kerry Livgren) aber hieß Jesus. Oder besser Josua/Joschua (»Gott rettet«). Den Spitznamen Christus (»der Gesalbte«) gaben ihm viel später hellenistische Kerygmatiker. Bei *der* Vorgeschichte ist es kein Wunder, daß der Sohnemann Allüren bekommt. Und weil die Parthenogenese so schlecht nicht gewesen sein kann, wird's gleich noch mal probiert. Es folgen dem Erstgeborenen etliche Zweit- bis Achtgeborene, die relativ normal geraten. Doch Gott als Leihvater für die Geschwister läßt sich heute leider beim besten Willen nicht verifizieren. Es scheitert kaum an unseren heutigen Mitteln – Gentests, Speichelproben, Penisabdrücke etc. –, es scheitert vielmehr an der Tatsache, daß diese ganze nahöstliche Schwindlertruppe nie im Leben wirklich existierte. Wenigstens nicht im Line up des Neuen Testaments. Außerdem ist Gott spätestens seit Friedrich Nietzsche mausetot.

Nehmen wir aber mal einen »historischen Jesus« an, den »aufgeklärte« Theologen immer wieder gerne bemühen. Außerbiblische Quellen zur »Person« gibt es nicht. Die wir haben, sind christlich redigiert bzw. falsifiziert, z. B. Flavius Josephus. Niemand will vom »historischen Jesus« gewußt haben. Also kann er so angesagt nicht gewesen sein. Die Zeugnisse seiner Taten, die Evangelien, wurden samt und sonders von Nichtzeitgenossen verfaßt, zum Teil hunderte Jahre später, vollkommen verrunkelt, verdreht und mit quietschebunter Komparserie ausgeschmückt. Damals wurde der Beruf des Ghostwriters erfunden. »Kein Augen- oder Ohrenzeuge spricht noch direkt zu uns.« (Christoph Burchard) Selbst katholische Theologen müssen einräumen, daß kaum einer der Aussprüche tatsächlich auf Jesus zurückzuführen sei. Und »über die Zeit bis zu Jesu erstem öffentlichen Auftreten wissen wir gar nichts« (Traugott Holtz). Toll.

Bethlehem als Geburtsort: Fehlanzeige. Nazareth? Gab es um die Zeit noch gar nicht. Wann wurde Jesus geboren? Um sieben vor Christus bis sieben nach Christus, heißt es. Ungefähr. Wie war es mit den Wundern, den üblichen Quacksalbereien, die man jedem Teilzeitpropheten andichtete? Wasser zu Wein? Mit fünf Broten und zwei Fischen 5000 Menschen verköstigen und dann zwölf Körbe mit Fisch- und Semmelmehl einsammeln? Umgekehrt wird ein Schuh draus. Renaturierungen und Exorzismus, Physiotherapie? Blinde können wieder gehen, Lahme wieder sehen? Krippe, Ochs & Esel, Kindermord zu Bethlehem, die Drei Könige/Weisen aus dem Morgenland, Taufe, Bergpredigt, Installation des Heiligen Geistes, Abendmahl, alle den christlichen Glauben konstituierende Szenen? Kompletter Humbug. Als Gottes Sohn hat er sich höchstens bezeichnet wie jeder andere Israelit auch; den Messias zu proklamieren, wäre ihm nicht im

Traum eingefallen. Die öffentliche Behauptung dessen allein hätte genügt, ihn den nächsten Atemzug nicht tun zu lassen. Kirchler haben es ihm nachträglich in den Mund gelegt.

Jesus alias Josua ben Dingsbums war, wenn überhaupt, einer von vielen jüdischen Apokalyptikern oder Kulturpessimisten, die das unmittelbar nahende Ende, den Untergang der Menschheit, annahmen und beschworen. Von den Typen standen nicht nur zur fraglichen Zeit in jeder Fußgängerzone zehn herum. Josua hatte keine prophetische Gabe: Was er den Leuten einredete, zielte auf ein ziemlich baldiges Ende; daher der moralische Rigorismus und die Philanthropie. Seine Ermahnungen wurzelten und fruchteten allein im reinjüdischen Kontext, im Streit um Befolgung biblischer Anweisungen und Gesetze. Josua war absolut gesetzestreu, also streng-jüdisch. Auf Nichtjuden wettete er keinen Pfifferling.

Ob er wirklich gekreuzigt wurde, kann niemand beweisen. Warum auch? Als Gotteslästerer etc. (denn mehrere Taten, welche die Evangelien »dokumentieren«, erfüllen diesen Tatbestand) wäre ihm nach jüdischem Recht die Steinigung gewiß gewesen. Die Römer hüteten sich da vor Einmischungen. Wäre er ein ganz profaner politischer Aufrührer gewesen, was unwahrscheinlicher ist, dann Kreuzigung nach römischem Besatzerrecht.

Sicher ist, daß es überhaupt keine Kreuze gab. An den schönsten Wellnesswanderwegen Richtung Emmaus standen Pfähle, senkrecht in den Boden gerammt und bereit für die Exekutionen. Hoch waren sie nicht. Eher so knappe zwo Meter. Den Querbalken, der vom Delinquenten vor Ort zu verbringen war, wurde oben (z. B. per Nut) aufgepflanzt. Ergab ein großes T. Aber niemalen ein Kreuz. Also: Josua wurde allenfalls ge-T-t. An den Balken gebunden oder geklebt, fast auf ebener Erde – jeder konnte ihn anspucken, kitzeln, sonstig demütigen; hinzu kommen der Durst, die Fliegen, das Gewürm; die Ornithologie verschafft sich ihr Recht und beginnt vielleicht am Auge oder sonstwo zu picken ... nein, das ist der denkbar schlimmste aller Tode. Und der langwierigste obendrein.

Über den Zeitpunkt dieser angeblichen Hinrichtungsshow wird wild spekuliert. Keiner und Niemand wissen Genaueres. Gesichert dürfte nur sein: Nach so einer Hinrichtung kurz vorm Sabbat ist bloß eine ziemlich prosaische Verklappung in der Fäkaliengrube am Gewerbegebiet der Stadt denkbar. Raubvögel und Nagetiere besorgten den Rest. Nicht mal zum »giant for a day« (Gebr. Shulman) hätte es gereicht. Wir hätten Josua gerne Schöneres gewünscht. Aber zuviel spricht dagegen. Die anschließende Auferstehung ist selbstverständlich reines Apostellatein. Keiner hat ihn wirklich gesehen. Außerdem widersprechen sich die Evangelisten, daß sie auf ewig mit kilometerlangen Pinocchionasen herumlaufen müßten. Das Grab war leer, heißt es oft zum Beweis. Logisch. Nur welches Grab denn?

Warum aber glauben heutzutage noch soundsoviel Millionen Menschen auf dem Erdenrund an einen jüdischen Landstreicher oder Aufwiegler oder eigentlichen Noname? Abgesehen vom Selbsterhaltungstrieb eines Riesenapparates, den wir uns angewöhnt haben, katholische oder protestantische Kirche zu nennen?

Nun, es gab den »Apostel« Paulus. Die cleverste und zugleich windigste Gestalt in diesem Zusammenhang. Sein Damaskuserlebnis ist sprichwörtlich geworden. Aber nicht nur das. Wir bieten zwo Erklärungsmöglichkeiten an. Er war vielleicht, erstens, ein machtbesessener Egozentriker und formte, geschickt die ihm damals zu Gebot stehenden Mittel der Mythenbildung nutzend, die urchristliche Kirche. Er schaltete rhetorisch versiert und polemisch RTL-2-tauglich seine Konkurrenten aus, den Josua-Bruder Jakobus und auch Petrus, den ursprünglichen Fels, auf dem Jesu Kirche gebaut sein sollte (die wir erst Paulus zu verdanken haben). Oder er war vielleicht, zwotens, ein eingeschleuster Spion, der, von wem auch immer, die frühchristlichen Bewegungen zu steuern und zu entschärfen hatte. Immerhin war er römischer Staatsbürger. Was aber hätte die Römer dazu bewegen sollen? Ihren Untertanen beließen sie ihre Kulte, soviel Kultur war immer im Römischen Weltreich. Die notorischen Christenverfolgungen sind eindeutig spätere Identifikationsmärchen. Man schildert selber gern seinen Opfergang, um die nun anstehenden eigenen Grausamkeiten relativieren und begründen zu können. Die makaberste Form der Erbauungsliteratur – da haben unsere Christenfreunde eindeutig Maßstäbe gesetzt. Wir schweifen ab. Paulus – egal welcher Provenienz (sein Ende wie auch das von Petrus ist lediglich legendär) – war der eigentliche Stifter der christlichen Religion und Erfinder des Missionsauftrages. Das ist klar. So eine Art Chef vom Dienst in der vorläufigen Endredaktion des Neuen Testaments, einer, der den »historischen Jesus« hinbiegt, damit er zu allem taugt. Vor allem für Pauli Zwecke. Für Kirchenzwecke. Trotzdem sind sieben der Paulus-Briefe gefälscht. Sauber. Darin stehen die Neutestamentler in astreiner Tradition. Schon das Redaktionskollegium des Alten Testaments hielt sein Riesenpatchwork nur dadurch zusammen, daß es »sinnvoll« strich und ergänzte und gebetsmühlenhaft wiederholte, »diese vielen verschiedenen Götter [seien] letztlich ein und derselbe Gott« (Walter Beltz).

Schon bald erkannte der Klerus, wo das eigentliche Potential Jesu liegt. Nicht in seiner Historizität, sondern in der paulinischen Interpretation des Jesus-Mythos. »Indem man selber lügt, wirft man, wie so oft, den anderen Lügen vor.« (Karlheinz Deschner) Das begriffen sehr bald auch die weltlichen Herrscher. Kaiser Konstantin bemühte sich nicht umsonst um ein Christentum als Staatsreligion. Nicht ohne nebenbei trotzdem wacker Knochenorakel zu befragen. Erst am finstersten Lebensabend ließ er sich eine turbotaufen. Er wird gewußt haben, warum. Unter seiner Ägide wurden die Bischofsgemeinden 313 u. Z. als vermögensfähige Körperschaften eingestuft, 321 deren Erbfähigkeit manifestiert, 325 in Nizäa das erste große (Schwindler-)Konzil inklusive umfassender Säuberungsaktionen einberufen und eine weitere Endredaktion des Neuen Testaments vorgenommen. »Seit Nizäa nehmen die Christen an, die Wahrheit könne bei wichtigen Treffen wichtiger Leute definitiv vereinbart werden.« (Peter de Rosa) Je nach Windrichtung und Luftfeuchtigkeit verschlimmbesserten fünftklassige Kopisten und Sektenchefs, besoffen von lächerlichster Autoritätsanmaßung, im Interesse der Homogenisierung und Standardisierung die vielen Kleinlehren zu einer vorläufigen »Rechtgläubigkeit«. Alles andere hieß fortan »apokryph«. Da wären die Gnostiker, Enkratiten, Manichäer, Novatianer, Mazedonier, Arianer, Luziferianer, Donatisten, Pelagianer, Nestorianer, Apollinaristen, Monophysiten und wie sie alle heißen mochten. Es folgte die Erfindung der Dreifaltigkeit (die keiner jemals vorher, weder das Alte Testament noch Josua ben Dingsbums, noch sonst wer ernsthaft behaupten mochte), aber »drei« klingt immer gut. Haben die anderen Religionen doch auch. Auf einmal gab es eine »apostolische Sukzession« – jeder Bischof leitete sich »irgendwie« (Michael Rudolf) von den Aposteln ab. Es folgten die Einrichtung eines prosperierenden Heiligenfonds als Zugeständnis an polytheistische Ex-Heiden und zu guter Letzt die Mariologie in all ihrer Disneyhaftigkeit. Für die Erklärung der Empfängnis in Sachen Josua-Geschwister geht das Geschwindel zügellos weiter, denn wir wissen ja, Maria empfing unbefleckt und bleibt unbefleckt in Ewigkeit. Amen. Es gibt die schöne Anekdote von der ungläubigen Salome, welche die Virginität Mariä anzweifelt, jedoch »unter Anlegen eines Fingers« das Jungfernhäutchen überprüfen darf, wofür ihr zur Strafe allerdings die Hand abfällt. Diese Nachricht gilt laut Clemens Alexandrinus und Zeno von Verona als »historisch«. Das also ist Dogma. Und wo Dogma draufsteht, ist nur Schwindel drin. Was ist also mit den Josua-Geschwistern? Heiliger Geist once again? Oder Windbestäubung? Egal.

Ganz und gar nicht egal darf uns sein, daß Kirche resp. Christentum nur das preisgeben, was augenscheinlich nicht mehr zu halten ist. Karlheinz Deschner stellt völlig zu Recht mit zunehmender Aufklärung auch einen eklatanten »Wunderschwund« fest. Moderne Theologen versichern uns dafür mit leicht geneigtem Haupt, der »historische Jesus« selbst könne für sie komplett destruiert werden, es hätte keinen Einfluß auf ihren Glauben, auf ihr Heilsverständnis. »Was Jesus wirklich sagte und tat« (Gerd Lüdemann; vgl. *Der große Betrug*, Lüneburg 1998), war und ist ihnen Wurscht. Denn Glaube bedeutet nicht nur Nichtwissen, sondern vor allem Nichtwissenwollen. »Das Volk gläubet jetzt so leichthin, wie eine Sau ins Wasser brunzet.« (Thomas Müntzer) Kein Wunder, daß das Neue Testament unangefochtener Bestseller der Neuzeit ist. Wer aber nicht »gläubet«, der ist reif für die »Civitas diaboli«. Dafür mußte das Reich des Bösen erfunden werden, denn die Redakteure des Alten Testaments kannten keinen Teufel. Auch von Hölle keine Spur, nirgends.

Doch fühlen die Täter sich nicht als Lügner. Nach Augustinus ist der »fromme Betrug« (Karlheinz Deschner) »keine Lüge, sondern Mysterium«. Und Thomas von Aquin nennt es »Heilswahrheit«, wenn sich die Himmelsbalken biegen. Thomas von Aquin faßt außerdem einen weiteren wichtigen Aspekt zusammen: »Die Juden sündigten nicht nur als Kreuziger des Menschen Christus, sondern als Kreuziger Gottes.« Das kann er nur beim Startheologen Augustinus aufgeschnappt haben. Der brillierte schon zeitig mit seiner Kampfschrift *Gegen die Juden*, ohne auch nur eine blasse Ahnung vom Judentum zu haben. Ihren Sabbat hielten sie nur, um zu naschen, zu faulenzen oder um schamlos den ganzen Tag auf ihren flachen Dächern zu tanzen. Sie seien »Sünder«, »Mörder«, »eine triefäugige Schar« und »aufgerührter Schmutz«. Pogrome erklärt er lapidar damit, daß Gott »ihren bösen Willen vorausgesehen habe«. Und Strafe müsse sein. Na bitte.

Karlheinz Deschner berichtet: »Die Laienbildung, die es im 6. Jahrhundert noch gibt, erlöscht jetzt jahrhundertelang so gut wie ganz [...]. Von Afrika bis Gallien liest man fast ausschließlich Heiligenlegenden, Mönchsromane, und in der Schule unterrichtet man fast gänzlich anhand der Psalmen [...]. Besonders die Mönche entwickeln eine ausgesprochene Bildungsfeindschaft, zumal gegenüber der Philosophie.« Das klerikale Bildungsmonopol hat einen Riesenvorteil: Mit gefälschten Kaisersiegeln und frech (und falsch) zurückdatierten Dokumenten wird der Adel nach Strich und Faden um Riesenländereien betrogen. In Klöstern wie Le Mans, Reichenau, Montecassino und Corvey werden professionelle Fälscher herangezüchtet, die mit z. T. haarsträubenden Falsifikaten helfen, Gottes irdischen Immobilienbesitz »wundersam« zu mehren. Wo das nicht klappt, hausiert man mit Souvenirs aus dem Heiligen Land: Windeln mit Original Bremsspur und Schnuller vom Jesukind, Jesu Schweißtücher und Badelatschen, Kreuznägel, Kreuzsplitter mit Original Holzwürmern, Original Marienmilch, weiß der Kuckuck, sogar die Bundeslade. Auch mit Jesu Vorhäuten lassen sich prima Geschäfte machen. Die in der Frauenkirche (!) zu Antwerpen ausgestellte Vorhaut vertropft um 1114 sehr fremdenverkehrsfreundlich dreimal Blut, und die in der Touristinformation zu Rom deponierte ist auch nicht ohne. Schließlich verbürgt sich die heilige Brigitta (!) im 14. Jahrhundert für deren Echtheit. Seither orgasmieren die Nonnen von einer Agape zur anderen.

Und das Lügen geht weiter. Christi Raum- und Himmelfahrt wurde erst 1550 von Papst Pius XII. definiert. Das 1. Vatikanische Konzil hielt am 18. Juli 1870 sicherheitshalber die Endabstimmung zur Päpstlichen Infallibilität (Unfehlbarkeit) ab. Denn die Lehre der Kirche ist allmächtig, weil sie wahr ist. Und sie ist wahr, weil sie allmächtig ist. Dank der »Päpstlichen Bibelkommission«, der »Kongregation für die Glaubenslehre« und ihres Chefs, Joseph »Josi« Ratzinger, für Katholen noch heute. Letztere eingerichtet im Jahr 1965, hervorgegangen aus dem 1542 gegründeten »Heiligen Offizium«, welches aber vorher hieß »Die Heilige Inquisition«.

Die Protestanten sind kein Gran besser. Franz Alt und seine Frau Bigi schreiben: »Richtig ist, daß Jesu Jünger nicht über ihren Schatten, ihr jüdisches Umfeld springen konnten. Wir sollten das heute aber endlich tun.« Heraus kommt Jesus als »der erste neue Mann«, und wie immer werden Behauptungen mit Behauptungen bewiesen. Aber Franz und Bigi setzen noch einen drauf: die »an Jesus orientierte Politik«. Und die bedeutet? »Weniger kaufen! Weniger wegwerfen! Weniger Energie! Weniger Chemie! Weniger Verkehr! […] Weniger Abgas! Weniger Abfall! Weniger Lärm! Weniger Radioaktivität! Weniger Umweltzerstörung! […] Weniger Streß! Weniger Krankheit! Weniger Kriegsgefahr! Weniger Angst!« Im Ausgleich dazu »Mehr Natur! Mehr Kultur! Mehr Freiheit für Sport und Bildung! Mehr Lebenssinn! Mehr Gemeinsinn! Mehr Frieden! Mehr Zukunft!« Mehr

Nervensägenalarm! Und mehr Herbert Gruhl, denn dem und seiner ÖDP fällt so was dazu ein, um es von Franz und Bigi zitieren zu lassen.

Den Vogel jedoch schießen feministische TheologInnen ab. Christa Mulack postuliert, der Kreuzgang sei »nur ein Abbild des weiblichen Kreuzganges durch die Geschichte des Patriarchats«. And this is Elisabeth Moltmann-Wendel speakin': Maria Magdalena, die in ihrer »verschwenderischen Exzentrizität« Jesu Füße wäscht und salbt, habe damit für eine »stumme, aber nachdrückliche Revolution« gesorgt. Jesus sei vom »Nationalisten« und »sexistischen Macho« zum »Kosmopoliten« konvertiert. Wer Ohren hat, halte sie sich zu. Wer Beine hat, laufe, so weit sie ihn tragen! So wird Jesus nachträglich noch einmal von oder mit Schreckschrauben ans T geschlagen.

Keine Sekunde der Weltgeschichte ist durch die Schwindelreligion besser, schöner, erträglicher geworden. Im Gegenteil: Millionen haben als »Gegner« und »Feinde« dieser Institutionen, dieses Glaubens ihr Leben lassen müssen. Auf meist sehr profane Art und Weise, wenig unterhaltsam, selten mythifiziert. Die »bewaffneten Wallfahrten gen Jerusalem« (Hans Wollschläger) und die »Wahrheitsfindung« qua Inquisition, sämtliche Christianisierungen, das Kanonensegnen, der Vatikan als Nazifluchthelferbande, Eugen Drewermann und Friedrich Schorlemmer – kein Verbrechersyndikat hat soviel Dreck am Stecken. Das glauben wir nicht nur, das wissen wir! »Gottes einzige Entschuldigung ist, daß er nicht existiert.« (Stendhal)

PS: Im Herbst 2000, parallel zu diesem Buch, publiziert der gewitzte Frankfurter Eichborn Verlag eine Sammlung »unterdrückter, verheimlichter Texte« der Apokryphen, die »andere Bibel«, Alfred Pfabigans *Gottes verbotene Worte – Was die Bibel verschweigt*. Das wird den »Großen Boß« (Eichborn) sicher sehr freuen und erheitern gar.

[...] nennen sich Christen, und unter ihrem Schafspelz sind sie reißende Wölfe.

Goethe

Gottes Vertreter und Diener – Eine kurze Zweijahrtausendbilanz

Ein zentraler Aspekt: die christliche Religion und insbesondere ihre mächtigste Institution, die (zunächst) katholische Kirche. Priestertrug und Papstbetrug gehören zum festen Inventar des Abendlandes. Johannes Chrysostomos betonte »die Notwendigkeit der Lüge zum Zweck des Seelenheils [...], wie selbst Origines, einer der größten und edelsten Christen, mit aller Entschiedenheit Betrug und Lüge als ›Heilmittel‹ erlaubt« (Deschner). Nirgendwo wurde die ewige Differenz zwischen Theorie und Praxis, Anspruch und Wirklichkeit energischer bekräftigt – mit den Lockmitteln der Heilserwartung und der Jenseitslüge und weit handfesteren Operationen. »Das Christentum ist theoretisch der friedliebendste, praktisch der blutrünstigste Glaubensverband der Weltgeschichte«, urteilt Karlheinz Deschner in *Kirche des Un-Heils – Argumente, um Konsequenzen zu ziehen* (München 1974).

Tatsachen sind: Galilei wurde zum Lügen gezwungen, Heilige wanderten nach Gusto in den Kalender, obschon sie niemals lebten, Mariendogmen und das Wunder der Transsubstantiation, »dies ganze grandiose Gewebe aus grob gehäkelter Sophistik und gnadenvoller Geisterseherei«, bleiben bestehen. Man liest in Spanien noch heute Messen für Hitler und macht »die altbekannte feiste fromme Miene zum altbewährten bösen Spiel«. »Voller Ränke und Raffgier, Diabolik und Dünkel und unbegrenzter Barbarei« sei, eröffnet Deschner den Sündenkatalog, die Kirche, die »stets eine frech angemaßte Hoheit zum Verbergen ihrer Niedertracht« benutzte »und ihre Nächstenliebe zur Tarnung der Ausbeuterei«. Folter, Zensur, Index, Bücherverbrennungen seit den

Aposteln, immer nährend den Kinderglauben an »Himmel und Hölle im Hintergrund, Vordergrund, Untergrund, mit der Beschwörung aller Engel und Erzengel und mehr noch natürlich des Fürsten der Finsternis samt seinen Heerscharen«, die laut Kierkegaard exakt die irdisch-satanischen der Kirchengründer und ihrer Armeen waren: Trotz aller »Feigenblätter« forcierten die »Gangster« nur eins: den »grauenhaftesten terrores religionis«.

Fakt ist, legt Deschners Aufsatz *Man nennt es Heilsgeschichte* (ebd.), ein Parforceritt und eine Philippika sondergleichen, dar: Als Kaiser Konstantin 313 die volle Religionsfreiheit gewährt, beginnen die Christen sofort mit der Bewaffnung. Sie exkommunizieren Fahnenflüchtige und ernennen Feldgeistliche. Soldatenmärtyrer werden aus den Heiligenkalendern eliminiert. Die Unterstützung der »Machthaber beim Massenmord« kann beginnen.

»Zwei blutige Feldzüge und eine (elfhundert Jahre später eingestandene) gigantische geistliche Fälschung ergaben den Kirchenstaat, den fränkische und sächsische Herrscher fortan immer wieder bestätigen und vergrößern mußten.« Päpste errichteten eigene Truppen und plünderten Herzogtum um Herzogtum. Ursprüngliche Akkumulation auf vollen Touren. Leo IX. bekriegte, das Wehrverbot ignorierend, 1053f. die friedlichen Normannen, Gregor IX. attackierte den Kreuzzugheimkehrer Kaiser Friedrich. Urban VI. beehrte den sizilianischen Erbfolgekrieg, Pius V. und Sixtus V. nahmen sich Engländer und Türken vor. Julius II. (»so helfe mir mein Schwert«) war jährlich an wechselnden Fronten beschäftigt, Paul IV. entdeckte Mitte des 16. Jahrhunderts, wie sein Arm »bis zum Ellbogen in Blut getaucht« war, ließ aber sog. obszöne Partien von Michelangelos »Jüngstem Gericht« überpinseln. Wissend, daß ihm keins blühe.

Des weiteren nicht zu leugnen ist: Pius IX. (19. Jahrhundert) rekrutierte fleißig und ergiebig, Pius XII. übersah 1939 den Faschismus und machte leichte Damenbekleidung für das »heutige Elend« verantwortlich. Während Pius II., endlich mal ehrlich, die Unverzichtbarkeit eines klerikalen Bordellnetzes erörterte.

»Bischofs- und Abtsmorde im Mittelalter, die Pfaffenkriege und Pfaffenjagden«: eine beeindruckende Geschäftsbilanz. Unter Kaiser Otto II. übertraf die Zahl der päpstlichen Panzermenschen die weltlichen um hundert Prozent, Prälaten verübten pausenlos Blutrache, »und kein Bistum, in dem nicht ein Bischof zuweilen jahrzehntelang Fehden führte«. 1368 zerhackte der Abt von Reichenau jedem greifbaren Konstanzer die Augen, man knüpfte auf und ließ »schockweise köpfen« – nach ausführlichen Bitten um Gnade.

Kaiser vs. Papst et vice versa, Papst gegen Papst, der Klerus gegen Ungläubige, »mit Dolch und Gift auf jede nur mögliche Weise«, dazu der heilige Krieg, an dem laut Verdikt Urbans II. (1095) auch Banditen partizipieren durften: Tatsachen. Bei der Einnahme Jerusalems 1099 »massakrierten sie fast 70000 Sarazenen«, unterwegs waren »Tausende von Juden« und ungarische Christen angefallen. Im Tempel dann ein Gemetzel, währenddessen sie »durch Gottes wunderbares und gerechtes Urteil bis zu den Knien und sogar bis zu den Sätteln der Pferde in Blut wateten« (Raimund von Agiles).

Die Kreuzzüge glichen Massenmobilmachungen, wie sie erst Hitler wieder anordnete. Das Fiasko endete 1187 mit der Wiedereroberung Jerusalems durch die Moslems. Den Christen gefiel »Sultan Saladins Großmut und Menschlichkeit« gar nicht. Sie kannten eine andere Währung.

Denn Fakt ist, »die Päpste stachelten immer wieder zu neuen Kreuzzügen auf«, bis zum Ende des Mittelalters. Treibende Kräfte u. a.: Eugen III., Innozenz III. (erfand eine Vorform des Judensterns), Gregor IX., Clemens IV., Urban V., Clemens VII. (experimentierte 1390 bei Tunis mit dem Schießpulver), und gegen Ende des 15. Jahrhunderts forderte Pius II. den Weltenbrand, das globale Blutreinigungsbad, die Läuterung der Seelen als »universalen Kreuzzug«.

Der »Wahn, der die ganze Welt bestach« (Schiller), hielt an. Der Katholizismus, Goethe glich er, so Deschner, »Theater, Karneval«, bedeutet: »Hokuspokus« (Goethe) – schuf Tausendjährige Reiche und Jüngste Gerichte mit Fließbandpräzision: »Niemand vor Stalin und Hitler hat in Europa das

Leben so unentwegt aufs äußerste verachtet und in den Staub getreten, ja, dies noch – Gipfel zynischer Perversion – als ›gottgewollt‹ verkündet, wie die christliche Kirche.«

Früh begann jene ihr heiliges Amt zu verrichten. Bis ins 6. Jahrhundert verfolgte und enteignete und entwürdigte man die Heiden mit unerbittlicher Konsequenz, unterstützt durch die Autoritäten, Hieronymus und Augustinus etwa. »Totale ›Säuberung‹« war angesagt. Es ging nicht anders. Es mußte sein. Zur Not per Denunziation.

Wir wissen: Schon der feine Paulus nannte die »Urgemeinde« eine Bande von »Hunden« und »Lügenaposteln«, Konstantin ließ gegen Nichtkatholiken die schärfsten Maßnahmen ergreifen. »Von Augustinus, dem Prototyp der späteren Ketzerjäger, geht eine gerade Linie zur Inquisition, die bereits in der Karolingerzeit mit der Schaffung der bischöflichen Sendgerichte begann und allmählich zur systematischen Sektenfahndung führte, zur bewußten Produktion eines Terrors, der Ungezählte durch die Jahrhunderte vernichtet hat.« Eine überzeugende Stringenz, »geschichtlich betrachtet« (Gerhard Polt).

1194 beginnt in Spanien die Inquisition. Zunge abtrennen, erwürgen, verbrennen. Rasch europaweit. Innozenz' IV. Bulle von 1252 erklärt das Töten der Häretiker zur Pflicht. Thomas v. Aquins Dominikaner widmen sich der »Ausmerzung ›verpesteter Menschen‹«. »Man [...] erlaubte alle Mittel des Betrugs. ›Um der guten Sache willen‹, kommentierte ein Richter eine Aussagensammlung des sechzehn Tage immer schärfer gefolterten Savonarola, ist ›einiges weggelassen, einiges hinzugefügt worden‹.« Der NKDW konnte noch in den dreißiger Jahren des letzten Jahrhunderts daraus seine Parteilehren ziehen.

Jeder gegen jeden, jeder ein Polizist, die Tyrannei der Brutalität bis hinunter ins Alltagsleben. Niemand entkommt. »Hier begann das Denunzianten- und Spitzelwesen [...] und damit jenes einmalig ekle Gemisch aus Duckmäusertum und Heuchelei, das die christliche Volksseele seither charakterisiert.« Oben betrügen, unten betrügen: Die politische Strategie der Unpolitischen ging auf – Barbarisierung um jeden

Preis, totalitäre Herrschaft in vollendeter Konsequenz. Der Klerus machte Weltgeschichte und schuf Tatsachen. Die Geburt der Gesellschaft aus der umfassenden Lüge.

Solche Tatsachen, solche Verfahren: »Jeder Betrug ist bei der Überführung von Ketzern erlaubt. Zur Jagd auf sie wird allgemein gehetzt, zur Grausamkeit öffentlich erzogen. Man zahlt hohe Preise für Fensterplätze mit Scheiterhaufenansicht und gewährt holzschleppenden Gläubigen vollkommene Ablässe.« Gladiatorenkämpfe? »Der Kaiser Nero« (Gerhard Polt)? Ein Dreck gegen diesen himmelstürmenden Berg an Hirnjauche, Unflat, Gewaltexzessen, inbrünstig geplanten Massenliquidationen.

Showgewerbe at its best: »Man veranstaltet prunkvolle Autodafés, bei denen man, manchmal vor 200000 Zuschauern, Menschen massenweise ermordet. Man steckt sie auf ihrem letzten Weg noch unter einen Narrenhut, zwickt sie mit glühenden Zangen, schlägt ihnen zuweilen die rechte Hand ab und singt dann, während sie, je nach Windrichtung, ersticken oder langsam verbrennen: ›Großer Gott, wir loben dich.‹«

Der große Gott bastelte Bestien in Serie. Sie übergaben selbst sterbende Frauen den Flammen. Der spanische Großinquisitor Torquemada verurteilte höchstselbst 10220 Abtrünnige, angebliche Lästerer, Ketzer. Die Wahrheitssucher kerkerten lebenslänglich ein, schmiedeten ihre Opfer an Wände fensterloser Verliese und Marterkreuze. Pfählen und quälen. Rädern und drangsalieren. »Murus strictus« nannten sie es. Die gerechte Strafe Gottes ereilte auch Tote. Sie wurden, prächtige Beispiele liefert Deschner aus dem 8. und 9. Jahrhundert, exhumiert und »wie bei Lebzeiten behandelt«. Rechtgläubigkeit hingegen pflegte man im 13. Jahrhundert so zu bekräftigen: »Ich bin kein Ketzer, denn ich habe eine Frau und schlafe bei ihr, ich habe Kinder und esse Fleisch, ich lüge, schwöre und bin ein gläubiger Christ, so wahr mir Gott helfe!«

Gottes helfende Hand half und führte Regie während des ersten Kreuzzuges gegen Christen, 1209 gegen die Albigenser, die »Schmutz- und Schandflecken des Menschengeschlechts«, denn es »befriedigten auch Einzelaktionen gegen Ketzer die Päpste nicht«. Innozenz III. forderte erfolgreich die komplette Selbstreinigung der Christenheit. Jeder verlockend leicht bekehrte Spitzbube schlachtete, wo es ihm beliebte.

Nicht zu leugnen ist: 1147 findet der Wendische Kreuzzug statt, Motto: »Wer sich nicht taufen läßt, soll sterben.« In der Folge und in Verlängerung der karolingischen Heidenmissionen im Osten töten, brandschatzen, vernichten Ordensritter landstrichweise. Pius XII. wird den Rußlandfeldzug als »Verteidigung der Grundlagen der christlichen Kultur« wider den Bolschewiken und Slawenuntermenschen verherrlichen. Glorie, Glanz, Ruhm. Im Auftrag Gottes und der hl. Lehre.

»1234 treibt Papst Gregor IX. zum Kreuzzug gegen die Stedinger Bauern«, drei Jahrhunderte später sind Hussiten dran. »Man metzgert ganze Städte leer und verbrennt Dörfer hundertweise, schon damals die Taktik der verbrannten Erde probend.« 1568 wird durch das spanische Inquisitionstribunal beschlossen, drei Millionen Niederländer auszulöschen. 1572 erleben 20000 Hugenotten ihr verdientes Ende. Gregor XIII. »veranstaltet aus Freude darüber öffentliche Lustbarkeiten«. Man lügt beim praktischen Vollzug nicht mehr. Man mordet und schreit: »Es lebe die Messe! Tötet!«

Massenfluchtbewegungen der »Nonkonformisten« setzen bereits im Mittelalter ein. Die Neuzeit, die mit dem Westfälischen Frieden politisch beginnt, hat nicht die Billigung der Kirche. Jeder Ansatz zur Zivilisation durchkreuzt ihr Treiben und beschädigt die Geschäftsgrundlagen. Innozenz X. »protestiert« darob »feierlich« gegen das Ende des Konfessionswahnsinns.

Aber es gab ja, vom 13. bis zum 19. Jahrhundert, noch Hexen. Kirchenväter und Päpste glauben fest an deren Existenz. Außerdem kann man raffen, mehr raffen, konfiszieren, stehlen, vernichten. Wo keine Heiden, keine Türken, da »durch die Folter erlogene Geständnisse«. Der Bamberger Bischof Fuchs beseitigt um 1630 600 Exemplare, der Würzburger Oberhirte Adolf v. Ehrenberg 1200, der Erzbischof von Trier zwei Dörfer vollständig. »Sie warfen hundertjährige Frauen ins Feuer und einjährige Kinder, Krüppel und Blinde, Todkranke und Schwangere und ganze Schulklassen, selbst Geistliche und Nonnen. Die Länder litten schlimmer als durch die Kriege.«

Hinterher wurden die Vermögen eingesammelt, Blutgelder kassiert. Auch Luther und seine Konsorten, selbst blindwütige Fanatiker, die »in Rom Tausende von Päpstlichen erschlugen«, huldigten den Praktiken der »Papstsau« und begrüßten, vom Satan besessen, die Zerstückelung der Ausgeburten ihrer Ammenmärchen, der »Teufelshuren«; oder besorgten's selber. Calvin befahl gleich, »die Rasse [...] auszurotten«. Allein im 17. Jahrhundert brachte man es auf nahezu eine Million Leichen – faunischer Weiber, Zerrbilder der ursprünglich paulinischen Psychosexualpathologie.

Eine andere vorgebliche »Rasse« mußte ebenso weichen. Sie kennen die Gründe (»Die Juden zu mißhandeln, hält man für ein gottgefälliges Werk«; Abaelard). Die Techniken, der Gang der Dinge: Paulus begründet den Haß auf die »verstockten« Juden, der hl. Justin (2. Jahrhundert) gibt ihnen die Schuld »auch an dem [Unrecht], das alle anderen Menschen überhaupt begehen«. Das 6. Konzil (Toledo) ordnet 638 »die Zwangstaufe aller in Spanien lebenden Juden« an, das 17. Konzil von Toledo stempelt sämtliche nämliche Wesen zu »Sklaven«. 1179 (3. Laterankonzil) wird die »Mischehe« verboten, Innozenz III. bekräftigt 1205, alle Juden seien »gottverdammte Sklaven«, die unter Hausarrest gestellt, per Abzeichen stigmatisiert und verknechtet gehören. Usf. Leo XII. noch installiert Inquisitionsghettos.

Seit dem 11. Jahrhundert toben die Pogrome, in deutschen Landen, in Spanien, Österreich, Schlesien, ohne Unterbrechung, so daß Luther gar nicht anders kann und »fast alle katholischen Lügen und Greuelmärchen, die Brunnenvergiftung ebenso wie den Ritualmord«, begeistert aufgreift, kolportiert und hetzt gleich einem Zwillingsbruder Julius Streichers. »Hier führt ein gerader Weg in die Gaskammern von Auschwitz, vorbereitet durch Tausende von Traktaten, Predigten, Papstbriefen und Konzilsbeschlüssen.«

Das reicht? Nein. Den Worten Jesu nicht unbedingt hörig, der »Betrug des Reichtums« sei zu ächten, erpreßte die Kirche von ihren Schäfchen, was die Melkkühe hergaben. Paulus predigte den Segen der Sklaverei, Augustinus tat es ihm gleich. Es entstand »die riesenhafteste Ausbeutungsmaschine, die die Welt gesehen« (Karl Kautsky), mit den größten Ländereien, prächtigen Einkünften aus dem kirchlichen Zehnt (seit dem 6. Jahrhundert) und einem frühzeitigst hochentwickelten Finanzsystem, das einzig der Plünderei, der »höheren Seeräuberei« (Nietzsche), diente. Was interessiert den Klerus das fromme Geschwätz von vorvorgestern?

Fakt ist: Von Marcinkus und seiner jüngeren Vatikanbank abgesehen, von beauftragten Killern, Mafiamethoden und Gangstersippschaften, von Konzernbesitztümern ad lib. – Urkundenfälscher, Reliquienbastler und »Bestechungsspezialisten« schufen eine grundkriminelle Ökonomie, die alles und jeden dem Primat der Geldbeschaffung unterwarf, »von Jahrhundert zu Jahrhundert ein Beispiel größter Korruption und Verdorbenheit« und titanischer Verlogenheit.

Pacht, Zins, Ablaßhandel, pausenlos neu ersonnene Steuern (»allein Papst Urban VIII. nicht weniger als zehn«), eine endlose Prozession für den Mammon. Wer griff in die Taschen und füllte die Säckel? Johannes XXII., Innozenz IV., Sixtus IV. z.B.; »Benedikt IX. verklopfte 1045 [...] seine Papstwürde für eine Lebensrente Gregor VI.«

Auf den »Lügen der Ablaßhändler« erbauen sie Gotteshäuser, sie handeln mit Gold, Edelsteinen, verschleudern riesige Vermögen. Zugleich hat »es ganz den Anschein, als wollten sie die Welt nicht mehr missionieren, sondern kaufen«, finanzieren Religionskriege sonder Zahl, während Rom verslumt und beinahe ausstirbt. Unvorstellbare Verelendung begleitet das Wirken der Menschheitsbeglücker, erst 1849 muß der Papst abdanken. Bis die Faschisten ihn reinthronisieren. Sie wissen, warum.

Wer, wie Egon Friedell, das Mittelalter als idyllische Burleske, gefügtes Leben, als Ordo der Friedsamkeit, als zur Lüge unfähiges Zeitalter preist, hat kirchliche Tomaten oder Reichsäpfel auf den Augen. Man schindet die Bauern und läßt sie kompromißlos zur Ader, »Pfaffen und Adel, Thron und Altar« in einmaliger Allianz. Abermals Luther, der »Doctor Lügner«, das »Mastschwein« (Thomas Münzer), empfahl, die zahllosen Rebellen »zu würgen, zu stechen, heimlich und öffentlich«. Er tat, wie's ihm der Klerus vorexerziert: »›Gott will es!‹ So schrien schon die Päpste bei ihren Kreuzzügen. Und so schreit es fort durch die Jahrhunderte.«

Napoleon I., er schließt 1801 ein Konkordat, hatte erkannt, daß sich Soldaten und Pfaffen bestens verstehen. Der Erste Weltkrieg, der gänzlich entfesselte Ausbruch der Barbarei, ist dem Klerus als »religiöse Erhebung«, »Kreuzzug«, »Gottesdienst«, »Heiliger Krieg« u. v. m. lieb und teuer. 1933 unterzeichnen Hitler und der päpstliche Nuntius Eugenio Pacelli das Reichskonkordat. Der bedauerliche Verlust des Kirchenstaates 1870 war wettgemacht. Der Spanische Bürgerkrieg, »heiliger Kreuzzug für die vollständige Wiederherstellung der kirchlichen Rechte« (vgl. Deschner: *Mit Gott und dem Führer – Die Politik der Päpste zur Zeit des Nationalsozialismus*, Köln 1988), Pius XII. und siebenhunderttausend tötungswürdige serbische Orthodoxe können kommen.

Seit Konstantin »eine einzige Geschichte des Grauens«, des Lobs der Knechtschaft, des »Wunderschwindels, Reliquienbetrugs«, der Erpressung. »Man ergaunert sich den Kirchenstaat«, hat »von Generation zu Generation in seinem [Gottes] Namen gelogen«, und der »Riesenkadaver eines weltgeschichtlichen Untiers«, das »Scheusal mit Engelszungen«, lebt trotz »seiner Falschheit ohnegleichen« weiter; als »Hort der alleinseligmachenden Wahrheit« und »als Inbegriff und leibhaftige Verkörperung und absoluter Gipfel welthistorischen Verbrechertums [...]! Eines Verbrechertums, neben dem selbst ein hypertropher Bluthund wie Hitler noch fast wie ein Ehrenmann erscheint, weil er doch von Anfang an die Gewalt gepredigt und nicht, wie die Kirche, den Frieden!«

Das zur nochmaligen Information. (j. r.)

Mea minima culpa

Der Papst ist, die TV-Bilder zeigen es klar, am Arsch. Seit Jahren stirbt der Stellvertreter Gottes öffentlich vor sich hin. Er führt seine Agonie vor mit einer Inbrunst, als sei es sein allerletztes Ziel, in die *Legenda aurea* aufgenommen zu werden. Schwer zu sagen, ob diese Leiche auf Abruf noch weiß, was sie tut. Die Vita der »polnischen Kartoffel« (E. Henscheid) weist freilich darauf hin, daß Karol W. vor allem in Geschichtsbücher und andere Katechismen eingehen will. Darum half er Soldinarnosc und CIA dabei, den »Ostblock« zu ruinieren, deshalb hat er am 12. März 2000 im Petersdom mit allem liturgischen Zierat und Pomp seinem HErrn, der davon offenbar bei Gelegenheit nichts mitgekriegt hat, die taube Nuß, gebeichtet, »in manchen Zeiten« seien manche Christen »in mancher Art« an mancher Sauerei der Weltgeschichte evtl. manchmal beteiligt gewesen.

»Historisches Ereignis!« echote die Trottelpresse. Sie meinte leider nicht die Obszönität des Vorgangs. Denn das »Mea culpa«, das Jott-Pe Zwo und sieben seiner Kurien-Rotkäppchen inszenierten, bereute nicht namens der Una sancta, sondern laberte i. A. irgendwelcher namenloser und vor allem: toter, »sündiger Kinder« des Vereins. Das hörte sich en détail so an: Im »Namen des Glaubens und der Moral« hätten »auch Menschen der Kirche [...] in ihrem Einsatz zum Schutz der Wahrheit mitunter auf Methoden zurückgegriffen [...], die dem Evangelium nicht entsprechen«. Wir haben es hier mit Sätzen zu tun, in denen mehr Lügen als Wörter stehen. Allerdings meint die »Wahrheit«, von der Theologen faseln, nicht unsren weltlichen Begriff, sondern die »Wahrheit«, welche ist bei GOtt, und den zu verstehen ist des Menschen Sache nicht, amen. Daß diese »Wahrheit« eine weltgeschichtlich einzigartige Perversion alles Humanen und Vernünftigen gewesen ist, konnte zumal die Kongregation des deutschen Kardinals Joseph Ratzinger nicht zugeben noch einsehen: »Hilf uns, Jesus Christus nachzuahmen, der mild ist und von Herzen demütig.« Das betet die Bande seit zwei Millennien, geholfen hat es nicht – bzw. allein dazu motiviert, noch grausamer und skrupelloser als jede Konkurrenz zu schlachten und zu verheeren.

Einen Moment lang nur schien es, als würde der Bischof von Rom doch mal was Wahres röcheln wollen: »Herr unser Gott, du heiligst deine Kirche immerfort im Blut.« Er fügte leider hinzu: »Deines Sohnes.« In der entsetzlichen Opfermythologie und dem exzessiven Sadomasochismus dieses omnilateral erschwindelten und halluzinierten Aberglaubenssystems liegt der tiefere Grund für seine Verachtung alles Lebens und Lebendigen. Ausrottung von Häretikern, Kreuzkriege, Hexenhammer, Inquisitionsterror, Missionierung mit dem Schwert und immer, immer wieder Pogrome – ein Meer von Blut, ein Universum der Leiden, ein unendlicher Katalog von Verbrechen, verantwortet allein von dieser Kirche, dieser Lehre, diesen Betrügern: »Doch oft haben die Christen das Evangelium verleugnet und der Logik der Gewalt nachgegeben.« Welche die episkopale Logik ist seit Augustinus.

Das »Mea culpa« war ein Bluff, mit dem kein Massenmörder vor Gericht durchkäme. Der Papst und seine Spießgesellen gaben vor, ihr »Gedächtnis ehrlich zu reinigen«, und, hallo!, schon hatten sie u. a. die Rolle ihrer Amtsvorgänger während der Shoah vergessen. Kein Wort auch zur großzügigen Fluchthilfe für Nazimörder durch den Vatikan. Nur eine Versammlung von Reuegesten, die kein Arschrunzeln kosten, aber bei den Doofen Eindruck schinden: »Laß [die Christen] ihre Sünden anerkennen, die nicht wenige von ihnen gegen das Volk des Bundes […] begangen haben.« Schwammiger hat es Eichmann in Jerusalem auch nicht formulieren können. Gernot Facius, *Welt*, versteht die freche Botschaft: »Die Tür ist nun aufgestoßen […] für die Heilung dieser Sünden.« Angewandtes Christentum: Man entschuldige sich für nichts und zugleich irgendwie alles, schon geht es dem Gewissen besser. Wenn auch nicht den Opfern, die sind ja bereits beim HErrn, der bekanntlich die SEinen erkennt und seinen Stellvertreter nun aber gleichfalls bitte bald zu sich versammeln möge. (k. s.)

Europäische Aufklärung

Das läßt eine deutsche, eine baden-württembergische Polizei nicht zu: auf die Faxen der Südländer, der geborenen Showmen, Gesichterschneider, Taschenspieler und Mafiosi, hereinzufallen: »Lüge entlarvt: Polizistin versteht Italienisch – Zwei Ladendiebe in Singen haben die Fremdsprachenkenntnisse der Polizei unterschätzt. Ein 34jähriger Mann und eine 30jährige Frau waren am Montag beim Diebstahl in einem Bekleidungsgeschäft ertappt worden. Ihr Versuch, auf Italienisch eine Lügengeschichte zu erfinden, ging schief – die Absprachen wurden von einer Beamtin Wort für Wort verstanden.« (*Rems-Zeitung*, 22. März 2000)

So weit haben uns Europa, Euro, Europol und Eurocops gebracht. Januskopf ab! (j. r.)

Kleines Manual zu mehreren Garnspinnern, Flachsweibern und Haarsträubereien

ALT, FRANZ – Wir haben ihn bereits kennengelernt, den Mann, der es schaffte, 1982 schwanger zu werden: »1982 waren wir schwanger. Meine Frau und ich haben uns damals gefragt: In welche Zeit hinein gebären wir eigentlich unser Kind?« (Zit. n. Henscheid/Henschel: *Obszönität*) Ähnliches brachte erst 2000 wieder der Rennfahrer Heinz-Harald »HFF« Frentzen zustande, der den vor Lachen verbogenen RTL-Kameralinsen enthüllte: »Tanja und ich werden Papa.«

Alt modelte dazumal den strafenden Jahwe zu »Papi« und schmiedete den »ersten antisemitischen Bestseller im Nachkriegsdeutschland« (Micha Brumlik über *Jesus – Der erste neue Mann*, München 1989).

Kaum ein Blatt als das für DM 20 feilgebotene (ICE 1. Klasse kostenlos) Riesenmagazin *Mensch & Büro* könnte geeigneter sein, nicht allein Alt, den dreckfaselnden Heuchelbolzen, Friedensbeweger und Bergprediger, sondern überdies und mit ihm zusammen im erschütternden Doppelpack den dubiosen Ex-Sowjetführer Michail Gorbatschow titelspendend abzulichten (2/2000); ein Paper, das die Rubrik »Lebensraum Büro« führt (»Das Büro 2000 verlangt ganzheitliches Denken«), das das »Milchstraße-Multimedia-Centre« »ein Büroambiente« nennt, »das so erfrischend lebendig ist wie die allseits bekannten Lifestylemagazine des Hauses«, das dem »Design-FAKTor«, »Light & Space« und der »Electronic Work« effizienzsteigernde Synergieglanzseiten noch und nöchstens widmet. Nein –

– da mußte einer landen und die widerliche Visage neben den Dösdeckel des vortragsreisenden Abzockers und Lavierers Gorb. halten und »geistige Perestroika« ausschreien, denn solche Lumpen können einfach nie die Schnauze halten. »Mit unserer sechsjährigen Tochter Caren Maria«, beichtete Alt Schütterhemd in *Liebe ist möglich* (München 1985), »spielte ich vor dem Zubettgehen ein Spiel. Ich glaubte, sie hätte geschummelt. Sie stritt es ab. Als sie merkte, daß ich immer noch zweifelte, sagte sie: ›Ich hab' nicht geschummelt. Hör' auf dein Herz, Papi, und frag den lieben Gott.‹«

Fünfzehn Jahre später befragte der liebe Gott lieber den lieben Gorbi, und die daraus gepreßte Groß-, ja Gigantengaunerei darf zum Schutze der Menschheit weder weiter photobeschreibend noch textreferierend dargebracht werden. Bloß das Editorial des Hans Ottomann wollen wir nicht gänzlich ignorieren: »Globalisierungen: Gorbis Charta – Was den einen zum existenzbedrohenden Verhängnis geraten kann, ist für die anderen ein faszinierendes, spannendes Gewinnspiel und für eine dritte (vergleichsweise winzige) Gruppe der Weg zu unmäßigem Reichtum: Globalisierungen und Zentralisierungen. [...] ›Sozialdarwinismus‹ nennt Michail Gorbatschow, dem die Welt viel, wenn nicht alles verdankt, im Interview mit Dr. Franz Alt den gegenwärtigen Rücksturz in den Frühkapitalismus. Der ehemalige *Report*-Chef, ›Querdenker‹ und Edelchrist hingegen sieht allenthalben um sich herum, vor allem im Hinblick auf die Fortschritte der Telekommunikation und ökologischen Transformation, Arbeit für alle in Hülle und Fülle, und das bei nur wenigen Arbeitsstunden am Tag. [...] Beachten wir Gorbi, hoffen wir auf Alt!«

Urbi et Gorbi, Brechi und Speii dem allen. (j. r.)

Aprilscherz – Unsitte. Zwar monierte Christian Morgenstern mal, der Brauch »des In-den-April-Schickens [sei] bei uns lange nicht genug verbreitet und geübt« (zit. n. Peter Köhler: *Basar der Bildungslücken – Kleines Handbuch des entbehrlichen Wissens*, München 2000), aber, du liebe Zeit, man muß nicht jeden Blödsinn pflegen, bloß weil er nicht lustig ist. Die Ursprünge des »Nachbar-euer-Hosentürl-steht-offen«-Rituals liegen im dunkeln. Man vermutet, daß bereits die alten Gallier, deren neues Jahr am 1. April begann, statt vernünftig zu böllern lieber blödelten. Auch aus Indien weiß die Forschung von einem »Hulfest« im Frühjahr zu berichten, bei welchem der Hindu sich die falsche Nase aufsetzte und seinen noch ärmeren Nachbarn um die Nußschale Reis zu betrügen versuchte. Wie die Idioten führten sich gleichfalls die antiken Römer auf, anläßlich ihrer Frühlingsfeiern zu Ehren der Venus. »Der Getäuschte, so kann man den Sinn in diesem Ritus sehen, symbolisiert den Winter, mit dem der Frühling nun machen kann, was er will.« (Köhler) Kann man so sehen; wenn man denn partout einen höheren Sinn in das schlechte Benehmen, vulgo: Saurauslassen der Leute hineindeuten will.

In die Neuzeit kam der dumme Brauch, als König Karl IX. von Frankreich 1564 den 1. Januar hochamtlich zum Neujahrstag bestimmte. Es wird vermutet, daß ausgeschamte Klugscheißer ihre weniger belesenen Freunde am 1. April zur Party luden, um sich anschließend über deren betroffene Gesichter zu beömmeln, weil weder Punsch noch Bleigußinventar den Tisch des Hauses zierten. Auf diesem Niveau verharrt der Aprilscherz bis heute. Zuweilen finden sich beherzte Menschen, die dem zehnten Witzbold des Tages, der ihnen eine aufgeknöpfte Hose weismachen will, das schadenfrohe Grinsen vom Gesicht watschen. Käm's öfter vor, die Welt wäre lichter, ein bißchen.

Besonders gern praktizieren den Aprilschmarren die Lausbuben und Flachstanten der Massenmedien – die allerdings schwartenfett auftragen und megaloman mogeln müssen, damit der »Spaß« zwischen dem branchenüblichen, ja betriebsnotwendigen Geschwurbel und Geschwindel überhaupt auffällt. Der Leser, der ins Leimfaß tritt, »ist der Dumme« (U. Wickert). Köhler zitiert dies Exempel: »Der Hellseher Prof. H. Lunte wurde vom Finanzamt Berlin zur Nachprüfung von Steuererklärungen angestellt.« Harharhar! Pro-fes-sor Lun-te! Ick schmeiß' mir weg! – Und die doofe Tradition am besten gleich hinterher. (Verfaßt mit offenem Latz.) (k. s.)

Atom, das – Kleines Ding mit »großer« Wirkung. Das lernte man in den vierziger Jahren. Die Entdeckung aber, daß beim »atomaren (Gegen-)Schlag« sich jeder Bürger durch die Befolgung der »Duck-and-cover«-Technik vor Verstrahlung und Tod schützen könne, verdankten wir zivilschutzbehördlichen Überzeugungsarbeiten. *Jeder hat eine Chance*, klärte ab Anfang der sechziger Jahre eine dementsprechend getrimmte Broschüre auf, und wir erinnern uns genau, gehört zu haben, wie der Schulranzen, den man über den Kopf halte, den Einschlag der SS 20 oder der Intercontinentalrakete zu einem Silvesterknallerbudenzauber mache.

Jeder hat eine Chance, plutoniumbetriebene Kraftwerke abzuschalten. Das erzählten sie auch. (j. r.)

Barnum, Phineas Taylor »P. T.« – Schausteller (1810–1891). Mit der einerseits erfrischenden, andrerseits recht fürchterlichen, weil von keinerlei Skrupeln angekränkelten Offenherzigkeit eines wahren amerikanischen Pioniers nannte der Mann aus Bethel, Connecticut, sich selbst den »König des Humbugs«. Alle Werbung und Reklameschreierei unserer Tage muß mit Ehrfurcht auf ihn blicken: Er stellte Waren her, die niemand brauchte, und verkaufte sie unter Namen, die garantiert nicht stimmten. Gerade fünfundzwanzig, schlug er das New Yorker Publikum in Bann mit der Meldung, die mittlerweile 161 Jahre alte Amme des ersten US-Präsidenten George Washington aufgespürt zu haben; in den Niblo Gardens dürfe »Heth« gegen adäquates Entgelt besichtigt und befragt werden. Das alte Weiblein, schwarz, blind, verhutzelt, das er vorführte (und für 500 Dollar von der Straße aufgelesen hatte), wurde zum Talk of the town. »Die Lokalzeitungen überschlugen sich in hitzigen Debatten über die ›lebende Mumie‹, und ein Arzt wagte die Äußerung, daß die ehrwürdige Amme [...] gute Aussichten habe, unsterblich zu werden.« ([o. N.] *Schwindel und Betrug*, Amsterdam 1992)

Als New York City ausgelöffelt war, begab sich Barnum mit »Heth« auf Tournee. In Boston äußerte ein anonymer Leserbriefschreiber den Verdacht, die Greisin sei »kein menschliches Wesen, ›sondern ein raffiniert gebauter Automat‹ aus Fischbein und Kautschuk« (ebd.). Prompt schwoll der Zuschauerstrom an. Den Brief aber hatte niemand anderes verfaßt als P. T. Barnum selbst, der die Leichtgläubigkeit sowohl wie die oberflächliche Skepsis der Kundschaft aufs profitabelste für seine Hochstapeleien zu mobilisieren wußte. Vom Ersparten baute er 1841 ein *Amerikanisches Museum* in New York, darin für, seinerzeit recht stattlich bemessene, 25 Cent gut 6000 tote und auch lebendige Exponate zu besichtigen waren, eines fadenscheiniger bzw. trauriger als das andere. Gar nicht einmal schlecht gefälscht war und ziemlich berühmt wurde die sog. »Meerjungfrau von Fidschi«, zusammengenäht und -geklebt aus einem Affentorso und einem Thunfischhintern. Der zahlende Gast bestaunte u. a. ein »Wollpferd« und besonders angegruselt die »Freaks«, zu deren Entwürdigung via Verwertung Barnum maßgeblich beigetragen hat – die siamesischen Zwillinge Chang und Eng füllten ihm ebenso zuverlässig die Taschen wie der angeblich elfjährige Zwerg »General Tom Däumling« aus Großbritannien, der aber in Wirklichkeit ein fünfjähriger Kleinwüchsiger namens Charles Stratton aus Bridgeport, Connecticut, war.

Den Voyeurismus und die Dummheit seiner Zielgruppe wußte Barnum aufs effektivste zu plündern. So stellte er vor eine Tür seines Museums ein Schild, das eine weitere Weltsensation versprach; alle Tölpel, die hindurchgingen, fanden sich auf der Straße wieder und mußten ein neues Billett erstehen, um die unheiligen Hallen wieder betreten zu können. Nach nur vier Jahren musealen Hokuspokus zählte Barnum zu den reichsten Männern Manhattans.

1855 ereilte ihn die Gerechtigkeit. Ein Investitionsbetrug stürzte den hemmungslosen Aufschneider in den Bankrott; und wenig später verbrannten erst Barnums Wohnpalast *Iranistan* in Bridgeport, dann das *Amerikanische Museum*. Er begab sich auf Vortragsreisen durch Europa und brachte dem zahlenden Publikum »Die Kunst, Geld zu machen« und »Die Philosophie des Humbugs« bei. Weil er von diesen Dingen tatsächlich mehr verstand als irgendein Zeitgenosse, hatte er bald das nötige Vermögen zusammen, um sein Kuriositätenmuseum neu zu eröffnen.

1868 schlug Moira erneut zu, und das Kabinett der 6000 Scharlatanerien fackelte wiederum ab. Barnum war kurz davor, die Brocken hinzuschmeißen. Aber die Verlockungen des leichten, leicht erschwindelten Geldes wirkten stärker als die Winke des Schicksals, und er organisierte eine Wanderausstellung von Krüppeln, Liliputanern und Wolpertingern, die regelrecht legendär geworden ist. Der Regisseur Tod Browning hat dieser Show in *Freaks* (1932) ein Denkmal gesetzt und den verwachsenen Menschen, mit denen Barnum Dollars raffte, die Würde zurückgegeben, die der Intendant der Idiotie vormals skrupel- und bedenkenlos versilbert hatte. »P. T.« und sein neuer Partner, der Zirkusfürst James A. Bailey, tourten um den Erdball und verbreiteten so die Grundbegriffe, ohne die seither PR und »Produktberatung« nicht auskommen. Die »Truppe [war] weltweit unter dem schlichten Namen ›Die größte Show der Welt‹ bekannt« (ebd.).

Zur Apotheose und inhärenten Wahrheit jedoch brachte die Barnum&Bailey-Schuftereien erst der Prager Dichter Franz Kafka, in seinem liebenswürdigen Roman *Amerika*.

Darin brüllt überm Eingang zum »Naturtheater von Oklahoma«, welches den Drei-Manegen-Zirkus der Herren Phineas und James sogar noch überbietet, ein Plakat: »Verflucht sei, wer uns nicht glaubt!« (k. s.)

Beck, Ulrich – Einen, nein *den* »Sucher der wirklichen Welt« nannte die *Zeit* vom 29. August 1997 den Schummelsoziologen Ulrich Beck. Man kam zwar durch das ganzseitige Anwanzerporträt nicht durch, erfuhr aber: »Ulrich Beck [...] ist der Soziologe des Neuen. Der Charme dieses Denkens liegt schon in seinem Politikbegriff.« Und schon lagen Denken und Begriffe darnieder, trotz Stütze: »Heute ist es die Globalisierung, auf die er sich stützt.« Beim Schreiben im Garten. Und beim Interviewgeben. »Dem Neuen Begriffe zu geben, ist für ihn heute – mehr denn je – Politik.«

Wir gratulieren inständig. (j. r.)

Bettelheim, Bruno – Selbstmörderischer Kinderpsychologe. Imaginierte Studien bei Arnold Schönberg und eine strenge akademische Ausbildung zum Freud-Experten und »Philosophen«. War freilich bloß Kunstgeschichtler, der sich 1944 »als Leiter der Schule für schwer erziehbare Kinder« (Fuld: *Lexikon*) an der Universität Chicago installierte und die Bälger zu verdreschen begann, daß es zwar keine Funken der Erkenntnis schlug, er aber doch einigen Gaunerruhm erntete.

Hatte seine Wiener »Lektion« gelernt, der Mann. (j. r.)

Cagliostro – Eigentlich Joseph Balsamo (1743–1795). Der berühmteste Wirrkopf des 18. Jahrhunderts. Vergöttert und verachtet. Letzteres zu Recht. War nämlich ein niederträchtiger Schuft, ein verschlagener Schlimmschwindler – im Grunde eine blöde Sau.

Cagliostro war, genauer, »ein mäßig begabter Abenteurer« und »ein freimaurerisches Kauderwelsch parlierender Obskurant«, wie Gregor Eisenhauers feines Buch *Scharlatane – Zehn Fallstudien* (Frankfurt/Main 1994) betont. Goethe diente er als Vorlage für die Opera buffa *Der Groß-Cophta*, nur: Wesen und Wirken des Halunken taugten nicht zum Lustspielcharakter.

Cagliostro reüssierte während einer Zeit, die aufgeklärt hätte sein wollen, aber den Hokuspokus der Alchimie, der Esoterik, des Logenwesens und den verheerenden Tinnef vom Stein der Weisen bis zum Elixier der Elixiere betäubt und behämmert glaubte. Adelige, Bürger, die Verarmten und Kranken hängen an den Lippen der Wunderheiler und Erlösergestalten; es werden »›überall eine Menge Köpfe von einem [...] anhaltenden Schwindel ergriffen‹« (alle Zitate von oder nach Eisenhauer), und die Freimaurer, absolutistisch organisierte Geheimgesellschaften ohne wirklichen Sinn und Verstand (näheres bei Roth/Sokolowsky: *Der Dolch im Gewande*), überziehen die Länder des Lichtes mit einem sozialen »Netz, ohne das ein Abenteurer vom Schlage Cagliostro nie so selbstbewußt hätte agieren können. Wie kostbare Ausstellungsstücke reicht man ihn und seine Frau europaweit von Loge zu Loge weiter, versorgte sie mit Unterkunft, Geld und publizistischem Beistand.«

Freimaurer Goethe, der Cagliostros wahre Lebensgeschichte in Palermo recherchierte, erzürnte darüber, »daß Betrogene, Halbbetrogene und Betrüger diesen Menschen und seine Possenspiele Jahre lang verehrten«. Nicht nimmt wunder, warum der lausige Schurke Lavater besagten »Magier« »Wundertäter« und »heilige Person« rief – es ging gesamtgesellschaftlich das meiste in Schwärmerei und Sektiererei unter.

»Cagliostros Geheimnis war, daß er sich auf den Egoismus seiner Zeitgenossen verließ« und die jeweiligen Opfer gnadenlos ausbeutete. Die Vorführungen verfolgten nicht den Hauch eines emanzipativen Zwecks. Schändliche Trickbetrügereien, die sie waren, ließen sie Gedemütigte und Narren zurück. Manchen, vornehmlich indolenten Adelsblutsaugern, geschah's vielleicht recht, wenn Balsamo ihnen Honig ums Maul schmierte und die Kohle aus den Taschen frickelte. Alles bot der Großkophterte: Statistik, Lotterieresultate, Mittel, die bei Damen »Liebe bewirken könne[n]«, oder solche, die methusalemisches Alter erwirkten.

Der ungebildete, stets kreischende Verführer trug eine Miene zur Schau, »›die über den glücklich gelungenen Betrug hohnlächelt‹«. Seinen Werdegang hatte er monströs dramatisiert; resp. durch und durch erfunden: die umfängliche Schulung in Medina, Reisen um die ganze Welt oder eine Lehre beim Großmeister des Malteserordens (andere Gerüchte bevorzugten den Teufel).

Graf von Cagliostro? Ein Scherz. In seiner sizilianischen Jugend »prügelte, stahl, belog und narrte [er] jeden, der willens war, sich irreführen zu lassen«. Er sucht das Weite und erreicht Rom, »wo für Betrüger jeglicher Neigung und Provenienz ein ideales Betätigungsfeld war«. Er fälscht Antiquitäten und Rembrandts und heiratet das eminent hübsche Dienstmädchen Lorenza Feliciani, die er – später Seraphina genannt – auf den jetzt einzuschlagenden Lebensweg der Gaunerei einschwört: »›In Gang, Bewegung, Blicken und Kleidungsart Buhlerei und Ärgernis zu verbreiten, waren die Grundlehren des Unterrichts, den er ihr gab.‹«

Die Kokotte, man reiste von Land zu Land, kultivierte den geldmehrenden Beischlaf: »Es genügte, die frömmelnden Freier bei den Präliminarien ihrer Tat zu ertappen und für ihre unausgeführte Dreistigkeit zahlen zu lassen.« Das Nötigste kam zusammen, doch dem Meister schwoll zusehends der Eifersuchtskamm, so daß er umdachte und sich im Wissen, wie lässig man die reich gestreuten Esel übers Ohr hauen kann, ein paar »kabbalistische Phrasen« und etliche Brocken »aus dem Wortschatz gängiger okkultistischer Geheimlehren« aneignete.

Cagliostros Karriere kennt nicht ihresgleichen. 1776 erscheint er als Oberst in Preußischen Diensten an der Themse (London) und verspricht, »Brillanten zu vergrößern, Gold zu vermehren« und etliches mehr. Als spanischer Graf lehrt er einer dummen Gans von Gräfin die heilige Mystik der freimaurerischen Schule, später offenbart er das Mysterium der Unsterblichkeit. Freilich versteht er sich genauso auf Telepathie und Zauberzeremonien und alle möglichen »okkultistischen Taschenspielereien«. »›Die Begierde nach seinen Geheimnissen ließ gar nicht zu, daß man an der Wirklichkeit seiner gerühmten Künste auch nur einen Augenblick gezweifelt hätte.‹«

Cagliostro weissagte Krankheiten, indem er die Probanden heimlich infizierte, und erschlich sich das Vertrauen von Kindern, die er präparierte und anschließend wundermännlich beweiserbringend präsentierte. Bei Katharina der Großen, die drei Komödien dem verachteten Gecken widmete, vermochte er nicht zu landen; ansonsten überall. Die Depperei grassierte, und Cagliostro schreckte vor keinem Betrug auf Kosten der Schwachen zurück. Er betäubte die Armen durch Almosen und nahm sie dann aus. Magische Praktiken dienten ihm u. a. dazu, adelige Weiber zu befummeln, und kein nachhaltiger Protest regte sich. Der Budenzauber konnte noch so grotesk und unglaublich erscheinen: »Die Eigenliebe führte Cagliostro seine Anhänger zu, die Eigenliebe hinderte sie daran, sich als Betrogene zu bekennen.«

Das seltsame Stillschweigeabkommen der eitlen Fatzkes ermöglichte geradezu lächerliche Shows: »Der einige tausend Jahre alte ägyptische Groß-Cophta, der auf sein Geheiß hin erschien, war niemand anderes als er selbst in dürftiger Verkleidung. Cagliostro verschenkte Arzneien, die günstigenfalls wirkungslos blieben, filtrierte und destillierte Quintessenzen von ebenso rätselhafter wie nutzloser Art, und er versprach, als Krönung seines alchimistischen Schaffens, den Stein der Weisen, aber noch ehe es zur Kristallisation kam, war er mitsamt den großzügigen Gastgeschenken abgereist.«

Usf. »›Gelehrte, Offiziere – Ärzte, Naturkündiger, Freimaurer [...], es wurde nach und nach Mode, zu Cagliostro zu gehen‹«. 1780 weilt der brutale, rücksichtslose Blödel in Straßburg, verteilt wie üblich streng alkoholisierte Schönheitstinkturen und nutzlose Arzneien und gewinnt den königshausgeilen Kardinal Rohan – ein Wicht, er »glaubte schon von Berufs wegen alles« (»Was vermag der Mann nicht? Er ist über 300 Jahre alt – kein Mensch kennt seine Herkunft. – Er ist allmächtig zu bestrafen und ebenso allmächtig, Gutes zu tun«) – für den berühmten Halsbanddeal gegenüber Marie Antoinette, der das Ende der Monarchie signalisierte: »Die aristokratische Gesellschaft war in ihren Grundfesten erschüttert.

Die Leichtigkeit, mit der Betrüger und Hochstapler reüssieren konnten, war ein genaues Indiz für ihren Verfallsgrad. Die Revolution schien nur noch eine Frage der Zeit.«

Diesmal tatsächlich »nur ein Komplize von minderer Schuld«, floh Cagliostro mit Frau, halb amnestiert, 1786 Frankreich, im Spalier begeisterter Menschen. Die »Halsbandaffäre« hatte gleichwohl den Ruhm Cagliostros erschüttert. In Rom suchte er trotz päpstlichen Verbots Anerkennung zu finden für den eigenen Maurerorden, Seraphina begann, die »Roheit und Durchtriebenheit des Mannes« zu erkennen, den Pius VI. am 27. Dezember der Engelsburg zuführte. Die Anklage lautete, Balsamo sei »in alle jene Zensuren und Strafen verfallen, welche wider förmliche Ketzer, Irrlehrer, Erzketzer, Meister und Anhänger der superstitiösen Magie verhängt sind«.

Man begnadigte den mählich geistig Zerrütteten und versandte ihn nach der päpstlichen Bergfeste San Leo, wo er den Löffel abgab. Goethe ist zuzustimmen: »Wer hätte geglaubt, daß Rom einmal zur Aufklärung der Welt, zur völligen Entlarvung eines Betrügers soviel beitragen sollte.«

Es kamen andere. (j. r.)

Emser Depesche – Mit einer Lüge begannen acht Jahrzehnte blutiger Gemetzel zwischen Deutschland und Frankreich, auf eiskaltes Lumpentum wurde das zweite Deutsche Reich gebaut. Otto v. Bismarck, preußischer Ministerpräsident und ein ebenso geschickter wie skrupelloser Diplomat, suchte seit 1867 den Krieg gegen Frankreich. Überzeugt, daß die endgültige »Einigung« all der Kleinstaaten, die sich im Norddeutschen Bund bereits unter Preußens Suprematie gebeugt hatten, und jener, die sich, traditionell Österreich verbunden, noch zierten – überzeugt also, Preußen-Deutschland wäre als neue europäische Großmacht am eindrucksvollsten durch einen glänzenden Triumph im Felde zu etablieren, provozierte Bismarck Kaiser Napoleon III. bei jeder Gelegenheit. Seit dem Krieg Preußens gegen Österreich 1866 sowie den folgenden Annexionen Schleswig-Holsteins und zumal Kurhessens, Nassaus, Frankfurts fühlten die Franzosen sich zu

Recht von den Potsdamer Emporkömmlingen und Landräubern bedroht. Sie beschworen ihren Potentaten, Bismarck und Wilhelm I. keine weitere Frechheit durchgehen zu lassen.

Der gelernte Kabinettsintrigant rieb die Hände und freute sich, die Schuld am kommenden Waffengang dem »Franzen« ankleben zu können. »[Bismarck] sagte im Jahr 1867 zu Karl Schurz: ›[...] Ja, wir werden Krieg bekommen, und der Kaiser der Franzosen wird ihn selbst anfangen. [...] [Er] wird dazu durch die Notwendigkeit, das kaiserliche Prestige aufrechtzuerhalten, gezwungen werden.‹« (Egon Friedell: *Kulturgeschichte der Neuzeit*) 1868 fand Bismarck den Vorwand, den er brauchte. Nach einem Adelsputsch war der spanische Thron vakant. Sogleich kandidierte Prinz Leopold v. Hohenzollern-Sigmaringen für die Krone. Diese »spanische Fliege im Nacken« (Bismarck), die eine von Preußens Gnade gewesen wäre, konnte »Napoleon der Kleine« (Victor Hugo) nicht dulden. Die Zeichen standen auf Krieg. Es folgte ein recht durchsichtiger Bluff: In geheuchelter Friedfertigkeit verzichtete am 12. Juli 1870 Fürst Anton v. Hohenzollern namens seines Sohnes auf den Escorial. Diese Erklärung war freilich keinen Silberling wert, solange nicht das Oberhaupt der Familie, Wilhelm I., verbindlich garantierte, eine Kandidatur Leopolds nie mehr zuzulassen. Und genau dies verlangte am 13. Juli in Bad Ems der französische Botschafter Benedetti vom König.

Wilhelm lehnte schroff ab. Heinrich Abeken, Theologe, enger Vertrauter des Drahtziehers, später »Bismarcks Feder« genannt, telegraphierte dem Dienstherrn umgehend eine ausführliche, wenig objektive Schilderung des Vorgangs nach Berlin. Diese Depesche aus Ems veröffentlichte, ein ungeheuerlicher diplomatischer Affront, der Erzhalunke gleich am folgenden Tag – mit der Lüge versehen, der König selber habe sie verfaßt, und derart radikal eingekürzt, daß Benedetti als wüster Erpresser erschien. Die eigenwillige Neufassung werde, äußerte Bismarck zufrieden, »den Eindruck des roten Tuches auf den gallischen Stier« kaum verfehlen. Er irrte nicht. Presse und Parlament in Paris wüteten wie von Sinnen.

Am 19. Juli erklärte Napoleon III. seinem preußischen Kollegen den Krieg.

Wilhelms Generäle zogen allerbestens vorbereitet in die Schlächterei; schließlich hatte der heimliche Herrscher des Landes die Stäbe seit drei Jahren angehalten, den Ernstfall vorzubereiten. Die französischen Strategen, zu sehr auf die waffentechnische Überlegenheit ihrer Truppen vertrauend, wurden von den Finten und ziemlich unorthodoxen Gefechtsplänen der Konkurrenz völlig überrumpelt; Frankreichs Armee verlor Treffen auf Treffen. Bismarck aber wollte nicht nur den Sieg, sondern die totale Demütigung des – seit Napoleon der Große die Zivilisation, vergeblich, in Deutschland einzuführen versucht hatte – verruchten »Erbfeindes«. Anfang November 1870 besetzten die Preußen Versailles, und Bismarck mußte nach dieser ungemein symbolischen Eroberung nicht lange bitten, damit die Könige und Fürsten von Bayern, Hessen, Baden und Württemberg in die Residenz Ludwigs XIV. eilten, wo sie »begeistert« um die Aufnahme in den Norddeutschen Bund ersuchten. Die Krönung Wilhelms zum Deutschen Kaiser des nunmehr auch so genannten Deutschen Reichs vollendete am 18. Januar 1871 Bismarcks brachiale Pläne zur Einpflanzung der borussischen Adlerstandarte in Mitteleuropa.

Um jeden Zweifel am weiterhin enormen Appetit Preußens auszuräumen, preßte der mittlerweile zum Reichskanzler ernannte Machtmensch und Grandiosschurke im Friedensvertrag, geschlossen am 10. Mai, dem Staate Frankreich die Provinzen Elsaß und Lothringen ab. Nur keine Gelegenheit zum Krieg vermeiden, das hatte er von Friedrich »dem Großen« gelernt, wenn man die Welt auffressen will. Die Nazis wußten wohl, warum sie den »eisernen« Usurpator schier religiös verehrten: »Wenn ich nicht lügen darf«, bemerkte Bismarck gelegentlich, »kann ich kein Staatsmann sein.«

Ein anderer »Kanzler der Einheit« scheint, dazu an gegebener Stelle mehr, das Motto gleichfalls gekannt zu haben.

(k. s.)

FALSCHGELD – Jacques Derrida interpretierte 1990 (*Wenn es Gabe gibt – oder: »Das falsche Geldstück«*, in: Michael Wetzel/Jean-Michel Rabaté: *Ethik der Gabe – Denken nach Jacques Derrida*, Berlin 1993) Charles Baudelaires Geschichte *Das falsche Geldstück*, in der sich der Ich-Erzähler »schuldig« macht, mit einem Menschen befreundet zu sein, der einem Armen Falschgeld spendet: »Da erkannte ich denn, daß er zugleich ein Almosen geben und ein gutes Geschäft machen wollte; zwanzig Groschen und Gottes Herz dazu gewinnen, das Paradies erknausern und zuletzt noch als ein Wohltäter dastehen wollte.«

»Was ist also Falschgeld«, hebt Derrida an, »und was wird, unter diesem Titel: *Das falsche Geldstück*, gegeben? Das Falschgeld soll für echtes Geld *genommen* werden und soll *sich* daher für ordentlich gemünztes Geld *geben*.« *D'accord*. Die Analyse bringt indes noch mehr an den heute extrem strahlenden Tag: »Der Titel, dessen Struktur äußerst komplex ist, lautet: ›Das falsche Geldstück‹. Als Titel bildet er keinen Satz, sagt er nicht, worauf er sich bezieht, und sein referentieller Zug, auch sein Referent, bleibt relativ unbestimmt.« Eine »Seite« später: »Der Titel *›Das falsche Geldstück‹*? Für was gibt er sich? Wie kann oder soll man ihn nehmen? Sein Platz und seine Struktur als Titel lassen hier eine große Unbestimmtheit und eine weite Möglichkeit an Trugbildern, die gerade *dem falschen Geldstück* das Feld öffnen.«

Und wenn das *»Feld«* der ehrenhaften Exegese erst mal betreten ist, sieht man, »daß die Sache – das Falschgeld – nicht eine Sache wie eine andere ist; es ist ein Zeichen und ein in seinem Titel/Gehalt schlecht bestimmtes Zeichen, ein Zeichen ohne Wert, wenn nicht gar ohne Bedeutung. Ferner, die Erzählung ist eine Fiktion, und zwar eine Fiktion des Fingierens, eine Fiktion aufgrund eines Fingierens, sogar die Fiktion eines Fingierens. Es ist eine Fiktion Baudelaires, betitelt und geschrieben von Baudelaire, aber es ist eine Fiktion, die eine Erzählung nicht der Feder Baudelaires, sondern in den Mund eines fiktiven Erzählers legt, der nicht Baudelaire ist und dessen Rede im Prinzip nicht durch den Autor verantwortet wird.«

Was besagt das? »Es besagt nicht allein: Hier ist eine Geschichte von Falschgeld. Sondern: Die Geschichte ist – vielleicht – selbst *als* Literatur Falschgeld, eine Fiktion, über die man sich – letztlich immer bereit, sich in abwegigen Vermutungen zu ergehen – all das sagen kann, was der Erzähler [...] über das falsche Geldstück seines Freundes wird gesagt haben können«, vielleicht.

In der siebten Klasse erklärte der Lehrer denselben Sachverhalt etwa so: »Der Autor ist nicht der Erzähler. Das Erzählte ist nicht die Wirklichkeit. Man nennt es Literatur. Und es gibt gute und schlechte Literatur.« Aber um das zu erkennen und dem weitverbreiteten Trug nicht aufzusitzen, das erzählerische (oder erzählte? Verflixt!) Ich sei der Urheber der Geschichte sei der Autor sei Baudelaire, braucht es neben der seit Jahrzehnten sehr gescheiten Germanistik halt überdies noch einen Derrida.

Da haben wir also noch mal richtig Schwein gehabt.

Apropos: »Der Titel *Das falsche Geldstück* ist oder mag Falschgeld sein. Das falsche Geldstück ist als solches niemals Falschgeld. Sobald es ist, was es ist, anerkannt *als solches*, hört es auf, als Falschgeld zu wirken und zu gelten. Es ist nur, wenn es sein kann, *möglicherweise*, was es ist. Unter Berücksichtigung dieser irreduziblen Modalität und in dem Maße, wie der Titel dem Rechnung tragen kann, verpflichtet er Sie. Er verpflichtet Sie zunächst, sich zu fragen, was Geld ist, echtes, falsches, falsches echtes und echt falsches – und Nicht-Geld, das weder echt noch falsch ist, usw.«

Auch beim Monopoly. Echt, ey. (j. r.)

Gross, Johannes – Johannes Gross / War zweifellos / Im Kleinformat / Ein Prachtprimat. (j. r.)

Guillaume, Günter – Der Petrus der bundesrepublikanischen Geschichte; o. s. ä.; den wir dafür belobigen müssen, einen waschechten Kanzler aufs Kreuz gelegt und dem Klassenfeind kräftig eingeschenkt zu haben. Noch nachdrücklicher sei er jedoch gebenedeit ob der Klappentexterei seines hervorragenden, seines: her-vor-ra-gen-den Aufklärungsbuches *Die Aussage*, erschienen im Militärverlag der Deutschen Demokratischen Republik (Berlin 1988): »Jetzt, mit dem Abstand der Jahre, der eine vorurteilsfreie Sicht ermöglicht, meldet sich Günter Guillaume zu Wort. Er, über dessen angeblichen Tod die BRD-Presse 1987 berichtet hat, reicht nunmehr seine Aussage nach. Der ehemalige DDR-Kundschafter gibt Auskunft über sein Erleben und Schicksal, er blickt zurück auf Freund und Feind und lüftet so manches strenges Geheimnis, dem der Gegner vergeblich auf der Spur war. [...] Jedem der 21 Abschnitte, in denen der Chronist jeweils eine entscheidende Etappe seiner Entwicklung und Tätigkeit beschreibt, wird authentisches Material vorangestellt. Es sind in der Mehrheit klägliche Versuche, die tatsächlichen Umstände zu verschleiern. Indem Günter Guillaume erzählt, wie es wirklich war, wird manche Antwort zur Polemik. Er hat das Wissen um die Wahrheit auf seiner Seite. [...] Es wird gehandelt, nicht abgehandelt. Bisher unbekannte Begebenheiten werden ebenso in den Mittelpunkt gerückt wie der gefahrenumwitterte Alltag, der von Ausdauer, Disziplin und Geduld geprägt ist. Neben dem Agieren auf der Bühne, die im wahrsten Sinne des Wortes die Welt bedeutete, steht gleichberechtigt das zähe Ringen um berufliche und familiäre Existenz, die dieses Agieren erst ermöglichte.«

Wir geben den Band zum Höchstpreis ab.

Handyschwindel, der – Gibt es, behaupten Leute, die »den Markt« beobachten, sozusagen in und als Fortsetzung der langen langweiligen Geschichte der Falsifikate. Sein Vorläufer, *Der Münzfernsprecher-Betrug* (Theodor Schmitz; Köln 1935), ist aber auch gar nicht mal so interessant. (j. r.)

Hanussen, Erik Jan – Eigentlich Hermann Steinschneider) – Illusionist und Schwerstscharlatan (1889–1933). Dem unseligen Manne ward es in die Wiege gelegt: Weil sein Vater, ein mäßig begabter Schauspieler, die Mutter ohne elterliche Permission, aber mitsamt Familienschmuck »entführt« und der Pelzhändler Samuel Kohn, Hanussens Großvater, gegen das hochromantische Pärchen Anzeige erstattet hatte, kam der

Bub in einem Wiener Kreisgefängnis zur Welt. Nach der Entlassung und einigen Jahren glanzloser Theatertingelei durch die k.u.k.-Provinz ließ die Familie sich im Städtchen Boskowitz nieder. Dort versuchte Siegfried Steinschneider als Textilvertreter sein Glück, und Hanussen konnte, wiewohl er nicht recht wollte, der Schulpflicht nachkommen.

Obzwar die Mutter sich redlich bemühte, ihm Liebe zur Bildung und Kunst einzuflößen, stand dem Filou, ganz der Papa, der Sinn weit mehr nach Schmierenkomödie und Schabernack. Das blieb so bis zu seinem traurigen Ende. »Ich beschloß, Boskowitz anzuzünden«, erzählt Hanussen in seiner hochvergaunerten und nur ausnahmsweise der Realität verpflichteten, ähem, Autobiographie *Meine Lebenslinie* (Frankfurt a. M./Berlin 1991). Er trommelte die Dorfrowdybande zusammen, über die der passionierte Raufbold und Dampfschwätzer mit harter Faust gebot, und »bewies ihnen haarscharf, daß man Boskowitz endlich einmal anzünden müsse«. Dem vernünftigen Einwand, hernach keine Bleibe mehr zu haben, vom Zorn der Eltern zu schweigen, konnte Hanussen sich allerdings nicht verschließen. Der Plan wurde modifiziert und eine alte, unbewohnte Mühle am Ortsrand zum Ziel der pyrotechnischen Übung erkoren. »Die Ausführung«, resümiert Gregor Eisenhauer in *Scharlatane* lakonisch, »war dilettantisch, die Komplizen geständig, und so flog Hermann Steinschneider von der Schule. Wenig später wurde sein Vater entlassen. Die Familie zog weiter nach Wien.«

Hanussens Mutter, schon lange bei schlechter Gesundheit, überlebte die Aufregungen nicht. Mit der Frau, die Vater Siegfried einige Monate später heimführte, fand der Halbstarke kein erträgliches Benehmen. Er begann zu bummeln und erforschte die Schattenseiten des mehrheitlich finsteren 16. Bezirks von Wien. »Die anständigsten Menschen«, stellte er zufrieden fest, »gibt es unter Gaunern und Huren«; also wurde er selbst ein Schurke, d. h. Zuhälter, probierte, mit wenig Erfolg, doch unter einem traumschön aufgeschäumten Pseudonym – »Anselm Wahrheit« – es mit der »schwarzen Magie« (Karl Kraus) des Journalismus, schnupperte Zirkusluft und schaute Varietékünstlern über die Schulter. Sein Stammquartier war das *Café Louvre*, wo die Demimonde ein und aus schlich. Dort auch begegnete er dem Mann, der ihn zum Assistenten berufen und seinen ferneren Lebensweg prägen sollte, dem Magier Rubini.

Als Zauberlehrling zeigte Hanussen großes Talent und noch mehr Ehrgeiz. Er experimentierte mit der Hypnose, berauscht von der Macht, die sie ihm über die Mesmerisierten verlieh. Angeblich traf er in jenen Tagen einen anderen säkularen Blender und Aufschneider, Dr. Sigmund Freud: »Ich habe mit ihm eine Partie Billard gespielt und haushoch gewonnen.« Man unterhielt sich über Hypnose, deren effekthascherische Vorführung im Vaudeville Freud allerdings vehement ablehnte – allein zu medizinischen Zwecken sei sie akzeptabel, »alles andere wäre Scharlatanerie«. Nicht nur Schwindelfreie lehnen sich manchmal weit aus dem Fenster. »Er hielt«, plaudert Hanussen, »mir dann einen schwer verständlichen Vortrag über seine Entdeckung des Unterbewußtseins. [...] Da er mich langweilte, forderte ich ihn zu einer vierten Partie auf, die ich ebenfalls gewann.«

Der Erste Weltkrieg unterband vorerst Steinschneiders weiteren Aufstieg zum Ruhm. In seinen »Memoiren« flunkert er, ein echter Draufgänger an der galizischen Front gewesen zu sein; die Kameraden liebten und bewunderten ihn, die Vorgesetzten ließen den Teufelskerl gewähren, wiewohl es ihm an Disziplin schwer mangelte. Irgendwann, dichtet Hanussen, habe ihm das Töten keinen Spaß mehr gemacht; er gaukelte nervliche Zerrüttung vor und wurde zum Exhumierungstrupp abkommandiert. »[Das] war keine leichte Aufgabe. Regen und Verwesungsdämpfe bildeten mit der Zeit aus den drunter und drüber geworfenen Leichen einen fast vollkommen ineinander verbackenen Brei. [...] Mit Schaufeln wurden sie aus den Gräbern geholt und in eine Kiste geworfen. Diese Kisten bekamen Nummern, und diese Nummern wurden nach den Heldenfriedhöfen transportiert.« Eine lebhafte und plastische, wenngleich arg morbide, vielleicht kannibalische Phantasie kann Hanussen nicht abgesprochen werden.

In Wirklichkeit schob er als Schreibstubenhengst in der Etappe die ruhige Kugel. Ein Hauptmann namens Hanus, der vor dem Krieg Rubini und Hanussen auf der Bühne angestaunt hatte, sorgte für die Versetzung des nachmals selbsternannten Eroberers der »Gegend von Tarnopol bis Lublin« zur Truppenunterhaltung. Hermann Steinschneider war so dankbar für die lebensrettende Protektion, daß er via Künstlernamen den freundlichen Offizier als zweiten Vater beschlagnahmte: »Hanussohn, geglättet zu Hanussen, mit Vornamen Erik Jan, Herkunftsland Dänemark« (Eisenhauer).

Dem Schlachtfest glücklich entronnen, erwartete den Zauberer und »Hellseher« ein von Schwarzmarkt und Umsturz ausgepowertes Publikum, das sich alles erzählen und gefallen ließ, sofern es denn gefiel. Wer sich nach glänzenden Berufsaussichten sehnte, bekam sie vom selbsternannten »Telepathen« serviert. Wollte eine Dame wissen, ob sie die Liebe ihres Lebens finden würde, träufelte Hanussen ihr Blütenhonig ins Ohr; oder stieg gleich höchsteigen mit ihr ins Bett – Hanussen ließ keine Gelegenheit verstreichen, einfältige Weibchen zu verführen. (Er war mehrmals verheiratet, doch niemals glücklich.) Das Publikum bemerkte die Nichtig- und Beliebigkeit seiner »Prophezeiungen« nicht, weil er den Tinnef mit enormem Pomp und Gepränge vortrug. Geza von Cziffra, unter Goebbels zuständig für Marika-Rökk-Operetten und verwandte Obszönitäten, sah ihn einst live hantieren und notiert in seinem Buch *Hanussen – Hellseher des Teufels* (München/Berlin 1978): »[Er zitterte] am ganzen Leib und schwitzte so, daß er während der Vorstellung immer das Hemd wechseln mußte. [...] Nach Beendigung des Programms war sein Gesicht aschgrau und verfallen, seine Züge schlaff.« Dies *Method acting* schund tiefen Eindruck bei den Dummköpfen, die Hanussens Kasperliaden beiwohnten.

1919 bekam er amtliche Weihen. Die Wiener Kripo tappte wegen eines Diebstahls bei der Notenbank im dunkeln; Hanussen bot seine »übernatürlichen« Gaben feil, gegen eine adäquate Belohnung selbstredend, und die blöden Banker schlugen ein. Er schwitzte, er stöhnte, und er nannte den Räuber. Die Lokalpresse war begeistert. Nicht so sehr die

Polizei, die den »Verdächtigen« wg. Unschuld schnell wieder laufenlassen mußte – »der tatsächliche Täter«, bemerkt Eisenhauer in seiner empfehlenswerten Hanussen-Studie, »war bereits einen Tag zuvor verhaftet worden«. Die europäische Karriere Hanussens aber konnte beginnen.

Nach einer triumphalen Tournee durch die Metropolen des Kontinents kehrte er in ein Wien zurück, das ihn schon wieder vergessen und zum neuen Liebling der Saison den Kraftmenschen Sigmund Breitbart erkiest hatte. Höhepunkt in dessen Darbietung war das Zerbeißen eherner Ketten. Hanussen, immerhin ein geb. Steinschneider, ließ sich die Konkurrenz nicht lange gefallen. Er las ein zierliches Mädchen von der Straße auf und präsentierte es als »Martha Farra, die stärkste Frau der Welt«. Dank seiner »hypnotischen Wunder« zerkaute auch sie Schmiedeeisernes wie Butterbrot. Breitbart witterte den Schwindel, machte Hanussens Helfer ausfindig und betrunken, und am selben Abend ruinierte Madame Farra sich die Zähne an einem nicht präparierten Kettenglied. Das Publikum schrie »Betrug«, und die Wiener Gendarmerie, welche mit dem Mann, der auf ihre Kosten berühmt geworden war, noch ein Hühnchen zu rupfen hatte, verwies ihn kurzerhand des Landes.

Keine große Mißlichkeit für Hanussen. Er tourte mit Frl. Farra durch die Vereinigten Staaten und erfreute sich der generellen Freude der Yankees an einer guten Show: »In Amerika«, schwärmt er, »genügt es vollkommen, wenn es so aussieht, als ob es echt wäre.« Davon haben, Franklin Roosevelt und Abe Lincoln ausgenommen, alle Präsidenten der USA profitiert – warum nicht auch ein Varieté-Großcophta? Die *verwerflichen* Sünden Hanussens sollten woanders statthaben.

Nämlich in Berlin. 1927 usurpierte er die Stadt, »die vielen als das neue urbane Zentrum der Welt galt« (Eisenhauer). Er ließ sich anstaunen, strich beträchtliche Honorare als »Gedankenleser« ein und wurde, wie es sich gehört, im Februar 1928 als Betrüger verhaftet. Die Ermittlungen dauerten fast zwei Jahre, die Liste der Geprellten und anderer Zeugen wuchs so sehr in die Länge, daß der Prozeß um weitere fünf

Monate verschoben werden mußte. Hanussens Wundertaten wurden vor Gericht als allerplumpeste Hütchenspielerkniffe enttarnt. Er hatte z. B. Kunden, denen er gegen teuer Geld aus der Hand las, frohgemut verkündet, sie würden sich demnächst gut verheiraten – und sie, mit der Ausrede von Kopfschmerzen, entfernen lassen, wenn sie erstaunt erwiderten, bereits gut verheiratet zu sein. Ein anderes Mal bat ihn ein Mann um Auskunft, der Geld verloren hatte. Hanussen bedachte sich dramatisch und nannte tags darauf das Lokal, in dem sein Klient den Schein wiederfinden würde und vom Kellner tatsächlich zurückerhielt. Dieser berichtete im Zeugenstand, er habe die Note plus zwanzig Kronen Trinkgeld von Hanussens Sekretär empfangen. Die Gutachter erklärten, an Hanussens spektakulären Weissagungen sei nichts übernatürlich, hier »liege nur geschickte Kombination, Menschenkenntnis und detektivische Gewandtheit vor« *(Hellseher des Teufels)*.

Der Richter, ein abergläubischer Vollidiot, mochte das erdrückende Beweismaterial nicht zur Kenntnis nehmen. Lieber ließ er sich auf Hanussens Offerte ein, seine »Fähigkeiten« im Angesicht Justitias zu demonstrieren. Der Lügenbold zog bravourös seine Paradenummern ab: So ließ er beispielsweise zwei »beliebige« Prozeßbesucher Daten notieren, aus welchen er deren bisheriges und zukünftiges Leben deutete. »Bei einem der beiden Probanden gelang ihm das mit spektakulärem Erfolg – nach Hanussens Tod stellte sich heraus, daß der Betreffende, ein unscheinbarer Gendarm, [...] bestochen worden war.« (Eisenhauer)

Hanussen wurde »im gesamten Umfang von der gegen ihn erhobenen Anklage freigesprochen«. Der Richter erklärte sich außerstande, dem Verdächtigen die Gabe des Zweiten Gesichts zu bestreiten. Juristen wie dieser haben wenige Jahre später den Volksgerichtshof überhaupt erst möglich gemacht. Und so, statt verdient ins Kittchen zu wandern, stieg Hanussen zum Elias der sterbenden Weimarer Republik auf. Er hielt Presseaudienzen, auf denen er Hugenberg als kommenden Autokraten ankündigte. Hitler? Nein, Hitler brächte es nicht. Er schwatzte nach, was er beim Frühstück in den Leitartikeln gelesen hatte und seinem ziemlich sicheren, seit den »Anselm-Wahrheit«-Tagen geübten Sensations- und Aufmachergespür reißerisch genug erschien. Das Preßgeschmeiß, ihm im Geiste verwandt wie niemand sonst, hofierte Hanussen avec plaisir. »Ich bin Journalist und brauche Sensationen«, soll damals ein Meutenhund gebellt haben, »daß jemand *nicht* hellsehen kann, ist keine Sensation.«

Hanussen eröffnete eine Praxis am Ku'damm und kassierte die Dummen ab, wie er's brauchte. Seinem sagenhaften Ruf weiter aufzuhelfen, spazierte er eines Tages zu einem Wettschalter der Reitrennbahn Berlin-Hoppegarten, reichte einen Papierschnitzel hindurch und kassierte nach Einlauf der Pferde ein fettes Bündel Geld. Die Öffentlichkeit, in noch fetteren Schlagzeilen unterrichtet, staunte ihn ehrfürchtig an. Eine interne Expertise der Rennleitung ergab indes, daß der Schalterbeamte, bei dem Hanussen abkassiert hatte, im voraus bestochen und mit den nötigen Scheinen versehen worden war. Um einen Skandal zu vermeiden, beließ man es mit der dringenden Bitte ans »Hellsehwunder von Hoppegarten«, sich künftig von der Arena fernzuhalten.

Auf dem Zenit seiner Karriere paktierte Hanussen, ein gewiefter, aber blinder und hemmungsloser Opportunist, mit dem Teufel: Er diente sich den Nazis an. SA-Gruppenführern und verdienten Kapp-Putschisten schickte er Dirnen oder, gelegentlich, Strichjungen in die Schlafzimmer; und auf einmal, wie freihändig und -mütig erstellte Horoskope »bewiesen«, brachte Hitler es doch. Die Braunhemden freuten sich über die öffentlichkeitswirksame Unterstützung durch den medialen Matadoren und nahmen ihn in ihre dreckigen Kreise auf. Derweil liefen seine »telepathischen« Shows mit dem schönsten Erfolg. Gregor Eisenhauer zitiert einen namenlosen Kritiker: »Er konnte bezaubernd, charmant, liebenswürdig, bizarr, oberflächlich, talmudisch, melancholisch, harmlos wie ein Kind, bösartig wie ein Teufel, verführerisch wie Casanova und Don Juan sein.« Die Kundschaft leckte Hanussen die Siefelsohlen, und er half zur Not mit Hypnose nach, wenn ein Opfer nicht ordentlich spurte. Besondere Resistenz mußte er von den armen Teufeln, die ihn aufsuchten, freilich nie befürchten. Mit staunenswerter Ehrlichkeit beschreibt er die Technik seiner »übersinnlichen« Überrumpelungen: »Ich überschütte mein Medium mit einem Schwall von Behauptungen und lasse dem ohnedies verwirrten Gehirn nicht eine Sekunde Zeit zur Kritik. Die von mir mit ungeheurer Festigkeit vorgebrachten Argumente [...] haben die Wirkung, daß das Gehirn, bei der angeborenen Denkfaulheit in jedem Individuum endlich träge geworden, sich nicht weiter bemüht, meine Worte einer kritischen Prüfung zu unterziehen.« Es ist in der Tat nicht allzu weit hergeholt, diesen Rattenfänger als irrlichternden Vorboten Adolf Hitlers zu dämonisieren, selbst wenn man von Hanussens fatalen Sympathien für den durchfallfarbenen Abschaum nichts wüßte.

Hermann Steinschneider beging den Fehler, den alle Hochstapler irgendwann, spätestens jedenfalls nach zehn fetten Jahren, begehen: Er ließ die Maske fallen. Während andere Roßtäuscher sich einfach verplaudern, reihte Hanussen sich in die kleine Gruppe jener Mogelmogule ein, die aus blanker Selbstbesoffenheit die Geheimnisse ihres Erfolgs in die Landschaft trompeten. Er verdiente Unsummen, kaufte schimmernde Limousinen und eine Yacht für sommerliche Orgien, plante eine »Hanussen-Klinik« für betuchte Tröpfe und träumte davon, gemeinsam mit Hitler ein »Imperium des Okkultismus zu errichten« (Eisenhauer). Das hätte evtl. gelingen können, wenn er nur seine *Lebenslinie* für sich behalten hätte. Denn darin bekannte Hanussen frank und fröhlich, ein Jude zu sein, und diese seltene Aufrichtigkeit brachte ihn um.

Die Machtübernahme der NSDAP am 30. Januar 1933 erfüllte den größten Hellseher aller Zeiten nicht mit Sorge, sondern Stolz. Er ließ sich von seinem SA-Chauffeur in einer maßgeschneiderten Sturmabteilungsuniform durch Berlin kutschieren und prophezeite jedem Nazibonzen, der sein Sprechzimmer aufsuchte, herrliche Zeiten – ein Orakel, mit dem er leider einmal richtig lag. Er fühlte sich unbesiegbar, da er auf den Joker gesetzt hatte, und vergaß das Grundgesetz avancierter Schwindelei: Bloß kein Aufsehen bei den Behörden erregen! Er hatte läuten hören, daß Max Moecke, ein ehemaliger Sozialdemokrat, ihn in einem Pamphlet, betitelt *Der neue Rasputin*, bloßstellen wollte. Prompt fiel er, begleitet von einer Rotte SA-Schläger, im Stammcafé des Autoren ein, schwang die Peitsche und befahl Moecke, auf den Tisch zu klettern und dreimal Kikeriki zu krähen. Der Pamphletist gehorchte; und rächte sich prompt: »Er denunzierte Hanussen bei der Parteileitung als Juden und empörte sich über die hohen SA-Führer, die sich von ihm mit Geld und Frauen hofieren ließen. Göring tobte und befahl, die Sache zu bereinigen.« (Eisenhauer)

Hanussens Ignoranz für die tieferen Motive des Nationalsozialismus eignen tragische Züge. Er konnte sich nicht einmal vorstellen, als Jude im neudeutschen Reich vogelfrei zu sein. Er glaubte sich gefeit und meinte Ende Februar 1933 gar, den Gipfel seines »parapsychologischen« Wirkens zu erklimmen, als Marinus van der Lubbe, ein Wirrkopf ganz nach Hanussens Geschmack und kurz zuvor von ihm, dem Boskowitzer Weltverbrenner, wie Cziffra vermutet, in die Herrlichkeiten der Pyrotechnik eingeführt, den Reichstag in Brand steckte. Er prahlte herum, mit Lubbe bekannt zu sein und ihm die schändliche Tat lange im voraus an der Nase abgelesen zu haben. »Die Würfel sind gefallen«, schrie Hanussen in sein Hausblatt, die *Bunte Wochenschau*. »Von der Burg kommunistischer Schreckensherrschaft, dem Karl-Liebknecht-Haus in Berlin, weht stolz die Hakenkreuzfahne als Symbol der endgültigen Befreiung Deutschlands von der roten Pest.« Das brutale Geschwätz rettete Hanussen nicht.

Am 24. März 1933 nachmittags gab er im *Scala-Varieté* die letzte Vorstellung. In der Garderobe lauerten ihm Hitlers Sbirren auf. »Seine Entführer verschleppten ihn in ein Waldstück nahe dem Ort Baruth. Am 7. April wurde seine Leiche gefunden. Das Gesicht war von Nagelstiefeln und Wildfraß entstellt.« (Eisenhauer) – Knapp sechzig Jahre später wollten der Kitschregisseur Istvan Szabo und die Burgtheatercharge Klaus M. Brandauer dem »Hellseher Hitlers« ein Denkmal setzen mit dem Film *Hanussen*. Sie erachteten den Schwadroneur korrekt für »eine sehr ambivalente Person« (Gerhard Polt), logen jedoch, Hanussens *Lebenslinie* blind vertrauend, den durchaus kinoreifen Hochstapler dermaßen zurecht, als hätte *stern-TV* sie bezahlt und nicht die Spielfilmabteilung der ARD. Aber das ist eine andere Geschichte. Oder die gleiche? (k. s.)

HÉLOISE UND ABAELARD – Jammerschade oder auch vollkommen egal, ob oder bzw. daß der berühmte Briefwechsel der zwei Liebenden aus dem 12. Jahrhundert »durch einen einzigen Verfasser« komponiert und »in der vorliegenden Form erst nach dem Tod Abaelards abgefaßt worden« (Peter von Moos: *Héloise und Abaelard*, in: *Gefälscht!*) und deshalb zwiefach gefälscht oder fingiert ist. Abaelard war einer der Begründer der Scholastik und lernte als vierzigjähriger Lehrer die junge Héloise kennen, die er auf Geheiß von deren Onkel Fulbert, einem Kanoniker, unterrichtete. Sie verliebten sich, heirateten und hatten einen Sohn. Fulbert zürnte über »Verrat und Unzucht« und ließ Abaelard 1118/19 einfangen und kastrieren. Eine üble Geschichte. Héloise ging ins Kloster Paraklet bei Troyes, Abaelard, 1140 sogar der Ketzerei für schuldig befunden, legte das Mönchsgelübde ab (Kloster St. Denis).

1133 oder 1134 mögen nun die acht Briefe entstanden sein oder halt nicht, Héloises Konter gegen den Klerus, erfunden oder nicht, verfangen noch heute: »Mag der Name ›Gattin‹ heiliger und stärker klingen«, teilte sie dem geläuterten Ehemann mit, »mir war stets der Name ›Geliebte‹ gefälliger, ja, sogar, verzeihe mir, der Name ›Konkubine‹ oder ›Dirne‹.« Sie, deren »größerer Wunsch« es war, »Dir zu gefallen als ihm«, Gott, bekannte: »Von Gott habe ich keinen Lohn zu erwarten; denn nichts habe ich bisher aus Liebe zu Ihm getan [...]. Dir bin ich ins Kloster nicht gefolgt, sondern sogar vorausgeeilt. [...] Sogar während der Meßfeier, wo das Gebet am reinsten sein sollte, bemächtigten sich meiner die Phantasiebilder unserer Lüste [...]. Ich sollte über begangene Sünden seufzen und kann nur seufzen, daß sie vergangen sind. Man lobte meine Keuschheit; man kennt nicht meine Heuchelei.«

Die wir uns ausgesprochen loben. (j. r.)

HEMINGWAY, ERNEST – Verantwortlich, laut Poppopsi Gerrit Bartels von der *taz* (21. Juli 1999), für den »Safari-Schwindel und andere Lügen«. 1954 war er, Hemingway, gottbewahre nicht Franselbartels, während einer ostafrikanischen Buscherkundung mit dem Flieger abgestürzt. Sein 700-Seiten-Bericht, den Sohn Patrick 1999 edierte (*Die Wahrheit im Morgenlicht – Eine afrikanische Safari*, Reinbek), sei nun der gescheiterte Versuch gewesen, »›ein wirklich wahres Buch‹ zu schreiben und festzustellen, ›ob die Eigenart eines Landes und die Eindrücke eines vierwöchigen Jagdunternehmens bei wahrheitsgetreuer Darstellung neben einem Werk der Phantasie bestehen können‹«.

Njet.

Angesichts der noch nicht dagewesenen »Alte-Männer-Phantasie« bartelt Bartels beim Propheten Thierses: »Die vielbeschworene ›Wahrheit‹, der er [...] auf der Spur war, indem er die Sprache ›bis auf die Knochen freilegte‹, scheint sich bei diesem Buch in der afrikanischen Mittagshitze verflüchtigt zu haben.«

Ob denn die Birne schon zu klimatisch-vorurteilshaft glühte? Wg. der Anstrengung, ein komplettes Buch zu lesen?

Und Bartels deshalb der »nicht zuletzt von ihm selbst eifrig betriebenen medialen Inszenierung« führerfurios folgte?

»Und diese zumindest schimmert auch in diesem Buch immer mal wieder durch, wenn er die Safaris als den ›größten Schwindel überhaupt‹ bezeichnet. Wenn er über den Romanschriftsteller als Lügner räsoniert, der er nolens volens nun mal ist.«

Es ist ein immer mal wieder nun mal überhaupt selten räsonabler Furz des Feuilletons, des »ganze[n] lumpige[n] Lügenwerk[s] dieses Feuilletonismus« (Karl Kraus). Nolens hohlens. (j. r.)

HITCHCOCK, ALFRED – Filmregisseur (1899–1980). Im engeren Sinne kein Hochstapler, auch kein Aufschneider, aber gerne bereit, sein Kinopublikum an der Nase herumzuführen mit sog. »MacGuffins« bzw. »Red Herrings«, Gegenständen ohne wirkliche Bedeutung für die Handlung, allein zum

Zwecke erfunden, die Leute rätseln zu lassen und also bei der Stange zu halten. Es hat sich freilich nie einer darüber beschwert, von »Hitch« in die Irre gelockt worden zu sein; vielmehr gilt der Filmkritik und -wissenschaft genau der ominös-nichtige »MacGuffin« als geniale Erfindung und bester Ausweis für Finesse und Raffinement des beizeiten und zu Recht verdienstgeadelten Sir Alfred.

Nachkriegsdeutsche Synchronisations- und Verleihpiraten mochten sich allerdings mit Hitchcocks Trugbildern nicht begnügen und setzten zwei echte, durchaus gerichtstaugliche Fälschungen obenauf. Der Spielfilm *Notorious* (1946), eines der elegantesten und illusionsmächtigsten Werke des britischen Meisters, lief von 1951 bis 1968 in den BRD-Kinos unter dem Titel *Weißes Gift* und hatte auf einmal gar nichts mehr zu tun mit Nazi-Spionen und -Saboteuren in Südamerika, sondern maskierte Hitlers 5. Kolonne als politisch topneutralen Rauschgiftring; dreiste Leistung. Erst das ZDF ermannte sich 1969 und mutete dem heimischen Zuschauer die Vorstellung zu, es seien im Mai 1945 evtl. doch nicht *alle* Braunhemden vorm Ausgang des Führerbunkers verbrannt worden.

Gleichfalls kastriert und travestiert kam 1961 der flotte Anti-Hitler-Reißer *Foreign Correspondent* (1940) auf bundesdeutsche Leinwände. Joel McCrea deckte nun nicht mehr eine gigantische Nazi-Verschwörung, sondern einfach gar nichts auf, denn den fleißigen Verschnittkünstlern im Nachfolgestaat fielen gut zwanzig Minuten und sämtliche NS-Agenten zum Opfer bzw. unter den Tisch. Auch hier mußte zuletzt das ZDF eingreifen, allerdings und vorsichtshalber bis 1986 wartend, ehe es die Nation mit einem Film zu konfrontieren wagte, in dem Heydrichs Leute als Abschaum noch zu freundlich dargestellt sind.

Nicht nur der sehr große Hitchcock kam den teutschen Vergangenheitsbewältigern in die Quere und Mache. Sein kleiner Kollege Michael Curtiz, d.h. dessen höllisch überschätztes, seinen Ruf und Ruhm einer Kette von Mißverständnissen und trügerischster Mund-zu-Mund-Propaganda verdankendes Melodram *Casablanca* (1942) mußte gleichfalls durch die Verleugnungszensur. Übrig blieb von dem sowieso wüst kompostierten Film der schiere Mist, glatt vierundzwanzig Minuten kürzer als das Original, weil der Verleiher der Kundschaft den Anblick von SS-Uniformen ersparen wollte. Gestapo-Major Strasser, wiewohl auf sinistre Art von Conrad Veidt fast sympathisch dargestellt, kam daher gar nicht erst vor, und Rick Blaine (Humphrey Bogart) mußte, in dieser Fassung, auch nicht zum Mörder werden.

Mangelnde Phantasie ist den Verstümmlern kaum anzulasten. Victor Laszlo (Paul Henreid), bei Curtiz ein Widerstandskämpfer aus der Tschechoslowakei, wurde zu einem Atomphysiker namens Larssen aus Norwegen. Im KZ (»wo?«) hatte er folglich auch nie sitzen müssen. »Es hieß lediglich, man habe ihm ›übel mitgespielt‹, weil er seine Erfindung sogenannter ›Delta-Strahlen‹ nicht dem Militär zur Verfügung stellen wollte.« (Fuld: *Lexikon*) Da wird der Militär bekanntlich grantig. Ilsa Lund (Ingrid Bergman), zerrissen zwischen ihrer alten Liebe Rick und der politisch korrekten Ehe mit Laszlo, sah in der revidierten Version zwar immer noch zart und knusprig wie ein Knäckebrot aus, aber weshalb sie ein großes, tapferes Opfer bringt, wenn sie dem ältlichen und ziemlich lustfernen Gatten die Treue hält, statt mit dem einwandfrei smokingtragenden und tadellos smokenden Halbweltfürsten Blaine-Bogart in die nächste Oase durchzubrennen – konnte der deutsche Zuschauer wirklich nicht begreifen. »Die *FAZ* schrieb damals von einem ›merkwürdigen‹ Film.« (Ebd.) 1975 lichtete die Spielfilmabteilung der ARD die Nebel, in denen Rick vormals Nazi Strasser leider nicht erschießen und verklappen durfte, und dies »war der Beginn einer wunderbaren Freundschaft« zwischen deutschen Studenten bzw. Studienräten und einem, halten zu Gnaden, weiterhin eher halbgaren Schmarren.

Mittlerweile werden Nazis nicht mehr nur in Landesparlamenten, sondern auch im Kino wieder geduldet. Dennoch mag sich der hiesige Verleihhalunke den schöpferischen Beitrag nicht ohne weiters nehmen lassen. Tony Scotts ebenso amüsantes wie rabiates Love-and-murder-Movie *True Romance* (1993) beispielsweise mußte, ehe es beim abgründig dummen und verlumpten Schweinebackenkanal RTL 2 ausgestrahlt werden durfte, sich einige Änderungen und Veränderungen gefallen lassen: »Im Original ist der Film 120 Minuten lang, die Videofassung nur 100 Minuten.« (Ebd.) Da es bei Scott um eine Nutte geht, deren Freier aus »true romance« den Zuhälter wegballert, sich geistesgegenwärtig den obligaten Fünf-Kilo-Koks-Koffer greift und mit der Geliebten gen Mexiko abdonnert, befand die generell nie ganz dichte Freiwillige Selbstkontrolle des deutschen Films (FSK) den Streifen als der jugendlichen Gemütsbildung eher abträglich und beredete den deutschen Vertrieb zu folgenden Änderungen: »a) Die heftige Schießerei ist erheblich gekürzt; b) Der gesamte [!] Handlungsablauf zum Schluß des Films ist wesentlich [!] verändert. Clarence [der Freier] stirbt in der Neufassung. Alabama [die Prostituierte] überlebt, und ihr Schicksal bleibt offen.« (Zit. n. Fuld) Unsereins aber hat sich doof suchen müssen, um die einwandfreie und coole Erstversion sehen und Clarence und Alabama alles Gute auf ihrem Weg ins kleinfamiliäre Idyll wünschen zu können.

Neben derlei FSK-Halunkereien fällt fast nicht auf, was der professionelle Synchronisationsskin von jeher und eiskalt mit schwarzen, grandiosen Stand-up-Comedians anstellt: Ob Richard Pryor, ob Eddie Murphy oder Whoopie Goldberg – zuverlässig bekommen sie Stimmen verpaßt, die dem Original nicht mal über drei Kilometer Entfernung ähneln, aber via Gequiek und Gequackel das Bild des Ariers vom schwabbelsabbelnden Neger nachfärben. Das gefällt dem hiesigen Zuschauer. Nicht auszudenken, was aus *Notorious* geworden wäre mit dunkelhäutigen Hauptdarstellern! *Weißes Gift* jedenfalls nicht. *Schwarzer Schrott?* Eher schon. (k. s.)

Horn, Guildo – Ein (Ex-)»Phänomen« (Sepp the Depp), ungewaschen, zerföhnt, sehr ungelegen. Der gelernte Musikpädagoge, »einfach Kult« (*Fränkische Landeszeitung*, 18. April 1998), verteilte Nußeckenoblaten (»Nehmet und esset alle davon«), rief sich »Kreuzritter der Zärtlichkeit« und elektrisierte die »dumpfen« (Jörg Schröder) Massen bis zum kollektiven Schreikrampf. Zwischenrein hauchte der selbstpromovierte

»Meister« seine Schwurformel »Ich finde Schlager toll, weil der Schlager ein Reigen aus güldenen Melodeien ist«, dargebracht vor einer deutschchaotisierten Menge an Sackgesichtern und Spacken. »England verhöhnt unseren Guildo«, empörte sich *Bild* (25. April 1998) über die Attacken der begrüßenswert brachialen britischen Boulevardpresse. Als am 9. Mai 1998 der Grand Prix zu Birmingham abgekaspert wurde, eierte nicht bloß das mdr-*Brisant*-Schand- und Labermaul Axel Bulthaupt TV-notorisch stundenlang herum, sondern belferte auch Guido Westerwelle die ihm maßgeschneiderte Konfession ins bewegte Land hinaus: »Von Guido an Guildo und seine ›Strümpfe‹: Piep, piep, piep, Guido hat euch lieb.«

Nicht wenige bei Verstand und Besinnung gebliebene Bewohner dieser Breitengrade dachten spätestens jetzt ans Entsichern. Ganze Busladungen Handybesitzer waren über die Westgrenze gekarrt worden, um die später tatsächlich eingefahrenen twelve points from Netherlands zu ergaunern. Wettbewerbsverzerrung, gewiß, doch wen scherte es. Zu Trier lärmten 300 000 Fans in front of Liveleinwand, die ARD (Bulthaupt) wertete den »Feldzug nach Birmingham« als »großen Schritt für die Menschheit«, ironisch, auch das gewiß.

»Guildo Horn hat irgendwie ein Brett im Kopf«, lobte ein Fan den Leitbär des neuen deutschen Selbstwertgefühls. Nußecken flattern im Wind, Horn »reißt offene Türen ein« (Cindy & Bert), Tony Marshall geißelt »diese langen wirren Typen mit den Haaren«, Christian Anders dankt Roy Blacks Geist, dessen »Aura« in ihn gefahren sei, und Bulthaupt behauptet: »Horn zählt neben Karl Marx zu den großen Söhnen der Stadt.«

Die gesamte Geschwürblase und »Wissenschaftler befassen sich mit seinen Auswirkungen«, exekutieren den »Meistertanz«, und das fleischgewordene Tamagotchi erlöst die Jugend aus ihrem »Alltagskorsett«. Das *Wort zum Sonntag*, einst Domäne des granatenaufrichtigen Tugendgaranten Pfarrer Sommerauer, fragt in Gestalt eines graumelierten Schraubstocks und zu Guildokonterfei: »Haben Sie Himbeereis und Nußecken schon hergerichtet?«; lobt die Neubotschaft »Liebe, Zärtlichkeit, Dankbarkeit« und zitiert

Schafe: »Die Ingrid aus Augsburg meint z. B.: Er ist ein Original. Und bei seinen Konzerten darf jeder mitsingen.«

Bei den Stones durfte man das nicht. Die krächzen ja bekanntlich (vgl. Fuld: *Lexikon*) sittenwidrig und monsteractmogelnd playbackend, während unter Horns Ägide echte kerndeutsche Gefühle aufwallen: »Tausende kuscheln sich im Schlagerbad.« (Bulto) »Ist das das Rezept des Menschenfischers?« Des scharlatanesken Verführers? Des Neojesus, der ebenjene Worte an Petrus richtete? »Sei ehrlich und echt! Was kannst du gut? Zärtlich sein oder Briefe schreiben?« bohrt Bulthaupt. Horn höhnt: »Wenn diese Botschaft rüberkäme, wäre das klasse, Meisterklasse.«

Er möchte »Vertrauen in die Zukunft zurückgeben« und erbauchringt am »Europatag« *(taz)* auf der futuristisch verfickten Bühne Platz acht. Um 21.17 Uhr kollabiert unser Kabel. »210 Sekunden geballte Lust am Leben« rollen und rumpeln über die Bretter, die die »Lust zu leben« (Birgit Schrowange, RTL) oder Rainer Leben (Eintracht Frankfurt) bedeuten. Die Schweiz verschenkt volle Kanne Punkte, desgleichen das volkssängerüberflutete Holland. Der Triumph des ehrlichen Arbeiters Horn ist, trotz letzten Endes schwachen, ja schwächlichen Abschneidens, perfekt. Dem *Zeit-Magazin* (7. Mai 1998) stand er vorausbauend seinen falschen Gockel wie nur die verfluchte, verlogene Trümmerfrauen- und -restmännergeneration: »Im Showgeschäft bekommt man nur saubere Leute vorgeführt – diese Keimfreiheit kann nicht echt sein.«

»Ich mag mich, wie ich bin«, bekräftigte das evidenzsatte Redlichkeitsaushängeschweinplautzenrampensautier, und die Journaille glaubte alles; bzw. röhrte nochmals gaunerlöblicher. Peter Zudeick, eigentlich ein rarer Vertreter der Zunft, gewöhnlich wissend, wägend, belieferte Jan Feddersens *taz*-Seiten: »In meiner kleinen Welt, in der der eine zum andren hält und in der deine Tränen nicht lügen«, fingierte faselnd Horn, und Zudeick verlor den Verstand: »Hier bricht strukturell die Gebrochenheit der modernen Welt ein in die poetische Idylle. […] Guildo Horn steht mitten in dieser Welt, da bricht und birst es, da rumpelt und humpelt die Sprache, will zu sich kommen und kann sich doch nicht finden«, aber die Königskinder Guido und Guildo fanden sich – wenigstens hier – korruptiv feuilletonisierend überzeugend synästhetisch. Zudeick: »FDP-Generalsekretär Guido Westerwelle hat in Guildo Horn das Phänomen Gerhard Schröder erkannt. Er meinte damit Unverbindlichkeit, Glamour, Medieninszenierung. Nein, im Gegenteil verkörpert er Lebendigkeit, Gemeinschaftssinn, Genußprinzip – und entspricht damit dem Phänomen Ludwig Erhard, der wahren Repräsentanz der fünfziger Jahre. Und das ist angesichts der obwaltenden kulturellen Hegemonie des Bedeutungslosen, um nicht zu sagen des nichtenden Nichts, mehr, als wir vom deutschen Schlager zu hoffen gewagt hätten.«

»Es ist alles falsch« (Jan Orthwien), unsere Hoffnung ab Horn zur Hölle gefahren. Schröder, Horn, Erhard: die Lüge im trinitätischen Emblem. Daß *Bild* hernach (11. Mai) den »Grand-Prix-Betrug?« witterte (»ging in Birmingham wirklich alles mit rechten Dingen zu?« Und »Schlager-Star Costa Cordalis war über den Grand Prix erbost. Er spricht von Betrug: ›Das Sieger-Lied ›Diva‹ ist von mir geklaut. Gar keine Zweifel«; genauer dokumentiert in J. Roth: *Ein Schnupfen läuft Amok – Spitzenleistungen aus Sport und Geistesleben*, Frankfurt/Main 1998), gehörte ebenso zum Kulturritual wie das obligate *Spiegel*-Interview (20/1998) mit Bazon »Schwätzer« Brock, der »als Berufsästhetiker« Stellung bezog, daß es keiner Sau mehr grausen konnte: »In der Postmoderne können ernsthafte Dinge doch nur noch indirekt abgehandelt werden. Wenn Sie heute einen politischen Gedanken loswerden wollen, müssen sie ein Kabarett veranstalten. Und das einzige Kriterium, sich nicht als wahnhafter, heilsgeschichtlicher Erfüllungsgehilfe zu erweisen, besteht darin, seine eigenen Ansichten ironisch zu brechen.« – »Horn wird der Gesellschaft helfen, sich gegen fundamentalistische Attacken zu wehren.« – »Das Publikum hat längst kapiert, daß Experten nicht die Wahrheit produzieren, sondern die Probleme. Experte ist man heute nur im Finden und Behaupten von Problemen.« – »Vom Wahren können wir nur noch mit Blick auf das Falsche reden. Das sagt uns Guildo, und da steht er in der Tradition von Till Eulenspiegel, Nietzsche oder dem braven Soldaten Schweijk: Alles auf den Tisch, bis er bricht.« – »Er macht die Abhängigkeit von der unerfüllbaren Sehnsucht nach Stabilität, nach Heimat und ethnischer Homogenität vollkommen durchschaubar. Er ist eben ein brillanter Volkspädagoge, ein moderner Diogenes auf dem Politmarkt. Wer zwischen der Glaubwürdigkeit von Herrn Kohl in Brüssel und der von Herrn Horn in Birmingham zu wählen hat, wählt zu Recht Horn.«

Nichts stimmt, jeder Satz klafterweise an der Halbwahrheit vorbei und geradewegs ins Zentrum des wohlfeilen Salbaderopportunismus. Nichts freilich, dem sich der professorale Simulant nicht widmet. Dem subversiven musikindustriellen Format des Videoclips galt 1986 im Rahmen eines Gesprächs zwischen ihm, Jürgen Grimm und Roland Schmitt (*»Das attraktive Chaos und die Chance zur Reflexivität«*, Siegen 1989) sein gesteigertes Interesse: der »kulturpolitischen Brisanz« der diederichsenartig dissidenzfördernden »Augenmassage« der »elektronischen« – na? – »Mythen«. Währenddessen versäumte er nicht, den »Distanzierungsformen der Analyse« der Frankfurter Schule die Rote Karte zu zeigen und das eigene revolutionäre 1966er *Experimenta*-Konzeptkunsthappening der »dramatischen Illustrierten« zu loben: »Dabei sollten sich die Leute eben nicht mehr wie gegenüber den Produkten in den Werbespots passiv erleben, sondern sich selbst als Rezipienten und Verbraucher dieser Produkte ins Spiel bringen. Darum ging es beispielsweise in der Diskussion um die Entstehung neuer Friedhofsformen und der Aktion, die sich daran anschloß. Ziel war es, die Grabsteine durch Videos zu ersetzen, die Leute in Hochhäusern in der Stadt zu beerdigen, sie dann per Fahrstuhl jeweils in einen Konfrontationsraum, in eine kleine Kapelle herunterzufahren.«

Brechts Radio- und Benjamins Rezeptionstheorie für Hilmar Hoffmanns VHS, Konfrontationsgesprächstherapie und Götzendienst an innovativer Technik: Auf jene Manier »denkt« eine Null die »aktive künstlerische Umsetzung« der »Massen- und Konsumkultur«. Kein Begriff, der fällt, ist nicht fetischistisch aufgeladen bis zum Bersten und so leer, um mit jedem beliebigen anderen verquirlt werden zu können. Am Schluß sei, um unendlich lange und desto blöder herumzuquaddeln zu vermögen, alles recht und die Wahr-falsch-Unterscheidung ohnehin Humbug, d. i. das Kriterium der Qualität kultureller Produkte: »Bei reflexivem Gebrauch gibt es diese Unterscheidung in dem Sinne nicht.«

Dafür bedurfte es der Avantgard der zwanziger Jahre: daß man bestrafungswürdiges, automatisiertes Güllegerede sogar anhören muß: »Es gibt da [...] nichts Inhaltloses. Das Medium ist zwar in vielerlei Hinsicht optimal ausschöpfbar, was diese formalen Aspekte anbelangt, das ist aber nicht die Botschaft, sondern es kommt ja auf die Konstruktion einer Bilderwelt an, die mit einem modernen Terminus eben Simulation oder Totalsimulation ist, die also die Differenz zwischen materieller Außenwelt und Vorstellungswelt aufhebt, die Unterscheidung zwischen Bildwelt in der Vorstellung der inneren Imagination gegenüber dem, was die Welt uns im Äußeren bietet, nicht mehr zuläßt, diese Differenz überspringt.«

Everything Mythos? Ob Baudrillard, einer verteufelt verzwickten dialektischen Bewegung folgend, evtl. doch recht behielt mit dem Theorem »Exzesse der Sinnproduktion«? Sind wir Bild? Oder *Bild*? Bleibt der Pudding, dessen Existenz sich laut Engels im »eating« beweise, auch als Videokompott genießbar? Beißen wir, vom Virtualitätsschwindel betört, demnächst oder schon nu', vorausgesetzt, wir erreichen den nötigen Hipnessgrad, in die Glotze? Oder steht, Hermann L. Gremliza unautorisiert zitierend, der Arsch jetzt nach allen Seiten offen?

Walter Benjamin, darauf wies Thomas Assheuer hin (*Der Kult des Banalen*, in: *Zeit*, 7. Mai 1998), erblickte 1921 *(Kapitalismus als Religion)* nichts als das »Gefühl von Stillstand und Ausweglosigkeit, von infantiler Amnesie und trostloser Selbstbezogenheit« (Assheuer) und nannte den Kapitalismus »eine religiöse Erscheinung«, die jede geschichtliche Erfahrung und jede Möglichkeit gesellschaftlicher Transzendierung verschluckt, eine »Kultreligion, ›vielleicht die extremste, die es je gegeben hat‹«.

Und Assheuer hat recht: »Wenn der Kapitalismus zum Kult wird, überzieht er die Welt mit dem Schleier der Banalität. [...] Jeder Tag ist Festtag, und alles Leben hat sein Maß im Geld. Unentrinnbar scheinen die Verhältnisse«, und täglich evident wird, »daß sich die Gegenwart zu einer traumlosen Geschlossenheit zusammenzieht, die kultische Formen annimmt: Kult des Wettbewerbs, Kult der Ökonomie, Kult des Geldes. [...] Das, was man einmal Geist nannte, das ruhelose Entwerfen von Alternativen, das Denken im Licht der Erfahrung und Erwartung, kommt in einer exaltierten Banalität zum Stillstand.« Zugleich werde »die öffentliche Rede [...] theologisch und der Geist der Theologie atheistisch. ›Wenn ich eine Religion habe, dann die, daß ein Unternehmen wachsen muß‹, sagt Erich Sixt, der König der Leihwagen, und alle sagen, es sei gut. Seine Mitarbeiter feiern die Spiritualität des Konsums und den Dax als Schicksal im geistigen Raum der Nation. Unterm Kreuzzeichen der T-Aktie ist Wachstum der kommende Gott und Geld sein Äquivalent«, das allgemeine Warenäquivalent das Medium der Allgemeinheit.

Die Konvergenz von Politik und Werbung, seit den siebziger Jahren angebahnt, hat einen Stand von Vollkommenheit erreicht, der das Politische aushöhlt und opak werden läßt. Unverhohlen exkludiert man jene, die nicht mithalten können: »Während der Kult der Mitte tobt«, die Pfuscher Schröder und die Scorpions triumphieren, Charts und Hochrechnungen simultan laufen, »laboriert die demokratische Gesellschaft am Un-Sinn ihrer Verhältnisse«, an ihrer: Lüge. Wie sediert lassen die Menschen geschehen, was geschieht. Die obszöne, unverrückbare Immanenz des Mehr, Erfüllung der Verheißungen einer »Theologie des Wachstums«, tilgt »im Fegefeuer des Unsinns« den letzten Gedanken, das Gespür, die Vernunft – zugunsten der größten Koalition der Gauner aller Zeiten: »In einer NDR-Talkshow kniete unter dem Heiligenbild von Guildo Horn nicht Pastor Hintze, nicht Pastor Fliege, sondern Uta Ranke-Heinemann, die Theologin. Kapitalismus als Religion? Ist schon okay.«

Horn verfaßte eine Diplomarbeit des Titels *Die Befreiung*

von der Vernunft. Von der Kultur haben er und Konsorten das elende Bürgertum und seine dominanten »höheren Werte« befreit – und an die Stelle der Herrschaftskultur die Herrschaft der Lüge gesetzt, alles sei Kultur – und Kultur besonders dann Kultur, wenn sie alles einbegreife und alles Bestehende, Geldbringende, Wertschöpfende verherrliche. »›Kultur‹ wird zum Servicecenter, das eine gelangweilte Klasse nach dem Erlebnisshopping mit sich selbst versöhnt« (Assheuer), einerseits, doch die falsche Versöhnung artikuliert sich nicht mehr im integralen Kunstwerk, sondern auf sämtlichen Ebenen des Sozialen, Medialen, Gesellschaftlichen.

Die Kulturverpestung ist ubiquitär. »Der Kult des Trivialen eskaliert. [...] Denn es kommt nichts mehr. Es wird nichts mehr. [...] Ein Traum wird wahr. Pop ist Weltsinn, Weltsprache, Weltchoreographie« (Assheuer), ganz so, wie der Faschismus die Massen zum Ornament organisierte, die Politik ästhetisierte, den Betrug im Schein der monströsen Gebilde (Aufläufe, Gebäude, Statuen, Parteitage) und der *formbaren* Menschen verdoppelte und absolut setzte.

»Alle Politik ist Pop«, heißt das heute, überall gieriger Konformismus, grelle und aggressive Überanpassung, als sitze einem die nackte Angst im Nacken. Die Panik zu verscheuchen, die einzelnen eskapistisch stillzustellen und auf die endlose Gegenwart zu trimmen, ihnen einzubleuen, frohgemut dabeisein zu wollen, die Widersprüche zu verkleistern und die Lüge der Partizipation am Allgemeinen zu festigen: Diesem Postulat folgen »die Daseinsdilettanten der Popkultur«: »Die Wonnen des Trivialen unterbieten die Politik des leeren Versprechens. Guildo Horn, der traumlose Träumer mit der Nußecke in der Seele, verspricht, nichts zu versprechen, nur sich selbst.«

Adornos *Ästhetische Theorie* (Frankfurt/Main 1970) befand u. a. darüber, »wie sehr der ästhetische Schein zum Unwesen wurde«, wie »die affirmative Lüge der Kultur« der Bekräftigung des Status quo dient, die Überbleibsel ungebundenen Denkens und nicht normierter Erfahrung zerstört – dort, wo die Dialektik von Schein und gesellschaftlichem Sein geleugnet, aufgehoben oder durch die Identität beider substituiert wird. Bei aller Ideologie, die bereits in der Tatsache gründe, daß Kunst ihren Ursprung, die Arbeit, leugne, bestätige das große Werk jedoch das Tauschprinzip, das naturwüchsige, immergleiche quid pro quo, gerade durch seinen Scheincharakter nicht. Der Schein des je einzelnen verbürge, nominalistisch gegen Platons Positivismus, »Verhimmelung des Begriffs zur Idee« und »Volksgemeinschaft« gewendet, Wahrheit, eine prekäre: »Trotz all dem freilich ist der Fleck der Lüge von Kunst nicht wegzureiben; nichts bürgt dafür, daß sie ihr objektives Versprechen halte. Darum muß jegliche Theorie der Kunst zugleich Kritik an ihr sein. Selbst an radikaler Kunst ist soviel Lüge, wie sie das Mögliche, das sie als Schein herstellt, dadurch herzustellen versäumt.«

Gleichwohl artikuliert Kunst das Bewußtsein vom richtigen Bewußtsein im richtigen Leben, dem konkreten Allgemeinen, hält fest am Wahren einer vernünftig eingerichteten Welt. »Die Trennung zwischen einem an sich Wahren und dem bloß adäquaten Ausdruck falschen Bewußtseins ist nicht zu halten, denn bis heute existiert das richtige Bewußtsein nicht, und in keinem, das jene Trennung gleichwie aus der Vogelperspektive gestattete. Vollkommene Darstellung falschen Bewußtseins ist der Name für es und selber Wahrheitsgehalt. Darum entfalten sich die Werke, außer durch Interpretation und Kritik, auch durch Rettung: sie zielt auf die Wahrheit falschen Bewußtseins in der ästhetischen Erscheinung. Große Kunstwerke können nicht lügen. Noch wo ihr Gehalt Schein ist, hat er als notwendiger eine Wahrheit, für welche die Kunstwerke zeugen; unwahr sind nur die mißlungenen.«

Kunst sabotiert das Realitätsprinzip der Warenwelt, zerstört den falschen Schein des Positiven und deutet auf eine Gesellschaft ohne Herrschaft, ohne Klassen, ohne Verwaltung und Manipulation des Bewußtseins. »Das Siegel der authentischen Kunstwerke ist, daß, was sie scheinen, so erscheint, daß es nicht gelogen sein kann, ohne daß doch das diskursive Urteil an seine Wahrheit heranreichte. Ist es aber die Wahrheit, dann hebt sie mit dem Schein das Kunstwerk auf« – den Schein des Jetzt, der Opposition allein noch in der Sublimation zuläßt.

Guildo Horn, so liebt es Jürgen Bräunleins infernalische Apologie der zeitgenössischen Idiotie (*Schön blöd! – Der unheimliche Medienerfolg der Untalentierten*, Berlin 1999), die glänzend in eins geht mit nationalen Aufwallungen, expansivem Konkurrenzverhalten, brutaler Ignoranz und einer Technogewalt, die man für »Befreiung« nimmt, verspricht nichts; er bedient »die Sehnsucht nach der Echtheit des falschen Gefühls« (Horn) und gilt, neben Mdm. Feldbusch, dem »Medienwissenschaftler« als Ikone der siegreichen Camp-Kultur, ein Synonym zu Pop. Der Pinsel schätzt die Kleidung Trittins und Schröders (Motto Wolfgang Joop: »Gott beschütze unseren schicken Kanzler«) und kann kaum an sich halten, das neue Großdeutschland, die Berliner Betrugsrepublik, zu rühmen: »Wir gehen keinen finsteren Zeiten entgegen, vielmehr befinden wir uns inmitten einer aufgeklärten Heiterkeit. In Deutschland herrscht Aufbruchstimmung.«

Zum guten Ton des Heils gehören Infamie und Arroganz; die Frechheit beispielsweise, Adorno anzupinkeln wie der räudigste Pinscher: »Lese statt Adorno lieber einen Porno!« Daß das in die Bux geht, weiß man. Bräunleins wasserlassende Begeisterung über das *SZ-Magazin* (»Die heiße Affäre zwischen Gucci und Adorno«) und dessen gewesenen Chef Ulf Poschardt entbehrt nicht der Peinlichkeit und der nachgerade perversen, wahrscheinlich willentlichen Unkenntnis und Dämlackerei: »Adornos ›ästhetische Theorie‹ ist Poschardts Bibel, aus der er oft und gerne zitiert, doch nicht in allem kann er seinem Meister folgen. Mit Konsumkritik, welche die Asketen aus der ›Frankfurter Schule‹ herunterbeten, kann der Jünger nichts mehr anfangen.« Was ein Mix aus lächerlicher Flegelei, radikaler Doofheit, niederstem Schmocktum und Anführungszeichenmanie. Hauptsache, »die Ästhetik siegt«, und »sie denken in Bildern«. Susan Sontag sei »keine Professorin ohne Unterleib« und deshalb geiler als der verklemmte Wicht Adorno – und ihr Camp-Manifest das genialste Schriftstück der Menschheitsgeschichte.

Pop rules die Schrumpfrundköpfe, und »dieses Wechselbad fördert in den glücklichsten Fällen eine tiefere Wahrheit ans Licht, einen Hauch von Authentizität.« – »The lie that tells the truth«, posaunt es, und der Hauch erhält den Anstrich des doch eher etwas Martialischen, Faschistischen, auch Bombastblöden: Jeff Koons' »intellektueller Thrill, der froh und campy macht«, erfreut – und: Guildo »als geistiger Sohn eines verarmten Elton John und eines gezähmten Alice Cooper«. Sein Birminghamer »Auftritt«, geht Bräunlein einer ab, »war konstruktiv. Da hielt einer im deutschen Jammer- und Klagetal die Fahne des Optimismus hoch: Wo bleibt das Positive?«

Ja, wo bleibt es denn, pflegte Adorno mit Erich Kästner zu antworten, und da kommt es schon, »im Gewand eines postmodernen Weihnachtsmannes« und im Jargon der Uneigentlichkeit. »Er sitzt schweigend bei Margarethe Schreinemakers, sagt nichts, während der ebenfalls anwesende Manager Kram seinen Schützling als jemanden vorstellt, in den der Geist von Roy Black gefahren ist. Diese Behauptung ist, wenn schon nicht wahr, dann wenigstens schön erlogen.«

Schöne Lügen im Dienste des Lugs der Schönheit: Camp-Pop kennt nur »Camp-Euphorie« und aufblasbare Phrasen, pumpendes Lechzen und Hecheln nach Bejahung unterm Schleier des abgeschmackten Glamours. »Mit ihm«, Horn, Guildo, »hatten die Deutschen die historische Möglichkeit, ihre ›Sehnsucht nach der Echtheit des falschen Gefühls‹ gefahrlos auszuleben, ohne sich ducken zu müssen, um dem Schlaghammer des Faschismusverdachts auszuweichen.«

Wieder wer sein, endlich, den Rassismus und Volksgemeinschaftsfanatismus zelebrieren, der vor wenigen Jahren begründet zu gewärtigen war, sah man den *Musikantenstadl*, zu jenem Behufe genießen Camper »Lieder aus den Werken der UFA-Zeit«, denn »der Liederschmalz, den die Pfisters aufkochen, ist so falsch, wie ihre Inbrunst wahr ist. Das ist Camp.«

Und das: Marlene Dietrich: »Sich selbst und vor allem ihr Gesicht hat sie in preußischer Disziplin zum Mythos stilisiert. So eisern war ihr Wille, Aura in ihr noch nicht ganz ebenmäßiges Antlitz zu bringen, daß sie sich ihre Backenzähne ziehen ließ. Die Wirkung vieler ihrer Bilder ist verblüffend. Vor allem solche, auf denen sie als bisexueller Vamp in Hosen posiert oder Frack und Zylinder trägt, haben Camp-Appeal.«

»Wo, wie bei Camp, der Sinn für Stil und schöne Posen triumphiert und den Inhalt zurückdrängt«, gibt es den »Camp-Klassiker *Der Malteser Falke* von John Houston« und die »Transgender«-Puppe Grace Jones, die »Camp-Götter« Pet Shop Boys und allerhand mehr »in den Fußstapfen Warhols« und der Trans- und Borderlinehysterie. Bräunlein verehrt Leni Riefenstahl und läßt seinen Blick über Manifestationen erzfaschistischer Ästhetik gleiten: »Vor einigen Jahren drückte Annie Leibovitz auf den Auslöser und brachte den Kern des Schwarzenegger-Mythos zum Vorschein. Sie fotografierte den Megastar, wie er auf einem Schimmel saß. Hautenge weiße Hose, glatter, glänzender, nackter Oberkörper. Ein viriler Reiter mit Seherblick, ein moderner Siegfried, der aussieht, als käme er gerade aus Fritz Langs Nibelungenfilm herausgaloppiert. Über all dem der ästhetische Schimmer einer Leni Riefenstahl.«

Ahnen des Popkultes sind die Dandys des 19. Jahrhunderts, die über den Boulevard (»als Vorwegnahme des Bildschirms«) stolzierten, »Flucht und Befreiung in Schein und Künstlichkeit« erstrebten und »das Leben als Stilproblem« begriffen. Von Baudelaire zu Gerhard Schröder war eine nicht unbeachtliche Wegstrecke zurückzulegen, schätzen wir uns glücklich, am Ziel der Geschichte Francis Fukuyamas angelangt zu sein. »Baudelaires Kultus der Lüge« (Adorno) erfüllt sich im Kultus des Camp-Pop, im Kultus des Kapitalismus, im Kultus des Krieges, der Ernst Jünger, »dem vielleicht letzten deutschen Dandy« (Bräunlein), wohl gefallen hätte.

»Offenbar wußte Baudelaire sein Inkognito hinter zahllosen Masken geschickt zu verbergen und bekam den Mythos gratis hinzu. Hier grüßte schon der Popstar, als der sich Oscar Wilde später feiern ließ«, raunt und rubbelt Bräunlein. Wilde – der Leo Taxil, den »größten Lügner des 19. Jahrhunderts« (vgl. Fuld: *Lexikon*), ob dessen riesenschwindlerischer, antisemitische Konjunkturen auslösender Freimaurergreuelenthüllungen, die Papst Leo XIII. begierig aufschnappte, sehr schätzte –; Wilde »war eine gut funktionierende Mogelpackung im Feinkostladen der Aristokratie«, »schon zu Lebzeiten ein Markenartikel«, ein Image, »Fetischist der Oberfläche« und, huuch, »geistreiches Plaudertäschchen« vom Formate Biolek, was ihn »auch heute zu einem gerngesehenen Talkshowgast auf allen Kanälen machen« würde. Er sei heiliggesprochen.

»Piep, piep, piep«: »Das war ernst gemeint und gaga zugleich, und es zeigt, was der Camp-Geschmack von Dada gelernt hat: ziemlich viel«, synthetisiert und analogisiert Bräunlein munter: »Kunst wird zur Performance, wie das Leben«, und das Leben zieht vorbei als Reigen der »Posen absoluter Naivität«.

Pop heute heißt Schwachsinn, Regression, industrielle Romantik im Endstadium. Urschwindler und Stylist und Trash-Kitsch-Filmer Warhol, der seine Kommune nicht umsonst »Factory« nannte und den »Business-Artist« par excellence verkörperte, definierte das Tun und Treiben jener, die der »Produktion von Tönen, Worten, Farben ohne ›Werkintentionen‹« (Jean-François Lyotard) dienen: »Dada muß irgendwie eine Verbindung zu Pop haben – es ist ganz komisch, denn beide Namen sind im Grunde Synonyme. Weiß irgend jemand, was sie bedeuten sollen oder worauf sie sich beziehen, diese Namen?«

»Der Pop-Begriff«, schnallte selbst Diedrich Diederichsen (*Süddeutsche Zeitung*, 8. August 1998), »scheint nicht nur endlos zuständig, sondern endlos dehnbar.« Er erfaßt Modetheorien, Werbung, Theaterevents, politische Inszenierungen und anderen Schrott. »Pop: Am Anfang war es Provokation, längst aber stehen diese drei Buchstaben für einen Markenartikel, der nicht mehr verheißt als das, was außen draufsteht«, klärt Martin Büsser (*Popmusik*, Hamburg 2000) die Verhältnisse. »Pop gibt [...] in allen Bereichen vor, wie zeitgemäße Kultur zu funktionieren hat.«

Die Drohung klingt so: »Sind Andy Warhols ›Marilyn-Monroe‹-Siebdrucke nicht viel bedeutender als Rembrandts ›Mann mit Goldhelm‹, der nicht einmal eine Figur der Zeitgeschichte ist (und vielleicht nicht einmal von Rembrandt)?« (Bräunlein)

Genau, »Mann mit Goldhelm«.

Kann man nur das Visier runterklappen und reinschlagen. Notwehr. (j. r.)

Jägerlatein – Redensart. Der eigenwillige Jargon der Waidleute, in dem z. B. Tierkot »Losung« statt Scheiße heißt, ein Kauder- bzw. Kaderwelsch, wie es sich Herrschaften, die finsteren Geschäften nachgehen, gerne zulegen, schien den einfachen Leuten, die für einen »Wildfrevel«, begangen aus Hunger, nicht aus blanker Blutgier, schon mal aufgehängt wurden, so abgehoben und unverständlich wie das echte Latein, die Geheimsprache des Klerus und der Akademiker. Da passionierte Reh- und Fasanenschlächter mit Vergnügen dick auftragen, wenn sie von ihren »Strecken« erzählen, weitete sich die Bedeutung des Wortes generell auf Lüge und Hochstapelei aus. Nicht alle sind so talentiert bzw. unverschämt wie Hieronymus von Münchhausen, wenn sie ihren Gästen einen Bären aufbinden, aber dafür weiß ja auch kein Mensch außer Peter Köhler, der einfach alles weiß *(Basar)* und – Malefizbub, beneidenswerter! – auch noch schön schreiben kann, daß der Bär in der Metapher nicht das Tier meint, sondern vom mittelhochdeutschen »bar«, Last, herstammt.

Männer, denen in der Roheit ihres Gemüts nie dämmern wird, welche Sünde und Blasphemie sie begehen, wenn sie z. B. die anrührendsten Geschöpfe des Erdballs, nämlich die fröhlichen, freundlichen, fratzigen Frischlinge, diese zierlichen Söhne und Töchter Mutter Baches und Vater Keilers, abknallen – solche Männer fressen ihre Mordopfer am liebsten im Kreise gleichgesinnter Halunken auf und garnieren ihre Angebereien mit besonders üppigen Happen aus der Flanke des Geschlachteten. Daher seit dem 17. Jahrhundert das Lügensynonym »Aufschneiderei«. – »Der Jäger, der in seinem Latein eine Geschichte vorträgt, darf nicht den Faden verlieren oder sich verheddern, sonst bemerken die Zuhörer: ›Er spinnt.‹ Das kommt aus den Spinnstuben, in denen früher die Frauen im doppelten Sinn ›ihr Garn spannen‹ und sich die Zeit durch Erzählungen vertrieben.« (Köhler) Fast dito die Matrosen, welche beim öden Aufribbeln und Neubinden verbrauchten Tauwerks von Meerjungfrauen und all den anderen

Bräuten, die sie in jedem Hafen nicht hatten, fabulierten und also ihr »Seemannsgarn« daherspannen. Spinnten? Sponnen.

Und damit genug der Etymologie; denn sie mag zwar heute eine artige Wissenschaft sein, aber ihren beiden wichtigsten Ahnherren in Deutschland, Jacob und Wilhelm Grimm, darf und sollte mit Argwohn begegnet werden: Deren Sammlungen heimischer Sagen, Kinder- und Hausmärchen sind eben nicht dem Volke vom Schnabel abnotiert, sondern schnöd aus allerlei Zeitschriften und alten Büchern zusammengeräubert und in genehme Form gebracht worden. »Anekdoten aus dem *Unentbehrlichen Führer für Harzreisende* aus dem Jahr 1809 schrieben sie einer höchst antiquarisch klingenden *Quedlinburger Sammlung* zu und verschleierten damit ihre wahren Quellen.« (Fuld: *Lexikon*) Und Ludwig Richter gaunerte die angemessen süßstoffübersättigten Bilder hinzu. (Siehe zu den Grimms auch: *Der Troja-Schwindel und andres Fabelhaftes.*) Mit unserm Lieblingsseebären zu schnarren, den Sie sich jetzt freilich schon aufbinden lassen müssen: »Harrrr!« *(Die Simpsons)* (k. s.)

Karl der Grosse – »Von diesem Karl, dem sicherlich nur beschränkt intellektuelle Mittel, künstlerische Einschätzung, ästhetisches Empfinden zur Verfügung standen, ging so etwas wie geistiger Charme aus«, behauptet der anerkannte Fachmann Horst Fuhrmann (*Einladung ins Mittelalter*, München 1997, 5., durchges. Aufl.). Als der »erste Kaiser des Abendlandes«, »Vater Europas« und »Leuchtturm Europas« Ende Januar 814 starb, flennte der christliche Erdkreis geschlossen.

»Seine Gestalt hatte schon zu Lebzeiten etwas Legendäres«, und der Inbegriff des frühzeitlichen Imperators war wohl sogar mitunter zum Scherzen und Foppen und zu kleinen Flunkerlügen aufgelegt. Einen jüdischen Händler soll er angestiftet haben, dem sammelwütigen Bischof N. N. »eine einbalsamierte Maus als große, aus dem Orient importierte Kostbarkeit um teures Silber zu verkaufen«. Hernach stellte Karl den Prasser bloß, und das Volk liebte ihn ob der gelungenen Aufklärungsarbeit.

Geboren 742 oder 747, war Karl von jener Gestalt, die uns die Louvre-Reiterstatue (durch seinen Enkel, Karl den Kahlen, in Auftrag gegeben) suggeriert; oder von einer anderen. Er kleidete sich fränkisch, verabscheute Besoffene und genoß das gesellige antirheumatische Baden. Folglich beschrieb man ihn als »nah am Wasser gebaut« und »fast ›geschwätzig‹«.

Seit 768, nach dem Tod des Vaters Pippin, herrschte er zunächst gemeinsam mit dem verhaßten Bruder Karlmann, der glücklicherweise zügig das Zeitliche segnete und den Weg frei machte zur Radikalpolitik (entgegen des Willens der Mutter Bertrada).

»Man kann Karl einen Imperialisten nennen«, konzediert Fuhrmann. Um die Christianisierung voranzutreiben, eroberte der erste Feldherr des »Reichsvolks« der Franken wie unter Koks. Die nördlich herumkrawallenden, dem Heidentum nicht und nicht entsagenden Sachsen warf er endgültig 782 nieder: Bei Verden an der Aller kartätschte Karl 45 000 unliebsame Uneinsichtige weg, brandschatzte und deportierte, »ein Cromwell-Typ« (Fuhrmann).

788 »überzeugte« Karl der Große Herzog Tassilo III. (FC Bayern) auf dem Lechfeld, »die fränkische Oberhoheit anzuerkennen«. 789 schon wurde der Annektierte, von seinem Adel im Stich gelassen, gezwungen, einen Hochverrat zu gestehen, den er fünfundzwanzig Jahre zuvor begangen haben sollte. Das bedeutete (Gnadenversion Karls) lebenslange Klosterhaft.

Karl schlug selten daneben, ausnahmsweise, da er 778 das arabische Spanien zu zivilisieren trachtete. Leichter als die hinterhältigen Basken machten es ihm die langobardischen Vettern, die Rom kontrollierten bzw. permanent erpreßten. 773 nahm Karl Pavia ein und beendete diese »Episode«.

Papst Hadrian I. mochte den »ausgezeichneten König Karl« *(Papstbuch)* und erinnerte Karl an die Zusage Pippins, die eroberten Langobarden-Gebiete dem Petrusnachfolger, vulgo der Kirche zu übereignen. »Karl war bereit, die reichen Versprechungen zu erneuern, die schließlich zur Gründung des ›Patrimonium Petri‹ führten, des Kirchenstaates, der bis 1870 Bestand hatte. [...] Natürlich hatte Karl mehr versprochen, als er offenbar zunächst einzulösen gewillt war.« Ein Lump.

Die innige Bindung zu Rom hielt über Hadrian hinaus. Dessen Nachfolger Leo III. wurde übler Umtriebe verdächtigt und »brauchte den Frankenkönig Karl als Beschützer«, zumal man Leo am 25. April 799 während einer Bittprozession aus der Deckung heraus attackierte und beinahe zu Tode brachte. Er floh zu Karl nach Paderborn, und der fackelte nicht lange und eskortierte Leo bereits im November zurück gen Rom. Ein Jahr später beteuerte Leo unter den gestrengen Augen des Schirmherrn seine Unschuld (»Reinigungseid«), und am Weihnachtstag 800 setzte Leo dem Karlo beim Gottesdienst im Petersdom die Kaiserkrone auf, und abermals liebte ihn das Volk und rief dreifach nach »Karl, dem allerfrömmsten, von Gott gekrönten Augustus« usf. Ob »Kaiser wider Willen« oder nicht: »Die Kaiserwürde selbst kann Karl nicht überrascht und verärgert haben. Es dürfte das Vorgehen Papst Leos III. gewesen sein. Der Papst hat ohne Rücksprache nach eigenem Gutdünken Karl zum Kaiser gemacht«, von päpstlichen Gnaden.

Nun ordnete Karl der Kaiser sein Reich hinsichtlich der Erbschaftsfragen und warb im wesentlichen für mehr Frömmigkeit und attackierte die mangelnde Bildung und die grassierende Verlogenheit der Priester, die rafften und rafften. Karls Appelle verpufften, »denn wer an die Kirche schenke, habe doch Vermögensvorteile im Himmel«, beschieden diverse Kirchenversammlungen 813.

Erfolgreich allerdings initiierte Karl, der weder schreiben noch lesen konnte, die Renaissance der Schriftkultur, der bildenden Kunst und der Architektur (Aachener Pfalzkapelle!). Diese seine Leistungen lassen ihn weiterleben als Mythos, der wirklich lebte, denn er gehört »zu den wenigen Gestalten unserer europäischen Frühzeit, über die wir unverhältnismäßig gut Bescheid wissen und die besten Erzählstoff abgeben« (Fuhrmann).

Ähnliches meint der Egon-Friedell-Herausgeber und (Mit-)Begründer der vom Katastrophismus Immanuel Velikovskys (vgl. Roth/Sokolowsky: *Wer steckt dahinter?*) beeinflußten »evidenzorientierten Schule« Heribert Illig; bzw. das Gegenteil. Er hält Karl und das 7., 8. und 9. Jahrhundert nicht nur für exzellente Erzähl- und Legendenstoffe, sondern für reine Erfindungen (*Hat Karl der Große je gelebt? – Bauten, Funde und Schriften im Widerstreit*, Gräfeling 1994). Und er stützt die Generalthese »Karl als Fälschungsprodukt« zunächst auf die Ablehnung des »großen Mediävist[en] Horst Fuhrmann[s]« Einlassungen zur »Wahrheit der Fälscher«: »›Silvesterlegende mit Konstantinischer Schenkung, Symmachianische Fälschung, Pseudo-Clemens-Briefe, pseudoisidorische Fälschungen: man mag es bei dieser Aufzählung bewenden lassen. Allen diesen Fälschungen ist eigentümlich, daß sie zur Zeit ihrer Entstehung kaum gewirkt haben. Sie hatten, von ihrer Entstehungszeit her gesehen, antizipatorischen Charakter‹«, hieß es da, während Illig die prophetische Gabe der Fälscher bezweifelt und die rückwirkenden Effekte mittelalterlicher Fälschungen betont.

Wer erfand Karl den Großen? Otto III., der Karls Grab um 1000 öffnete und den aufrecht sitzenden Leichnam neu einkleidete und manikürte (vgl. Fuhrmann: *Einladung*) und »mit seinem Vertrauten Gerbert, den er zu Papst Silvester II. erhöhte, mit Reichskanzler Willigs von Mainz, mit Erzkanzler Heribert von Köln und seinem einstigen Erzieher Bernward von Hildesheim die Karlsfiktion kreiert und deren imaginäres Kaisertum auf seinen Großvater Otto I. rückübertragen haben« (Illig) soll? Heinrich IV.? Der Karl heiligsprechende Friedrich Barbarossa? Illig erspürt »die rätselhafte Verzögerung des karolingischen Impulses, die Kreation Karls durch die Ottonen und seine ›Aufblähung‹ durch die Staufer« und belegt, »daß seine Taten nur Rückspiegelungen der Geschichte späterer Jahrhunderte sind, seine Besitztümer späteren Zeiten zugehören, seine Bauten den Plänen späterer Baumeister entstammen und seine Reformen niemals stattgefunden haben«.

»Karl der Fiktive« entstammt mithin a) »als universale Kaiseridee« erstmals den Hirnen der Ottonen, b) dem Wunsch des von Papst Gregor VII. gebannten, 1077 zum Canossa-Gang gezwungenen und auf Rache sinnenden Kaisers Heinrich IV., der sich 1084 durch Gegenpapst Klemens III. krönen ließ: »Ihm mußte wegen des ausufernden Investiturstreits besonders an einem kraftvollen, papstdüpierenden Vorfahren gelegen sein«; und c) den fanatischen Ideen des Erfinders des »Heiligen Römischen Reiches«, Friedrich I. Barbarossa, der »eine vom Papsttum unabhängige und dennoch religiös fundierte Legitimation der kaiserlichen Würde« anstrebte; ergänzt durch König Charles' V. Charlemagne-Kult und, am End', die Schriftkunde des Humanismus: »Schließlich könnte der Humanismus, der allzuoft die ›passenden‹ Handschriften fand und sich einen Schrifttyp schuf, der der karolingischen Minuskel noch immer sehr nahesteht, letzte Hand an Karl angelegt haben. So wurde die Fiktion, Karls Geburtsort sei die Gautinger Reismühle, von dem Humanisten Ulrich Fuetrer im Auftrag des bayerischen Herrscherhauses erfunden und 1481 in seiner ›Bairischen Chronik‹ veröffentlicht.«

Warum der ganze Aufwand? »Der mittelalterliche Dauerkonflikt zwischen Kirche und Kaiser, zwischen Welf und Waibling, zwischen zentralistisch-römischer Klerikalherrschaft und zentrifugalen, romfeindlichen Kräften verlangte ohne Zweifel immer neue Argumente. Sie konnten am leichtesten durch Fälschungen beigebracht werden.« Ja, es »blieb nicht aus, daß sich auch die päpstliche Seite des fiktiven Karls und seiner ›neuen Zeit‹ bemächtigte. Sie kreierte Pippinsche und Karlische Schenkung, um endlich jenen Kirchenstaat zu bekommen, den die *Konstantinische Fälschung* des späten 10. und 11. Jahrhunderts nicht gebracht hatte.«

Ein Wirrwarr, ein Konglomerat aus Machtpolitik, Selbstüberhöhung und Herrschaftssicherung per Legendenbildung, scheinbar. Im einzelnen argumentiert, extrem verkürzt, Illig folgendermaßen:

1) Bei der Gregorianischen Kalenderkorrektur 1582 (man sprang vom 4. zum 15. Oktober) unterlief ein Fehler um zwei oder drei Tage: »Wenn zwischen Caesar und Gregor XII., zwischen 45 v. Chr. und 1582 n. Chr. der Julianische Kalender nicht um $\approx$ 12,5 Tage, sondern nur um 10 Tage zurückgeblieben war, dann müßten die fast 1627 Jahre um 2,5 × 133 = 332 Jahre gekürzt werden. Unter Berücksichtigung eines

Unsicherheitsintervalls würde ein Zeitraum zwischen 283 und 417 Jahren zuviel in der abendländischen Geschichte geführt.« Diese »mittelalterliche Phantomzeit«, diese Periode der Finsternis und katastrophalen Quellenlage, die in »Rauchschwaden im Nebel« versinkt und in der die sagenhafte Übergestalt Karl ihre Taten vollbrachte, währte von September 614 bis August 914. Der erste Karolinger war demnach Karl der Einfältige (gest. 929), der, lästerte Rudolf Schieffer (*Ein Mittelalter ohne Karl den Großen oder: Die Antworten sind jetzt einfach*, in: *Geschichte in Wissenschaft und Unterricht*, Jg. 48, 1997), »als Spitzenahn zur Erfindung aller seiner Vorfahren angeregt hat«; zudem wandte Schieffer ein: »Tatsächlich faßte die Reform (wie schon die lange Kalenderdiskussion seit dem hohen Mittelalter) überhaupt nicht Caesar in den Blick, sondern die überlieferten Ostertafeln, die in einem 532jährigen Rhythmus den Termin des Osterfestes vorgaben und längst nicht mehr in Einklang mit der (auf das Konzil von Nicaea 325 zurückgeführten) Regel standen, das Fest am Sonntag nach dem ersten Frühlingsvollmond zu feiern«;

2) die »Widersprüche zwischen Evidenz und schriftlichen Belegen« sind, wo man gräbt, eklatant, zwischen verfälschenden und gefälschten Dokumenten und archäologischen Funden und architektonischen Befunden – »aus Dummheit, Berechnung, Schlamperei, Täuschung, Vorsatz? Wer hat Schuld daran, daß unsere Geschichte zu lang geworden ist?« Die Aachener Pfalzkapelle z. B. stamme, wie hunderte andere angebliche (Pracht-)Bauten Karls, aus dem 11. Jahrhundert (gleich dem Speyrer Dom), bilde nämlich das Kernstück des oktogonalen Münsters, dessen Kuppelbautechnik man erst um 1050 beherrschte: »Es gibt also mehrere Gründe, wenn uns der Dom zu Aachen nicht nur erhebt, sondern gleichzeitig in tiefe Zweifel stürzt. Wie kommt es, daß ein Bau ganz ohne Vorläufer entsteht und so lange ohne jeden Nachfolger bleibt? [...] Hatten denn Karolingerzeit und ›karolingische Renaissance‹ gar keine direkte geistige Verbindungen zur nachfolgenden Zeit, obwohl sie doch ganz Europa befruchtet haben sollen?«;

3) ist der reale Karl ein vages Geschöpf: An unbekanntem Ort und zu unbekannter Zeit geboren (man beachtete im Mittelalter die Geburtsumstände und -daten weniger als jene des Ablebens, würde Fuhrmann erwidern, Illig: »Das Fehlen des Geburtsdatums bei Karl dem Großen mag darauf hinweisen, daß zur Fälschungszeit eben kein Interesse an Geburtsdaten bestand«), trage sein Aufstieg zum Alleinherrscher gespenstische, ja rechtswidrige Züge (was »entweder für ein anarchisches Königtum oder für die schiere Unmöglichkeit« spreche), genauso wie das Begräbnis im mirakulösen dunkel bleibt: »Es stirbt jener Potentat, der schon für die Zeitgenossen den ›Leuchtturm‹ Europas darstellte. Doch wer erwartet, daß nun das größte Begräbnis Europas begangen wird, irrt gründlich. [...] Man höre und staune: Binnen sieben Stunden wird der erste Frankenkaiser wie eine Pestleiche verscharrt«;

4) sind die Umstände der Kaiserkrönung nur durch die allerkonfusesten Berichte wiedergegeben: »›Nicht die Krönung machte Karl zum Kaiser, sondern die Akklamation der Römer.‹ Der Vorgang des Weihnachtstages 800 stellt sich uns somit dar als ›Kaiserakklamation gelegentlich einer Fest- und Beikrönung‹. [...] Es ist daher irreführend, von einer ›Kaiserkrönung‹ Karls d. Gr. zu sprechen«, zitiert Illig C. Brühl (1962) und konfrontiert ihn mit der *Vita Caroli Magni* des zweifelhaften Karl-Biographen Einhard, darin unterstützt von Johannes Fried (*Wissenschaft und Phantasie – Das Beispiel der Geschichte*, in: *Historische Zeitschrift*, Bd. 263, 1996): »Phantasie und Phantasie, vergangene und gegenwärtige, konstruktive und gegenwärtige, konstruktive und illusionäre, verschlingen sich zum Bund der Geschichte. [...] Ein einschlägiges Beispiel bietet sich etwa mit den Quellen zur Kaiserkrönung Karls des Großen an, eines epochalen Ereignisses. [...] Am berüchtigsten ist Einhards einsamer Satz: Karl sei der Name Kaiser und Augustus anfangs so zuwider gewesen, ›daß er an jenem Tag, obwohl ein höchster Feiertag, keinesfalls die Kirche betreten hätte, hätte er des Papstes Plan vorherwissen können‹. [...] Der Appell an die Phantasie ist unüberhörbar. Was der Biograph Karls des Großen von sich

gab, nutzt alle Möglichkeiten literarischen Versteckspiels. Es könnte schlicht erfunden, an falscher Stelle ins Karlsleben gerutscht oder, was am unwahrscheinlichsten ist, so, wie Einhard es niederschrieb, zutreffend sein.«

Karl der Große: ein Witz, ein Hirngespinst, ein falscher, grandios heterogener Phantasieheros bzw., je nach Sichtweise, -schurke? Er war ein ausdauernder (Sachsen-)Schlächter und Kriegsführer und Friedensbringer und Liturgiereformer, ein gichtgeplagter Weiberheld und Topreitersmann, Pedant und Generalist, ragender Christ und Sklavenhalter, Analphabet (dem Latein erwuchs erst in der staufischen Renaissance wieder eine Blüte) und Autor der ersten »deutschen« Grammatik, Förderer der Kunst ohne nachweisliche Aachener Malschule, Baumeister ohne Rhein-Main-Donau-Kanal, Tatmensch und Müßiggänger: kurz: der »Schutzherr der Christenheit«, »militärische Stellvertreter des hl. Petrus« und Reorganisator des Civitas Dei. Resp. Herrscher über ein »Reich ohne Ökonomie«.

Konnte er bei all dem noch die Zeit zum Leben erübrigen? Illig bleibe, haute Schieffer dazwischen, »jede Erklärung schuldig, wie eigentlich das Langobardenreich untergegangen und die byzantinische Macht aus wichtigen Teilen Italiens verschwunden ist«; aus der gängigen Fälschungspraxis sei »nicht zu folgern, daß kopiale Überlieferung an sich bereits einen Verdacht gegen die lautere Wahrheit begründet«; schließlich habe die Theorie »den Nachteil, daß die Jahreszählung seit Christi Geburt mit Einschluß der inkriminierten 297 Jahre sogleich vom Herbst 911 an durch zahlreiche Urkunden wie auch in jahrweise schildernden Geschichtswerken regelmäßig belegt ist«.

Walter Kliers Würdigung Illigs (*taz*, 30. Januar 1999) unterstrich, »der Haken hat sich bis heute nicht gefunden«. Sie streiten, und sie werden streiten. Illig hat »ein Zeitalter geleert« und »mehr als 25 byzantinische Kaiser und mehr als 50 Päpste« aus der Geschichte spediert. Oder überzeugt eher Frischs Position zur »Karlslüge«? »Karl der Große hat zwar gelebt, er ist kein Produkt einiger, ihre Fehler kaschierender mittelalterlicher Komputisten. Aber seine Geschichte, wie sie Historiker konstruieren, ist damit, von einigen Daten und Fakten abgesehen, alles andere als gewiß.«

Was wir trotzdem wissen wollen: »Hat Karl der Große den Hosenträger erfunden?« (*Bild*, 25. Oktober 1999) (j. r.)

KLOSE, HANS-ULRICH – »Als es im letzten Jahr um die Zustimmung zum Asylkompromiß ging«, erinnerte Christoph Görg 1994 in der Zeitschrift *links* (Nr. 288) an eine der erheblicheren politischen Sauereien und Gangstereien jüngerer Tage, »wurde ein besonders raffiniertes Argument aus der Tasche gezogen. Es ginge nicht darum, so hieß es damals, das Asylverfahren ganz abzuschaffen, sondern darum, den verschiedenen Fluchtgründen angemessene Rechtsgrundlagen zu schaffen.« Der Wirklichkeit, die sich rasch einstellen sollte (systematische Schikane, forcierte Demagogie, frisierte Verbrechensstatistiken etc.), angemessen agierte 1993 und derart ausnehmend antizipativ der SPD-MdB Klose, der kampferprobte ehemalige Stamokap-Recke und Anti-AKW-Blender, und marschierte voran im besten Sinne seiner guten steinalten Rechtsstaatspartei (Michael Scharang Ende 1999: »Die Sozialdemokraten, diese Weltmeister der Phraseologie, haben nicht nur die Geschichte auf ihrer Seite, sondern auch die Doppelmoral«): Wie er am Rednerpult des Bundestages gramgebeugt hing, die Topdenkerbesinnlichkeitsbrille abnahm, sie willybrandtisch von der linken in die rechte Hand verbrachte und retour, wie er sein Manuskript sachte hochhob und senkte und rollte, wie er die Stirn in andreasgrabentiefe Falten legte und die Worte bedächtig über die belegte, betäubte, ja ob der durch sie verkündeten spiralenschwindeligen Schweinereien erschrockene Zunge träufelte, um schmerzenden Herzens und in tiefster Zerrissenheit zu erklären, leider, leider, leider müsse er, Klose, sich zu einem »Ja«, einem leider unausweichlichen »Ja« »durchringen« und dem »Asylgesetz« zustimmen – das war eine jahrhundertwürdig reife Leistung. Wir werden sie ihm nie vergessen. (j. r.)

KNAUER, SEBASTIAN – Entdeckte 1987 »Steilaufsteiger« (A. Mergen), Radikalabstürzler und Sartre-Leser Uwe »Schmutzige Tricks« (*Spiegel* 37/1987) Barschel (»Er war ein Stratege der Legendenbildung in eigener Sache, wie es ihn selten und derart selten dämlich gab«; J. Kroth) in der Wanne des Genfer Hotels *Beau Rivage*. Ruckelte den gewesenen und zügig verwesenden Ministerpräsidenten und Freya-Freier wahrscheinlich derart ungeschickt für seine Photoschnellschüsse zurecht, daß sämtliche Spuren stante pede zerstört waren. Der *Spiegel* amüsierte sich prächtig über den dümmsten und gröbsten Klotz des bundesdeutschen Investigativjournalismus und verpflichtete den *stern*-Kasper ein Schamjahr später, vermutlich auf Geheiß des kübelwassertrunkenen Rudolf Augstein. »Die Manipulation«, dürfen wir unsere eigene Untersuchung *(Wer steckt dahinter?)* zurate ziehen, »zumeist bloße Lüge, nahm von allem Beginn an ihren Lauf, konstruktiv eingreifend und zugleich kontraproduktiv«, toppend des norddeutsch irrlichternden Landeslenkers fabelhaftes Ehrenwort und den High-end-Kriminalisten Armand Mergen (*Tod in Genf – Ermittlungsfehler im Fall Barschel: Mordthese vernachlässigt?*, Heidelberg 1988), der in titanische Verzweiflung fiel: »Was ist echt? Was ist Maskerade?« Möglich, »es wurde mit falschen Karten gespielt, und das Ganze ist eine Inszenierung, aufgemacht, um mit dem Tod auch die Wahrheit zu begraben«.

Seit dem Letalfinale hörten wir wenig von Knuffi Knauer. Lediglich 1997 schrammelte der meritenreiche Trugspurenleger und Meister des Mists, Mergens hellbellendem Motto gehorchend: »Die Verwirrung im Verworrenen blieb [...] bestehen«, einen singulär versifften *Spiegel*-Titelmehrteiler betr. Barschels angebliche und fast bewiesene und aber auch sehr ungenaue Beteiligungen und Teilnahmen an Waffenhandel, Stasi-Morden, DDR-Fickereien, Wodkawettbewerben und Weitwuxelcontests runter (»So groß, so dunkel, so weltweit ist das Dickicht der Waterkant-Affäre mittlerweile gewachsen«; »Barschel war ein Inszenierer und Kulissenschieber«; »Warum log Barschel eine Lüge herbei?«; »Über keinen toten Politiker seit Kennedy haben so viele so scharf nachgedacht wie über den einstigen Kieler Regierungschef«), daß wir vor Lachen und zumal angesichts der »dritte[n] Version der Wahrheit« nicht mehr Radfahren konnten – bis 1999 der um keine Scheißidee verlegene Eichborn Börsenverlag Knauers »faszinierend detailgenauen, temporeichen Roman« *Die Recherche* präsentierte, in dem kein Satz steht, der nicht den Pesthauch des längst zum selbstreferentiellen Skandalnudelsystem verkommenen Preßprollwesens atmet: »Der Chefredakteur eilte durch sein Vorzimmer. Es war halb neun Uhr morgens. Die Sekretärin, schwarzhaarig mit Bubischnitt, schaute freundlich auf. ›Ich brauche Heidmann‹, sagte der Chefredakteur.«

Heidmann? *Den?* Gerd Heidemann, den Nazidevotionaliensammler, Inhaber der Yacht »Carin II« von Göring und Hitlertagebuchentdecker des Gruner+Jahr-Tankers *stern*? Den braucht Knauer? Um seine Bombenstory zwischen Hanni und Nannen und *Spiegel*, Knauer und Knauer einzuspannen? Möööönsch, welch Chuzpe, welch Ideenreichtum, welch Anspielungswitz, meimei ... »›Okay, ich verstehe. Warten wir eine Woche, dann sieht die Sache wieder anders aus.‹ – ›So ist es. Jede Woche wird eine andere Sau durchs Dorf getrieben.‹« (*Die Recherche*, Schluß) Vorneweg die Obersau.

Jetzt haben wir statt der *Recherche* glatt 'n neues Bike gekauft. – Warum indes Knauer seinen »Thriller« erbrach – keine Ahnung. Vielleicht zwickte ihn die Langeweile an der Brandstwiete oder ein Ei oder was. Wir werden nicht recherchieren.

Sondern Mergen zitieren. Tagelang Barschel-Mergen zitieren: »Vor Intrigen, Lügen und Meineid ist er, vielleicht weil er nur noch auf einem Bein auf einem schwankenden Seil hüpfen konnte, nicht zurückgeschreckt.« Oh jaaaaaaaaaaaaaaaaaaaaarrrggggghhhhhhh ... (j. r.)

Korea – 1983. Weit droben über den Wolken fliegt ein Jumbo, 269 Passagiere an Bord. Ein sowjetisches Kampfflugzeug entdeckt ihn. Dessen Pilot warnt die Crew, nicht länger den Luftraum zu verletzen, und fordert sie vergeblich auf, den Kurs zu ändern. Keine Reaktion. Rumms. Das für eine getarnte Spionagemaschine gehaltene Monstrum stürzt in die Tiefe.

Die USA verbreiten durch einen gefälschten Dokumentarfilm die Mär von der entfesselten, unberechenbaren sowjetischen Militärmacht und dringen mit ihrem Machwerk bis zum UN-Sicherheitsrat vor. Die Medien kolportieren wie üblich den schmählichen Schmu.

Normale Gepflogenheiten steuergeldentlohnter Schurken. (j. r.)

Lueg, Ernst Dieter – Am 23. Mai 2000 verstarb siebzigjährig bedauerlicherweise der treue Begleiter durch unsere Jugendjahre, der »Mann mit der Eulenbrille« (Steffen Grimberg), dessen »jeglicher Interviewtechnik hohnsprechender Fragestil« eine Tonspur von Würde auf den Schirm zauberte. »Immer ein bißchen zu verstrickt in seine langen Anmoderationen«, knödelte Lueg freitags, am schönsten Tag der Woche, den *Bericht aus Bonn* herunter, daß es einen Stil hatte. Helmut Kohl nannte er noch 1999 »beleidigte Leberwurst«, und die Ewigkeit touchierte er bereits in den siebziger Jahren, als er Herbert Wehners Anrede »Herr Lüg« durch die nicht weniger wahrhaftige Floskel »Vielen Dank, Herr Wöhner« parierte.

Dauerndes Gedenken ihm. (j. r.)

Lügenmuseum – Untergebracht im brandenburgischen Schloß Gantikow. Zu betrachten sind Fundstücke aus der Sammlung nutzloser Gegenstände, die einst Emma von Hohenbüssow, Urenkelin Münchhausens, zusammentrug, sowie der »Titanicraum«, die »Psychedelia Maschinka«, ein Ofen, der »Das Wunder des Normalen« heißt, ein VEB-Spind, gefüllt mit Aktphotos, u. v. m. Peter Wawerzinek berichtete für *Das Magazin* (11/1999; »Unwahre Begebenheit – Alles Lüge oder was?«): »Als ich gerade einen Ausklopfer, an welchem ein Schwalbennest pappte, genauer untersuchen wollte, um zu erfahren, was daran die Lüge sei, wurde ich an einem sich auf- und zuklappenden Koffer, der mächtig Wind machte, vorbei zu Emma gebeten. Wie groß war meine Verwunderung, als ich statt einer Blondine einem [...] Huhn gegenüber saß.« Dieses Huhn, die Verkörperung der Lüge, deren wesenhafte Facetten im drum herum wuselnden »Lügenvolk« Gestalten erhalten, besitzt zwei Credos (»Der Lüge ein Haus errichten ist höchstes aller Ziele!« und »Alle Lüge ist sich Brüder«) und hat »Horror vor der gegenwärtigen, groß angesagten, ekelhaft aufgeblasenen Kunst«. Gegen die helfe »nur Lüge und Schein, nur Trug und Attacke halte das Notwendige zur Rettung der Kunst im urhaftesten Sinn parat«, und sie selbst, Emma, müßte »die größte aller Künstlerinnen sein, denn nichts Größeres als die Lüge gäbe es«. Wawerzinek erschöpft: »Was ich in einem fort eingehämmert bekam, sagte in etwa aus, Emmas zum Museum gewordene Lüge sei virtueller denn alle Realität.«

Eine wahre und nützliche Einrichtung, scheint uns vom urhaftesten Urgrund her einleuchtend heimzuleuchten. (j. r.)

Neue Spezial, Die – Wochenzeitung. Erschien mit Gebrüll zu Beginn der neunziger Jahre und verschwand irgendwann ziemlich lautlos. Fast eins zu eins dem US-amerikanischen Mutterblatt *Weekly World News* aus dem schiefen Gesicht geschnitten, produziert irgendwo hinter Deich und Polder in Holland, gedruckt auf, vermutlich, Falschgeldpapier, bestach die eigenartige Gazette nicht zuletzt durch kreative und mühelos sämtliche Schmerzgrenzen sprengende Sprache: »Wie unglaublich es auch klingen möge, Paragnosten bestätigen es«; »Der legendenhafte Seefahrer Christoph Kolumbus verbrachte viele Monate ununterbrochen auf einem Schiff«; »Gissler jedoch ging fortan gebückt durchs Leben«; »Geschwänzter Junge verblüfft die Wissenschaft«; »Schokolade verwüstete mein Leben«. Orthographie, Grammatik und Interpunktion galten den wahrscheinlich permanent besoffenen Autoren eben als »relatief«.

Von der korrekten Erkenntnis ausgehend, daß Journalismus und Lüge einander innig zugetan sind, druckte *Die Neue Spezial* nur mehr erstunkene Reportagen, an den Haaren herbeigezogene Klatschgeschichten und groteske Fälschungen. Da wurden die »Skelette von Adam und Eva in den Rocky Mountains gefunden«, ließ ein »deutscher Lkw-Fahrer [...] sich in Türken umarbeiten«, wählte Miß »Cindy Vanwarmer« den »Freitod – in ihrem Geschirrspüler«, befand sich das »Monster von Loch Ness in anderen Umständen«, hatten »Schüler, die ihrer Lehrerin Anke Schneider hinterm Rücken einen Streich spielen wollen, [...] sich geschnitten – sie hat nämlich ein drittes Auge im Hinterkopf«, ward ein »Baby mit Engelsflügeln geboren« und »Elvis vorige Woche fotografiert«, schmiß eine Hellseherin ihren »Mann raus, weil er an andere Frauen dachte«, hauste »der Geist meines verstorbenen Mannes [...] in meinem Staubsauger«, blies Herr Jupp Weller »Rauch aus einem Loch im Rücken«. Und immer so weiter.

Dem Geist, welchen *Die Neue Spezial* atmete, entströmte allerdings nicht das würzige Bukett subversiver Pressesatire, sondern allerbilligster Fuseldunst. »Wollüstige Frau hatte Sex mit 51 Priestern« oder »Safe-Sex-Vergewaltiger hatte keine Chance bei tapferer Serviererin! Sie floh, während er einen Präser überstülpte« oder »Sexualverbrecher unter dem Gewicht seines Opfers zerschmettert!« – das waren schwache Einfälle aus schwachen Köpfen. Die ihren garantiert erfundenen Namen aber interessante Titel zu verleihen wußten. Ein Stefan Hürth trat auf als »Stabreporter«, ein Simon Eckstein gar als »Stabsreporter« und ein Peter von Heming als »Starreporter«, ein Uwe Ammerding wiederum fingierte den »Sonderkorrespondenten«, und fiel dem windigen CvD partout kein Autograph mehr ein, stammte der Fake lapidar »von einem Korrespondenten«.

Bisweilen gelang den flämisch-friesisch-flusigen Gaunern jedoch ein brauchbarer Witz (bei den großen und gewiefteren Brüdern jenseits des Atlantiks ist humortechnisch weit mehr los). »Berufsunfähig: Matrose seit 25 Jahren seekrank!« lautete eine gar nicht unkomische Headline, »Termiten fraßen mein Holzbein auf ... während ich schlief« eine andere. Die Schlagzeile »Dozent erschießt Studenten – weil er ein Wort falsch buchstabierte!« durfte immerhin für sich beanspruchen, einen kreativen Vorschlag zur Entlastung unserer überfüllten Universitäten abgeliefert zu haben; und wer sich immer schon gefragt hat, warum nie ein kaltes Bier im Haus ist, wenn man es braucht, dem gab *Die Neue Spezial* »verblüffend«, ja »schockend« Bescheid: »Kühlschrank vom Teufel besessen!«

Konzipiert als Zeitung von Halb- für Viertelalphabeten,

sparte die Käsekopfredaktion nicht mit Illustrationen. Doch gerade die brockten ihr bei der an sich geneigten Leserschaft den Garaus ein. Die Retuschen, Montagen und Make-ups, die es schon braucht, um Kinder mit »behaarten Zungen«, eine »Go-Go-Tänzerin« mit drei Brüsten (»Männer drehen durch, wenn sie sie sehen«) oder den Seemann, der nach 150 Jahren im Packeis »wieder zum Leben erweckt« worden ist, vorführen zu können, waren durchweg von solch schauderhafter Schlechtigkeit, so unbedarft und schlampig, daß kein Vierjähriger drauf reinfiel. Manch wohlwollender Betrachter hielt das für Selbstironie, wenn nicht gar Entlarvung aller Preßphotographie als blanken Schwindel; es war aber bloß Blödheit.

Gewiß nicht zufällig kam *Die Neue Spezial* – deren US-Vorbild schon seit Jahrzehnten die Dummen fängt – erst auf den deutschen Markt, nachdem er sich wiedervereinigt hatte. Wer sich reglos, sogar begeistert Kanzler Kohl und die Treuhand andrehen läßt, könnte die Spekulation geknattert haben, der latscht auch auf solchen Leim. Doch der Ossi und die Ossa sagten grimmig: »Quatsch mit Soßa!« Und griffen lieber zu den aber gleichfalls dem unbedingten Willen zur Wahrheitsfindung wenig verdächtigen Schmutzorganen *Super* (»Angeber-Wessi mit Bierflasche erschlagen«) und *Super Illu*. Vielleicht aus Rache, vielleicht aus völliger Verkennung der ostdeutschen »Befindlichkeit« resp. Selbstgerechtigkeit rückte das Schurkenjournal gelegentlich eine Meldung ein, die recht brav ausgedacht, aber ein Tiefschlag in den Illusionshaushalt der angegliederten IMs war: »Ex Grenzpolizist schießt auf Touristen! Thüringer Wald – ein ehemaliger DDR-Grenzpolizist ist jetzt in Thüringen verhaftet worden. Der scheinbar geistig verwirrte Mann hatte wochenlang an der ehemaligen Zonengrenze gelauert und Touristen, die den ehemaligen Grenzstreifen überquerten, unter Beschuß genommen. ›Ein wahres Wunder, daß niemand verletzt worden ist‹, so eines seiner lezten [!] Opfer, den [!] der Grenzer nach 2 Schüssen in die Luft per Megaphon zur Umkehr gezwungen hatte. Ein beherzter Mitwanderer entwaffnete den Staatsgetreuen, der dann der Polizei übergeben wurde. ›Ich habe nur meine Pflicht getan‹, so der Mann bei seiner Festnahme.«

Auf die Art ging's natürlich nicht. Ein paar Monate später war der rußende »Mann-brät-Ei-auf-den-Händen!«-und-»Seine-Zunge-ist-20-cm-lang!«-Ofen endgültig aus. Kein Schade. (k. s.)

PHOTOGRAPHIE – »Es ist eine Fälschung!« (*Bild*, 23. Juni 1999) Prinz William blickte zu trübselig, zu tränenansatzsackig »in die Digitalkamera-Linse«. Der Hofphotograph Sir G. Shakerley half »nach«. »Schnell wurde eine Lösung gefunden: Prinz Williams trauervolles Gesicht« anläßlich der Edward-Rhys-Jones-Trauung »mußte einem lächelnden weichen. Mittels Fotomontage kein Problem.«

»Photographieren ist Gehorsamsverweigerung«, lallte Robert Doisneau und »stellte« sein Pariser 1950er anonymes weltvergessenes und die Welt zum Vergessen gern habendes Kußpaar fürs Objektiv zurecht. Die »Fälschung der Gefühle« (Fuld: *Lexikon*) ziert bis zum jüngsten Gerichtschristentag existentialistische WG-Küchen und Yuppiebuden.

»Ein Streit um die Wahrheit der Bilder« (*taz*, 25. April 2000) entbrannte wg. des Kubasohnes Elián González, den verrückte Exilcastrofeinde zur Geißel des Kapitalismus erkoren hatten. Als selbst Clinton Billy der Geduldsfaden riß, ließ er den »Laden« (E. Strittmatter), d. h. das Florida-Onkeldomizil räumen. Ein Snapshot Alan Diaz' sorgte für Furore. Der schwer bewaffnete US-Marshall, der den Buben aus dem Schrank zerrt, sollte die Brutalität der Behörden dokumentieren – eine Fälschung bzw. Montage, glauben viele, eine wirkungsvolle, die »auf alle Zeiten die Unverhältnismäßigkeit der Mittel ins öffentliche Bewußtsein einbrennen« wird, »mit der das Kind befreit wurde«.

Photographie heißt wörtlich: mit Licht schreiben. »Der Photographapparat kann ebenso lügen wie die Setzmaschine«, hatte Brecht schon 1931 das Medium, begrüßt als Garant der Objektivität, der wirklichkeitsgetreuen Abbildung, und seine Produkte in Zweifel gezogen. Heutiger Photojournalismus ist endgültig auf den Hund gekommen. Nicht nur beschäftigen Zeitungsredaktionen eigens Kräfte für digitale Bildbearbeitung (»picture editors«), so daß praktisch kein gedrucktes Photo mehr dem Abzug gleicht, den sein Urheber zur Verfügung stellte, sondern »alle Zeitungsherausgeber achten bei ihrer Bildauswahl darauf, daß diese konsensfähig bzw. konsensstiftend sind« (*Le Monde diplomatique*, November 1998), was arrangierte Politikerhändedruckimpressionen genauso einschließt wie die immer gleichen Sujets: Prostitution, Trabantenstädte, Umweltverschmutzung, Gangstermilieus oder Rapper, Basketballer und Tangotänzer. »Die ganze Geschichte beißt sich jetzt in den Schwanz, wenn die gesamte Presse einschließlich ihrer sogenannten anspruchsvollen Produkte sich zunehmend mit Archivaufnahmen zur Illustration begnügt, weil das praktischer und kostengünstiger ist und in jedem Fall keinen großen Unterschied zu den zeitgenössischen Fabrikaten macht. Die ›people‹, von denen die Menschen angeblich träumen [...], die Berühmtheiten, die sich unter der Anleitung eines geschickten Fotografen oder unter den Zwängen ihres selbstinszenierten Images, ihrer öffentlichen Erscheinung vor der Kamera in Positur werfen, haben die Momentaufnahme entmachtet. Das Aktuelle selbst ist zum Star geworden, unwirklich, unecht, ungreifbar, vollkommen virtuell, wie man heute sagt.« (Ebd.)

Das Starsystem, gespeist von *News Of The World* bis zu Burdas bombenblöder *Bunten*, begann früh zu funktionieren; Photos, wußten die »Macher«, üben Macht über die Erinnerung aus. Der Popsphäre zugehörig sind die für die nächsten drei Ewigkeiten den Hirnen eingebrannten »Magic moments« der Monroe (wehender Rock) und des A. Einstein (Zunge). Noch keine dezidierten Fälschungen oder Retuschen, zeigen beide Beispiele gleichwohl das wirkungsvolle Moment der Inszenierung an (Wahl der Perspektive, des Ausschnitts, der Lichtverhältnisse usf.), das seit der digitalen Revolution zum einzigen, zum beherrschenden wurde.

Nach 160 Jahren Photographie-Geschichte haben die »schier unendlichen technologischen Manipulationsmöglichkeiten Zuverlässigkeit und Integrität des ›Bildmachers‹« (*X für U – Bilder, die lügen*, Bonn 1998) zerstört. »Wer ›sich ein Bild macht‹, denkt« vielleicht, er denke, glauben sollte er dem Gesehenen nicht. »Die Lust an Visualisierung ist dramatisch angestiegen«, die Unlust, ein eigenes Urteil zu gewinnen, ebenso. Bilder suggerieren, Bilder mogeln per se. Verschärft wird die potentielle trügerische ikonographische Verkürzung komplexer Sachverhalte und Vorgänge durch die Stilisierung von »Personen zu Mythen und Geschichten zu Legenden«. Der entfesselte Medienbetrieb präformiert, angestachelt durch den Kampf um Rechte und »exklusives Material«, Wahrnehmung, allerdings gegenwärtig weniger per gelungener Einzelaufnahme, sondern per ermüdender Repetition: »Ständige Bildwiederholungen konturieren die Inhalte, schaffen Realität und Geschichte.«

Die faschistische Propaganda nahm das vorweg. Die Verbreitung »symbolischer Gesten« festigte die »Verfügungsgewalt über den ›Bilderhaushalt‹« und stabilisierte die Zustimmung. Mussolini zu Roß, Hitler und Hindenburg händchenhaltend, wieder und wieder, Tag um Tag. Allein, die Ursprünge des faulen Zaubers sind genausowenig koscher: »Die Geschichte des Fotojournalismus selbst beginnt mit einer Lüge. Die ersten veröffentlichten Fotos zeigen den Krim-Krieg [1853–1856] nicht von seiner grausamen Seite, sondern fast als gemütliches Beisammensein.« Gisèle Freund warnte: »Die Macht des Bildes liegt in seiner Unmittelbarkeit, und hier liegt auch seine Gefahr«, und Christian Gaujolle bilanzierte »das Jahrhundert der Bilder« 1998: »So ließ eine irrationale kollektive Leichtgläubigkeit die allergrößte Lüge entstehen: Es ist eine Fotografie, es ist also wahr.«

»Wer die Bilder beherrscht, beherrscht auch die Köpfe« (Bill Gates), und deren Trägern hat man einiges aufgebunden. Von *Bild* und Genossen hier mal nicht zu reden, taten sich die großen Staatenlenker besonders hervor. Väterchen Stalin ließ den Permanenzrevolutionär Trotzki, da es mehr um den »Aufbau des Sozialismus in einem Land« und um Aufräumarbeiten unter den Oktoberhelden als um den Weltumsturz zu tun war, von der zur Ikone gewordenen (Postkarten-) Aufnahme radieren, die den »Verräter« neben der Rednertribüne (Nähe Bolschoi-Theater) zeigt, die Lenin am 5. Mai 1920 bestiegen hatte, um Einheiten der Roten Armee zu agitieren, bevor sie den polnischen Marschall Pilsudski niederzwingen sollten. Dem »legendären« Eingriff, der die antike Technik der »Damnatio memoriae« (Auslöschung der Erinnerung) wiederbelebte, folgten lächerliche Montagen: Stalin kniete plötzlich neben dem 1922 relaxenden Lenin und besiedelte nach und nach, den Personenkult zu festigen, Photos und Gemälde sonder Zahl, deren ursprüngliche Fassungen ohne ihn ausgekommen waren. (Vgl. Alain Jaubert: *Fotos, die lügen*, Frankfurt/Main 1989, und David King: *Stalins Retuschen*, Hamburg 1997). Mit seinem Ableben ereilte ihn die gerechte Strafe: Seit dem 12. Parteitag der KPdSU 1956 widerfuhr dem Massenstar das Schicksal Trotzkis und anderer »Verschwörer«, Unpersonen und »Abweichler« – was die SED brav aufgriff: Sie frisierte fortgesetzt Dokumente der KPD-Geschichte. Und die Sowjetunion wiederum regte an, Dubček aus einer Aufnahme des Jahres 1968 zu eliminieren. Pech, daß eine Schuhspitze übrigblieb.

Hitler himself neigte zur Volksberieselung durch die 1927er Postkartenserie des Atelierchargen und späteren »Reichsberichterstatters der NSDAP« Heinrich Hoffmann. Großer Beliebtheit erfreuten sich auch die führermythischen Alben *Hitler wie ihn keiner kennt* (1932) und *Hitler abseits vom Alltag* (1937). Mussolini stand konsequent auf volkstribunalisch-infernalische Rednerposen – überzeugen mochte dies wie jenes.

Läßlich dagegen die Tatsache, daß sowohl Jewgeni Chaldejs Reichstags-Sowjetflaggen-Photo am 2. Mai 1945 als auch Joe Rosenthals Banner-Aufbäum-Bild, das das Hissen der US-Fahne auf der Pazifikinsel Iwo Jima (23. April 1945) zeigt, nachgestellt wurden; ihr edler Wert erleidet dadurch keinen Schaden.

Ob Ufo-»Dokus«, Comics, angeblich pornographische Plattencover: Man schnibbelte, fälschte, klebte, montierte, stilisierte, zu Propaganda-, Rufmord-, Jugendschutz-, Wichtigmopser- oder einfach Werbezwecken, denn beim PR-Geklopse kommt die Photographie (und evtl. bei ihrem Widerpart, der Satire) auf den fälligen Begriff: grundfalsch zu sein, während sie das unsichtbare Siegel der Authentizität trägt. Sichtbar lügen, ohne die Lüge sichtbar zu machen – die Dicktuerei der

Imagedesigner generiert ausnahmslos »kalkulierte Trugbilder«, und die sehen meistens noch beschissener aus als Fälschungen der *Revue*, die wenigstens eine »Lex Soraya« erwirkten, oder des *Mirror*, die dem Dodi-Dösel Fummelaktionen attestierten, die eines Islamerfürsten nicht würdig gewesen wären.

»Mit der digitalen Technik gibt es heute die Möglichkeit, die Welt als Bild zu erfinden.« *(echt und falsch)* Frederick Cook, Erstbesteiger des Mount McKinley (1906), wäre froh gewesen, über sie zu verfügen. Sein Beweis, die photographische Bannung der Bannerinstallation auf dem »Gipfel« (zum Lug und Trug der Anführungszeichen vgl. Schorsch Seeßlen: *Gesammelte Werke* Bd. VII/2, Marburg 1998), ist das astreine Werk eines nicht ganz sauberen »Schwindlers«: »Er wurde als Held gefeiert. 92 Jahre später entlarvt ihn ein Foto als Betrüger – Cook hat die ganze Welt belogen.«

Das schaffte kein Hitler, kein Stalin und kein Federico »Moshammer« Mussolini. (j. r.)

Schalck-Golodkowski, Alexander – Für die *stern*-Beilage *50 Jahre stern* Nr. 36 stellte der ehemalige sog. »DDR-Devisenbeschaffer« und geistige Stellvertreter des Bayern-Bäderkönigs Zwick sein erzählerisches Talent unter Beweis und schuf einen grell funkelnden Edelstein minimalistischer Memoirenliteratur, wie ihn die Republik noch nicht gesehen hat. Wir fassen zusammen.

Am 5. Mai 1983 »gegen 16 Uhr« traf der Spezialfreund und sonnenbebrillte Kumpel des enthemmten Letschofressers, unser allerleiderst längst seliger F. J. Strauß, auf Gut Spöck zu Oberbayern ein. Schalck mußte seit Stunden schon in ungewohnt rascher Folge das hochherrschaftliche Pissoir heimsuchen, riß sich aber am »Riemen«, zurrte ein letztes Mal seine Hosenträger fest, ließ sie wie übermütig kurz schnalzen und rückte sich in Positur.

»FJS kam direkt von der Vereidigung seines Sohnes Franz Georg als Soldat der Bundeswehr zu unserem ersten Zusammentreffen. Ein gutgelaunter Vorsitzender der CSU und Ministerpräsident des Freistaates Bayern entstieg mit jugendlichem Schwung dem Helikopter«, Schalck strahlte übers ganze Mondgesicht, schwitzte leicht, schrubbte seine feuchten Hände heimlich an der Hosennaht trocken und schritt einem Mann entgegen, den zu treffen er ein Leben lang im Dienste der Kommunisten ausgeharrt und gelitten hatte. »Mein Adrenalinspiegel«, schnaufte der mächtige Liebesdiener, »muß in diesem Augenblick, kurz vor der persönlichen Begrüßung, sehr hoch gewesen sein.«

Dann passierte das Unvorstellbare: »Er kam auf mich zu, drückte mir kraftvoll die Hand.« Das Eis des klirrenden Ost-West-Konflikts schien gebrochen, man nahm Schweins- und Kalbshaxen und fränkische Weine zu sich und löste die »Stimmung«. »Diese Atmosphäre sollte uns fast sechs Jahre auf allen darauf folgenden Treffen begleiten.« Die Atmosphäre war einfach immer dabei. Sicherheitsbeamten unter Kumpeln – nicht mehr nötig, no problem, njet!

Was Schalck nach Wein und Schwein in Erfahrung bringen durfte, kam einem regelrechten Hammer, einer spektakulären Offenbarung und top gelungenen Augenöffnung gleich. »FJS«, war urplötzlich gewiß wie der Zipfel an der Wurst, »war ein weltoffener Mann, ja ein kosmopolitisches Genie.« Und, noch besser, »er war aufgeschlossen für die Positionen, die ich zu vertreten hatte«.

Welch sonniges Glück Schalck, da er fürs Deutschlandmagazin *stern* unterm Titel »Wir tun es für Deutschland« seine weltbewegenden und der ostdeutschen Sozialismusbewegung das Brackwasser abgrabenden Meetings rekapitulieren darf, unaufhaltsam überflutet! Wie er hähnchenfettglänzend strahlt und in wahnwitziger Wonne sich wälzt, ha! Da zwei Klopse wie du und ich beieinander hockten und schier vergingen, schier das Himmelreich auf Erden erlangten. »Wir trafen uns am Sitz der Bayerischen Staatsregierung in der Prinzregentenstraße, in seinem Haus in München-Sendling, auf Gut Spöck sowie während seiner Aufenthalte in der DDR in den Gästehäusern der Regierung. Dabei lernte ich auch seine Ehefrau Marianne, seine beiden Söhne und seine Tochter Monika und deren Familien kennen. Ich erlebte einen Politiker, der einen großen Teil seiner Kraft aus seiner Familie zog.« Potzbimsstein.

Männer machen Geschichte. Sie essen. »Das war auch bei den Mahlzeiten spürbar.« Intimität baut sich auf, fast grenzenlose. »Er hat mir sehr großes Vertrauen geschenkt. Dies habe ich nie mißbraucht.« Wie – schön. Wiiiieeee wunderbar! Ach. Und Strauß, der Genius, wollte bloß den »atomaren Krieg« verhindern. »Nach einer solchen Auseinandersetzung aber würden beide deutsche Staaten nicht mehr existieren.«

Also schritten zwei Männer Hand in Hand voran, und »es war im Sommer 1988«, als der Bayernbussi »eines unserer vielen Gespräche«, die allesamt in vertrauter »Atmosphäre« verliefen, mit den Worten schloß: »›Vergessen Sie nie, Herr Staatssekretär, alles, was wir hier tun, tun wir für Deutschland.‹ Diese Worte habe ich nie vergessen.«

Uns fehlen sie beinah'. Dennoch ein abschließender Appell an die Bundesregierung: Alexanderplatz umbenennen, sofort! In Schalckeck. Nein: Schalckspöck. (j. r.)

Seeler, Uwe – »Ich glaube, ich habe es nicht nötig, mich beschmutzen zu lassen mit unwahren Behauptungen«, sprach im Mai 1998 der komfortabel korrupt gescheiterte HSV-Präsident. Soviel dazu. (j. r.)

Speer, Albert – Kiesinger, Filbinger (»Ich habe kein einziges Todesurteil gefällt. Die Aussicht auf weitere Todesfälle aus dem Archiv ist null, null, eindeutig null« bzw. »Was damals Recht war, kann heute kein Unrecht sein«), Globke, ja Werner Höfer, ehrenwerter Journalist, der 1943 die Hinrichtung des Pianisten Karlrobert Kreiten stramm gutgeheißen hatte, oder der Rektor und Ehrensenator der TH Aachen Hans Schwerte: die Lebenslüge als entweder parteien- und systembedingte und -geförderte Verschleierung oder als Selbstverleugnung oder, besser: -mythisierung kennt hierzulande ungezählte Fälle, solche, die nicht unter dem Rubrum der harmlosen Überhöhung gewöhnlicher Biographien abzubuchen wären.

Am 26. April 2000 veröffentlichte die *FAZ* Heinrich Schwendemanns Studie »Lebensläufer über verbrannter Erde«. Albert Speer, Hitlers »Leibarchitekt« und Rüstungsminister, der vor dem Nürnberger Militärtribunal 1946 erfolgreich die Mär zu verbreiten verstanden hatte, seit Januar 1945 im »aktiven Widerstand«, gegen Hitlers Nero-Pläne der »verbrannten Erde«, des totalen Untergangs gewesen zu sein und deshalb nur zwanzig Jahre Haft aufgebrummt bekam (statt am verdienten Galgen zu baumeln), fälschte seine *Erinnerungen*, deren »Suggestivkraft [...] bis heute auch auf Fachhistoriker zu wirken vermag«, nach Maßgaben der »aus der Memoirenliteratur der NS-Ära bekannten Rechtfertigungsmuster«.

Joachim Fest, der zusammen mit Verleger W. J. Siedler das epochale Schmierenstück frisierte, war Speer, Hitlers »einziger Freund«, stets ein »Rätsel« – das jetzt, nach Akteneinsicht, gelöst ist. Er, der »als einziger Hitler widersprochen« habe, log und verschwieg, »daß er den militärisch längst aussichtslos gewordenen Krieg auch in seiner Schlußphase weiterführen wollte«. Speer forderte im Sommer 1944 die »totale Mobilmachung«, im August, »den zu diesem Zeitpunkt auf Rekordhöhe laufenden Rüstungsausstoß abermals zu steigern«, und versicherte Ende Januar 1945 Goebbels, zu »tun, was er überhaupt nur tun kann«. Seiner Eingabe an Hitler vom 15. März (die ihm zu Nürnberg 1946 das Leben rettete), die den Zusammenbruch in ein, zwei Monaten prognostizierte, schickte er am 18. März eine zweite hinterher: welche sprach vom »Durchhalten« und noch mal »Durchhalten« und »drastische Maßnahmen zur Verteidigung des Reiches an der Oder oder am Rhein« empfahl: »Jeder Schritt zurück wird die Niederlage in großem Ausmaß beschleunigen. Ein zähes Durchhalten an der jetzigen Front für einige Wochen kann dem Gegner Achtung abgewinnen und vielleicht doch noch das Ende des Krieges günstig bestimmen. gez. Speer.«

Joachim Fest hat bis heute in »seiner« *FAZ* keinen Mucks gegeben. Brach er vielleicht in Tränen aus, da er sich genötigt sah, über »seinem« Speer den ... (j. r.)

TURINER GRABTUCH – Wir wollen jetzt nicht wieder mit den Qumran-Rollen anfangen, die 1990 bis 1993 den Odem der Welt stocken ließen (bloß der Neger, der Big Islamo und der

Ruderclub Rüsselsheim zeigten verständlicherweise wenig bis kein Interesse), mit jenen Schriftzeugnissen, die z.B. Robert Eisenman *(Verschlußsache Jesus)* dahingehend auswertete und betrachtete, zwischen den römerfreundlichen Evangelisten plus Paulus und den Zeloten und jüdischen Terroristen dynamisch evaluativ zu trennen. Immerhin, das gefällt uns doch (und dem Rezensenten der *Süddeutschen Zeitung*, 17. Oktober 1998, keineswegs), kommt Eisenmans Fortsetzungsknaller *Jakobus, der Bruder von Jesus – Der Schlüssel zum Geheimnis des Frühchristentums und der Qumran-Rollen* (Gütersloh 1998) zu dem Schluß, dem »Gesamtsystem Urgemeinde-Qumran« *(Süddeutsche Zeitung)* und Jesus und »Jakobus = ›Lehrer der Gerechtigkeit‹« stünden gegenüber »schlichter biblischer Unsinn«, »absurdes Märchen«, »literarischer Tand«, die »erfolgreichste und unverschämteste Umschreib-Aktion aller Zeiten«, »schlichte Täuschungsversuche, den arglosen Leser zu verwirren«, ein »obskurantistischer Taschenspielertrick« und »Geschichtsklitterung« (= Paulus, Lukas, Markus, Matthäus, Johannes).

Nein, einer tollen Reliquie möchten wir hier gedenken, des Turiner Jesusgrabtuches, von dem es bei Fuld *(Lexikon)* gerafft heißt, es sei von der Kirche nie als »echte Reliquie« anerkannt worden. Der Bischof Pierre d'Arcis hatte 1389 in der Stiftskirche Lireys (Frankreich) Gegenpapst Klemens VII. das wunderbare Stück präsentiert und eine Abfuhr erhalten: Wenn er partout die Show wünsche, könne er den Flachsfetzen herzeigen, nicht aber »wahres Grabtuch Jesu« taufen. Es kursierten ja Dutzende solcher Leichenlaken, da fällt die Entscheidung schwer.

Wie der Stoff von dort zum toten Jesus kam, »bewies« 1980 Ian Wilson (*Eine Spur von Jesus*, Freiburg). Der Vatikan stimmte daraufhin resp. 1988 einem mehrfachen Radiocarbon-14-Test zu, der zweifelsfrei eine Herkunft zwischen 1260 und 1390 ergab. 1996 indes quengelten irgendwelche Mikrobiologen, Bakterien und Pilze hätten die Untersuchungen »verfälscht«, und ein anderes Team erhob jetzt den Verdacht der Fasermanipulation. Fuld: »Dies würde die Kirche von einem Dilemma befreien, denn der Abdruck auf dem

Tuch läßt sich wissenschaftlich nur erklären, wenn es über einem Lebenden gelegen hätte – die Kirche müßte also bei einer Datierung zu Zeiten Jesu zugeben, daß er die Kreuzigung überlebt hätte, womit sozusagen ihre Geschäftsgrundlagen wegfielen.«

»Etwas vorher« (G. Polt d. J.) schlug die Stunde des Grabtuch-Professors Werner Bulst S. J. (Darmstadt), und er legte eine weitere Studie über die »umstrittenste Reliquie der Wissenschaft im letzten Jahrhundert« vor: *Betrug am Turiner Grabtuch – Der manipulierte Carbontest* (Frankfurt/Main 1990; Verlag Josef Knecht). Seit ein Photo 1898 die Gestalt der liegenden Legende gezeigt hatte, war man dem Geheimnis des Gekreuzigten auf der heißen Spur. Der Carbontest nun litt, behauptete Bulst, unter diversen »Kontaminationen« und, ha: Manipulationen: »*Das Grabtuch entlarvt – Die Enthüllung der größten Fälschung aller Zeiten*. Zeitgleich mit der Bekanntgabe der Carbondatierung des »TG« in Turin und London 1988 veröffentlichte David Sox dieses Buch, in dem triumphierend das vermeintliche Testergebnis vorweggenommen wird. Die breit dargelegten intimen Kenntnisse Sox' über die Durchführung des Tests bieten ironischerweise eine ganze Reihe von Indizien für die Manipulation des Tests.«

Unironischerweise konstatierte Bulst, »untergeschobene Textilstücke« müßten vorgelegen haben. Selbst die historische Beweisführung des 1578 in den Turiner Dom überführten guten Stückes sei lückenlos. Wir hören gut zu: »1982 fand der römische Philologe Prof. G. Zaninotto« – gewiß ein unbestechlicher Quellenforscher und -kritiker – »in der Vatikanischen Bibliothek eine Handschrift aus dem 10. Jahrhundert mit der lange verschollenen Festrede des Archidiakons der Hagia Sohia, Gregorius, vom 16. August 944, anläßlich der Ankunft des Bildes von Edessa in Konstantinopel. Er beschreibt dabei etwas, was beim Tuch im Goldschrein gar nicht zu sehen war: die Seitenwunde und ›Blut und Wasser‹. Diese befinden sich auf dem TG genau auf der Faltfläche, die der Schauseite mit dem Antlitz gegenüberliegt. Das konnte er nur sagen, wenn er es gesehen hatte. Er gehörte wahrscheinlich der kaiserlichen Kommission an, die das Tuchbild bei der Übergabe in Edessa zu prüfen hatte. An der Identität mit dem heutigen TG ist hier kaum noch zu zweifeln.«

Mehr Beweise? Bitte: »Wie kam das Tuchbild nach Edessa? Wenigstens seit der Mitte des 6. Jahrhunderts ist seine Existenz dort gesichert. Wahrscheinlich ist eine, wenn auch legendär umrahmte, Nachricht, daß es unerwartet aufgefunden wurde, eingemauert in einem Stadttor. Das ist durchaus möglich, denn Kaiser Justitian I. ließ die 525 durch eine Flutkatastrophe zerstörten Befestigungen wieder aufbauen und verstärken. Nicht lange danach – 544 – bestürmten, wie schon oft, die Perser die Ostgrenze des Reiches. Fast ganz Syrien war schon in ihrer Hand; die Hauptstadt Antiochien erobert. Edessa, die stärkste Festung an der Ostgrenze, war in höchster Bedrängnis. Der Historiker Evagrios [...] schreibt, in dieser Not habe man das ›nicht von Hand gemachte‹ Christusbild herbeigeholt und so die Stadt gerettet. Uns Heutigen mag das fremd sein, aber man denke an die Bundeslade, mit der die Israeliten in den Kampf zogen, oder an das Michaelsbanner der deutschen Heere im Mittelalter.«

Oder, noch »etwas vorher« (ebd.): »Hier ist von Bedeutung, daß Konstantin, wie wir von seinem Biographen Eusebius erfahren, ein großes Interesse am (leeren!) Grab Christi als Zeichen seines Sieges hatte.«

What means: »Nach Rom konnte das Grabtuch durch Petrus gekommen sein, der nach Joh. 20,3ff. zusammen mit einem ›andern Jünger‹ am Ostermorgen die Leichentücher im leeren Grab fand. Auf die exegetischen Fragen kann hier nicht eingegangen werden. Der Bericht kann nicht leicht als legendär abgetan werden. Ohne derartige Erfahrungen wäre die Entstehung des Osterglaubens nicht zu verstehen.«

Ad lib.

»Die Existenz des Grabtuches ist schwer vorstellbar ohne das leere Grab. Auch das leere Grab ist heute (selbst für manche Theologen) zum Tabu geworden. Nüchtern gesehen: Ohne das leere Grab wäre die Geschichte des Christentums, die ja am Ort des Grabes begann, sehr schnell zu Ende gewesen. Diese Feststellungen zwingen selbstverständlich nicht zum Glauben an Jesus Christus. Der Glaube ist mehr als bloße

Erkenntnis. Aber derartige Erkenntnisse ermöglichen das Glauben, legen es nahe. Der weltbekannte englische Exeget John A. T. Robinson [...] sagte zum Abschluß seines Referats auf dem Turiner Kongreß 1978, wer von der Echtheit des TG überzeugt sei (was noch nicht Glauben bedeutet), befinde sich in einer Situation, die der Situation der Jünger am Ostermorgen vergleichbar sei. Das dürfte einer der Gründe für die oft fanatische Opposition gegen das TG sein.«

Wie würden Sie entscheiden?

Und sind Sie noch bei Trost? (j. r.)

Van Doren, Charles – Anglistikdozent. Der hübsche Sohn aus gutem Intellektuellenhause begeisterte 1956 und 57 Amerika als Superhirn und Alleswisser in der TV-Quizshow *Twenty One*. Er brachte es auf insgesamt 129000 Dollar Preisgeld und zu enormer Popularität. Die Zeitschrift *Time* huldigte ihm mit den Worten: »Er hat Charme und vereint in sich die umfassende Bildung eines Renaissancemenschen mit der Unverfrorenheit und Gewitztheit eines Glücksspielers und dem Talent eines geborenen Schauspielers, sich wirkungsvoll in Szene zu setzen.« (Zit. n. [o. N.] *Schwindel und Betrug*, Amsterdam 1992)

Bei *Twenty One* bemühten sich jeweils zwei Kandidaten, möglichst schnell einundzwanzig Punkte (daher der Titel) zu sammeln; je nach Schwierigkeit der Frage wurde die richtige Antwort mit einem bis elf Zählern belohnt. Van Doren durfte auf dem Sessel des Siegers Platz nehmen, nachdem er den erheblich weniger telegenen Gegner Herbert Stempel mit sagenhaften 21 zu 0 aus dem Studio gefegt hatte. Vier Monate lang, immer montags um 21 Uhr, verteidigte der »Quiz Wizard« seinen Thron, und die Zuschauer schlossen ihn grubentief ins Herz. *Twenty One* wurde die beliebteste Fernsehsendung jener Tage, und die Produzenten von NBC scheffelten gigantische Werbegelder.

Stempel indes sann auf Rache. Die schmachvolle Niederlage und die Pressehymnen auf van Doren wurmten den klugen, doch zum Verlierer geborenen Mann aus Brooklyn vehement. Er beschloß, die Wahrheit über *Twenty One* zu enthüllen, und verkaufte seine Story an die Presse: Die Verantwortlichen der Show hatten ihn zum Versagen erpreßt, van Doren hingegen alle Antworten vorab mitgeteilt. Derlei Praktiken seien bei der Sendung Usus, auch er, Stempel, habe einige Male davon profitiert. Umgehend eröffnete die New Yorker Staatsanwaltschaft ein Ermittlungsverfahren gegen NBC. Die Produzenten versuchten verzweifelt, alle Kandidaten, die bei *Twenty One* aufgetreten waren, zum Meineid zu überreden; aber das Spiel war schon aus. »Vor Gericht und bei der nachfolgenden Untersuchung durch den Kongreß wurde deutlich, daß *Twenty One* nur eine von vielen manipulierten Fernsehquizsendungen war.« (Ebd.) Die Sponsoren und Sendeleiter behaupteten zwar, irgendwelche Schwindeleien nicht wahrgenommen zu haben, doch die Last der Beweise und Zeugenaussagen war erdrückend.

Charles van Doren kündigte seine Stellung an der New Yorker Columbia-Universität, verlor außerdem einen wohldotierten Beraterjob bei NBC, den man ihm für gute Dienste zugeschanzt hatte, und verschwand für immer von der Bildfläche. Einige Zeit lang mochte das betrogene Publikum keine Quizshows sehen, aber die mehr oder wenige dumpfe Ahnung, daß Fernsehen eo ipso das Medium des Lugs ist, kalmierte die Kundschaft zuletzt, und es wurde fröhlicher denn je weitergeblödelt, -behumst und -geschoben. Robert Redford machte 1994 aus dem Fall *Twenty One* den sehr empfehlenswerten Spielfilm *Quiz Show*, und dem Darsteller Herbert Stempels, John Turturro, ist es gelungen, einem Mann, der nie König sein durfte, die ihm zustehende kleine Ewigkeit zu verschaffen. Daß eine vergleichbare Affäre im deutschen Fernsehen bislang noch nicht enthüllt worden ist, sagt über dessen Unbestechlichkeit natürlich nichts aus. (k. s.)

VIDEOKUNST ETC. – Mag sein: Das künstlerische »Mahnen im Medienzeitalter« vor der »medial präformierten Welt« funktioniert ohne Computer und Bildschirme nicht mehr, ohne eine »Videoinstallation«, die »für einen kritischen, kreativen Umgang mit den neuen Medien« plädiert, als »mahnende Bestandsaufnahme« zumal der »Beuys-Meisterschülerin Ulrike

Rosenbach, die international zu den wichtigen Videokünstlerinnen zählt« (*taz*, 17. Mai 1999). Denn »der moderne Künstler fühlt sich [...] eher dem linken Spektrum verpflichtet. Unvergessen, wie Beuys seinen Kollegen Warhol dazu gebracht hat, ein hübsches Plakat für die Grünen zu gestalten (›Wählt die Grünen!‹) – und die grünen Parteifunktionäre es ablehnten. Schön dumm.« (*taz*, 29. Februar 2000) Hübsch auch, daß J. Rau, dit und dat und die »Videokunst« voraussehend, Beuys vom Hochschulsessel fegte, worauf Beuys den nunmehrigen Präsidenten einen »Anti-Christen« rief und jener, heute, mit der salbungsvollen Eröffnung von Beuys-Ausstellungen brilliert.

Der ewigen wahren Idee der »Mutationen« verpflichtet ist diese und die seit den siebziger Jahren reüssierende Videokunst, der, genauer und beispielsweise, »Virtual Beauty« des »Stars« Kirsten Geisler im Rahmen speziell der Kölner »Video Virtuale«, welche beinhaltet »Hochglanzfotos, Digitaldrucke in brillanter Qualität, computergenerierte Bilder, Projektionen, Videos und kostspielige Installationen« (*taz*, 9. September 1999) und die »mannigfaltigen Positionen innerhalb der Medienkunst« bezeugt, doch.

Das heißt: Wg. der mitmarschierenden »Stimm-Samples« »besteht offensichtlicher Klärungsbedarf im Nebel der Medienkunst«, am Rhein ohnehin, wo man neben dem »Medienpark« ein »Standortbekenntnis zur Medienstadt Köln« pflegt und hegt und beharrlich »Schnittstellen zwischen den Medien und der Kunst« sucht, z. B. während der beachteten und beachtlichen, galeriengestützten (Christian Nagel) »Media-&-Art-Exhibition«, die »junge Kunst, die sich kritisch mit Medienrealität auseinandersetzt« und vielfach in der Kölner Kunsthochschule für Medien (KHM) geschnitzt wird, fördert und als »schillernde Leerstellen im Kunstbetrieb« ausstellt. Dochdoch.

»Die Unterhaltungsindustrie ist Schrittmacher der Innovation unserer Wirtschaft« (W. Clement), und die »Interface Culture« (Steven Johnson) schneidet und morpht Grimassen und Visagen und Videos online und immer onlauniger, vorausgesetzt, »das Design von Benutzeroberflächen werde eine, wenn nicht gar die Kunstform des nächsten Jahrhunderts sein« (*FAZ*, 18. Oktober 1999), die »Kunst im Online-Universum«, wie neuerlich eindrucksvoll das Karlsruher Zentrum für Kunst und Medientechnologie (ZKM) uns staunen macht. Doch.

Die »Webkunst« reagiert darauf, »daß unser Begriff des Interface sich zunehmend erweitern und direkt auf alle künstlerischen Ausdrucksformen, sogar außerhalb des Internet, zurückwirken wird«. Aufgepaßt! »Europäische Cyberspace-Kuratoren an vorderster Front denken allmählich an Bestandsaufnahmen, schon allein deswegen, weil die Konkurrenz nicht schläft: Mehrere Museen in Amerika bauen ihre Webart-Galerien systematisch aus.«

Peter Weibel (vgl. *Ist doch keine Kunst!*), Direktor (o. ä.) des ZKM, reißt deshalb die »Themenführerschaft« an sich, um den »Ist-Zustand der Netzgesellschaft« zu bebildern. »Auch das unumgängliche Spiellaboratorium fehlt nicht.« Wert wird gelegt auf den »Kernbestand der Cyber-Utopien«: »Ihr besonderer Reiz liegt für viele ihrer Vertreter in der Unterwanderung traditioneller Strukturen und Erwartungen des Kunstbetriebs«, deutlich zu sehen und zu hören bei Jeffrey Shaws »Net.Art Browser«, welcher die »Kommunikation« entscheidend verbessert.

Der »Glaube, daß die sozialrevolutionären Hoffnungen der historischen Avantgarden nun technologisch eingelöst werden können«, beseelt die »ironische Reflexion auf die Arbeits- und Kommunikationsstrukturen im Net« – Vuk Cosic überträgt »kunsthistorisch bedeutende Werke von Lascaux bis Warhol in ASCII-Formate, deren Zeichenfolgen von einer Computerstimme rezitiert werden: Reflex auf die Formatierungs- und Übertragungsfrage«.

Nicht mangelt es in Karlsruhe »an alternativen Konzepten für Suchmaschinen, Filter, Browser, Mailinglisten«, und während Jordan Crandalls »Drive, Track #3«, »ein Raum mit Projektionen (und Geräuschen) von Bildmedien wie Video, Webkamera, Internet«, besticht, gurgeln die Wasserfälle des Fabrizio Plessi, Videopionier der achtziger Jahre, durchs ZKM.

Nam June Paik, in den sechziger/siebziger Jahren als koreanischer »Bürgerschreck« (*Süddeutsche Zeitung*, 28. März 2000) zu Ansehen gelangt, weil er Klaviere zerdepperte und teils fraß oder eine »Penis-Symphonie« komponierte, »bei der zehn Männer nacheinander ihr erigiertes Glied rhythmisch durch eine Papierwand pieksen«, dessen »Laserinstallationen« feiert die fortschrittliche Kunsthalle Bremen (»Nam June Paik Fluxus / Video«), da er sie »kombiniert mit Videoclips, Soundeffekten, Wasserspielen«. Der Freund von Cage und Beuys und dem Fluxus-Tycoon Maciunas behängte bereits 1969 die Brüste seiner »kongenialen Partnerin« Charlotte Moormann mit dem »TV-Bra«; sie revanchierte sich, das »Zusammenspiel von Musik und Videokunst« und Performance verfeinernd, indem sie »seine vielleicht rebellischsten Werke« co-schuf: »Er warf mit Eiern auf Klaviere, ließ sich von Moormann auf der Bühne als Musikinstrument benutzen«, plazierte Buddhas vor Fernsehschirmen und beglückte in den Achtzigern MTV durch »revolutionäre Videokunst«. »Meine Kunst soll nicht langweilig sein, meine Ausstellungen nicht so öde wie die meisten anderen, die in Museen vor sich hinstauben«, lautet Paiks originelles Bekenntnis. »Seine Installationen sind Publikumsmagnete.«

Wie titelte die *Süddeutsche Zeitung*? »Veni, Vidi, Video«. Es ist nicht nur die »Wortspielhölle« (Fritz Tietz), es ist die reale virtuelle. Versteht sich. (j. r.)

Vogts, Berti – Gab ein Gedicht des Heimatbarden Peter Rosegger als Korschenbroicher Fabrikat aus. Erwischt, zwirbelte er laut *Playboy* 6/1998 eigenhändig folgendes Poem, »Für meinen kleinen Sohn Justin«: »Dein Gesicht strahlt / soviel Ehrlichkeit aus – / ich streichle dich – / unendlich zart / deine Haut. / Dein Stupsnäschen liebe / ich besonders an dir, / ich kann's noch / nicht glauben – / dieser Mensch gehört mir! / In meiner liegt / deine weiche Hand / und verbindet uns / wie ein festes Band. / Ich versprech' dir, / ich lasse dich niemals los – / schlaf gut, träum süß, / meine Liebe ist groß / zu dir, mein Schatz, / mein Sausewind, / schlaf gut, träum süß, / mein braves Kind.«

Jetzt sind Sie dran. (j. r.)

Wellness-Klassiker, der – Knacksatt machende und die gesundheitlichen Verhältnisse schwindelerregend verbessernde Grünzeugkreation der (zumindest) Frankfurter *Wienerwald*-Filiale Nähe Katharinenkirche. Auch Salate können lügen. (j. r.)

Wilson, Robert – Der Kitschier, Theaterregisseur, Videoinstallateur, Opern- und Ballettdompteur mahnt uns – bzw. sein Beispiel tut's –, daß die Schauspielerei eine nicht nur und ohnehin wahnsinnige und per se potemkinsche Protzerei und Prahlerei und der pure Schwindel ist, sondern die Kunst wohl sui generis dem platonischen Verdacht der Irreführung anheimfallen muß; die späte des späten Metropolenkapitalismus jedenfalls. Einer, der *Lohengrin* als Comic »bringen« will (»Aber man hat mich nie gelassen«), wünscht dann eben auch den bereits in der Malerei zu den, nach Hans Platschek, verlogensten Resultaten führenden »naiven Kinderblick auf die Kunst«: »Wir sollten alle Schilder aus den Museen entfernen. Ein Museum sollte keine Schrifttafeln haben, keine Postkartenstände, keine Buchgeschäfte. Du mußt nicht wissen, wer der Künstler war, was hinter der Geschichte steckt. Natürlich kannst du dich damit beschäftigen. Draußen, später, irgendwann. Doch nicht solange du vor dem Bild stehst. Öffne einfach die Augen und schaue. Kunst muß man erfahren, erleben. Was bedeuten schon Namen.«

Bei soviel verblendetem Kunsthandwerkscredo, Unmittelbarkeitstrug und wohlfeilem Antiintellektualismus, der den finanzkräftigen Schichten und Kulturblasen sicher prima einleuchtet, lohnt kaum mehr, von Gaunerei zu reden. Da reicht nur noch uns André Heller oder ein H. Neuenfels (»Deutsche Regisseure denken zuviel«; Wilson) und seine SS-*Aida* heran. (j. r.)

Yogananda, Paramahansa – Eigentlich Mkunda Lal Ghosch. Guru und Geschäftsmann (1893–1952). Fiel bereits als kleiner Junge wundersam auf, indem er sich und seiner Schwester geschwürige Furunkel anhexte. Von Schmerzen und schlechtem Gewissen geplagt, schwor der Knabe, seine übersinnlichen Fähigkeiten nur mehr dem Guten und Schönen zu widmen, später kam noch das Bare hinzu. Die Mutter starb, als Y. eben elf Jahre alt war, und hinterließ ihm ein magisches Amulett, »das ein geheimnisvoller Fremder in ihren Händen sich hatte materialisieren lassen, auf daß sie es einst ihrem Sohn als Beweis seiner messianischen Berufung weitergebe« (Eisenhauer: *Scharlatane*). Sogleich machte er sich auf die Suche nach einem Yogi, um eingewiesen zu werden in die Kunst des heiligmäßigen Lebens.

Seine Wahl fiel auf Sri Yukteswar Giri, der einen Aschram nahe Kalkutta leitete und dank ausführlicher Meditationen von Moskitos ebenso wie Kobras scheu gemieden wurde, Gedanken las gleich offenen Büchern, Wind und Wetter gebot, aus purer Willenskraft Menschen verschwinden und irgendwo wieder auftauchen ließ. U. a. Mirakel und übermenschliche Leistungen gehören bei Gurus einfach zum guten Ton. Sri Chimnoy, der in Esoterikkreisen aktuell beliebteste indische Gottesmann, will z. B. innerhalb von elf Monaten 100000 Bilder gemalt haben, »was einem Schnitt von 4,75 Minuten pro Bild entspricht« (ebd.) – ohne, versteht sich, zu schlafen, zu essen oder, da müssen die Jünger durch, sich nur einmal zu waschen. Und Baghwan, der faselbärtige Erleuchter Rudolf Bahros, soll bis zu 100 Rolls-Royces gleichzeitig geparkt haben.

Y. gefiel das fromme Leben auf Anhieb so gut, daß er, seinem eigenen, nicht unbedingt zuverlässigen Zeugnis zufolge, binnen eines Tages um einen halben Zentner Leibesfülle anschwoll. Unter der täglichen Versenkung ins Nirwana litt zwar die Schule, doch dank göttlichem Beistand (Y. besorgte sich die Prüfungsunterlagen) baute der junge Mann ein passables Abitur. Die Hand Gottes war übrigens auch einige Jahre später im Spiel, als der angehende Heilige zur Freude seines Vaters ein Bakkalaureat der philosophischen Fakultät, man könnte sagen: erwarb. Nun durfte Y. Fulltimemönch des Swami-Ordens werden und sich einen Künstlernamen geben; »Yogananda« bedeutet: Glückseligkeit durch Vereinigung mit Gott. Oha.

Statt jedoch ein geruhsames Einsiedlerleben mit der landesüblichen Yogidiät von zwei Fliegenpilzen und einem Fingerhut Eigenurin pro Tag zu beginnen, griff Y. nach dem Kelch der Berufung und zog aus, die Welt das »Kriya-Yoga« zu lehren, welches Meister Yukteswar wiederentdeckt und der Schüler zur Vollendung gebracht hatte. Es sei dies eine Technik der Meditation, dozierte Y., resp. »eine einfache, psychophysiologische Methode, mit deren Hilfe dem menschlichen Blut Kohlendioxid entzogen und Sauerstoff zugeführt wird«. Mediziner nennen den Vorgang schlicht »Atmung«, aber was verstehen diese Quacksalber schon?! »[Die] zusätzlichen Sauerstoffatome werden in einen ›Lebensstrom‹ verwandelt [...]. Dadurch, daß der Yogi die Anhäufung venösen Blutes verhindert, kann er den Verfall der Zellen reduzieren oder sogar aufheben.« Oder jedenfalls herrliche Highs dank Hyperventilation erleben. »Ein fortgeschrittener Yogi verwandelt seine Körperzellen in reine Energie.« Was beispielsweise die Heizkosten enorm drückt. Und, so versprach der Guru, wer das Kriya-Yoga anzuwenden verstehe, dem winke die physische Unsterblichkeit. Endlich eine Religion, die keine leeren Versprechungen macht!

Die erste Filiale seiner Kwik-E-Mart-Kette eröffnete Apu ... Pardon: Den ersten eigenen Aschram gründete Paramahansa 1916. Die Bescheidenheit des Quartiers dauerte bald einen großmütigen Maharadscha, der Y. einen leerstehenden Palast in Rantschi zur Verfügung stellte. Der kommode Lehrplan der Schule – kein Mathe, aber viel Gartenarbeit, religiöse Erörterungen und natürlich »Lebensstrom«-Erzeugung – lockte Knaben von nah und fern; und Y. konnte sich zu neuen Ufern aufmachen.

1920 betrat er amerikanischen Boden, praktizierte als Yogalehrer in Neuengland und sparte für eine große Vortragsreise durch die USA. 1924 war es soweit, und es sollte sich lohnen. »Bereits im Jahr darauf errichtete er dank der Großzügigkeit einiger Schüler in Los Angeles das Mutterzentrum seiner Self-Realization-Fellowship.« (Eisenhauer) Selbstverwirklichung gibt's auch unter Kameraden nicht umsonst, und so konnte Y. 1935 als steinreicher Mann nach Indien zurückkehren; dieweil die verwaisten amerikanischen

Sanyassin sich mit den Ergüssen des Maestro in der Hauszeitung *East-West* bzw. dem Buch *Flüstern aus der Ewigkeit* begnügen mußten.

Auf dem Heimweg machte Y. einen Abstecher nach Konnersreuth in Bayern, wo Therese Neumann als lebende Heilige für Aufsehen sorgte. Angeblich aß sie nichts als eine Hostie zum Frühstück und erschütterte Augenzeugen jeden Freitag mit Spontanstigmatisierungen. Vater Neumann verbat sich eingehende wissenschaftliche Untersuchungen des Falls; immerhin ließen die Einfaltspinsel, die zur blutenden »Theres« pilgerten, reichlich Spenden in Konnersreuth. Der Hindu mit dem Rezept des ewigen Lebens und die Christin mit den perforierten Händen verstanden einander sogleich. Sie führte ihm artig ihr Passionsspiel vor, und er verließ Bayern mit der schönen Gewißheit, daß Gottes Gaukler überall gefragt sind.

In der alten Heimat finanzierten die üppigen Gaben der amerikanischen Apostel ein wahres Imperium von Kriya-Yoga-Instituten, -Einsiedeleien und -Meditationsstätten, »was Yogananda immer fülliger und sein Lächeln immer inniger werden ließ« (ebd.). Der alte Meister Yukteswar sah mit Genugtuung die Erfolge des Erben und entschloß sich zum »Mahasamadhi«, dem willentlichen Exitus der Seele aus dem Leibe. Damit blieb er zwar den Beweis für die vitalisierende Wirkung der Kriya-Übungen schuldig, konnte aber Y. einige Tage später interessante Einzelheiten über die Möblierung des Jenseits mitteilen. Man könne es da, als »Astralwesen«, sehr wohl, ja hervorragend aushalten und, wenn es denn pressiere, jederzeit in einen menschlichen Körper zurückschlüpfen. Prominentere Reinkarnierte seien Christus und Buddha gewesen, was allerdings deren profunde Vertrautheit mit der göttlichen Weisheit erkläre.

Die frohe Botschaft seines vergeistigten Lehrers verkündigte Y. zunächst Mahatma Gandhi, der sich seine Besucher offenbar nicht aussuchen konnte. Dann reiste der Guru weiter nach England und bescherte dem Königreich eine Zweigstelle seiner Fellowship. 1936 ließen ihn ungewöhnlich schlampige Zollbeamte erneut US-Terrain heimsuchen. –

Sechzehn Jahre lang arbeitete Y. an der Weltherrschaft seiner Sekte und kam, trotz gewisser Ärgernisse mit dem Finanzamt und konkurrierenden Gottesleuten, gut voran. Dennoch hatten höhere Mächte andere Pläne für ihn. Anfang 1952 gab er den baß staunenden Jüngern bekannt, Jesus Christus sei ihm erschienen, habe sich mit Y. einen ordentlichen Schluck aus dem Hl. Gral geteilt und den Yogi gebeten, seine irdischen Angelegenheiten zu ordnen; es sei demnächst soweit.

Der dicke Mann schaffte es noch auf ein Bankett zu Ehren des indischen Botschafters, futterte wie zehn gewöhnliche Hindus zusammen, versäumte jedoch, scheint's, die Verwandlung der vielen Kohlenhydrate in Vitalenergie und fiel, erst 59 Jahre alt, tot um; »es besteht der begründete Verdacht«, schreibt Eisenhauer, »daß er nicht wiederkehrt«. Und daß Kriya-Yoga nicht mal gegen zu hohe Cholesterinspiegel hilft. (k. s.)

Zimmermann, Ede – Ein Mann, ein Programm. Kreuzritter im Namen der Redlichkeit. Deutsch wie VW und Schwarzbrot zusammen. Ein Gesandter des Kleinbürgerluzifers. Der leibhaftige Kämpfer gegen die Schwindler, Betrüger, Erschleicher, Gauner an Ihrer Haustür, am Juweliertresen und beim Bäcker, nein: beim Bänker. Er geht uns alle an! Auf die Nerven ging er uns, dies großraumhornbrillengerahmte Sorgenträgermurmelgesicht, das, ergänzend zu *Aktenzeichen XY ungelöst*, der gerontokratischen Aufklärungs- und Kriminalsendung *Nepper, Schlepper, Bauernfänger* vorstand. Es ist bis heute nicht zu begreifen, warum es das geben mußte. Nein, in Teufels Namen, dreimal nein.

Recht der Kerl, am Ende unseres Manuals mahnend gebissen zu werden. (j. r.)

Wenn man bedenkt, welche Tragödien sie bereits ausgelöst haben und noch auslösen könnten, dann sind die Protokolle *wohl die erfolgreichste und heimtückischste Fälschung der Geschichte.*

Times, 16. Mai 1983

»Alljudaan« – *Die Protokolle der Weisen von Zion* und ihre mörderischen Folgen

Die effektivste, tödlichste aller Lügen ist zugleich eine der dümmsten und am leichtesten durchschaubaren gewesen. *Die Protokolle der Weisen von Zion*, zusammengeschmiert in einem Büro des zaristischen Geheimdienstes Ochrana, heilige Fibel von Henry Ford und Adolf Hitler, Pflichtlektüre im Dritten Reich, hatten am ideologischen Vorlauf zur Vernichtung der europäischen Juden maßgeblich Anteil, und wo immer heute Antisemiten das Maul aufreißen, berufen sie sich auf die Gemeinheiten und Halluzinationen, die das erbärmliche Schmierbubenstück vor über hundert Jahren in die Welt brachte. Obwohl seit Mitte der 1930er Jahre die Herkunft des Textes lückenlos geklärt, seine Unglaubwürdigkeit erwiesen ist, scheren sich die Judenhasser aller Nationen weiterhin einen Dreck um diese Evidenz, weil Dreck die einzige Evidenz ist, welche sie akzeptieren.

»Wenn«, schrieb Hannah Arendt in *Elemente und Ursprünge totaler Herrschaft* (München/Zürich 1991), »eine so offensichtliche Fälschung [...] von so vielen geglaubt wird, daß sie die Bibel einer Massenbewegung werden kann, so handelt es sich darum, zu erklären, wie dies möglich ist, aber nicht darum, zum hundertsten Male zu beweisen, was ohnehin alle Welt weiß, nämlich, daß man es mit einer Fälschung zu tun hat. Geschichtlich gesehen ist die Tatsache der Fälschung ein sekundärer Umstand.« Arendt hat recht; und doch wieder nicht. Denn *alle* Welt hat leider nie wissen wollen, was leicht zu erfahren wäre; der wüste Judenhasser Ahmed Rami beispielsweise, der von Schweden aus via World

Wide Web seinen »verjauchten Hirnpiß und Kopfkot« (Rayk Wieland) entsorgt, log auf einer seiner Hetz-Sites 1998 dreist: »Seit ihrem Bekanntwerden [werden die *Protokolle*] von freimaurerischen und zionistischen Kreisen hartnäckig als Fälschung bezeichnet. Gerichtsgutachter hatten jedoch schon in den 30er Jahren das Gegenteil festgestellt!« Kein Wort wahr, genau »das Gegenteil« stimmt. Weil aber manische Schwindler und Mordredner wie Rami täglich neue Gläubige werben, kann ihnen nicht oft genug widersprochen, müssen sie als kriminelle Betrüger immer wieder angeprangert und, wenn möglich, weggesperrt werden.

Allerdings haben Antisemiten sich durch Tatsachen und echte Beweise noch nie belehren lassen. Dem Wahn und der universellen Lüge »Die Juden sind unser Unglück!« zutiefst verfallen, wird auch die tausendste Studie, der millionste Artikel, der die *Protokolle* als Fälschung enttarnt, sie nicht erreichen. In der Tat haben die meisten Autoren, die sich mit dem Fall befaßten, die Rezeptionsgeschichte des gemeingefährlichen Pamphlets i. S. Arendts zum Anlaß genommen, die Psychopathologie des modernen, eliminatorischen Antisemitismus zu charakterisieren – so Norman Cohn in seinem grundlegenden, unverzichtbaren Werk *»Die Protokolle der Weisen von Zion« – Der Mythos der jüdischen Weltverschwörung* (Köln 1969), so Hadassa Ben-Itto in ihrem zwar dilettantisch geschriebenen, doch einzigartig materialreichen Buch *»Die Protokolle der Weisen von Zion« – Anatomie einer Fälschung* (Berlin 1998), so zuletzt Stephen Eric Bronner in der kompakten und ausgezeichnet strukturierten Studie *Ein Gerücht über die Juden* (Berlin 1999). Auch die Verfasser des vorliegenden Bandes haben, ausgehend von Adornos und Horkheimers bahnbrechendem Aufsatz *Elemente des Antisemitismus* (in: *Dialektik der Aufklärung*, Frankfurt/Main 1971), einen nicht ganz unerheblichen Beitrag zur Beschreibung des Wahns geleistet, der sich in den *Protokollen* und ihren gläubigen Lesern manifestiert (in: *Wer steckt dahinter?*, Köln 1998). Auf welchen Aufsatz auch deshalb verwiesen sei, weil er sich, anders als diese Glosse, auf den höchst problematischen Komplex der Verschwörungstheorie konzentriert, in den die *Protokolle*, als der schlechthin paradigmatische Text der akuten Konspirationsmythologie, noch tiefer verwoben sind als in den der propagandistischen Fälschung und politischen Lüge.

Die Produktion der *Protokolle* wurde zwischen 1894 und 1897 von Pjotr Ratschkowski, dem Leiter der Pariser Ochrana-Dependance, einem glühenden Judenfresser, brutalen Rufmörder, skrupellosen Agent provocateur, angeordnet und überwacht. Ursprünglich dazu bestimmt, ein Bündnis der reaktionär-antisemitischen Kräfte in Frankreich und Rußland zu befördern und den als liberalen Reformer verhaßten Finanzminister Sergej Witte zu diskreditieren, widmete Ratschkowski sie zu einer global verwendbaren Hetzschrift um, nachdem 1897 in Basel erstmals der Zionistenkongreß zusammengetreten war: Jetzt wurde die Fälschung als »geheime Mitschrift« der Tagung gehandelt. Beim berühmten Berner Prozeß von 1934/35 – es ging um das Verbot der *Protokolle* als, mangels anderer Gesetze, pornographische Literatur – berichteten mehrere Zeugen, sie hätten das Ochrana-Machwerk lange *vor* 1897 zu Gesicht bekommen; unabhängig voneinander erklärten sie, daß die Kladde in mindestens zwei verschiedenen Handschriften verfaßt worden sei: ein ausgezeichnetes Indiz für die Glaubwürdigkeit der Zeugen. Ohnedies war es reiner Humbug, den Kongreß als konspirative Veranstaltung hinter verschlossenen Türen auszugeben. Theodor Herzl, der Gründer und damalige Präsident der Zionistischen Bewegung, hatte, was weitere Zeitzeugen beeideten, die Tagungsräume ausdrücklich *allen* Interessierten und Pressevertretern geöffnet, gerade um den Verdacht eines Komplotts von vornherein abzuwenden.

Die bestialische Borniertheit der Antisemiten – in Bern lautstark vertreten durch den für Auslandshetze zuständigen NSDAP-Funktionär Werner Fleischhauer – walzte über solcherlei blamable Details einfach hinweg; der Kerl mit dem passenden Namen behauptete kurzerhand, die *Protokolle* seien zwar lange vor dem Kongreß entstanden, dort aber zur gefälligen Abstimmung vorgelegt worden, eine Phantasterei, die sich unter den Gläubigen bis heute hoher Beliebtheit erfreut.

Tatsächlich hatten Ratschkowski und seine Agenten zwei ältere Texte zu Vorbildern ihres Schunds genommen. Der eine war 1864 unter dem Titel *Dialog in der Hölle – Machiavelli und Montesqieu* erschienen. Sein Autor, der französische Journalist Maurice Joly, ein Erzliberaler, hatte alles andere im Sinn gehabt als eine Verleumdung der Juden. *Dialog in der Hölle* ist eine glänzende Satire auf das Regiment Napoleons III., in der Machiavelli als Advocatus diaboli die Repressionsmethoden des Kaiserreichs verteidigt. Joly war sofort nach Erscheinen des Buchs hinter Gitter gesperrt worden. Die zynische Apologie der Unterdrückung, die Joly dem italienischen Renaissancephilosophen in den Mund legt, ging teilweise wortgetreu in Ratschkowskis Fälschung ein; ergänzt um die komplett idiotische Phantasmagorie eines weltweit operierenden jüdischen Manipulations- und Terrorapparats. Die Satire Jolys verwandelte sich in Hetze dank des anderen großen Vorbildes für die *Protokolle*. »Auf dem Judenkirchhof in Prag«, ein Kapitel der dreizehnbändigen Romanschwarte *Biarritz*, die der Deutsche Hermann Goedsche alias John Retcliffe 1868 veröffentlicht hatte, erzählt vom nächtlichen Treffen mehrerer Rabbiner, bei dem Pläne zur weiteren Unterwerfung und Ausbeutung der Gojim gewälzt werden. Diese Gruselmär machte, als Flugschrift unter dem Titel *Rede des Rabbi*, in ganz Europa Furore und galt, wie nachmals die *Protokolle*, den Antisemiten für völlig authentisch, ja als Vorlage für Goedsches Text – wahrlich, die »Idee, die keinen festen Halt an der Realität findet, insistiert und wird zur fixen« (Horkheimer/Adorno).

In Bern versuchten die Nazis, da nicht mal sie die frappierenden Übereinstimmungen der *Protokolle* mit Partien des *Dialogs* leugnen konnten, ihr Hirngespinst zu retten, indem sie flunkerten, Joly sei ein Jude, also Eingeweihter, sein richtiger Name Moische Joel gewesen – worauf die Kläger den katholischen Taufschein Maurice Jolys präsentierten. Fleischhauer konterte mit dem famosen »Argument«, die jüdische Identität Jolys sei durch dessen Bart konfirmiert; der Jude Marx, faselte er, habe ja auch einen getragen. Obwohl die Beweisführung der Anklage von der Fälschung nichts als ein unappetitliches und lausig gefertigtes Plagiat mit der Zugabe paranoiden Judenhasses übrigließ, durchdrang selbst der härteste Beleg den hermetischen, pathischen Hirnpanzer der beklagten Schweizer Nazis nicht. Fleischhauer, ihr »Gutachter«, schwadronierte und schwindelte geschlagene fünf Tage lang und brüstete sich mit genau den Lügen, die längst und unwiderruflich demontiert worden waren.

»Er griff alle Autoren an, die gegen die *Protokolle* geschrieben hatten. Teile der *Protokolle* enthielten positive Bemerkungen über die Juden, argumentierte er. Deshalb könnten sie von keinem Antisemiten verfaßt sein. [...] Es sei nicht richtig, daß die *Protokolle* auf einem Kapitel aus dem Buch von Goedsche beruhten. Goedsche habe wie Maurice Joly aus einem alten Geheimdokument geschöpft, das in Rußland entstanden und als *Rede des Rabbi* bekannt sei. [...] Die [deutsche] Ausgabe der *Protokolle* könne überhaupt keine Fälschung sein, da es sich um die Übersetzung eines ausländischen Werkes handle. Auch diese anonyme Schrift könne nicht als Fälschung bezeichnet werden, da sie mit der jüdischen Denkungsweise sowie den politischen Ansichten und Handlungen des jüdischen Volkes in Übereinstimmung stehe« (Ben-Itto).

Antisemitismus ist viel weniger Ideologie als esoterisches Sektierertum, ein unablässiges »credo quia absurdum«, tautologisch und syllogistisch, sture Ignoranz der Realität, mit dem Ziel, die Wirklichkeit durch Tod und Vernichtung nach dem eigenen Bild zu gestalten. Die beispiellose Karriere der *Protokolle* verdankt sich nicht ihrer suggestiven Kraft – die eher bescheiden ist –, sondern der Gier der Antisemiten nach einem »Dokument«, das beweisen soll, was sie ohnehin schon immer gewußt haben. Wenn Arendt die *Protokolle* als »Bibel« bezeichnet, trifft das exakt deren Nimbus.

Ratschkowski spielte die Fälschung zunächst *Snamja* zu, dem Hausblatt der »Schwarzhundertschaften«, einer Bande antisemitischer Terroristen, die für zahllose Pogrome und Attentate verantwortlich zeichneten. Das Hetzjournal veröffentlichte Auszüge der *Protokolle* im Jahr 1903. Allerdings blieb eine weitere Verbreitung des Machwerks vorerst aus – *Snamja* war selbst in Rußland keine zitable Zeitung.

Pjotr Ratschkowski wollte es dabei nicht bewenden lassen. Er übergab das Manuskript dem Schriftsteller und Scharlatan Sergej Nilus, einem Mann mit gewissen Rasputin-Qualitäten (das vorrevolutionäre Rußland wimmelte von derlei Halbirren), der sich als Mystiker, ja Heiliger gerierte und doch bloß ein aufgeblasener, von Verfolgungswahn und Weltfremdheit zerfressener Antisemit war – eine scheußliche Kombination, die freilich auf die älteste Schwester der Zarin, Großherzogin Jelisaweta, enormen Eindruck machte: Sie protegierte Nilus nach Kräften. Der frömmelnde Hochstapler hängte die *Protokolle* sofort als »authentisches Material« seinem Buch *Das Große im Kleinen* (1905) an; Jelisaweta sorgte für die Verbreitung des Unflats im Kreml und gebot der mißtrauischen Zensurbehörde Einhalt.

Zar Nikolaus II., wie seine Frau Alexandra ein obsessiver Judenhasser und heimlicher Schirmherr der Schwarzhunderter, las das Pamphlet und übersäte es mit begeisterten Randnotizen wie »Welche Gedankentiefe!«, »Überall sieht man die lenkende und zerstörende Hand des Judentums« oder »An ihrer Echtheit kann kein Zweifel sein« (zit. n. Bronner). Innenminister Stolypin, der diese »Echtheit« überprüfen ließ, teilte seinem Dienstherrn allerdings bald mit, man habe es hier mit einer Fälschung zu tun. Der Zar vermerkte enttäuscht: »*Protokolle* fallenlassen. Man kann nicht mit schmutzigen Methoden einen edlen Zweck verfolgen.« Der edle Zweck hieß: Pogrome. Es ist Stephen E. Bronner zu danken, daß er, eingedenk des widerwärtigen Pomps, mit welchem Boris Jelzin 1998 die Knochen der Romanows neu beisetzen ließ, in *Ein Gerücht über die Juden* bemerkt: »Ohne den geringsten Sinn für das elende Leben ihrer Untertanen waren beide schrecklich arrogante, politisch reaktionäre, engstirnige Autokraten von schwachem Charakter, zum Herrschen völlig ungeeignet«; sowie: »Auf Nikolaus und Alexandra und ihren Hof ist reichlich Sentiment und unangebrachte Nostalgie verwendet worden.« Denn es waren *ihr* Geheimdienst und *ihre* Patronage, die das miserable Falsifikat und seine Karriere überhaupt erst möglich gemacht hatten. Die Romanows sind Protagonisten in der unmittelbaren Vorgeschichte des Holocaust gewesen; zumal darum stellt ihre rasche Beseitigung eine der größten Ruhmestaten der Oktoberrevolutionäre dar.

Vor der Entlarvung durch Stolypin ordneten Zar und Zarin an, daß in allen 368 Kirchen Moskaus Predigten mit Zitaten aus dem Pamphlet zu halten seien, und engagierten sich für Nachdrucke in reaktionären Blättern (zwölf Millionen Rubel ließ die kaiserliche Familie sich in den Jahren 1905 und 1906 die Verbreitung antisemitischer Literatur kosten). Die Schwarzhunderter und ihre Sympathisanten reagierten so, wie es sich die Romanows wünschten: »Allein 1905 kosteten die Pogrome in 53 Städten und über 600 Dörfern mehr als 5000 Menschenleben.« (Bronner) Diese fürchterlichen Schlachtfeste waren eine direkte Reaktion der Zaristen auf den verlorenen Krieg gegen Japan und die bürgerliche Revolution im selben Jahr. Wie nur je ein selbstgerechter Dummkopf hatte Nikolaus II. die Schuld an diesen Großdesastern seiner Regentschaft nicht etwa bei sich gesucht, sondern sogleich bei den verhaßten Juden gefunden. Randnotiz in seinem Lektüreexemplar der *Protokolle*: »Unser Jahr 1905 ist so verlaufen, als wäre es von den Weisen inszeniert worden.« (Zit. n. Bronner).

Nach jenen Blutorgien, zu deren Anstiftung die gemeine Fälschung wesentlich beigetragen hatte, verloren die *Protokolle*, auch dank der neuen, liberaleren Verfassung Rußlands, vorerst an Bedeutung. Vergessen wurden sie nicht. Sie waren geschaffen dafür, all denen einen Sündenbock zu liefern, die sich von der Realität gedemütigt fühlen, den eigenen Anteil an der Schmach jedoch nicht wahrhaben wollen. Der Antisemit genießt es, sich selbst als Auserwählten, als Mitglied einer genetischen Elite wahrzunehmen; er kann unmöglich zugeben, ein Verlierer zu sein, und schiebt darum alle Verantwortung für eine Niederlage sofort dem Objekt seines Hasses in die Schuhe. Eine größere Niederlage aber als jene, die Deutschland und Österreich im Jahr 1918 erlebten, hatte die Welt noch nicht gekannt. Der schreckliche »Triumphzug der *Protokolle*« (Bronner) setzte sich fort, als deutsche Antisemiten und Berufsarier nach einer Ausrede suchten für die

»schmähliche« Kapitulation. Sie bekamen sie geliefert von einem Deutschbalten, der aus dem revolutionären Rußland 1918 nach München flüchtete und später zu einem der wichtigsten Ideologen des Nationalsozialismus aufsteigen sollte. Alfred Rosenberg hatte im Reisekoffer ein Exemplar der *Protokolle*, das er seinen neuen Freunden von der »Thulegesellschaft«, u. a. Dietrich Eckart und Rudolf Heß, sogleich ans Herz legte. Und die Mördergruben öffneten sich weit. Der »Thule«-Geheimbund, 1918 gegründet, gilt als Keimzelle der NSDAP; unter Schirmherrschaft des »Verbandes gegen Überhebung des Judentums«, den es schon sechs Jahre länger gab, und mit einem pseudogelehrten Vorwort des überheblichen Verbandsführers Gottfried zur Beek (d. i. Ludwig Müller) versehen, plazierte »Thule« die deutsche Fassung der *Protokolle* 1919 auf dem Markt und landete einen echten Bestseller: »Allein zwischen 1920 und 1938 brachte sie es auf 22 Auflagen.« (Willi Dreßen, in: Wolfgang Benz [Hg.]: *Legenden, Lügen, Vorurteile – Ein Wörterbuch zur Zeitgeschichte*, München 1992)

Die abstruse Phantasie von einem geheimen Judenkonzil, das hinter allem Ungemach und jeder Wirrnis steckt, paßte hervorragend zu den schmutzigen Märchen, die andere, geistesverwandte schlechte Verlierer 1918 erfunden hatten. Das schmutzigste und zugleich populärste handelte vom sog. »Dolchstoß«, mit dem eine feige, korrupte, kommunistenfreundliche Etappe den »im Felde unbesiegten« deutschen Truppen in den Rücken gefallen sei. Ausgerechnet Feldmarschall Paul v. Hindenburg, der seit 1916 gemeinsam mit Generalquartiermeister und Co-Militärdiktator Erich Ludendorff jede Gelegenheit zu einem halbwegs erträglichen Friedensvertrag ausgeschlagen hatte, so lange, bis nichts mehr zu retten war außer der eignen Reptilienhaut, der durch Unfähigkeit in der Strategie und maßlose Kriegsziele den Ruin des deutschen Kaiserreichs nachhaltiger beschleunigt hatte als alle Sozialdemokraten in vier Jahrzehnten zuvor, dieser Hauptverantwortliche für die »Schmach« von Versailles erklärte »vor einem parlamentarischen Untersuchungsausschuß der Nationalversammlung [...], eine heimliche, planmäßige Zersetzung von Heer und Flotte habe ein geschlossenes und einheitliches Zusammenwirken von Heer und Heimat ›unmöglich‹ gemacht, und daran sei Deutschland zerbrochen« (Manfred Vasold, in: Benz: *Legenden, Lügen, Vorurteile*).

Der unehrenhafte Verlierer fand massenhaft Gläubige statt der satten Tracht Prügel, die er für seinen Schwindel verdiente. In Wirklichkeit hatte Kamerad Ludendorff, während die Propagandamaschinen der Obersten Heeresleitung (OHL) noch den Untertanen das Durchhalten bis zum »Siegfrieden« einschärften, am 28. September 1918 beschlossen, US-Präsident Wilson den Frieden anzubieten und dem Kabinett, das seit Jahren von der OHL gedeckelt worden war, alle weiteren Scherereien zu überlassen. »Auf die Nachricht, daß Hindenburg und Ludendorff jetzt ein sofortiges Friedensangebot für unumgänglich hielten, waren die deutsche Öffentlichkeit und ebenso die verantwortlichen Kreise in keiner Weise vorbereitet. Nahezu niemand war sich des vollen Ernstes der Situation bewußt gewesen; nun brach das [...] Gebäude großer Kriegszielerwartungen über Nacht in sich zusammen.« (Wolfgang J. Mommsen: *Das Zeitalter des Imperialismus – Fischer Weltgeschichte Bd. 28*, Frankfurt/Main 1969) Den beiden Diktatoren aber, die alles verbockt hatten, gelang es, einer Mehrheit der Deutschen einzureden, daß der Krieg durchaus noch ruhmreich hätte beendet werden können, wären die weisen Maßnahmen der OHL nicht von feigen Zivilisten und feilen Verrätern torpediert worden. Bald schon verschmolz die »Dolchstoß«-Legende mit der Mär vom Juden, der hinter allem steckt.

Zehntausende jüdische Deutsche waren in Kaiser Wilhelms Schützengräben verreckt, hunderte für ihren patriotischen Eifer mit Eisernen Kreuzen besteckt worden – aber noch vor der »Thule«-Fassung der *Protokolle* machte in der jungen Weimarer Republik ein Werk des Antisemiten Hans Freiherr von Liebig Furore, in dem nicht allein das – für Deutschland – blamable Ende des Ersten Weltkriegs, sondern sogar der Ausbruch des Gemetzels den Kindern Israels angelastet wurde. Die Titelillustration von *Der Betrug am*

Deutschen Volke (München 1919) zeigt ein Spinnennetz, in dessen Mitte, rot koloriert, ein Ungeziefer mit Davidstern kauert. Um kein Deut differenzierter als die *Protokolle*, wiewohl weit ohrenbetäubender dahertosend, mit Imponiervokabeln und Bandwurmsätzen den Leser niederschmarrend, prägt Liebigs Pamphlet diegleiche elitistische und gegenaufklärerische Sehnsucht nach dem Mittelalter. Der alldeutsche Junker weiß alles ganz genau, weil er alles ganz genau weiß: Die Freimaurer haben den elenden demokratischen Gedanken in die Welt gebracht, voller Infamie auf die Dummheit der Massen bauend, die, via SPD einmal an der Macht, gar nichts mit ihr würden anfangen können und sich vollends den Manipulatoren und Vampiren ergeben müßten. Hinter den Maurern aber zieht die Fäden »Alljudaan«. (An trottelhaften, bierschaumgeborenen Neologismen dieser Art berauschen deutschsprachige Antisemiten sich seit Karl Lueger.)

Liebigs endlose, unleserliche Schwarte war eine der ersten, die Hindenburgs miese Ausrede »wissenschaftlich« überwölbten. Selbstredend stimmt hier nichts; es werden ausschließlich verwandte Wirrköpfe zitiert, fortwährend »unsere herrlichen Truppen« und das »deutsche Volkstum« gepriesen, und nicht eine Behauptung hält der historischen Prüfung stand. Zwar wagt Liebig noch nicht, offen zum Pogrom aufzurufen; aber nach der tausendsten Beschwörung der großen bösen Spinne »Alljudaan« muß dem Dümmsten klarwerden, wie der Freiherr sich die Lösung sämtlicher deutscher Probleme vorstellt. Ist die antisemitische Literatur nicht nur tendenziell, sondern prinzipiell verblendet und verlogen, so behauptet sie doch auch permanent und dröhnend, »Schwindel« und »Betrug« aufzudecken; denn im wahnhaften Kosmos des Judenhassers kann die Wahrheit, die ihm ja laufend widerspricht, gar nicht wahr sein.

Er projiziert seine Gemeinheit und Lügenhaftigkeit auf den Todfeind, und es gelingt ihm dabei, scheint es, sogar Selbstironie – zu der er aber komplett unfähig ist. Der folgende Satz steht nicht bei einem Kritiker des Antisemitismus, sondern bei Liebig: »Noch ein letztes Blatt aus dem Schwindelalbum, vielleicht eines der wichtigsten, weil es von Versuchen handelt, auch die Zukunft und die Geschichtsschreibung mit dem Banne des Schwindels zu belasten.« Er und seine Nachfolger haben aus der Klage ein veritables Programm gemacht. Liebig gibt die Richtung vor, die Hitler in *Mein Kampf* brachial marschieren wird: »[Der] Krieg gegen Deutschland mag aus wirtschaftlichen Gründen entfacht worden sein; sein tieferes Ziel ist die Vernichtung des Deutschtums selbst. Dem deutschen Blut, nicht dem deutschen Gut gilt der Vernichtungskampf in Wahrheit! [...] Zwei Millionen unserer Besten sind gefallen; aber das ist nur der Anfang. Nun haben die das Heft in der Hand, welche das noch vorhandene edle Blut dem schleichenden Siechtum aussetzen wollen.«

1920 lernte Hitler in München Alfred Rosenberg und spätestens nach dieser Begegnung auch die *Protokolle* kennen. Die Fälschung wurde eine der wichtigsten »Quellen« für *Mein Kampf* (1924); das elfte Kapitel referiert Ratschkowskis plumpe Fiktion ausführlich und mit gläubiger Hingabe. Die Unbefangenheit, mit der Kleinbürger wie Hitler und Rosenberg den altertümelnden, bewußt auf ein monarchistisch gesinntes Publikum zugeschnittenen Text ihrer eigenen, eher antifeudalen, dem mystischen Glauben an das *Volk*, die »Nation aus einem Blut« obsessiv verpflichteten Ideologie einverleibten, nimmt wunder. (Tatsächlich wurde die Verbreitung der *Protokolle* in der Weimarer Republik zunächst durch die gestürzten Fürsten, Prinz Joachim Albrecht von Preußen voran, protegiert; Wilhelm II. drängte jeden Besucher in Doorn zur Lektüre des Buchs.) Aber es dürfte genau die Patina aus Anachronismen und grotesken inneren Widersprüchen gewesen sein, die Hitler und Rosenberg bannte und sie felsenfest an die Authentizität der *Protokolle* glauben ließ. »Sogar ideologisch«, schreibt Bronner, »fehlten dem Dokument die biologischen und wissenschaftlichen Grundlagen, die von modernen Heuchlern wie Adolf Hitler so bewundert wurden. Dennoch leisteten sie in der Zwischenkriegszeit einen enormen Beitrag zur Herausbildung des rechten Weltbildes. Es wurde zu einer Brücke zwischen den alten und neuen Rechten.«

Ein Brückenbauer hieß Henry Ford. Der Erfinder der Fließbandproduktion und damals berühmteste Industrielle der Welt verbreitete während der zwanziger Jahre den Antisemitismus der *Protokolle* in den USA. Seine hauseigene Wochenzeitung *Dearborn Independent* hatte 91 Ausgaben lang die angebliche Verschwörung des Judentums gegen den Rest der Welt »aufgedeckt«; anschließend ließ Ford die »brisantesten« Artikel mitsamt einer englischen Fassung der *Protokolle* in der Broschüre *The International Jew* nachdrucken. Obwohl er, nach einem massiven Boykott jüdischer Autokäufer und vehementen Protesten amerikanischer Politiker, 1927 die weitere Verbreitung des Pamphlets einstellen ließ und die symbolische Verbrennung von fünf Lkw-Ladungen der giftigen Ware anordnete, hatte sein Katechismus dank des ungemein prominenten Herausgebers längst den Weg in die Welt gemacht. Theodor Fritsch, der deutsche Verleger des üblen Buchs, ignorierte das Vertriebsverbot Henry Fords und behauptete, die Unterschrift des betreffenden Schriftstücks sei gefälscht. »Hitler benutzte Fords Buch während der ganzen Zeit seiner Schreckensherrschaft und stellte sich Fords Foto auf den Schreibtisch. Einmal äußerte er gegenüber einem amerikanischen Reporter: ›Ich betrachte Heinrich Ford als meine Inspiration.‹« (Ben-Itto) Es muß, das Diktum Horkheimers bindet, wirklich vom Faschismus schweigen, wer vom Kapitalismus nicht reden will.

Der Berner Prozeß endete am 14. Mai 1935 mit dem Verbot der *Protokolle*. Der Richter »stellte unzweideutig fest, daß das Pamphlet eine Fälschung und ein Plagiat sei; er betrachtete es als verleumderisch und als eindeutiges Beispiel von Schundliteratur, das als Hetzschrift verboten gehöre« (Bronner). In der zwei Jahre später folgenden Berufungsverhandlung jedoch befand das Gericht, »daß sich die Definition von ›Schund‹ im Sinne des schweizerischen Gesetzes nur auf reine Pornographie beziehe« (ebd.). Immerhin bestätigte die zweite Instanz die Falschheit der *Protokolle* und erlegte der Berufungspartei die Verfahrenskosten auf. Diesen rein formaljuristischen Freispruch feierten die Nazis wie einen Sieg. Fleischhauers entsetzliche Fünf-Tage-Rodomontade wurde in Deutschland als Buch aufgelegt; und alle Antisemiten, die sich seither auf die *Protokolle* berufen, verkaufen, siehe Ahmed Rami, den fadenscheinigen Erfolg der Schweizer Volksgenossen als Echtheitszertifikat ihrer »Bibel«. Sie führen sich, erste Regel des Antisemitismus, alle so auf wie das Bild, das sie von den Juden haben; sie fälschen, betrügen, lügen, manipulieren und spitzfindeln ohne Unterlaß.

Die *Protokolle* sind, welthistorisches Unikum, ein Schwindel, der, seitenverkehrt, zur furchtbarsten Wirklichkeit geworden ist. Denn jene, die auf die Fälschung begeistert hereinfielen, nahmen den Aftermachiavellismus und die konspirativen Maximen der Schrift zum Vorbild für die eigenen Maßnahmen und Verbrechen gegen die angeblichen Autoren der *Protokolle*. »Aus den ›Weisen von Zion‹ wurde der innere Zirkel der NSDAP, während sich der Großrabbiner der Juden in den ›Führer‹ verwandelte. Was Theodor Adorno den ›Wahrheitsgehalt‹ des Werkes nannte, manifestierte sich in der Folge in den Lügen, die es verbreitete. So wird es in der Tat anhand der *Protokolle* möglich, den Zusammenhang hinter einer scheinbar zusammenhanglosen, auf irrsinnige Ziele gerichteten Strategie zu erkennen.« (Bronner) Die Nazis hätten die Gaskammern von Auschwitz wohl auch ohne Ratschkowskis Vorarbeit installiert. Unheimlich bleibt dennoch der mimetische Akt, den sie vollzogen, um den bösesten Feinden, die sie kannten und die allein in ihrer manischen Phantasie existierten, am Ende so ähnlich zu sein wie nie ein Rabbi dem anderen.

Die Zerschlagung des Dritten Reichs und die Nachrichten aus den Vernichtungslagern waren weder ein Fanal für den Antisemitismus noch für die *Protokolle*. Die Etablierung des Staates Israel i. J. 1947 und seine Protektion durch die USA empörten nicht allein die arabischen Anrainer, sondern ebenso die Sowjetunion und ihre Vasallen; und alle ließen sich wieder von Ratschkowskis Machwerk inspirieren. Der sog. »linke Antisemitismus« rieb sich zumal an der engen Kooperation Tel Avivs mit Washington und schwärmte vom nationalistischen Terror der PLO als einem »Befreiungskampf« gegen die vermeintlichen »jüdisch-zionistischen Unterdrücker«. Daß der – weit überschätzte und höchst labile – Schutz, den die Vereinigten Staaten dem winzigen Land südlich von Beirut angedeihen ließen, die einzige wirklich noble Tat der US-Außenpolitik seit der Kriegserklärung an Nazideutschland, nämlich das Resultat einer Lehre gewesen ist, die ein großer Teil der europäischen Linken nie gezogen hat, mochte Breschnew ebensowenig wie Ulrike Meinhof einsehen. Die bloße Existenz Israels wird unter Antisemiten bis heute gehandelt als Beweis für die atemberaubende Macht der »Weisen von Zion«; und die Tatsache, daß der Zwergstaat jederzeit von Vernichtung bedroht ist, wird von seinen Feinden seit 1947 zu der Lüge verdreht, Israel bereite die Liquidierung der panarabischen Welt vor. Die *Protokolle* funktionieren als Ausrede für eigene Fehler und Dummheiten weiterhin wie geschmiert, und ihre gläubigen Leser sitzen immer noch überall dort, wo nur mehr Rassismus resp. Judenhaß über die Trotteleien hinwegzutäuschen vermögen, welche die je waltenden Ajatollahs verbrochen haben.

Ein Buch, das 1969 in Moskau erschien und auch von Parteizeitungen »als wissenschaftliches Werk höchsten Ranges« abgefeiert wurde, streute die monströse Behauptung, die Zionisten, voran Ben Gurion und Golda Meir, hätten sich einst mit Hitler verbündet, »um ihre Interessen zu verfolgen«. »Beweis« dieser Lüge: *Die Protokolle der Weisen von Zion*. Der dilettantische, jahrhundertalte Trug einer Außenstelle des zaristischen Geheimdienstes lebt und wütet munter weiter; und er wird Unheil stiften, solange es Antisemiten gibt. Der traditionell unkritische und mehr auf seine Gebetszeiten als auf die Zeitgeschichte achtende »Islamo« (J. Kroth) sprengt sich für die schlechte Fälschung sogar begeistert in die Luft – wie z. B. Hisham Ismail Hamad, der 1994 als lebende Mine drei israelische Soldaten mit in den Tod nahm, weil er den Quatsch Ratschkowskis für wahr nahm. »Hierin«, konstatiert Bronner, »liegt die existentielle Anziehungskraft des Antisemitismus: Er mag auch Intellektuelle ansprechen, aber Idioten befriedigt er. Die *Protokolle* wurden für Idioten geschrieben.«

Und daher sei die finale Psychopathologie und Synopsis

des antisemitischen Wahns hiermit verschoben auf das geplante, aber noch lange nicht reife Buch *Hä? – Dummheit im Wandel der Jahrtausende*. Wir gehen an die Arbeit, sobald wir uns nicht mehr erbrechen müssen. (k. s.)

Die »Auschwitz-Lüge«

Wer sich über den Nationalsozialismus und seine »Kultur«, seine monumentalen Lügen und seinen ersten Protagonisten informieren möchte, lese *Die Dritte Walpurgisnacht* von Karl Kraus. »In Österreich und in Deutschland wird sich die Lüge, daß in der Nazizeit die meisten Leute von den Nazigreueln nichts gewußt haben, als Wahrheit etablieren. Der wirkliche Skandal jener Zeit aber wird *Die Dritte Walpurgisnacht* sein, ein Werk, das 1933 abgefaßt wurde, das sich aber liest, als wäre es etliche Jahre nach 1945 geschrieben worden, zu einer Zeit, als die Forschung schon umfangreiche Ergebnisse über die Nazizeit vorgelegt hat. Doch nein, es wurde 1933 geschrieben, und es zeigt: Der Autor hat alles gewußt.« (Michael Scharang, in: Hermann L. Gremliza [Hg.]: *Braunbuch Österreich – Ein Nazi kommt selten allein*, Hamburg 2000)

Wer eine der Elementarlügen, mit denen das ideologisch-symbolische System der Nazis konstituiert, ausgebaut und abgesichert wurde: wer das »strategische Konzept der Ästhetisierung des NS-Regimes« (Peter Reichel: *Der schöne Schein des Dritten Reiches – Faszination und Gewalt des Faschismus*, Frankfurt/Main 1993) in Entstehungs- und Wirkungsweise begreifen will, sei neben Reichels Studie auf Wolfgang Fritz Haugs Arbeiten zur Ästhetisierung der Masse und des Subjekts verwiesen (etwa den *Argument*-Sonderband 60). »Durch wohlüberlegtes Inszenieren ist alles zu erreichen«, hatte Goebbels jene Mittel benannt, unter deren Einsatz man die »Schwindelgemeinschaft« (Franz Neumann) zu festigen vermochte: Totalität herstellende Rituale wie Märsche, Gesang, Heilgeschrei, eine Choreographie des »Sichtbar-Machens der Macht« (Manfred Behrens), ihrer permanenten Demonstration als den Terror ergänzende Dauermaßnahme zwecks vollständiger Militarisierung sämtlicher Lebensbereiche. »Nicht das bloße Propagieren schöner Ideale, sondern die aktive Unterstellung durch feierliches Handeln in vorgegebenen Anordnungen ist das Hauptprinzip faschistischer Ideologen. [...] Das Aufmarsch-Bild ist nichts anderes als die Organisation des inneren Lebens und die Präsentation des äußeren bestimmenden Gesetzes einer menschlichen Architektur.« (Ders.)

Der »Täuschung der Massen und ihrer Selbsttäuschung« (Reichel) korrespondierte »das instrumentelle Verhältnis von verbrecherischer Politik und dem von ihr benötigten schönen Schein der Dekorationen, Inszenierungen und Mythisierungen«. Herbert Marcuse betonte den Zusammenhang zwischen »affirmativer Kultur« und faschistischer Herrschaft, Ernst Bloch beschrieb den »alogischen Raum« der »Romantizismen, Urtriebe und Mythizismen«, Brecht konstatierte die dem Kleinbürger schmeichelnde, einfühlende »Theatralisierung der Politik durch den Faschismus«, und Siegfried Kracauer sah den formierten Scharen der inflammierten Volksgenossen »den Schein der Reintegrierung der Massen« an.

»Nur der Krieg, und nur der Krieg«, ahnte Walter Benjamin, »macht es möglich, Massenbewegungen größten Ausmaßes unter Wahrung der überkommenen Eigentumsverhältnisse ein Ziel zu geben.« »Von der proletarischen Masse zum Kriegsvolk« (Wieland Elfferding) zu gelangen, bedeutete, »die Uniformierung und ästhetische Formierung« zum »bildenden [gesellschaftlichen] Formprinzip« zu erheben. »In den großen Festaufzügen, den Monstreveranstaltungen, in den Massenveranstaltungen sportlicher Art und im Krieg«, so Benjamin, »sieht die Masse sich selbst ins Gesicht.« Am Ende ist der Staat verklärt zum Totalkunstwerk. »Die Massen haben ein Recht auf Veränderung der Eigentumsverhältnisse; der Faschismus sucht ihnen einen Ausdruck in deren Konservierung zu geben. Der Faschismus läuft folgerecht auf eine Ästhetisierung der Politik hinaus.« (Benjamin; vgl. auch Franz Dröge/Michael Müller: *Die Macht der Schönheit – Avantgarde und Faschismus oder Die Geburt der Massenkultur*, Hamburg 1995)

Wer der Sprache des deutschen Faschismus, einem integralen Bestandteil der Hetze, Inszenierung und Brutalisierung, gewärtig werden möchte, findet bei Victor Klemperer (*LTI*, Halle 1957) das Universum der manipulativen Rede und der »faulen Mystik« (Brecht) gedeutet, die »überall spezifische Verlogenheit und Roheit des Nazistischen«, der Partei »öffentlichstes und geheimstes Werbemittel«. Lutz Winckler (*Studie zur gesellschaftlichen Funktion faschistischer Sprache*, Frankfurt/Main 1970) hob hervor: »Faschistische Propaganda bedient sich bedenkenlos der Mittel kapitalistischer Reklametechnik: der Wiederholung, der hypnotischen Formeln, des Schlagwortes, das ›Denken in geschlossenen Zyklen [...] und Erkenntnis von Widersprüchen unterbindet und den Hörer zum Werkzeug verdinglichter Praxis degradiert‹.« Der Agitator benutzt ein »Gegeneinander von Verschleierung und Entschleierung« und schürt jenen »Scheinprotest«, der an den Sündenböcken und Feindstereotypen Halt findet. Der »Sprachgestus Hitlers« (»Seine Reden«, bemerkte Raul Hilberg, »kannten wenig Ironie, Feinsinn, Zurückhaltung oder Bescheidenheit, was dem allgemeinen Jargon der Deutschen bestens entsprach«) und die »Sprache der neofaschistischen NPD«, parallelisierte Winckler, beschwören dieselben denunziatorischen Formeln und verstellen in identischer Absicht. Die Lüge jedoch tritt nirgendwo kenntlicher zutage als eben dort: »Man zitiert immer wieder Talleyrands Satz, die Sprache sei dazu da, die Gedanken des Diplomaten (oder eines schlauen und fragwürdigen Menschen überhaupt) zu verbergen. Aber genau das Gegenteil hiervon ist richtig. Was jemand willentlich verbergen will, sei es nur vor andern, sei es vor sich selber, auch was er unbewußt in sich trägt: die Sprache bringt es an den Tag; [...] die Aussagen eines Menschen mögen verlogen sein – im Stil seiner Sprache liegt sein Wesen hüllenlos offen.« (Klemperer)

Wer all dies in Erwägung zieht, wird (neuerlich) erkennen, welchem Ziel die Lügen, Legenden, Mythen, Manipulationen dienten: »Neben aller brutalen Gewaltanwendung war die Ästhetisierung, die permanente Inszenierung einer Scheinwirklichkeit, eine unerläßliche Notwendigkeit für die Stabilisierung des Regimes. Unmittelbar ging es um die vermeintliche Aufhebung des Klassenkonflikts, die Lösung der sozialen Frage. Die Scheinwirklichkeit hieß ›Volksgemeinschaft‹, erhielt aber, je länger sie dauerte und je weniger sie als Inszenierung wahrgenommen wurde, durchaus schon reale Züge. Mittelbar zielte dies auf den Eroberungs- und Vernichtungskrieg, der gegen Osteuropa und die Juden gerichtet war.« (Reichel)

Die gewöhnlichen, nicht aussterbenden Schweineköpfe indes leugnen bis heute jeden Teil dieses Satzes: verherrlichen den »Führer«, die gloriosen Zeiten, und unterstehen sich nicht, das fürchterlichste Ereignis der Geschichte zur »Erfindung« zu erklären, zur »Auschwitz-Lüge«.

Nützt Aufklärung? Abermalige? Der Verlauf der Stigmatisierung, Terrorisierung, Ghettoisierung, Deportation und industriellen Ermordung der europäischen Juden ist exakt belegt (vgl. Raul Hilberg: *Die Vernichtung der europäischen Juden*, Frankfurt/Main1990; dort wird die Logik des Prozesses in der Abfolge »Definition«, »Enteignung«, »Konzentration«, »Vernichtung« beschrieben). Till Bastians Darstellung *Auschwitz und die »Auschwitz-Lüge« – Massenmord und Geschichtsfälschung* (München 1997, 5., erw. und akt. Aufl.) faßt »Vorgeschichte und Geschichte der ›Endlösung‹« zusammen.

Hitlers *Mein Kampf*, 1924 in der Landsberger Festungshaft entstanden, wetterte gegen die »hebräischen Volksverderber«. Schon 1920 erklärt das Parteiprogramm der NSDAP, gerade aus der DAP hervorgegangen (Hitler war Mitglied 555): »Staatsbürger kann nur sein, wer Volksgenosse ist. Volksgenosse kann nur sein, wer deutschen Blutes ist, ohne Rücksicht auf Konfession. Kein Jude kann daher Volksgenosse sein.«

Hilberg (*Täter, Opfer, Zuschauer – Die Vernichtung der*

Juden 1933–1945, Frankfurt/Main 1997) zitiert einen Brief Hitlers vom 16. September 1919 an das Reichswehrkommando 4 über »den Einfluß der Juden«: »Darin erklärte er, die Juden mißbrauchten den Staat als Blutegel, zerstörten die Kraft der Völker und infizierten sie mit Rassentuberkulose. Danach kam er auf Gegenmittel zu sprechen, unterschied zwischen dem Antisemitismus ›aus reinen Gefühlsgründen‹, der nur temporäre ›Pogrome‹ [sic!] zur Folge habe, ohne die Judenfrage zu lösen, und dem ›Antisemitismus der Vernunft‹, der zur ›planmäßigen gesetzlichen Beseitigung der Vorrechte der Juden‹ zwinge und zuletzt ›unverrückbar‹ die Entfernung der Juden herbeiführen müsse.« Des weiteren: »Er sah sie als Schädlinge des deutschen Volkes an und machte sie kollektiv für den größten Verlust schlechthin verantwortlich: die deutsche Niederlage. Über dieser Folgerung muß er einige Zeit gebrütet haben, denn seine Erwiderung von 1919 hat nichts Zögerndes oder Vorläufiges: Hier zog jemand Bilanz, der sich seiner Position absolut sicher war.«

»Sein offener Antisemitismus«, fährt Bastian fort, »stand Hitlers Popularität kaum im Wege, sondern trug weit eher dazu bei. Neu an dieser speziellen Spielart des Antisemitismus war freilich eine unerbittliche Rücksichtslosigkeit, zu der sich Hitler stets in aller Offenheit bekannt hat«, jener eliminatorische Antisemitismus, der in Verbindung mit der »Beteiligung von zahlreichen ›ganz normalen Deutschen‹ am Massenmord« und dem »hohen Grad der Freiwilligkeit« der Mörder (Christopher R. Browning: *Die Debatte über die Täter des Holocaust*, in: Ulrich Herbert [Hg.]: *Nationalsozialistische Vernichtungspolitik 1939–1945 – Neue Forschungen und Kontroversen*, Frankfurt/Main 1998) die Singularität der Shoah unterstreicht. »Die meisten Mörder waren nicht speziell ausgesucht worden, sondern entstammten der deutschen Durchschnittsbevölkerung. Und sie töteten nicht etwa, weil man sie dazu gezwungen hätte, indem man ihnen bei der möglichen Befehlsverweigerung schreckliche Strafen androhte.« (Browning)

Die ersten, »wilden« Konzentrationslager entstehen 1933,

und mit dem 30. Januar des Jahres werden »die Maßnahmen gegen jüdische Bürger Zug um Zug verschärft« (Bastian). Man verabschiedet das »Gesetz zur Wiederherstellung des Berufsbeamtentums«. Max Plancks Bitte, kriegswichtige Wissenschaftler zu schonen, beschied Hitler: »Jud ist Jud. [...] Es wäre die Aufgabe der Juden selber gewesen, einen Trennungsstrich zwischen den verschiedenen Arten zu ziehen. Das haben sie nicht getan, und deshalb muß ich gegen alle Juden gleichmäßig vorgehen.« (Zit. n. Hilberg)

Am 16. September 1935 treten die Nürnberger Gesetze in Kraft, das »Gesetz zum Schutze des deutschen Blutes und der deutschen Ehre« und das »Reichsbürgergesetz«. 1936 folgt die parteitagliche Aufrüstungsdirektive Hitlers, die u. a. einen Erlaß fordert, der »das gesamte Judentum haftbar macht für alle Schäden, die durch einzelne Exemplare dieses Verbrechertums der deutschen Wirtschaft und damit dem deutschen Volke zugefügt werden«.

Als der polnische Emigrant Herschel Grünspan am 7. November 1938 in Paris den deutschen Diplomaten Rath erschießt, initiieren die Nazis die »Reichskristallnacht«: »Das Pogrom war ein reines Parteiprodukt, die Ausgeburt von Propagandaminister Joseph Goebbels« (Hilberg), 400 Synagogen werden zerstört, und zwei Tage später »erging die ›Erste Verordnung zur Ausschaltung der Juden aus dem Wirtschaftsleben‹, der noch manche andere Anordnung folgen sollte ...« (Bastian) »Über 2000 Verordnungen«, so Saul Friedländer (*Die Dimension des Völkermordes an den europäischen Juden*, in: *Merkur* 7/1991), »behandelten die ›Judenfrage‹ innerhalb der Grenzen des Reiches zwischen 1933 und 1945, sei es in Gestalt von förmlichen Gesetzen oder von Verordnungen, die von verschiedenen Zivilbehörden, der Gestapo oder anderen SS- und Polizeieinheiten erlassen wurden. Nichts blieb dem Zufall anheimgestellt; nichts entbehrte der Schriftform.«

Massenemigrationen setzen ein, die Zustände in den Ghettos nehmen noch entsetzlichere Formen an. »Der Fortgang der Ereignisse ›vom Boykott zur Entjudung‹ ist von klarer Zielstrebigkeit geprägt – die Behauptung, die nationalsozialistische Führung sei in die Judenvernichtung gleichsam allmählich ›hineingeschlittert‹, ja Hitler selber sei erst durch den aus seiner Sicht unglücklichen Kriegsverlauf zur Massenvernichtung der Juden gedrängt worden, wirkt angesichts der Tatsachen absurd.« (Bastian)

Die Tatsachen waren bekannt, allgemein. »Alle deutschen Bürgerinnen und Bürger jener Tage hätten sich sehr leicht ein Bild von der Brutalität und von den Konsequenzen der nationalsozialistischen Politik machen können – wenn sie nur gewollt hätten.« Hellmuth Auerbach (in: Benz: *Legenden, Lügen, Vorurteile*) präzisiert: »Die Ausgrenzung der Juden aus der Volksgemeinschaft wurde von den Nationalsozialisten nicht nur propagiert, sondern durch Boykottmaßnahmen (1933) und den Pogrom der ›Reichskristallnacht‹ auch denjenigen handgreiflich gemacht, die die vorangegangenen Gesetze und Verordnungen gegen die Juden nicht zur Kenntnis genommen hatten. Hitlers Reden wurden durch den Rundfunk verbreitet, auch die vom 30. Januar 1939, in der er die Vernichtung der Juden in Europa ankündigte. [...] Was in Auschwitz geschah, war nicht nur in den naheliegenden Städten Kattowitz und Gleiwitz bekannt. Aber gerade unter der Beamtenschaft war bis in höchste Kreise die Tendenz zum Nicht-wissen-Wollen und zum Verdrängen des Unangenehmen besonders groß. [...] Die große Masse des deutschen Volkes kümmerte sich nicht mehr um das Schicksal der Juden, nachdem diese aus der Gesellschaft verdrängt waren. [...] Hitler wiederholte seine Prophezeiung vom 30. Januar 1939 mehrmals, und Goebbels schrieb in seiner weitverbreiteten Wochenzeitung *Das Reich* am 14. Juni 1942 offen von der Vernichtung der Juden.«

1939 ordnet Hitler das »Euthanasie«-Programm an, die »Aktion T«, ein »mörderischer ›Probelauf‹ dieser Maschinerie« (Bastian). »Insgesamt fielen der Mordaktion 80000 bis 100000 Kranke und Behinderte zum Opfer. Im August 1941 ließ Hitler die Aktion T 4 abrupt beenden« und überschritt eine »Schwelle« (Browning). Der Überfall auf die Sowjetunion gab den letzten Anlaß für den Entschluß zur systematischen Ermordung der Juden, die »innere Logik« (Friedländer) der Bürokratie wurde beschleunigt per »kumulativer Radikalisierung« (Hans Mommsen), die »wechselseitige Verstärkung von Krieg und Rassismus« dadurch augenfällig, »daß den Nationalsozialisten nichts [...] so sehr half, einen Rassenkrieg zu führen, wie der Krieg selbst« (Browning: *Ganz normale Männer – Das Reserve-Polizeibataillon 101*, Reinbek 1993): »Wenn deutsche Männer in diesem großen Kampf fielen, dann sollten auch die Juden sterben, jene alten Erzfeinde, die bis dahin alle Kriege und alle Vertreibungen überlebt hatten. Doch die Entscheidung kam nicht plötzlich, wurde nicht schriftlich fixiert und unterzeichnet wie die Euthanasie-Ermächtigung oder der Befehl zum Einmarsch in die Sowjetunion. Es gibt keinen bestimmten Zeitpunkt oder Tag, den man im Wechselspiel intriganter Funktionäre und Hitlers eigener Anschauungen als Wende ansehen könnte.« (Hilberg)

In den Vernichtungslagern Chelmno, Belzec, Sobibor und Treblinka werden Häftlinge mit dem »Gaswagen« ermordet. Letzteres »bildete das größte Vernichtungslager der ›Aktion Reinhardt‹« (Bastian). Bis 1939 existierten sechs KZs, ab 1939 kamen fünfzehn weitere hinzu – und Auschwitz (I–III). »Hitler war der leitende Architekt der jüdischen Katastrophe. Er war es, der die fließenden Ideen von 1940 in die harte Idee von 1941 transformierte. Hitler machte diesen letzten Schritt zum unerbittlichen Resultat aller antijüdischen Maßnahmen, die man im Lauf der Jahre ergriffen hatte, und er schmiedete den dezentralen Verwaltungsapparat Deutschlands um in ein Netz von Organisationen, die reibungslos zusammenwirkten. So daß die Erschießungen, Deportationen und Vergasungen nebeneinander und gleichzeitig durchgeführt werden konnten.« (Hilberg)

Spezialeinheiten der SS befolgten die Order, »auf dem Vormarsch alle Juden zu töten«, »Erschießungen wurden zur Routine«, und das Lagersystem erfuhr seit dem 22. Juni 1941 umgehend »eine gigantische Ausweitung« (Bastian). Der »Übergang zu einer perfekt organisierten Massenvernichtung« war vollzogen. Hilberg: »Schon am 25. März 1941 versprach Hitler seinem Machthaber in der Zentralregion des besetzten Polen, Generalgouverneur Hans Frank, das von diesem verwaltete Gebiet werde als erstes ›judenfrei‹ gemacht.« Frank erklärte den Schlächterkameraden: »Meine Herren, ich muß Sie bitten, sich gegen alle Mitleidserwägungen zu wappnen. Man kann bisherige Anschauungen nicht auf solche gigantischen, einmaligen Ereignisse übertragen.«

Auschwitz, das »größte Vernichtungslager aller Zeiten« (Rudolf Höß), entsteht auf einen Befehl hin, den Heinrich Himmler am 27. April 1940 erteilt. Die »Chronologie des Terrors von Auschwitz«, von den »Funktionshäftlingen« (Mai 1940), den ersten polnischen Opfern (Juni; »Ihr seid nicht in ein Sanatorium gekommen, sondern in ein deutsches Konzentrationslager, aus dem es keinen anderen Ausweg gibt als durch den Schornstein des Krematoriums!« belfert sie SS-Hauptsturmführer Karl Fritzsch an), von den zwanzigstündigen Strafappellen, den Abkommen zwischen den IG Farben und Himmler, den bestialischen Liquidationen sowjetischer Kriegsgefangener (Juli 1941) bis zur Einrichtung der Verbrennungsöfen und dem Einsatz von Zyklon B zur »systematischen Judenvernichtung« (Anfang 1942) geben vielerlei Dokumente Zeugnis. Die Wannsee-Konferenz (20. Januar 1942) ratifizierte »Beschlüsse zur organisatorisch-technischen Umsetzung eines längst vereinbarten Programmes«.

»Anschließend kam ein SS-Mann [...] und holte eine Gasbüchse heraus. Mit dieser Büchse ging er zu einer Leiter, die vom Tor aus gesehen an der rechten Seite des Gebäudes stand. Dabei bemerkte ich, daß er beim Besteigen der Leiter eine Gasmaske aufhatte. Als er am Ende der Leiter angekommen war, öffnete er eine kreisrunde Blechklappe und schüttete den Inhalt der Büchse in die Öffnung. Ich hörte noch deutlich das Klappern der Büchse gegen die Mauer, als er beim Ausschütten dagegenstieß. Gleichzeitig sah ich, daß ein bräunlicher Staub aus der Maueröffnung hochstieg [...]. Als er das Türchen wieder geschlossen hatte, setzte ein unbeschreibliches Schreien im Raum ein. Ich kann einfach nicht beschreiben, wie diese Menschen geschrien haben. Es dauerte etwa acht bis zehn Minuten, und dann war alles still.

Kurze Zeit später wurde das Tor von Häftlingen geöffnet, und man konnte noch einen bläulichen Nebel über einem riesigen Knäuel Leichen schweben sehen. Die Leichen waren derartig ineinander verkrampft, daß man nicht erkennen konnte, zu wem die einzelnen Gliedmaßen und Körperteile gehörten.« (Mitglied der KZ-Wachmannschaft, zit. n. Bastian)

Seit Juli 1942 »Selektion an der Rampe«. Am Abend des 5. September notiert Dr. Dr. Johann Paul Kemper, nachdem unter seiner Beteiligung »661 Menschen in die Gaskammer geschickt wurden«: »Heute Sonntag ausgezeichnetes Mittagessen: Tomatensuppe, ½ Huhn mit Kartoffeln u. Rotkohl.«

Rudolf Höß, im Herbst 1943: »Der Lagerkommandant von Treblinka sagte mir, daß er 80000 im Laufe eines halben Jahres liquidiert hätte. Er hatte hauptsächlich mit der Liquidierung aller Juden aus dem Warschauer Ghetto zu tun. Er wandte Monoxyd-Gas an, und nach seiner Ansicht waren seine Methoden nicht sehr wirksam. Als ich das Vernichtungsgebäude in Auschwitz baute, gebrauchte ich Zyklon B [...]. Eine andere Verbesserung war, daß wir Gaskammern bauten, die 2000 Menschen auf einmal fassen konnten, während die zehn Gaskammern in Treblinka nur je 200 Menschen faßten.«

1944 läßt das Reichssicherheitshauptamt die letzten fast tausend Juden nach Auschwitz transportieren. »Am 25. November beginnt die Demontage der Krematorien, am 26. ordnet Himmler ihre Zerstörung an«, auf den Evakuierungsmärschen sterben 10000 Häftlinge. Zwei Monate später befreit die Rote Armee Auschwitz. 7000 Lagerinsassen waren zurückgeblieben.

»Keiner maße sich an, die Deutschen zu begreifen.« (Primo Levi)

Allein in Auschwitz wurden, organisiert durch »Partei, Zivilbehörden, Wehrmacht und Wirtschaft« (Friedländer), nahezu 1300000 Menschen ermordet. »Beim Nürnberger Hauptkriegsverbrecherkongreß gaben enge Mitarbeiter Adolf Eichmanns [...] zu Protokoll, die Zahl der jüdischen Opfer des Nationalsozialismus betrage zwischen 5 und 6

Millionen. Forschungen der Juristen aus zahlreichen Prozessen wegen nationalsozialistischer Gewaltverbrechen haben diese Größenordnung des Völkermords bestätigt. Freilich ist es nicht möglich, eine absolute Zahl mit mathematischer Exaktheit anzugeben. Diese Tatsache benutzen Rechtsextreme und Neonazis seit Jahrzehnten dazu, die Dimension des Holocaust zu verharmlosen, zu verkleinern oder ganz zu leugnen. Zum ›Beweis‹ dienen statistische Tricks, angebliche Erklärungen des Internationalen Roten Kreuzes oder der Uno und immer wieder neue Anstrengungen, mit denen die technische Unmöglichkeit der Massenvernichtung in Auschwitz und den anderen Vernichtungslagern nachgewiesen und die tatsächlichen Beweise als gefälscht erwiesen werden sollen.« (Benz)

Bekannt sind die Beispiele »des formelhaften Leugnens der Täter« (Browning), beispielsweise während der Nürnberger und Frankfurter Prozesse. Die Greueltaten nicht wahrhaben zu wollen und abzuwehren, darin befleißigten und befleißigen sich nicht wenige Deutsche. Eine dritte Gruppe geht so weit, »historische Fakten einfach zu leugnen – unter fadenscheinigen Vorwänden wie: es fehle das Dokument (der Befehl Hitlers etwa), das die Sache ausgelöst habe. Es wird argumentiert, da es ja keinen schriftlichen Befehl zur ›Endlösung der Judenfrage‹ gebe, habe diese gar nicht stattgefunden! (Tatsächlich hat aber Himmler in mehreren Reden deutlich gemacht, daß er in dieser Sache auf Befehl Hitlers handelte.)« (Benz)

Die »Revisionisten« scheuen keine Infamie: Man geifert, Zeugnisse, Dokumente und Aussagen seien erpreßt oder gefälscht, die Alliierten hätten die Konzentrationslager nach 1945 gebaut, »um das Schuldkonto der Deutschen schwerer zu belasten« (Benz), und Akten konfisziert, die das wirkliche Geschehen »bewiesen«.

Ein Urteil des Bundesgerichtshofes vom 18. September 1979 stellt das Leugnen des Holocaust als fortgesetzte Diskriminierung der Opfer unter Strafe, seit 1985 steht das »Gesetz gegen die ›Auschwitz-Lüge‹« im StGB. Sie treiben dennoch weitgehend unbehelligt ihr Unwesen – mit den immer gleichen widerwärtigen Wendungen, gefälschten »Berichten« und erfundenen Zahlen. Warum eine *Philosophie der Lüge* (Baruzzi) sich den pathologischen Verbrechern und ihrem sprachlos machenden Wahn meint nähern zu müssen, bleibt ihr eigenes Rästel (»Hier können wir ermessen, was die Aktivität der Lüge bedeutet, welche der Mensch mit Bewußtsein und Willen unternimmt. Darin zeigt sich überhaupt, was Wille und Bewußtsein bedeuten können. Gegen das Sein [hier die Tatsache der Morde in Auschwitz] erhebt sich der Wille und bildet sich ein Bewußtsein, das gegen das Sein steht. Menschen, die mit diesem Bewußtsein und Willen lügen, wollen aber selbst gar nicht als Lügner dastehen. Es handelt sich um eine totale Verkehrung, wie sie überhaupt der Lüge eigen ist. [...] Lügen heißt, eine Wahrheit mit vollem Bewußtsein verneinen, vernichten. Etwas, das ist, ist dann nicht. Wir können mit philosophischen Worten sagen: Aus Sein wird Nichts gemacht«); die obszöne Hetze basiert u. a. auf handfesten Fälschungen, deren Plumpheit offensichtlich ist. Das sog. Lachout-»Dokument«, 1987 von der österreichischen Neonazigazette *Halt* publiziert, sollte »belegen«, daß am 1. Oktober 1948 eine »alliierte Untersuchungskommission« »festgestellt« habe, im Konzentrationslager Mauthausen (und in anderen KZs) wäre kein Häftling durch Giftgas ums Leben gekommen. Sämtliche genannten alliierten Stellen existierten nie, und auch sonst stimmt keine Angabe (vgl. Benz).

Genauso dreckshanebüchen »argumentiert« der seit 1989 kursierende »Leuchter-Report« des US-amerikanischen »Ingenieurs« Fred Leuchter: »Leuchter ist Spezialist für Hinrichtungsanlagen mittels Gas in amerikanischen Gefängnissen. Er wurde von seinen negationistischen Auftraggebern nach Auschwitz geschickt, um an den Ruinen der Gaskammern Untersuchungen vorzunehmen. Er nahm dort ohne Genehmigung Gesteinsproben aus den Mauerresten, ließ sie in den USA analysieren und feststellen, daß sie in den meisten Fällen keine oder nur sehr geringe Spuren von Blausäure enthielten – was kein Wunder ist, denn die Ruinen sind seit über 40 Jahren Wind und Wetter ausgesetzt. [...] Leuchter versucht in seinem Bericht das nachzuweisen, was seine Geldgeber von ihm wollten. Seine ›Expertise‹ ist aber keineswegs ein Beweis dafür, daß die systematischen massenhaften Vergasungen in den nationalsozialistischen Vernichtungslagern nicht stattgefunden haben können. Sie ist vielmehr ein pseudowissenschaftliches, ziemlich plump gemachtes NS-apologetisches Machwerk. Das gilt noch in viel höherem Maß für den ebenfalls verbreiteten Videofilm über Leuchters ›Untersuchungen‹ in Auschwitz, der lediglich die Oberflächlichkeit seiner Bemühungen zeigt und die Herkunft der Gesteinsproben in vielen Fällen geradezu kaschiert.« (Benz)

Dieser, dem ekelhaften Gegenstand geschuldete technisch-akribische Einwand – Giftgas sei, wenn überhaupt, zur Entlausung eingesetzt worden, lautet die Standardlüge – hindert, wie übrigens alle Argumente, keinen Leugner an seinen grauenhaften Behauptungen. Selbst beispielsweise ein Schreiben der Zentralbauleitung der Waffen-SS und Polizei Auschwitz vom 29. Januar 1943 verfängt nicht: »Das Krematorium II wurde unter Einsatz aller verfügbaren Kräfte trotz unsagbarer Schwierigkeiten und Frostwetter bei Tag- und Nachtbetrieb bis auf bauliche Kleinigkeiten fertiggestellt. Die Öfen wurden im Beisein des Herrn Oberingenieur Prüfer der ausführenden Firma, Firma Topf und Söhne, Erfurt, angefeuert und funktionieren [sic!] tadellos. Die Eisenbetondecke des Leichenkellers konnte infolge Frosteinwirkung noch nicht ausgeschalt werden. Die ist jedoch unbedeutend, da der Vergasungskeller hierfür benutzt werden kann.« (Zit. n. Bastian)

»Da man nach dem Zweiten Weltkrieg so ziemlich alles gefälscht hat, was man zur Anklage gegen Deutschland brauchte, ist auch dieses als Fotoserie in den USA erschienene Buch eine Fälschung«, zitiert Bastian eines repräsentativen Deutschen Ansicht über die von den Nazis selbst angefertigten Bilder, die die »Selektion an der Rampe« dokumentieren.

Von den Vernehmungsprotokollen des Auschwitz-Prozesses, die detaillierte Schilderungen der »Vergasungsräume« (ein Angehöriger der SS-Lagermannschaft), der Selektionen und der Mordtaten enthalten, bis zu Danuta Czechs *Kalendarium der Ereignisse im Konzentrationslager Auschwitz-*

Birkenau (Reinbek 1989): Jener Fülle an Zeugnissen steht ein Berg an »revisionistischer«, negationistischer Propagandaliteratur gegenüber, mit Titeln wie *Hexen-Einmal-Eins der Lüge*, *Der Auschwitz-Mythos – Legende oder Wirklichkeit*, *Starben wirklich sechs Millionen? – Endlich die Wahrheit*, *Warum werden wir Deutschen belogen?* oder *Der Jahrhundert-Betrug*. Weltweit denunzieren und verhöhnen Rechtsradikale die Opfer, stets nach demselben Muster, »solche Feststellungen immer wieder zu zitieren, bis sie scheinbar fester Bestandteil des Quellenmaterials sind und nicht mehr weiter überprüft, sondern als bekannt und selbstverständlich geglaubt werden« (Benz).

»Soll man gegen solche Behauptungen überhaupt argumentieren?« fragt Till Bastian. »Oder ist es ein Eingeständnis von Unsicherheit, wenn zum Beispiel ein Wiener Gericht im Prozeß gegen den Rechtsextremisten Gert Honsik trotz erdrückender Dokumentenlage noch ein eigenes Gutachten hat anfertigen lassen?«

Am 16. November 1993, knapp fünfzig Jahre nach der Befreiung von Auschwitz, erklärte der Bundesgerichtshof: »Der Massenmord an den Juden [...] ist als geschichtliche Tatsache offenkundig; eine Beweisführung darüber ist überflüssig.« »Ist die Ermordung von sechs Millionen Juden durch die Deutschen eine Tatsache – oder etwas, worüber man sich streiten könnte?« mußte die *taz* (16. März 2000) nachhaken, weil der Londoner High Court die Verleumdungsklage des »Geschichtsfälschers« (Richard Rampton) David Irving gegen die Historikerin Deborah Lipstadt zugelassen hatte. Lipstadt bezeichnete 1995 den Hobbyforscher und Bestsellerautor Irving (dessen Texte der *Spiegel* gerne druckte) als »gefährlichen Holocaust-Lügner«; der Heros der Neonaziszene (und Duzfreund des deutschen Skribenten Rolf Hochhuth und des Dr. Gerhard Frey) erklärte Auschwitz zu einer von den polnischen Behörden eingerichteten Touristenattraktion und faselte, »man habe die Juden, ausgerüstet mit genügend Reiseproviant, in Arbeitslager gen Osten geschickt«; bzw.: »Ich behaupte, daß auf dem Rücksitz von Edward Kennedys Auto in Chappaquiddick mehr

Frauen umgekommen sind als in den Gaskammern von Auschwitz.«

Richter Charles Gray nannte Irving, den »übelsten Schmutzfinken der Zunft« (Julius Schoeps), am 11. April einen »Hitler-Partisan, der die Geschichte verdreht, um den deutschen Diktator in einem besseren Licht erscheinen zu lassen«, einen »Rassisten, Antisemiten und aktiven Holocaust-Leugner«; der »meistbeachtete Holocaust-Prozeß seit Adolf Eichmann« *(Jerusalem Post)* endete mit der Zurückweisung der Klage Irvings.

Mehrere Jahre und fünf Verfahren waren nötig, um den Weinheimer NPD-Vorsitzenden Günter Deckert, der 1991 den »Leuchter-Report« übersetzt und gepriesen hatte, zu zwei Jahren ohne Bewährung zu verurteilen. In den Augen des (entbundenen) Richters Rainer Orlet handelte es sich bei Deckert um eine »charakterstarke, verantwortungsbewußte Persönlichkeit mit klaren Grundsätzen«. (j. r.)

Ein Lügner und seine Auskenner – Hitler im Spiegel der Vollidioten

Am 20. April 1989 wäre, wenn der Russe und diverse Hirnbeschwerden nicht energisch abgeholfen hätten, Adolf Hitler hundert Jahre alt geworden. Das Jubiläum zu begehen, ballerte die *Spiegel*-Verlag Rudolf Augstein GmbH & Co. KG ein *Spezial*-Heft auf den Markt und erwies dem Megascheusal und Scharlatan die höchst dubiose Ehre. Statt ausschließlich Leute zu Wort kommen zu lassen, die vom Thema mehr verstehen als der gewöhnliche Pg. und er selbst, beschloß Herausgeber Augstein, den größten Teil seiner 120 knapp bebilderten, miserabel layouteten Bleiwüstenseiten mit Arschgerede von Arschgesichtern zu füllen. Man könnte den Casus gnädig vergessen, wenn nicht in der Sonderausgabe sämtlicher Quatsch und Hokuspokus, den viertelgebildete Narren sich seit Kriegsende zusammengereimt haben auf den Trottel aus Braunau, paradigmatisch kompiliert wäre und wenn nicht als die allerblödesten »Experten« sich Männer und Frauen geoutet hätten, die bis heute einen Ruf genießen, den sie niemals verdient haben. Statt selbsterkenntnisreif abzulehnen, als der Ruf aus Hamburg sie ereilte, gaukelten sie ein Wissen vor, das sie nicht besitzen, und laberten Sätze über Hitler in die Gegend, die ein Abiturient bei der Prüfungsklausur sich kaum erlauben dürfte, ein Prominenter jedoch, der von Augstein gebeten worden ist, offenbar so schlecht bei sich behalten kann wie ein starker Trinker das Wasser.

Den Ton, der die schlechte Musik macht, gab der Herausgeber selbst vor: »Welche Schande, daß Monokel-Marschälle und Widerstandsoberste diesen hochbegabten Schwadroneur nicht umgebracht haben.« Die »Schande«, von der Augstein schnarrt, meint die Unfähigkeit der Verschwörer vom 20. Juli zum einwandfreien Zeitbombenlegen. Ein deutscher Leutnant vergibt eben nie. Und weiß auch, was und wer wohin gehört: »Hitler wäre heute überflüssig.« Außer für die Editoren eines *Spezial*-Journals.

Die dümmste Dummheit des Heftes verdankt sich, bereits auf Seite 14, dem Berufsverfolgten Henryk M. Broder: »Zu Hitler fällt mir was ein«, titelt der Mann, der in seinem Leben garantiert nie mehr als drei Sätze von Karl Kraus gelesen und, mangels Verstand, nicht mal die Hälfte davon verstanden hat. Er liegt zwar nicht falsch, wenn er im Nachrufrummel rund um den tausendjährigen Kanzler ein gehöriges Maß Antisemitismus riecht (»›Hitler ist nicht schuld an Hitler‹, sagt der Wiener Publizist Günther Nenning. Auch die Deutschen sind an Hitler nicht schuld. Es bleibt nur ein Schuldiger übrig: die Juden«). Aber dem Unternehmen, an dem er brav teilnimmt, diesem Poesiealbum zu Adolfs Hundertstem, mag er sich nicht verweigern, denn er, Broder, hat was, ätsch, Despektierliches beizutragen: »Da steht ein Würstchen mit durchgedrückten Knien und zusammengekniffenen Arschbacken, schreit, gestikuliert und macht sich wichtig. Man weiß sofort: Dieser Typ geht mit Socken ins Bett, popelt, wenn ihm niemand zuschaut, stundenlang in der Nase und kneift der Kellnerin mit raschem Griff in den Hintern.« Nichts eo ipso gegen die Karikatur – aber Broder ist auf eine Provokation aus, die seit den ersten photographischen Dokumenten aus den Vernichtungslagern nicht mehr statthaft ist. Er meint es gut, weiß aber leider nichts besser. Und schon gar nicht besser als Karl Kraus.

Die richtigen Quadratquatscher kommen freilich erst. Rolf Schneider, unter Honecker fast so was wie ein Dissident, fällt zu Hitler ein: »[Er] blieb der verhinderte Architekt. Selbst sein politisches Vokabular bevorzugte Metaphern aus dem Baubetrieb. [...] Nun gelten die Bauzeugnisse des deutschen Faschismus als rundweg abscheulich. Ist damit schon alles gesagt?« Nö, woher! Auch andere Ahnungslose wollen sich zu Wort melden. Golo Mann, seines Vaters Schande, insistiert: »Lügen konnte [Hitler] bis zum Wunderbaren, wobei er vermutlich selber glaubte, was er log [...].« Der Haderlump! Nicht mal als Arier, deutelt G. Mann, gerierte »Hüttler« (E. Henscheid) sich »authentisch«: »Sein Rassismus war, wenn man von den Juden absieht, mehr auf die Zukunft als auf die vorgegebene Wirklichkeit gerichtet.«

Nicht alle Texte in Augsteins Hitler-Poesiealbum riechen nach verkokelten Blutfahnen. Einige müffeln bloß wie gebrauchte Pampers. Willy Brandt, obzwar beizeiten auf der richtigen Seite, hat mittlerweile einiges vergessen, und daran trägt vielleicht nicht allein der Schnaps, sondern auch die Seebachersche schuld: »Was übrigbleibt, ist nicht ein Stück deutscher Geschichte, sondern eine – hoffentlich lange – abschreckende Lektion, wie sehr die Unterschätzung des Extrem-Bösen ein Volk in die Irre führen und die Menschheit an den Abgrund geraten lassen kann.« Der Nationalsozialismus eine dämonische Macht, die über die Deutschen gekommen ist wie Guillaume über Brandt? Das hättest du gern. Genosse Klaus v. Dohnanyi kann gleichfalls nicht finden, daß der Nationalsozialismus Spuren hinterlassen hat: »Das 20. Jahrhundert war nicht das Jahrhundert Adolf Hitlers. Er hat es nicht geprägt. Nur Grabfelder und neue Grenzen sind von ihm geblieben. Und in uns« der heftige Wille, jetzt aber mal Gras über das »Extrem-Böse« wachsen zu lassen, mit dem wir egal nicht wirklich zu tun haben, bzw. »die Befangenheit der Schuld und eine Handvoll falscher Lehren, die unser Urteil trüben und unsere Entscheidungskraft lähmen«, in die Tonne zu drücken. Was man halt als Sohn eines hohen Nazibeamten so daherlabert. Rolf Hochhuth, kein Genosse, aber gleichfalls unfähig, einen deutschen Satz zu schreiben, nennt Hitler, und dafür gibt's normal auf die Backen einen »Auschwitzer«. Günter Gaus, wieder ein Genosse, hält es mit dem Parteivorsitzenden und sitzt schon morgens besoffen an der Schreibmaschine: »[Hitlers] Name dient mir als Etikett für die Summe aus begreiflichem und unbegreiflichem Tun und Lassen, zu dem Menschen mit Hilfe von Verhältnissen und Gewohnheiten Menschen bringen können.« Wos wui er? Weiß Gaus auch nicht, also nimmt er's gleich wieder zurück: »Ein Etikettenschwindel; ich überfrachte damit die reale Figur.« Und das kann der Adolf gar nicht ab.

Was die einen in der Windel, haben andere pfundweis im Schädel. Michael Stürmer jammert, »daß die Deutschen seinen Schatten nicht loswerden«. Er meint aber nicht ihre fortwuchernde Sympathie für Hitler, sondern, wie »die Bundesrepublik, vom Viermächtestatus Berlins bis zur Abwesenheit eines Friedensvertrags und ihrem nuklearen Dilemma, die Grenzen ihrer Handlungsfähigkeit immer wieder in den Folgen Hitlers findet«. Nur ein Jahr später sollte es damit, leider, vorbei sein, aber Stürmer konnte das natürlich nicht ahnen, nur hoffen: »Dem von jeder Bonner Regierung freundlich und bemüht zur Schau getragenen Willen zu Friedlichkeit und Freundlichkeit, Vermittlung und Entspannung kommt immer wieder eine Armee brauner Gespenster in die Quere.« Die Friedlichkeit, die Stürmer meint, klang z.B. 1961 aus dem Rachen Adenauers so: »Es ist der sichere Untergang, wenn die Bundeswehr keine Atomwaffen hat.« Je nun, ein Historiker muß über die Geschichte ja nichts wissen, sofern er sie sich schön zurechtbiegen kann, wenngleich man auf die Art seinen Schatten nie los wird.

Ernst Nolte, der Mann, der den Holocaust als »Reaktion«

auf den Gulag verkaufte und damit einen »Historikerstreit« auslöste, der aufs glänzendste zu seinen Gunsten entschieden worden ist, darf natürlich nicht fehlen. Er rührt die Jauche neuerlich an: »Schon 1936 behauptete Trotzki, Hitler und die Gestapo seien ohne Stalin nicht möglich gewesen.« War das vor oder nach dem Eispickel? Jedenfalls findet Herr Professor für seine exkulpatorische Totalitarismustheorie noch ganz andere Zitate, die echten Revisionisten so recht das Herz wärmen: »Aber als [Ideologe des Judenmords] war Hitler ganz allein. Heinrich Himmler schrieb noch 1940, die ›bolschewistische (!) Methode der physischen Ausrottung eines Volkes‹ sei ›ungermanisch und unmöglich‹. Joseph Goebbels vertraute seinem Tagebuch im Frühjahr 1942 mit unverkennbarer Bestürzung und bloß mühsamer Zustimmung an, im Osten werde den Juden gegenüber eine ›barbarische Methode‹ angewendet.« Die aberhundert Einträge, in denen Goebbels seinen mörderischen Antisemitismus dem geduldigen Papier »anvertraute«, die Begeisterung, mit der Himmler die Vernichtung der europäischen Juden organisierte – Kinkerlitzchen für Nolte.

Ebenfalls eine halbe Wahrheit zur ganzen stapelt hoch Guido Knopp, der nachmals mit annähernd schwachsinnigen gleichwie geschichtsklitternden TV-Dokusoaps den reunierten Deutschen eine kollektive Erinnerung, mit der sie bestens leben können, schenken sollte: »Seine eigentlichen Ziele hat er [Hitler] stets verschleiert – auch den Deutschen gegenüber. Die Eroberung von Osteuropa und den Mord am Judentum hat er in öffentlichen Reden stets nur angedeutet, nie jedoch, als ›nationale Ziele‹ etwa, offen proklamiert.« Nun, »nie« ist freilich schwerst geflunkert. Am 30. Januar 1939 schrie Hitler in den Reichstag: »Wenn es dem internationalen Finanzjudentum in und außerhalb Europas gelingen sollte, die Völker noch einmal in einen Weltkrieg zu stürzen, dann wird das Ergebnis nicht die Bolschewisierung der Erde und damit der Sieg des Judentums sein, sondern die Vernichtung der jüdischen Rasse in Europa.« (Zit. n. Walther Hofer [Hg.]: *Der Nationalsozialismus – Dokumente 1933–1945*, Frankfurt/M. 1957) Viel »offener« und »öffentlicher« war unmöglich. Aber was verschlägt's, wenn es gilt, den Deutschen Mut zur nationalen Identität zu machen! »[Ein] Erbe Hitlers ist es, wenn sich viele Bürger heute nicht mehr so recht trauen, deutsch zu sein.« Was leider nicht mehr lange (»Wir sind ein Volk!«) so bleiben sollte.

Den nachgeburtheitlichen Reichsschrifttumsleiter gibt im Reigen der »Ja, aber«-Nekrologen Botho »Bocksgesang« Strauß. »Der häßlichste Deutsche beherrscht fort und fort jeden leidenschaftlichen Gedanken über die Deutschen.« Und dabei war der Mann eigentlich Österreicher – kein Wunder ob solchen Paßbetrugs, daß Strauß deliriert: »Er, die Tragödie meiner Nachgeborenheit; die schwarze Sonne, um die sämtliche Wert-Planeten dieser Republik kreisen [...]. Er, der Hüter der letzten Tabus.« Die »letzten Tabus« aber lauten in der Quasisprache, im »Ärmelschonervokabular« (Christian Schultz-Gerstein) des irrtümlich als Dichter gehandelten Worthalunken synonym: »Selbstregierungszyklen des erwerbsmäßigen Antifaschismus«. Der Akzent liegt auf »erwerbsmäßig«. Botho »Der junge Mann« Strauß kann es halt nit leiden, wenn Leute davon leben, Adolf zu verteufeln. Und hat sein Honorar für den *Spiegel-Spezial*-Stiefel vermutlich mit dem Ausruf »Fort die Judasgroschen!« von sich geschleudert.

Störungen, Demenzen etwas anderer Art demonstrieren die drei Frauen, die sich unter die Männerrunde der Hitler-Erwäger verirrt haben. Hildegard Hamm-Brücher, als »Krampfhenne« von sowohl F. J. Strauß wie E. Henscheid noch zu milde beschimpft, numeriert ihr Geschwätz römisch durch von I bis V, aber das ist selbstredend nur ein X für ein U, nämlich die Maske des systematischen Denkens für eine unendlich eitle, redundanzenübersättigte Beschwörung der hyperkorrekten Gesinnung H. H.-Br.s: »Wenn man – wie ich – im Banne und unter dem Bann A. H.'s aufgewachsen ist und wenn man seit nun 40 Jahren für das Zurückfinden zum ›Maß und Gemäßen‹ gekämpft und gearbeitet hat, dann muß man« hier einfach abbrechen, weil einem sonst die Schreibhand abfault. Nein, zugegeben, sie wurde »nicht unmittelbar verfolgt«, sie »leistete keinen aktiven Widerstand«, aber, knödelt und plaudertaschenspielert die doofe alte Dame der FDP, »meine Einsichten und Überzeugungen festigten sich zur Gewißheit: [...] Ihn [Hitler] und seine Lehren politisch, geistig und moralisch zu überwinden, mußte als Lebensaufgabe unseres Volkes und möglichst vieler einzelner Deutscher verstanden werden.« Wer jedoch seine Überzeugungen zur Gewißheit »festigt«, der resp. die wird nimmer begreifen, daß es gar nicht not tut, »möglichst viele einzelne« moraldienstlich zu verpflichten, wenn sowieso alle mitmachen. Hamm-Brücher hat die Einfalt gepachtet, und darum merkt sie gar nicht, wie sie sich dicketut und Botho Strauß ein treffliches Exempel für »erwerbsmäßigen Antifaschismus« liefert. Sie posiert als »gute Deutsche« und redet nichts als Blech: »Angesichts neuer Virulenzen und Anfälligkeiten für den braunen Bazillus darf auch die Auseinandersetzung mit den Lehren A. H.'s nicht gescheut werden.« *Mein Kampf* – ein Diskussionspapier? Geht's blöder und vergaunerter?

Aber hallo. Margarete »Die Unfähigkeit zu schweigen« Mitscherlich-Nielsen ramentert im allerdämlichsten psychoanalytischen Schwindel- und Schwallsound: »[Hitlers] Antisemitismus begann – soweit man das zurückverfolgen kann – in den Wiener Jahren und entsprach in vielem der dort üblichen Einstellung. [...] Den Vater zu hassen war [...] gefährlich [...]. Deswegen galt es für Hitler, wie für viele einer typisch männlichen, autoritär hierarchischen Erziehung Unterworfenen, ihren Haß, ihre Angst und ihre Verachtung auf andere, ›Minderwertige‹, ›Feinde‹ zu verschieben, was gleichzeitig die Verinnerlichung der väterlichen Werte förderte.« Die Shoah als eine Sublimation des versäumten Vatermordes zu deuten, dürfte, gleich nach den Lügen der Nationalsozialisten, den degoutantesten Lug des 20. Jahrhunderts abgeben. Mitscherlich-Nielsen, verpflichtet einer Pseudowissenschaft, die es selbst halbgaren Gestalten wie ihr ermöglicht, eine andere als die ansonsten durchaus angemessene Karriere der Raumpflegerin einzuschlagen, übt den Analogie- und Biographiensubtexthoroskophokuspokus, mit dem sich der »Tiefenschwindel« (Dieter E. Zimmer) fortfrettet für und für: »[Hitlers] Rettungsphantasien der Mutter gegenüber blieben ohne Erfolg, sie ging mit 47 Jahren elend an Krebs zugrunde. [...] Auch die Rettung Deutschlands verkehrte sich, wie jeder weiß, in ihr Gegenteil.« Wo aber nichts mehr stimmt, da wächst das Plättende auch: »Sein rhetorisches Talent nutzte er, um seiner Wut und seinen Verfolgungsideen Luft und sich selber Zuhörer zu schaffen. Damit gelang es ihm, seine depressiven Verstimmungen zu bekämpfen.« Verständnisinniger hätte es David Irving nie salbadern können.

Eine andere, von eigenen Gnaden zur »Hitler-Expertin« hochgeflunkerte Psychoanalytikerin, Alice Miller, schippt gleichfalls und sogar noch ichbesessener als die eitle Dänin nur mehr mystifikatorischen Mist in Augsteins Geburtstagsheft hinein: »Kann man sich im heutigen Deutschland immer noch der Einsicht entziehen, daß es ohne Kindesmißhandlungen, ohne Erziehung zum blinden Gehorsam mit Hilfe von Gewalt keinen Hitler und keine Hitleranhänger gegeben hätte? Also auch keine Millionen von Ermordeten?« Das heutige Deutschland hört diesen durch nichts, durch keine Empirie noch Statistik gedeckten Stuß nur zu gern. Blutigste Politik, entschuldigt durch Backpfeifen im Kinderzimmer – nicht einmal Nolte hat es sich so trivial gemacht. Frau Miller faselt, vom Fusel der spekulativen Psychologie durchtränkt: »Wenn ich aber realisiere, daß Millionen von Menschen sterben mußten, damit Adolf Hitler seine Verdrängung aufrechterhalten konnte, daß Millionen in Lagern gedemütigt wurden, damit er nie hat spüren müssen, wie *er* einst gedemütigt wurde, dann meine ich«, daß von einer Realisierung dieser Art zu einem realen Dachschaden ein minimaler Schritt ist. Alice Miller, dumm wie Schweizerkäsebrot und »schlicht wie ein Avemaria« (Alwin Streibl), simuliert ein Wissen, das aus nichts als haltlosem Psychoschamanenschabernack besteht, sie ist aber simultan derart überfüllt mit Erleuchtung, daß sie gleich der ganzen Welt eine Lektion erteilen will: »Menschen, die in ihrer Kindheit respektiert wurden, die nicht mit Hilfe von Mißhandlungen zu Robotern gedrillt wurden, werden niemals aus ›Treue zum Führer‹ sterben wollen oder gegen jeden Verstand Tausende nach Stalingrad befördern, nur weil sich das ein Verirrter ausgedacht hat. Aber Hitlers Generäle standen stramm im Zimmer des Führers, und alle Gegenargumente lösten sich in Angst und geistige Lähmung oder gar in Begeisterung auf, wenn sie IHN (den Vater) reden hörten.« Die Geschichte des Dritten Reichs müßte, ginge es nach der Närrin und Quatschtante Miller, komplett umgeschrieben werden: Lauter verschüchterte Söhnlein huschen da herum, die Papa Adolf eifrig zunicken, um bloß nicht übers Knie gelegt zu werden. Freuds bauernfängerische Zirkusnummern potenzieren sich bei seinen ApostelInnen ins restlos Seekranke.

Dem Wahnsinn und hochgestapelten Schuldbewußtsein sine qua non gänzlich ergeben tritt André Glucksmann, Möchtegernphilosoph und einige Jahre später als wüster Serbenhasser durch Sarajevo geifernd, auf. Sein Beitrag für Augsteins obsoletes Heft heißt »Hitler bin ich«, und, halten zu Gnaden, so gemeingefährlich, wie der Schwätzer sich macht, wäre er vielleicht gern, aber er ist auch bloß ein armseliger Trickser. »Der Führer muß mein intimer Freund bleiben«, schmockt der Schwachkopf. Da helfen nur noch Pillen. Bestimmt nicht zufällig schmückt den Nonsensartikel ein Inserat für das Buch *Patient Hitler – Eine medizinische Biographie*.

Wer aber so viele, teilweise akademisch abgehärtete Aufschneider, Poseure und Gaukler inspiriert, der muß als Schwindler schon zur welthistorischen Elite gezählt haben. An seinen vertrottelten Interpreten sollt ihr ihn erkennen: »Hitlers Blicke konnten umherschweifen« (Augstein); »kälteste Fremdheit und ekstatische Vereinigung wußte er zu verbinden« (Stürmer); »von nun an war meine überbehütete (Mädchen-)Welt nicht mehr in Ordnung« (Hamm-Brücher); »Fragen, die bleiben müssen, aber zum Weiterdenken anregen sollten« (Mitscherlich-Nielsen).

All die plärrenden Fragen nicht beantwortet hat, aber der Wesensnichtig- und -schmutzigkeit Hitlers weit näher gekommen als Augsteins sachfremde Sachverständige ist Eckhard Henscheid im *Jahrhundert der Obszönität* (Berlin 2000). »Die spezielle massenerotische Obszönität rund um diesen depressiven und schon in der Putsch-Zeit ›unglaublich emotionalen und großen Stimmungsschwankungen unterworfenen‹ (Kershaw) Schwindler und ›Hasardeur‹ (Haffner)« deduziert Henscheid eben nicht auf den Prügelriemen des Vaters. Sondern verwahrt sich wortmächtig gegen den hochgeflunkerten Unsinn z. B. der Freudepigonen: »›Einfach obszön‹ nannte Claude Lanzmann [...] spätere Versuche dergestalt, den Holocaust als Ziel und Ausfluß von Hitlers Antisemitismus aus der schmerzhaften Behandlung seiner an Brustkrebs erkrankten Mutter durch einen jüdischen Arzt erklären zu wollen. [...] Wie einst die sogenannte Wissenschaft der Nazis, so hat seit langem die vielfache Wissenschaft um sie, die sogenannte Nazibarbarei, ihr vielseitig und vielfältig Schamentbundenes.« Und weil weder die Trottel noch die Aufschneider a. D. 2089 ausgestorben sein dürften, sollten die künftigen Leser dieses Buchs sich besser schon mal wappnen gegen die Schwafel-, Schwefel- und Schwindelattacken der »Experten« im *Spiegel-Spezial* »200 Jahre Hitler«. Denn: »Ein Glück, daß der Führer das nicht mehr erlebt hat.« (Broder) (k. s.)

Es mauschelt im Blätterwald oder: Wenn Journalisten zu sehr lügen

Vergorene Liebesmüh

»Woher«, wollte einmal der kleine Max vom großen Moritz, nein, Horst, Horst Friedrich Mayer, wissen, »woher kommt das Wort ›Zeitungsente‹?« Das wußte der große Horst nicht auf Anhieb, und es wurmte ihn, und er setzte sich hin und las ein paar hundert kluge Bücher, schrieb dann auch ein kluges Buch, *Die Entenmacher – Wenn Medien in die Falle tappen* (Wien/München 1998), und erklärte: »Ungeprüft übernommene Meldungen kennzeichneten verantwortungsbewußte Zeitungsredaktionen als ›n. t.‹ für *non testatum* – nicht bezeugt. Diese ›n. t.‹-Meldungen entpuppten sich oft als falsch, so daß das ›n. t.‹ (Sie lesen es sicher schon längst wie ›Ente‹?) rasch zum Inbegriff der Falschmeldungen schlechthin wurde.« Da hatte der kleine Max seine Antwort, aber weil er inzwischen selber groß war und seine Frage sowieso vergessen, blieben Mayers Anstrengungen von dieser Seite unbedankt, und wie: Denn mittlerweile arbeitet Max beim Fernsehsender… *n-tv*.

Wo der Hund begruben liegt

Dem Dichter Karl Kraus zur seltenen Freude legte 1911 der Ingenieur Arthur Schütz das Wiener Halbbildungsblatt *Neue Freie Presse* herein. Gut unter Strom schrieb der Kraus-Bewunderer und, dem Vorbild treu, *Presse*-Verächter an die Zeitung einen Leserbrief, unterschrieben mit »Dr. Erich Ritter von Winkler«, welcher Name die liberalen Schmöcke, wie erwartet, enorm beeindruckte; prompt rückten sie den Nonsens ein. Schütz-Winkler schwatzte, gleichsam zur Warnung, erst mal von einem »400pferdekräftigen Kompressor, der den Elektromotor für die Dampfüberhitzer« speise, einer Maschinenkonstruktion also, unmöglicher als das Perpetuum mobile, aber den Schöngeistern in der Redaktion, denen vielleicht Tinte, doch nie im Leben Schmieröl die Fingernägel geschwärzt hatte, fiel nichts auf. Nun märte der Herr Ritter, in seinem Bergwerk habe sich ein Erdbeben ereignet, und er schilderte die dramatischen Begebenheiten: »[Ich] konnte neben zwei deutlich wahrnehmbaren Longitudinalstößen einen heftigen Ausschlag (0,4 Prozent) an der rechten Keilnut konstatieren.« Für eine »Keilnut« sind 0,4 Prozent in der Tat nicht nur viel, sondern viel zuviel – gleichwohl »heftige« seismische Störungen hinterm Komma der reine Aprilwitz. Arthur Schütz fielen die albernen Apparate nur so aus der Feder: »[Es] erfolgte ein weit heftigerer Stoß, der eine Verschiebung des Hochdruckzylinders an der Dynamomaschine bedingte […], wodurch zwei Schaufeln der Parson-

Turbine starke Deformationen aufwiesen und sofort durch Stellringe ausgewechselt werden mußten.«

Wer das schluckte, der druckte auch dies: »Völlig unerklärlich ist jedoch die Erscheinung, daß mein im Laboratorium schlafender Grubenhund schon eine halbe Stunde vor Beginn des Bebens auffallende Zeichen größter Unruhe gab.« Ein Blick der grausam überforderten Redakteure ins Konversationslexikon hätte sie vor Schaden bewahrt; aber soweit kommt's noch, daß ein Journalist nicht auf einen »Experten« hereinfällt – und wer jetzt nachgeschlagen hat, was ein Grubenhund ist, der teilt vielleicht Karl Kraus' Heiterkeit über die bös gefoppte und generell blöde, allerdings immer auf schwer gebildet tuende Zeitung. Halb Wien spottete damals mit, und die *Presse* jammerte und knödelte ob der »Störung ernster Männer bei der Ausübung ihres Berufs«. Da amüsierte man sich im Kreise Kraus' noch gründlicher. Der »Grubenhund«, weiß übrigens Heinz Küpper (*Wörterbuch der deutschen Umgangssprache – Band 2, 10000 neue Ausdrücke von A–Z*, Hamburg 1963), ward schnell zum Synonym für eine »absichtlich törichte Leserzuschrift, die die Schriftleitung bedenkenlos abdruckt«.

Arthur Schütz, ermutigt durch den schönen Erfolg, stopfte der *N. Fr. Pr.* in den folgenden Jahren weitere exotische Tiere in die Spalten, am berühmtesten wurde die »Laufkatze«, nicht schlecht gleichfalls die »klappernde Kühlschlange«. Seine löbliche Idee, den Laffen, die sich als Lehrer der Menschheit aufspielen, die Larve vom Tölpelgesicht zu reißen, wiederaufnahm Christian M. (Name den Autoren unbekannt) Anfang der 90er Jahre. »Journalisten glauben alles«, jubelte er in, ausgerechnet, Markworts »La-recherche-est-temps-perdu«-Postille *Focus* (13/1997). Er hatte freilich Grund dazu. 1992 z. B. faxfixte er die Medien an (Briefkopf: »Institut für medizinische Sicherheit von Büro- und Datengeräten«), indem er vor einem Pilze warnte, der sich besonders gern auf PC-Tastaturen einniste und via Einatmung »das Gewebe« schädige. Selbst das Fachidiotenmagazin *Chip* druckte die Gruselmär begeistert nach. Dabei hatte M., dem Meister Schütz ein guter Schüler, mehrere Gebrauchswarnungen beigelegt, u. a. diesen Satz: »Da die Sporen temperaturempfindlich sind, bremst eine mehrstündige Lagerung der Tastatur im Tiefkühlfach den [!] Wachstum.«

Ebenfalls nicht schlecht und womöglich ein Klassiker der Moderne: die *Bild*-Standardformel »amerikanische Forscher haben herausgefunden« – da weiß man gleich, daß man nichts hat. Schütz rules! Go for it, mine dog!

Hecht im Ententeich

Gern zitiert wird eine Schnurre, die der spätere Dramatiker *(Front Page)* und ausgezeichnete Drehbuchautor *(Scarface, Berüchtigt)* Ben Hecht (1893–1964) als junger Sensationsreporter beim *Chicago Daily Journal* sowohl inszenierte als erlebte. Zu faul, sich die Hacken für eine gute Schlagzeile abzulaufen, erfand der Frechdachs kurzerhand seine Stories. Das ging lange gut, aber nicht ewig. Auch wir zitieren gern: »In der Nachrichtenmeldung, die mich schließlich erledigte, ging es um die Liebesgeschichte einer ›rumänischen Prinzessin‹. Statt den Prinzen zu heiraten, den die königliche rumänische Familie ihr aufzwingen wollte, war meine Prinzessin mit dem Mann, den sie liebte, nach Amerika geflohen und plagte sich nun glücklich als Kellnerin in einem griechischen Restaurant [...] ab. [...] Eine Serie der schönsten Fotos, die je im *Journal* erschienen waren, illustrierten die bewegende Geschichte.« (Ben Hecht: *Geschichten aus Chicago und Hollywood*, Hofheim 1989) Alle Bilder waren, kommt vor, mit Hilfe willkürlich aufgelesener Models getürkt.

Hier kommt Hechts Verleger ins Spiel, der sich ansonsten kaum in die Redaktionsgeschäfte einmischte. Wir zitieren gern weiter: »Mr. Eastman wedelte mit einem Probeabzug des *Journal* in der Luft [...] ›Wer hat das hier in meine Zeitung gebracht? Wer hat diese gottverdammte Hure auf die Titelseite geschanzt! Das ist Gloria Stanley! Jeder gottverdammte Ficker in Chicago kennt sie!‹« Womit geklärt wäre, wohin Mr. Eastman die Rendite trug.

»Und ich will den Hurensohn von Zuhälter haben, der es gewagt hat, meine Titelseite zu entwürdigen. Ich werde ihn umbringen, den dreckigen Hund!« Ben Hecht versteckte sich vorsichtshalber in der Setzerei, und einige Jahre später stieg er auf zum bestbezahlten Autor des amerikanischen Films *(Viva Villa!, Ich kämpfe um dich)*. Die Spuren Gloria Stanleys jedoch sind *Vom Winde verweht* ...

Mein ganzer Reichtum ist mein' Lüg'

Ein viel größerer, glorioserer Halunke und aber auch *der* Wegbereiter des akuten »Infotainment«-Murkses war Hechts Landsmann William F. (Fake?) Mannix. Er schluckte gern die eine oder andere oder gleich drei Flaschen Fusel und legte dann los. So in Kuba, von wo er zwischen 1895 und 98 über den Aufstand der Einheimischen gegen die spanischen Kolonialherren berichtete. Neben den üblichen Schmierblättern bot auch die renommierte *New York Times* seinen »interessanten« (Peter Moosleitner) Artikeln Raum. Er lieferte detaillierte Schlachtengemälde, »brachte Interviews mit hochrangigen Persönlichkeiten und übermittelte Botschaften der Republik Kuba an die Bevölkerung der Vereinigten Staaten« (*Schwindel und Betrug,* Amsterdam 1992). Jedes Wort war im Dusel des köstlichen kubanischen Zuckerrohrschnapses erfunden; der begabte Schlawiner hatte alle Texte gemütlich in einer Hotelbar verfaßt.

Back in the U. S. of A., bekam er bald ernste Schwierigkeiten, weil sein blühendes Gerücht über eine Bankenschieberei das betroffene Institut fast ruiniert hätte. Entlassen, gebrandmarkt als Schwindler (nicht so schlimm), der seiner Zeitung teure Schadenersatzklagen eintrug (sehr schlimm), »beschränkten sich Mannix' schriftstellerische Aktivitäten fortan auf das Ausstellen ungedeckter Schecks« (ebd.). Er beschloß, sein Glück bei der Armee zu versuchen, hatte freilich das Pech, sogleich nach China entsandt zu werden, wo die Allied forces der imperialistischen Mächte die sog. »Boxeraufstände« fürchterlich niederkartätschten. Einige Jahre lang diente Mannix »als Soldat, und brav« *(Faust I)*; 1912 aber finden die Chronisten ihn im Kerker von Honolulu/Hawaii, weil er schon wieder einen Scheck gefälscht hatte. Die lange Weile, die das Gericht ihm verschafft, nutzte er wohl, mit Lektüre, und avancierte zum »Fachmann« für den langjährigen und damals legendären chinesischen Kanzler Li Hung-chang, der gestorben war, als Mannix sich anmustern ließ, 1901. Er verfertigte »Tagebuchnotizen« Hung-changs, reicherte sie an mit dem Lokalkolorit, das er durchs Fenster seiner Kasernenkantine erahnen konnte, und fand sogleich gutgläubige Abnehmer des Schwindels. Nach der Haftentlassung buk er ein veritables Buch »by Li Hung-chang« zusammen und konnte über mangelnde Resonanz nicht klagen. Leider gab es einige eifersüchtige Krittler, die brachiale Irrtümer bei den Datierungen des »Tagebuchs« bemerkten. »Darauf angesprochen, antwortete Mannix nicht direkt, sondern durch einen fiktiven Agenten namens William Leonard, der die Schuld für derlei Fehler nachlässigen Übersetzern zuschrieb [...]. Ferner sei Li ein schlampiger Tagebuchschreiber gewesen. [...] So trat Mannix fast ein Jahrzehnt lang aufkommender Kritik entgegen« (ebd.).

Höchst zufrieden mit ihrem Bestsellerautorautor, ließen Mannix-Lis Verleger sich auch nicht irritieren, nachdem sie selbst den Schwindel des Werks erkannt hatten. 1923 edierten sie eine Neuauflage und schwärmten im Waschzettel von einer »Fiktion, die mit so außergewöhnlichem Geschick frei erfunden ist, daß selbst die größten Kenner der Materie sich täuschen ließen«.

Mannix flunkerte noch ein wenig durch die Gegend, verlor jedoch bald, der Zwackelzahn der Zeit!, die Lust am Belemmern und lebte sein Leben ohne weitere Zwischenfälle zu einem ruhigen Ende als Geschäftsführer einer Zeitung, die angeblich noch heute erscheint. Und zwar im Westen Amerikas, dem Revier für Pioniere wie *(Tusch:)* William! F.! Mannix! *(Applaus.)*

Im Osten Amerikas fiel man wenig später, am 30. Oktober 1938, auf ein Hörspiel herein, dessen Macher übrigens gar nicht geplant hatten, daß irgendwer deswegen ernsthaft schwere Hosen bekomme. *Der Krieg der Welten,* nach dem großen Roman von Herbert George Wells adaptiert und updatet (Regie und Perfidie: Orson Welles), schickte einige tausend Menschen auf den Holzweg und gilt, etwas zu Unrecht, als Synonym für die hypnotische Macht moderner Massenmedien. Es gab nämlich, der waltenden Legende zum Trotz, *keine* ausgewachsene Panik in New York, nur, wie man dort sagt, »riots«, und zwar mehr aus Langeweile und Suff; die Zahl jener, die vor den außerirdischen Bösewichtern Reißaus nahmen, kann an den Händen der beteiligten Sensationsjournalisten abgezählt werden. (Eine Art von Betrug, nämlich Selbstbetrug, hat statt in fast allen essayistischen oder feuilletonistischen Erwähnungen des Falls. Statt sich mit den Tausenden Hysterikern zu begnügen, die der Radioschocker aus den Löchern lockte, müssen es gleich Millionen sein. Die Leute sind aber, zum Glück, nicht alle so dumm, wie sie gemacht werden, und die Macht der »vierten Gewalt« erweist sich mehr in langfristigen, sublimen als in sensationellen, brutalen Manipulationen des kollektiven Bewußtseins. Die Legenden über *The War of the Worlds* akribisch beschrieben und die korrekten Sottisen gegen munter von einer »Massenpanik« fabulierende Literaten gefunden hat Gerhard Henschel in seinem, Eckhard Henscheids und Brigitte Kronauers Mammutwerk *Kulturgeschichte der Mißverständnisse*, Stuttgart 1997. Wir werden dem klugen Herrn Henschel auf den nächsten Seiten wiederbegegnen. Aber: vorblättern gilt nicht!)

Dennoch Hut ab vor der Idee Welles', Wells' Buch als eine »Live«-Reportage zu inszenieren. Hörer, die erst nach der Anmoderation einschalteten, konnten, Dummheit und generelle Mediengläubigkeit vorausgesetzt, meinen, ihnen werde eine marsianische Invasion brühwarm übertragen. Die enormen Zeitsprünge des Stücks – binnen weniger Minuten landen die Ufos, vernichten das amerikanische Militär, anschließend ein Gutteil der Erdbevölkerung, innerhalb der folgenden halben Stunde beherrschen die Extraterrestrier den Planeten, bis, Schwein gehabt, Bakterien sie überraschend wegraffen – sowie mehrere Einblendungen, in denen das Hörspiel sich als Hörspiel zu erkennen gibt, wurden allerdings mehrheitlich registriert. Der einfältige Rest, nun ja, war der einfältige Rest.

»Zwanzig Minuten nach Sendebeginn«, amüsierte Orson Welles sich post festum, »hatten wir lauter verstörte Polizisten im Regieraum. Sie wußten nicht, wen sie – und warum – festnehmen sollten, aber sie gaben [...] der Sendung das gewisse Etwas. Uns dämmerte allmählich – während wir uns mit der Zerstörung von New Jersey abplagten –, daß wir die Zahl der Spinner in Amerika unterschätzt hatten.« (Zit. n. Mayer) Der Trick des Regisseurs: die angeblich *authentische* Form mit blankem Aberwitz zu füllen, war kein Betrug eo ipso; für den zielgruppengerechten, abgezockten »Live«-Schwindel sollten erst und zumal die Epigonen beim Fernsehen zuständig werden. Seit dem *Krieg der Welten* wissen wir, wenn wir nur wollen, daß die Massenmedien Realität nicht widerspiegeln, sondern herstellen, und daß man besser nichts glaubt, was ein Reporter »mit eigenen Augen« gesehen hat. Völlig zu Recht engagierte Hollywood den infamen Witzbold Welles gleich nach dem Hörspielskandal als Nachwuchskraft. Der geniale Mann schuf, zunächst mit viel, später mit viel zuwenig Geld einen Klassiker nach dem anderen, und er blieb seinem liebsten Thema, der Lüge, treu: *Citizen Kane* (1941) gaukelt seiner Umwelt vor, ein halber Kommunist zu sein, und ist doch bloß ein machtgeiler Millionär; über *Macbeth* (1948) und *Falstaff* (1966) würde dieses Buch an geeigneter Stelle gern mehr bzw. mehrere Worte verlieren; und ganz bestimmt nicht zufällig heißt der Film, über den das Genie der Camouflage ins Grab sank, *F for Fake* (1973), *F wie Fälschung*.

Im engen Kreis verdengelt sich der Sinn

Welles'sche »Spinner« sonder Zahl kriegten heiße Backen, als Anfang der Achtziger aus den Kornfeldern Englands Photos gefunkt wurden, die seltsame Zirkel und Figuren zeigten, riesengroß und wie von Geisterhand in den Weizen gestampft. Man munkelte sofort und begeistert und reichlich haltlos von Landespuren transsolarer Gefährte. Nachdem u. a. der keinem esoterischen resp. puren Scheiß abholde Zweitausendeins-Verlag mehrere Geldcontainer eingescheuert hatte mit einem Bilderbuch der mysteriösen Vorfälle, offenbarten sich zwei gesetzte Herren aus Southampton, Doug Baker und Dave Chorley, als Urheber der eindrucksvollen »Zeichen«. »Mithilfe einer an einem Strick befestigten Holzwalze hatten sie die Muster im Getreide gezogen.« (Mayer)

Die Gläubigen des Hokuspokus mochten sich das Pulver aber partout nicht aus den Augen wischen lassen. Sie unterstellten Baker und Chorley, i. A. »der Regierung« die Kornkreise lächerlich zu machen. »In Wirklichkeit« wüßten alle »Mächtigen« um die kosmische Brisanz der Ackergramme und versuchten aus vielerlei finsteren Motiven, die »Wahrheit« zu »unterdrücken«. Seither sind einige komplett bescheuerte Verschwörungstheorien unterwegs, die nachzuerzählen bereits die Höflichkeit verbietet. Und deshalb verschweigen wir, Aufklärer der alten Schule, hier auch das kürzlich erworbene Mohnbrötchen und das geheimnisvolle Muster darauf – Silentium!

Üb' immer Trug, Unredlichkeit

Natürlich spann das Fernsehen heftig mit, als in Englands Kornkammer die grünen Männchen ihren Schabernack trieben. Denn es kann gar nicht anders. Als tricksen, hochstapeln, falsch Zeugnis ablegen. Ein jeder geht an sein Geschäft, und seines ist der Lug. Frage nicht, wann das Fernsehen dich angemeiert hat, sondern wann es das einmal sein ließ! Schwindel alles, alles Show. Der deutsche

Marktführer in Sachen Fake ist zwangsläufig auch insgesamt Marktführer und zeigt sich täglich, stündlich dem aktuellen Eigenlobgeschrei zutiefst verpflichtet: »Das haben Sie noch nie gesehen – RTL«. Der Köln-Luxemburger Halunkensender hat nicht allein Michael Born, siehe weiter unten bzw. hinten, großgemacht. Inzwischen scheint dort überhaupt niemand mehr arbeiten zu dürfen, der nicht bereit wäre, das Blaue vom Pimmel zu lügen. Pardon: Himmel. (Ist aber im Grunde gleich.)

Geld winkt nicht

Einen texanischen Ölbaron angeln wollten bzw. sollten sich 1999 zwei junge Frauen mit Unterstützung des RTL-Schurkenjournals *Explosiv. TV Spielfilm* hat den Fall in Heft 3/2000 dokumentiert, leider folgenlos; denn Fernsehen darf einfach alles. Vor dem Trip nach Dallas wurde den Damen ordentlich der Mund gewässert: Ein Rundflug mit dem Helikopter, ein Zug durch die Edelboutiquen, Besuch beim Promifriseur und Garderobe von Chanel sollten ihnen die willige Kooperation versüßen. Arbeitstitel der »Reportage«: »Kann man mit dem richtigen Outfit einen Millionär angeln?«

Den Heiratskandidatinnen schwant bereits auf dem Hinflug nichts Gutes: Während sie in der Economy class die Beine einfalten müssen, fläzt die zuständige Redakteurin sich breit in der First. Nach einer Jet-lag-Nacht im Hotel die nächste Knickerei des steinreichen Senders: Fürs Frühstück dürfen die geleimten Frauen selber aufkommen. Mit dem Charme und Takt einer echten TV-Professionellen keift die *Explosiv*-Schrapnelle ihre Schmutzbefohlenen an: »So wie ihr ausseht, können wir euch den Millionären aber nicht vorstellen.« Und schleppt sie zum schlechtesten Coiffeur der Stadt, wo den armen Maderln die allerscheußlichste »Original-Ewing-Oil-Toupierfrisur aus den 80ern« verpaßt wird. Anschließend, in der Kleiderkammer von Chanel, sucht die zumindest partiell demente RTL-Tante zielsicher jene Fummel aus, in denen sogar Vogelscheuchen sich unwohl fühlen würden. Die Klamotten sind, wieder wird ein Versprechen gebrochen, aber sowieso nur geliehen, und die Schuhe zum Ensemble dürfen die Statistinnen bloß behalten, weil sie sie selber bezahlen. »›Und, wie fühlt ihr euch jetzt in euren 10000-Dollar-Outfits?‹ Um zehn Jahre gealtert. Falsche Antwort, die richtige wird uns dann souffliert. Mit hängenden pinkfarbenen Mundwinkeln, knurrenden Mägen, kratzenden Preisschildern im Nacken [...] und einer zusehends biestigen Redakteurin geht's zum ersten Blind date. Mit unserer Laune legt sich zum Glück auch die Frisur.« *(TV Spielfilm)*

Es macht dann freilich gar nichts, daß die veräpfelten Frauen zum Fürchten aussehen: Der Millionär, den sie aufsuchen, ist glücklich verheiratet, sein Wohnzimmer hängt voll mit Familienphotos, und er, gleichfalls angeschmiert, weiß gar nicht, daß er verkuppelt werden soll. »Die Amerikanerin, die das Treffen arrangiert hat, flüstert uns zu: ›Wenn ich erzählt hätte, worum es hier wirklich geht, hätte er nie eine Dreherlaubnis erteilt!‹« Bei den nächsten beiden »Junggesellen« die gleiche Verlade; aber den Damen ist eh schon alles wurscht. Aus lauter Angst vor ihrer vollends ausgetickten Zuchtmeisterin wagen sie nicht, den ausgelobten Rundflug, den Bummel durch die Shopping-malls von Dallas oder bloß eine warme Mahlzeit einzufordern. »So wie sie das Personal im Hotel zusammengefaltet hat, ist sie zu allem fähig. Nach zwei Tagen wissen wir also, wie man sich keinen Millionär angelt, wie man richtig verarscht wird und wie Fernsehen funktioniert.« Die Lektion hätten sie billiger und schmerzfreier haben können – aber von unsereins Hungerleidern wollen solche Tussis ja nix wissen. Daher kein Mitleid, sondern: Ätsch! Prrrrp!! Bllbllbllbll!!!

Mit den Waffen einer Sau

Und noch mal *Explosiv*. Im Frühjahr 2000 strahlte das Magazin, bei dem alles stinkt, ein *top-shocking feature* über Pistolenschwarzmärkte »auf deutschen Schulhöfen« aus. Tatort: eine Gesamtschule in Essen. Einige blutjunge Türken halfen mit, soviel Kalauer muß, liebe Leser, sein, beim Türken. Bedrohlich schwenkten sie eine Knarre durchs Bild und gaben taffe Auskunft über ihre »Geschäfte«. Und wieder war Geiz der TV-Banditen schuld dran, daß die Angelegenheit aufflog. 200 Mark hatten sie ihren Kleindarstellern je Nase geboten für passende »Interviews«, doch nach der letzten Klappe keinen Groschen gezahlt. Da wurden die Jünglinge sauer und plauderten.

Explosiv redete sich darauf heraus, das »Material« nicht selber hergestellt, sondern bei einer Agentur gekauft zu haben. »RTL-Sprecher Wolfgang Osinski sagte der dpa, RTL habe keinen Anlaß, den Aussagen des Reporterteams nicht zu glauben und den Beitrag in Zweifel zu ziehen.« (*Frankfurter Rundschau,* 3. April 2000) RTL hat *nie* Anlaß, den Blödsinn zu bezweifeln resp. nachzuprüfen, der es mästet. Die Agentur Cologne News Cooperation (CNC), deren feister Name bereits die dünne Substanz der gehandelten »Reportagen« signalisiert, beteuerte die Faktenhaltigkeit des Berichts. »Wir haben saubere Arbeit abgeliefert«, trompetete CNC-Mann Peter Pionke in der *taz* (31. März 2000): »Bei den ›Recherchen‹ half der Zufall: Vor der Redaktion hätten Schüler mit einer – angeblich scharfen – Waffe hantiert und von der ›Waffenbörse‹ berichtet, die ›manchmal‹ montags, mittwochs und donnerstags an der Gesamtschule Essen-Mitte stattfände, eben ›in der großen Pause hinter der Raucherecke‹.«

Schulleiter Friedhelm Endemann, den man, laut Revolverjournalist Pionke, »aus redaktionellen Gründen« erst am Tag nach der Sendung zu den kleinen Kashoggis befragen wollte, verwahrte sich umgehend gegen die abenteuerliche Geschichte. Sein Stellvertreter erhielt tatsächlich einen Anruf von den Reißerwölfen: »Ziemlich barsch sei eine Stellungnahme der Schule eingefordert worden, berichtet [er], ›das Ganze hatte so'n negativen Touch‹.« Die lokale Kripo begann sogleich zu ermitteln, konnte aber nur eine Luftpistole sicherstellen und erklärte, zum ersten Mal von solchen Deals zu hören.

Die fünf angeheuerten Gun-kids entschuldigten sich nun auch schriftlich für ihre Komplizenschaft beim Fake. Das focht RTL-Sprachröhre Osinski kein Quentchen an, und mit der Arroganz, die das Fehlen eines brauchbaren Medienstrafrechts verleiht, verkündete er via *Frankfurter Rundschau*: »Wir sehen der Sache gelassen entgegen.« Ähnliche Gleichgültigkeit gegen Betrugsvorwürfe offenbart die Anstalt fortwährend: »In Düsseldorf erteilten 1999 alle Schulen RTL Hausverbot. Und gestern [30. März 2000] wiesen die Rheinischen Kliniken Essen eine andere ›explosive‹ Behauptung zurück: Zwei Kinder würden dort nicht etwa, wie bei RTL suggeriert, widerrechtlich zu Forschungszwecken festgehalten, sondern auf Beschluß des Amtsgerichts behandelt, da für ihr Leiden vermutlich die Mutter verantwortlich sei.« *(taz)*

Die verbreitete Hoffnung, jene Schreckensschraube und Blendblondine, welche dem Mogelmagazin tortenkerzengerade vorsteht wie allenfalls eine Puffmutter ihrem Betrieb, dürfe bald nur mehr beim Knastappell ihr, übrigens auch nicht astreines, Sprüchlein »Mein Name ist Barbara Eligmann« aufsagen, wird Erfüllung zwar nicht finden. Aber wir werden, für den Fall einer zweiten Auflage, einlösen, was in den RTL-Schummelformaten rituell versprochen wird, aber nie, nie, nie in Tat verwandelt: »Wir halten Sie auf dem laufenden!«

Dein Eid sei Meineid

Eine andere Blut-und-Busen-Frau von RTL, Birgit »Biggi« Schrowange, wird, schade, gleichfalls keinen Harm erleiden. Dabei hatte sie spätsommers 1999 in ihrem Spitzendreckspatzenladen *Extra* voll einverstanden einen Beitrag angesagt, der etwa so echt war wie ihre sorgenzerfurchte Miene. Es wurde ein Superkrimineller »gefietschert«, der via Internet »Dinge, die es im Geschäft nicht gibt«, feilbot, u. a. Feuerwaffen und Auftragskiller. Blanker Blödsinn alles; der

Dealer hatte nur Luft im Sack. Er versuchte Betrug und also schon eine Lumperei – doch nicht die, welche *Extra* interessierte. Wohl, die Idee, über das anonyme und weitgehend rechtsfreie World Wide Web andere Spitzbuben abzuzocken, hatte was: »Wenn man im Internet Illegales per Vorkasse anbietet und das Geld einfach einstreicht, kann einem keiner was. Schließlich wird sich niemand bei der Polizei beschweren, wenn der bestellte Profikiller nicht erscheint.« (*TV Spielfilm* 1/2000)

Aber Michael R., dem die Kripo Herford bald auf die Schliche kam, war ganz und gar nicht der »Schwerverbrecher«, als welchen Schrowanges Schranzen ihn aufgetakelt hatten, sondern bloß, so die zuständige Staatsanwaltschaft, »ein kleiner Eierdieb«. Die wenigen, wenig koscheren Kunden, die sich bei ihm meldeten, sprangen ab, sobald R., der angefeimte Tropf, ihnen mitteilte: »Schickt mir das Geld in einem neutralen Umschlag, ihr könnt mir vertrauen.« Allein die Blödiane von *Extra* schnupperten den falschen Hasen nicht; willentlich. Nachdem sie mehrere miserabelst dokumentierte und mit allen Früchten der Schmierlappenphantasie angereicherte »Enthüllungen« über das »Kinderschändermedium« Internet »gefahren« hatten, kam ihnen der Herforder Miniaturmafioso wie gerufen. Man nahm Kontakt auf und brachte den Jungganoven auf eine Idee, für die selbst er sich bis dahin zu fein gewesen war: »Eine zwölfjährige Jungfrau sollte es sein, zur freien Verfügung abzuliefern in einer ›sicheren Wohnung‹«, referiert Volker Kleinophorst in *TV Spielfilm.* »Nachdem das erste Geld geflossen ist, hat R. ein Problem. Natürlich hat er keine Kontakte zu nichts und niemandem.«

Er mailt ein paar unscharfe Kinderakte und bittet um Auswahl. Die *Extra*-Ordinären schmeißen ihm weitere Scheine in den Rachen – insgesamt 12 400 Mark kassiert Michael (»Das kam mir vor wie ein Selbstbedienungsladen!«) R., ehe das BKA ihm Einhalt gebietet. Die Redaktion geht nicht etwa in, sondern gerät außer sich, läßt die Polizisten interviewen sowie den Eierdieb »und schneidet alles so zusammen, daß am Ende doch eine wilde Räuberpistole draus wird.

R.: ›Die waren sehr aggressiv und haben mir die Worte quasi in den Mund gelegt. Um weiteren Ärger zu vermeiden, habe ich mitgespielt.‹« Der Boulevard, Bewohner köterreicher Innenstädte wissen das, ist eben hauptsächlich für Scheiße da.

Der Staatsanwalt ermittelt seither gegen *Extra* betreffs »Anstiftung zu einer Straftat«. Wir halten Sie auf dem Läufigen.

Hunde, wollt ihr ewig lügen?

Der Golden Retriever Inscha inspirierte den Teilzeitsatiriker Gerhard Henschel zu einem Fake, welcher zumal die Redakteure der selbsternannten Sat.1-»Nachrichtensendung« *18.30* in helle Aufregung versetzte. Ein »Kommando Letzte Ruhe für Roy Black«, meldete die Satireseite der *taz*, »Die Wahrheit«, am 9. März 1999, habe die Urne des Schnulzensängers entführt, um also von den Fernsehanstalten Ruhe vor »seinen Filmen und seinem Gesicht« zu erpressen. Am angeblich geleerten Grabe blinzelte traurig in die Kamera: Inscha; das Photo war freilich bereits 1997 entstanden. So genau ins Archiv schauen wollten indes die *18.30*-Schurnalisten nicht, sondern deckten Henschel, c/o *taz*, mit Faxen ein: »Für einen Rückruf wäre ich Ihnen wirklich superdankbar, ich muß mit Ihnen noch mal kurz darüber sprechen, auch bezüglich dieses Schreibens, weil ich die Geschichte doch irgendwo klasse finde!« Investigation at it's pest.

Reinleger Henschel hat die Trottel der Boulevardmedien auch bei anderen Gelegenheiten zur »Superdankbarkeit« verpflichtet. Er trifft deren Ton meistens »irgendwo klasse« und bewegt sich »bezüglich dieses Schreibens« stets an jenem Rand der Glaubwürdigkeit, den zumal das Fernsehen nicht halten kann. »[Seine] Fakes sind perfekt«, staunt im Vorwort von *Wo ist die Urne von Roy Black?*, der ersten Sammlung Henschelscher Schabernackereien (Reinbek 2000), Barbara Häusler. Ob Henschel nahe Bad Lauterberg Höhlengraffiti entdeckte, die alles in den Vollschatten stellten, was aus der Jungsteinzeit bekannt war, oder mit »Joachim Conrad (52)« den ersten deutschen »Nacktförster« erfand – die headlinelüsternen »Kollegen« mochten nicht wahrhaben, daß der »Wahrheit« keine zwei Zentimeter weit zu trauen ist, und verlangten weitere »Infos«.

Henschel denkt noch lange nicht daran, seine fiesen Finten aufzustecken. Momentan arbeitet er daran, die eigentlich einwandfreie Reputation des Zeichners Heribert Lenz zu ruinieren. Lenz soll dazu bemerkt haben, lachend: »Hauptsache, er schreibt meinen Namen richtig!« Selbstachtung, quo vadis?!

Cooke nicht so blöd

Vergessen sei bei der Gelegenheit auf keinen Fall *Titanic*-Agent Bernd Fritz, der 1988 allein am Geschmack diverse Buntstiftfarben identifizierte und sich noch während der Monstershow *Wetten, daß …?* als Falschspieler enttarnte. Respekt! Hochachtung desgleichen gebührt Gerhard Konzelmann, jahrzehntelang Islam-Insider des deutschen Rundfunks: Er nahm seine »Live-Reportage« aus dem Herzen der schweinefleischfeindlichen Welt gern im Heizungskeller seines Stuttgarter Heimsenders auf (»dunkel pochen die Motoren des Opec-Supertankers«). Ruhm irgendwie auch Muzir Affat, der 1990/91 höchst erfolgreich durch französische und deutsche Medien tingelte: Er behauptete, vor seiner Flucht aus Bagdad als Leibwächter Saddam Husseins gedient zu haben. Der zweite Golfkrieg stand vor der Tür, und alle Welt lechzte nach abscheulichen Details aus dem inneren Zirkel des Hitler-»Wiedergängers« (Hans M. Enzensberger). Affat lieferte sie: Dissidenten lasse Saddam »in Säurebädern auflösen«, unter seinem »Palast« erstrecke sich ein kilometerlanges Labyrinth aus Folterkellern, Fluchttunneln und Pornoarchiven. Ende Januar 1991 demaskierte die Zeitschrift *Le Canard enchaîné* Affat als einen ehemaligen Architekturstudenten, der wegen Examensbetrugs aus Frankreich ausgewiesen worden war und mit seiner schauerlichen Geschichte eine neuerliche Aufenthaltserlaubnis zu erschwindeln trachtete. In Deutschland und Österreich scherte man sich allerdings kein Deut um die tristen

Tatsachen. »Wenn wirklich wahr ist, was [er] zu berichten hat«, freute sich z. B. der Wiener *Standard* im Februar, als Scheherazades Nachfahr und seine 1001 Lügen längst entschleiert worden waren, »dann ist dieses Gespräch ein recht ordentliches Sprengstoffpaketchen.« Welches ein paar Wochen später, in vieltausendfacher Ausfertigung, von den Luftflotten der »Operation Desert Storm« den Einwohnern des Irak frei Haus geliefert wurde. Muzir Affats Spuren jedoch verlieren sich im Munkeln.

War da noch wer? Natürlich: Konrad Kujau, Gerd Heidemann und ihre Freunde im Führerbunker, Pardon: bei der größten deutschen Illustrierten, die eine Woche lang die deutsche Geschichte umschreiben wollten und dann doch bloß den *stern* zum Gespött des Planeten machten. Nähere Angaben entnehmen Sie bitte den zirka tausend Publikationen zum Thema oder, besser noch, dem betreffenden Essay in *Journalismus als Eiertanz*, herausgegeben von u. a. Klaus Bittermann in Berlin 1999 – eine luzidere Analyse hätten allenfalls wir selber liefern können.

Waren das jetzt alle? Natürlich nicht. Z. B. Janet Cooke: Die 1980 den achtjährigen Junkie »Jimmy« erfand, um ihrer Karriere aufzuhelfen, für diese investigative Innovation bzw. innovative Investigation einen Pulitzerpreis kassierte und Millionen rührte – »sogar die Sekretärin hat geweint!« *(Extrablatt)*. Den Preis durfte sie nicht lange behalten. Die Washingtoner Polizei, aufgescheucht von spontanen »Rettet-Jimmy!«-Initiativen, durchkämmte die Slums der Hauptstadt, quetschte alles aus, was auch nur entfernt nach Dealer aussah, konnte jedoch kein einziges heroinsüchtiges Kind finden. Cooke, massiv bedrängt, ihre Quellen nicht länger zu schützen, sondern um »Jimmys« willen zu reden, brach zusammen und beichtete, es habe ihr auf die Bocksprünge geholfen u. a. der stellvertretende Chefredakteur der *Washington Post*, Robert »Bob« Woodward. Das gibt zu grübeln. Denn Woodward hatte, als Top-Enthüller der »Watergate-Affäre«, einen heiligen Schein erworben. Und stand nun da als der branchenübliche Effekthascher. Hätte er seiner »begnadeten« Angestellten nicht »heißere« Geschichten aus dem

Herzen von Washington, D. C., abverlangt, sie würde es evtl. bei den Lügen in ihrem Lebenslauf belassen haben. So aber fabrizierte die Selfmade-»Studentin an der Sorbonne« einen Trug, dessen Aufdeckung selbst den generell hartgesottenen US-Journalismus monatelang durch Glaubenskrisen jagte. Heute, zwei Jahrzehnte später, ist allerdings alles gnädig vergessen und ohnedies ragend egal.

Ein Ende mit Schmöcken

»Wer die penible Art der Vorbereitung kennt, die sich Tom Kummer vor jedem Interview abnötigt, weiß, daß solche Dialoge harte Arbeit sind. Sie beginnt mit der gewissenhaften Anhäufung von Wissen, steigert sich zu höchster Konzentration während des Interviews und endet schließlich mit dem stilistischen Feilen beim Abschreiben der Bänder.« Schwärmte, vermutlich zugekokst bis zum Haaransatz, einst Ulf Porschardt, Co-Chefredakteur des *SZ-Magazins*, über den Mann und Männerfreund, der millimeterkurz vor Torschluß dieses Buchs als fanatischer Faker aufgeflogen und wahrlich ein Schlawiner und Halunke ist, wie er selten in einem stand.

Die Branche staunte bereits seit Jahren über den »Korrespondenten«, der mit Super- und Duperstars Gespräche führte, die *so* niemand sonst gewährt bekam. Kummer schien den goldenen Schlüssel ins Herz der Idole zu besitzen. Wo der Rest der Meute von Glück reden konnte, wenn wenigstens der Presseagent ihren dummen Fragen Auskunft erteilte, schwatzten die Megapromis vis-à-vis des Schweizer Schlumpucken nachgerade selig und frei von der Leber. »Ich spiele mit meinen Brüsten«, beichtete bspw. Striprockerin Courtney Love, »um so eine Art Ekel zu demonstrieren, nicht um zu protzen.« Woher auch. Gewissenhaft häufte Kummer das Wissen an, mit dem ihn *Bravo* penibel versorgte, und feilte höchst konzentriert an den Antworten, die er nie bekam, bis ihm endlich Fragen dazu einfielen.

Die Schwatzblase platzte anläßlich eines »Interviews« mit Christina Ricci. »Die gilt als besonders schwieriger Star«, referiert der *Spiegel* (21/2000), der vormals ebenfalls avec plaisir mit dem Hochschwafler kooperierte und deshalb weiterhin die nichts als schwülen und schwülstigen Tratschträume Kummers zu »oft lustigen Gesprächen« verklärt, obschon daran der einzige Witz die verbreitete Ehrfurcht vor trivialem Gewäsch ist (so empfahl der Windbeutel durch den Mund Demi Moores: »Die Leute sollten sich öfters mal für eine Abreibung mit Meersalz entscheiden«) ... Miss Ricci also sei ein harter Brocken; »Kummer aber bot dem *SZ-Magazin* anläßlich des Films *The Opposite of Sex* im Februar 1999 ein wunderbar offenherziges [Gespräch] an. Doch der Fotograf [...] zog seine Bilder zurück. Christian Kämmerling, 46, einer der beiden Chefredakteure [...], verlangte vergeblich von Kummer, ihm die Tonbänder des Interviews zu schicken.« Und beendete vorsichtshalber jeden ferneren Verkehr.

Nicht daß die Verachtung des Starinterviewstars für Wahrheit und Klarheit überraschend ans Licht gestrauchelt wäre. Detlev Reinert, ehemals Redakteur des *SZ-Magazins*, warnte bereits 1993 mit Nachdruck vor dem fadenscheinigen Zeug. Geahnt haben muß auch Ulf Poschardt, Kummers Kumpel, schon lange alles. 's war ihm freilich eins und recht. Seit Jahren pflasterten er und Duumvir Kämmerling das Beiheft mit Fakes und freuten sich, wenn z. B. *Bild* gläubig nachdruckte, »Prügel-Prinz« Ernst August von Hannover sei nicht richtig bösartig, sondern bloß von Natur aus, defekter Gene halber, Inzestbeschwerden usw. Daß *Focus* verriet, was die Branche längst raunte, erschütterte »Ulfie« deshalb mitnichten. Lieber lobte er sein Magazin als Trendsetter im »Borderline-Journalismus«.

Er dürfte dies kotzkorrupte Neuwort gemeinsam mit Kummer ausgekungelt haben. Der pries gleich nach der Kündigung durch Kämmerling seine bequem zwischen Nasebohren und Eierschaukeln ins Laptop geriebenen Ergüsse als »journalistischen Beitrag zum Celebrity-Journalismus als Konzept-Kunst« und quasselte ein Jahr später: »Ich war der radikalste Vertreter des Borderline-Journalismus, und das war, glaube ich, jenen klar, die mich zum Markenzeichen ihrer Publikation gemacht haben.« Mehr wollte Hans Werner Kilz, Chefredakteur der *Süddeutschen Zeitung*, gar nicht wissen und warf die Entenpfleger Poschardt und Kämmerling im Juni 2000 hochkant hinaus. »Ein Anfang!« (Alice Schwarzer)

Übrigens soll Kummer, der Stars mit seinem armseligen Verstand möblierte, weil sie, die er nie kennengelernt hatte, angeblich »keinen eigenen« besäßen, mindestens eine »Reportage« nicht geschummelt resp. zur »Implosion des Realen« aufgedotzt haben. Thema: das Gefängnis von San Quentin. Da lernte die Borderline wohl ihre Grenze kennen. »Aber mir war klar, daß man mich bewußt auf Distanz hält, weil man mir keinen festen Vertrag geben wollte.« Kann ja noch werden. (k. s.)

Die einen schnappt man eben, die anderen läßt man laufen.
Michael Born

Natural Born Knüllers – Über eine Kröte, an der sich das Fernsehen leider nicht verschluckt hat

Wenn einer für vier Jahre ins Gefängnis gesperrt wird, weil er tat, was die anderen nicht lassen, dann darf man ihn entweder einen Dummkopf, der nicht aufgepaßt hat, oder einen Sündenbock nennen. Michael Born, der Mann, der das Fernsehen endgültig zum Witz gemacht hat, gehört, ein echter Pionier, beiden Kategorien an. Er wurde abgestraft für die Gier des Mediums nach spektakulären Bildern ebenso wie für eine reichlich versoffene Selbstüberschätzung. Borns Fall endete nicht mit seiner aberwitzigen Verbannung in den Knast. Die tatsächlich hineingehört hätten, darunter der auch nach neuesten Umfragen »beliebteste Journalist« der Republik, betreiben ihre miesen Geschäfte munter fort; und die Ware, die sie via Bildschirm verhökern, hat neben dem Hautgout des von Grund auf Korrupten, Blutgierigen, Inhumanen, Brutal-Sentimentalen nun überdies den Ruch, von Sadisten und Voyeuren für Sadisten und Voyeure erfunden worden, ein systematischer Betrug auf Kosten jeglicher Zivilisation und allen Taktes zu sein. Nicht Michael Borns Fakes waren der Skandal, sondern ein Medium, das nach falschen Bildern giert, und eine Klientel, die ihre Verführer nicht zum Teufel jagt, sondern immer noch mehr von ihnen betrogen werden will, waren und sind ein, der Eklat, den Kulturpessimismus nicht mehr begrifflich zu fassen vermag, dem abzuhelfen keine *Fackel*, sondern allenfalls die »H-bomb« (Max Horkheimer) berufen ist.

Michael Borns Karriere begann zwar nicht mit Fälschungen, doch kaum seriös. 1986 zog der gelernte Seemann als Frontfilmer in den libanesischen Bürgerkrieg, ließ sich Kugeln und Granatsplitter um die Ohren fliegen, danach lieferte er brandheiße *shots* vom Gemetzel zwischen Iran und Irak; er riskierte Kopf und Kragen, wo gerade im Nahen und Mittleren Osten das Land in Flammen stand, denn die Sache lohnte sich wirklich: »Ein guter Kriegsreporter verdient immerhin gut und gerne 10000 Dollar. Am Tag, nicht in der Woche.« So Born in seinen eigentümlich zwischen selbstmitleidiger Beichte und trotziger Apologie schillernden Berufserinnerungen *Wer einmal fälscht ... – Die Geschichte eines Fernsehjournalisten* (Köln 1997). Born hatte damals weder einen Begriff noch bloß eine Ahnung von der Zweifelhaftigkeit seiner Art Berichterstattung. Er lieferte nach Kräften spektakuläre Bilder, ohne sich weiter darum zu bekümmern, was die heimischen Redaktionen daraus machen würden. Sein Ruf war, für diese Sorte Journalismus, der denkbar beste: »ein Galgenvogel, der jeden Auftrag annimmt, egal, wie gefährlich er ist«.

Ewig macht niemand solche Jobs. Dafür sorgt entweder ein Querschläger oder die wiedererweckte Liebe zur eigenen Haut. Born behauptet, der völlig willkürliche Umgang der *stern-TV*-Redaktion mit einem seiner wenigen »engagierten« Berichte habe ihm den selbstmörderischen Ehrgeiz ausgetrieben. Kurz nach dem zweiten Golfkrieg drehte er eine Reportage über katastrophale Zustände in einem irakischen Kinderkrankenhaus und organisierte mit Bekannten eine Spendenaktion zugunsten der Patienten. Die TV-Hyänen luden Borns Helfer ins Studio ein, »schafften es aber nicht einmal, während der Sendung eine Kontonummer [...] einzublenden, trotz unseres ausdrücklichen Wunsches. Es hieß nur: ›Auf unseren Bericht hin ...‹« Weshalb Born nach solcher Brüskierung, angeblich »rasend vor Wut«, den Bettel nicht hinschmiß, vielmehr in den folgenden Jahren hauptsächlich mit dem Kölner Quatschsender RTL kuhhandelte, verrät er vorsichtshalber nicht, man kann es sich allerdings zusammenreimen. Redakteure, die anrufen und fragen: »Haste nich nen appen Arm oder en appes Bein aus Bosnien im Archiv?«, seien, versichert er sehr glaubhaft, »keine Seltenheit«; und wo die Geilheit nach spektakulären Bildern derart mächtig, da ist Skepsis gegen das gelieferte Material praktisch nicht vorhanden und einem Hochstapler, der sich mit »authentischen« Aufnahmen einen Namen bereits erworben hat, das Tor weit geöffnet. »Wenn es um die Einschaltquote und damit um die Werbeeinnahmen geht«, klagt Born ebenso scheinheilig wie korrekt, »stolzieren solche Leute über Leichen.«

Halb zog es ihn, halb sank er hin, als er Ende 1991 ein Feature über die Adventszeit im Heiligen Land plante. Der Redakteur, mit dem er die »Geschichte« besprach und erledigte, soll, murmelt Born, vormals beim DDR-Fernsehen für Schnitzlers *Der schwarze Kanal* verantwortlich gewesen sein. Das würde vieles erklären. Der »Galgenvogel« reiste ab und bekam sofort eine Menge zu tun. Er drehte einen Straßenkrawall nach Bombenanschlag in Jerusalem, filmte Touristen und Soldaten vor der Geburtskirche zu Betlehem, kaufte »Footagematerial«, das Kollegen bei Ausschreitungen in Hebron und Ramallah angefertigt hatten, ließ befreundete PFLP-Terroristen irgendwo in den Bergen wüst herumballern, hatte noch das »Glück«, einer Schießerei zwischen Hamas und israelischer Armee beizuwohnen, und »schon gegen Mittag [hatten] wir alle Bilder im Kasten«. Der Reporter erinnert sich: »Ich [war] stolz, einen sachlich guten Bericht mit tollen Bildern zu machen.«

Wenige Tage später verflog der Stolz. Die Kölner Redaktion hatte das quer durch Israel zusammengestellte, teilweise schon wochenalte Material unter Titel und Motto *Weihnachten in Betlehem* gestellt und etikettierte es als brandaktuell. Das Attentat von Jerusalem fand jetzt vor der Geburtskirche statt, mitsamt nachvertontem Explosionsgeräusch, alle Bilder wurden »nach Betlehem verlegt, alles [geschah] in diesem Film an einem einzigen Tag. [...] Nichts mehr an diesem Film [stimmte] mit der Wirklichkeit überein.« RTL krönte die Fälschung, indem es einer kleinen Palästinenserin Worte in den Mund legte, die das Kind nie gesagt hatte: »Plötzlich hörte ich einen lauten Knall, und Papi drückte meine Hand ganz fest, und ich rief, Mami, Mami, er hat ja überhaupt keinen Kopf mehr.«

Born hätte die Ausstrahlung dieses Machwerks unterbinden können. Er versuchte jedoch nicht mal, die Redaktion von den allergröbsten Lügen abzuhalten, obwohl er, als Produzent des Ausgangsmaterials, das denkbar beste Druckmittel besaß – ohne seine Bilder kein Bericht. Statt dessen wiegelte er höchsteigen die Proteste der israelischen Botschaft gegen den antizionistisch eingefärbten Beitrag ab: Er und »der allseits beliebte Starmoderator« Jauch dinierten mit dem Presseattaché, Born gelang es mit Händen und Füßen, den Israeli zu begütigen, »und die ganze Show [zog] ich nur wegen der lieben Redaktion ab«. Absenz von Integrität ist Michael Borns Verhängnis gewesen von Beginn an. Er und *stern-TV* hatten sich gesucht und gefunden; und mag die erste Fälschung auch nicht auf seinem Mist gewachsen sein, so war er doch viel zu sehr Revolverjournalist, um sich vom »Infotainment«, dessen genuine Verlogenheit ihm spätestens jetzt aufgehen mußte (und angeblich auch aufging), abschrecken zu lassen.

Born ist nicht dumm, im Gegenteil, er verfügt über einige Schlauheit, Witz und Charme. Aber Bedenken kamen ihm erst, nachdem die Polizei ihn abgeführt hatte. Er wehrte sich nicht gegen Entstellungen seiner Reportagen, weil sein Handwerk die bloße Fabrikation irgendwie sensationeller Szenen nie transzendierte. Er verkaufte nicht Hintergründe, sondern blanke Oberflächen, pures Fernsehen, und er wunderte sich wohl erst, als der Staatsanwalt ihn ins Gebet nahm, welch minimale Resistenz er, Born, gegen die böswilligen Fiktionalisierungen seiner Auftraggeber geleistet hatte. Die Konsequenz, die er aus dem zog, was er heute »Sender-Fakes« nennt, hieß nicht Kündigung, wie es anderen, skrupulöseren Köpfe dringend geboten erschienen wäre, sondern: mitspielen und, bald, zuspielen.

Er kooperierte, kollaborierte ohne Murren. Ein Feature über die Verseuchung des Lahnufers bei Lahnstein mit Verklappungsgift motzte er auf, indem er einen toten Fisch, den sein Team weit unterhalb des Werkgeländes gefunden hatte, in Sichtweite der suspekten Fabrik plazierte. Die Redaktion, der es nicht dick genug zugehen konnte, ließ den Off-Sprecher schwadronieren, »daß jeder, der einmal am Ufer der Lahn spazierengegangen und mit dem Boden in Berührung gekommen war, ein extrem erhöhtes Krebsrisiko mit sich herumschleppe. Nach Sendung des Beitrags gab es regelrechte Panik in Lahnstein.« Der Toxikologe, den Born einige Strandsandproben analysieren ließ, hatte zwar »stark erhöhte Werte an Arsen, Blei und Nickel« konstatiert, aber kein Wort über Metastasen durch Promenieren gesagt. Der demagogische Schwachsinn, der hier zutage trat, ist die Essenz des Fernsehens selbst; und Medienkritiker, die derlei Manipulationen zu »Ausrutschern« oder »Betriebsunfällen« verharmlosen, haben die Tomaten, die wir wegen irgendeiner tumorigen Pest morgen nicht essen sollen, heute schon auf den Augen.

1994 tritt bei *stern-TV* »Zoran R.«, ein junger kroatischer Flüchtling, auf, der abgeschoben werden soll und sich dagegen verzweifelt wehrt: Seine Familie stamme »aus der von Serben kontrollierten Krajina, sie [lebe] aber heute angeblich irgendwo bei Vincovici in Kroatien, direkt an der Front, unter permanenter Lebensgefahr«. Die Redaktion hat Eiter geleckt und schickt den altgedienten Kriegsberichtler Born auf den Balkan, um das Elend der Kroaten und den Terror der Serben zu dokumentieren. Born behauptet, er habe seine Auftraggeber gewarnt, daß es sich in der Krajina wohl eher umgekehrt verhalte und Vincovici gar »kein direktes Kriegsgebiet« sei. »Die Redakteure an ihren Schreibtischen«, vermutet Born, »haben gerne bereits vor dem Dreh eine genaue Vorstellung davon, wie der Film hinterher aussehen soll.« That's infotainment.

And that's politics: Serbenhaß, geerbt aus Kaisers und Führers Zeiten, seit Ausbruch der jugoslawischen Bürgerkriege in Deutschland barbarische Urständ feiernd, hatte die einschlägige Berichterstattung mühelos affiziert. Die besten Propagandisten, welche die antiserbischen Kriegsparteien sich wünschen konnten, saßen bei ARD, ZDF, RTL, Sat.1 – im Kapitel über den Kosovo-Krieg Näheres dazu. Aber das Fallbeispiel, das Michael Born liefert, sei zu seiner Ehre, und er hat nicht besonders viel davon, hier notiert: »Getreu der Devise ›Zerstörte Häuser kommen immer gut‹, drehen wir [...] in der Stadt. Es sieht tatsächlich so aus, als wenn hier schwere Kämpfe getobt hätten. Von vielen Häusern stehen nur noch Ruinen. [...] An einer Tankstelle erfahren wir [...] den wahren Grund der Zerstörung. Die Häuser wurden von der kroatischen Ustascha gesprengt. Sie gehörten Serben.«

Borns Team fährt weiter nach Vincovici, zum Elternhaus Zoran R.s. »Ich ahne schon nichts ›Gutes‹, als wir mit dem Auto in die Ulica Niemietzka, die deutsche Straße, einbiegen. Unsere Familie R. lebt in einem nicht zu verachtenden Einfamilienhaus mit großem Innenhof und Garten. Überschwenglich werden wir als Deutsche begrüßt, man [...] begießt die Waffenbrüderschaft, d. h. das ehemalige Bündnis zwischen dem kroatischen Ustascha-Staat und Nazi-Deutschland, mit Sliwowitz.« Das also sind die Lieblinge von Günther Jauch und seinem Publikum. Michael Born erkundet noch einige Tage die Krajina, findet aber nirgends Hinweise auf eine »Verfolgung« der Kroaten durch die Serben.

In Köln verkommt sein Bericht zu einem Agitationsstück, wie von Fritz Hippler montiert. Häuser, welche die Ustascha gesprengt hatte, werden als Ziel serbischer Granaten ausgegeben. Statt des properen Wohnhauses der Familie R. erschwindelt die Regie eine ausgebombte, verlassene Straße in Vincovici als deren Quartier. Interviews, in denen Serben ihren Willen zu friedlicher Koexistenz mit den Kroaten bekunden, ignoriert die Redaktion komplett. Wohl hat Zoran R.s Mutter dem Sprößling empfohlen, in Deutschland zu bleiben. Daß es ihr dabei nicht um seine Gesundheit, sondern um die Sozialhilfe geht, die er folgsam nach Vindovici schickt, fällt unter den Schneidetisch.

Die brutale Vertreibung von 250000 Serben aus der Krajina, die der Neonazi Franjo Tudjman einige Monate später forcierte, hat auch deshalb keine Beachtung in deutschen Medien gefunden, weil es den Denunzianten und Betrügern in den Redaktionsräumen vorher bereits undenkbar schien, Serben als Opfer darzustellen. Sie, nicht Born, der nur zu feige war, sie beizeiten bloßzustellen, haben sich in einem Ausmaß schuldig gemacht, für das Karl Kraus einst ein »Weltgericht« einberufen wollte. Es gibt aber bis heute nur das Kriegsverbrechertribunal in Den Haag. Born, ergänzend: »Ein Politmagazin im Ersten eckte damit an, daß es illegale Waffengeschäfte der Bundesregierung mit den Kroaten aufdeckte. So etwas wäre bei einem Privatsender bestimmt nicht so schnell auf Sendung gegangen. Im Gegenteil: als kroatische Massaker an der serbischen Bevölkerung in der Krajina stattfanden, bekamen wir von der Redaktion eines ›privaten‹ Nachrichtenmagazins das Verbot, solche Aufnahmen in einem Beitrag zu thematisieren.«

Michael Born manövrierte in einem Milieu, das sich von Triaden oder Schmuggelsyndikaten nur durch eines, aber entscheidendes, unterscheidet: Wo diese bloß hoffen, daß ihre Betrügereien nicht ans Licht kommen, täuscht das Fernsehen vor, sein Generalschwindel sei die strahlende Wahrheit selber. Der Gangster, der andere übers Ohr haut und erpreßt, wird zu Recht für einen gemeinen Zyniker gehalten, wenn er sich zum engsten Verbündeten seiner Opfer verklärt. Das

Fernsehen aber, dieser Taschendieb der Lebenszeit und geborene Beutelschneider, lebt davon, als verläßlicher Genosse, Kumpel, Mitstreiter seiner Abhängigen zu gelten, während es frech alles Reale nach seinem Bilde verformt und jede Wirklichkeit verwirft, die nicht in den Kram paßt. Ist, laut Brecht, ein größeres Verbrechen als die Plünderung einer Bank ihre Gründung, so verschwindet jegliche Bauernfängerei gegen den Riesentrug des Fernsehens, ein »authentisches« Bild der Welt zu liefern, dieweil es den Kosmos ins Format des *Musikantenstadl* sperrt. Einst erhob sich Argwohn, ob die »Live«-Bilder von Neil Armstrongs Stolperern auf dem Mond nicht eher in einem Hollywoodstudio inszeniert worden seien. Heute ist das Universum tatsächlich zum Fernsehstudio verkommen, und an allen Dingen und Lebewesen haftet der Verdacht, bloß Kulisse und Komparserie zu sein.

Born behauptet, nachträglich, das Lügensystem TV durchschaut und seine aktiven Fälschungen allein aus Resignation vor dem Gaunermedium begonnen zu haben: »Meine Entscheidung, bestimmte Themen nicht mit authentischen Dokumentationen, sondern mit ›Spielfilmen‹ darzustellen, wurde auch davon beeinflußt, daß ich dem Konstrukt der ›Authentizität‹ im Medium Fernsehen allgemein skeptisch gegenüberstehe: Kann Fernsehen wirklich einen objektiven Eindruck vermitteln?« In dieser Fassung erscheint Borns Entschluß, fortan die Bilder, die er braucht, zusammenzutricksen, wie hehre Eulenspiegelei – tatsächlich vergleicht er sich selbst gern mit dem sagenhaften flämischen Volkshelden Til Ulenspiegel. Das ist allerdings mehr eine Verwechslung denn eine korrekte Analogie. Michael Born schummelte nicht, um das Medium vorzuführen, sondern um Geld zu verdienen. Er diente nicht der Aufklärung, sondern dem Massenbetrug, und die Lächerlichkeit, welcher *stern-TV* nach der Entlarvung Borns ausgesetzt war, hätte um ein vielfaches größer sein können, wenn der Fälscher sich freiwillig und nicht erst vor Gericht offenbart hätte.

1994 erfährt Born von einem Freund, daß die PKK Bombenanschläge in türkischen Ferienorten plant. Wegen eines früheren Berichts, der Massaker der türkischen Polizei in der kurdischen Stadt Cizre dokumentierte, werden Born und sein treuer Assistent »Niko« in der Türkei steckbrieflich gesucht. Vor Ort Terroristen der PKK zu interviewen, womöglich bei der Vorbereitung der Anschläge zu filmen, kann der »Galgenvogel« also vergessen. Angeblich um »die Menschen auf breiter Ebene [zu] warnen«, eher wohl, um die Story auszuschlachten, bevor's ein anderer tut, beschließt Born, in Griechenland mit Statisten das nötige Bildmaterial zu produzieren. Als Abnehmer kommt selbstverständlich nur *stern-TV* in Frage: »Die Einschaltquote ist hoch, und man stellt nicht allzu viele Fragen. Der Begriff ›Nachrecherche‹ wird dort sowieso nicht besonders großgeschrieben.«

Die Dreharbeiten in Finikounda geraten zum Fiasko. Bereits die Vorbereitung des »Sets« steht unter einem trüben Stern: »Mittlerweile ist es 4.00 Uhr am Morgen, und wir sind alle drei schon ziemlich besoffen.« Man heuert einige finster dreinblickende Albaner, die weder Griechisch noch irgendeine andere den Teammitgliedern geläufige Sprache beherrschen, als »PKK-Kämpfer« an. Die Waffen, mit denen sie bedrohlich herumfuchteln, gleichwie die Höllenmaschine, an der sie konspirativ basteln sollen – miserable Attrappen. Nur die paar Pferde, die dem Aufstieg zum »Geheimlager« der Guerilleros die pittoreske Note verleihen, sind echt. »Getürkte türkische Kurden an einer getürkten türkischen Küste mit getürkten türkischen Bomben. [...] Wir haben mehr damit zu tun, uns die Zuschauer vom Hals zu halten, als unseren Film zu drehen. [...] Wenn das Ganze so weitergeht, erschieße ich mich.«

Das Team beendet den bizarren Dreh, wie er begann, »mit einem Besäufnis«, und reist heim. Es muß nachsynchronisiert und eine Szene gestellt werden, in welcher der – diesmal wirklich kurdische – Guerillahäuptling auf einer Landkarte die Orte markiert, an denen gebombt werden soll. »Ich eröffne die Sitzung zur Vorsicht schon einmal mit einer Flasche Laphroiag-Whiskey. Man kann ja nie wissen.« Es geht aber alles gut. Nur dem avisierten Kunden erscheint die Sache plötzlich nicht mehr attraktiv. Born greint im Rückblick, es habe ihn »richtig fertig« gemacht, »sein Ziel, die Leute zu warnen«, nicht erreicht zu haben. Die Fadenscheinigkeit des Films fällt übrigens nur einem der Redakteure auf, die Born nach dem Korb von *stern-TV* behelligt, obwohl z. B. eine Großaufnahme der »Bombe«, die in einer Zigarettenschachtel versteckt ist, recht deutlich die Worte »Der Bundesgesundheitsminister warnt« erkennen läßt. Alle anderen winken ab, weil der Beitrag ihnen zu wenig »aktuell« resp. »brisant« wirkt. Schließlich kauft das TV-Magazin der *Süddeutschen Zeitung* den Schwindel, der sich aber mangels Quote praktisch folgenlos versendet.

Zwei Wochen später, die PKK hat in Fethie den ersten der angedrohten Anschläge begangen, wird Born morgens von einem hektischen Telephonat überfallen; *stern-TV* will nun unbedingt sein lächerliches Feature zeigen. »In der Redaktion ist man begeistert von meinen Bildern. Mir ist mittlerweile fast alles egal, und ich lasse meine Redakteurin schneiden, was sie will. [...] Ich gieße mir die nächste Flasche rein.« Die türkische Presse reagiert auf Borns Fake mit Schaum vorm Mund und titelt: »Reporter legt Bomben«; der Fälscher hat auf einmal die Hosen voll und zittert vor Racheakten des türkischen Geheimdienstes. Wenige Tage später geht bei *stern-TV* das Fax eines botanischen Instituts ein, »in dem ausgeführt wird, in meinem Film seien Pflanzen zu sehen, die es in der Türkei gar nicht gebe«. Die Redaktion deutet an, daß sie den Clip als Fälschung durchschaut hat. Aber man ist dem Lieferanten viel zu dankbar für das quotenträchtige Zeug, um ihn mit Bann belegen zu wollen.

Michael Borns Falsifikate standen immer mit einem Bein in der Wirklichkeit; das bewahrte ihn jahrelang vor Entdeckung. Sein Laden für dubiose Bilder, großartig als »Trans-World-Pictures« firmierend, flog erst auf, nachdem er sich am heiligsten Gut der Deutschen vergriffen hatte, dem Hakenkreuz, aber dazu später. Die Inspiration für seine angeblichen Reportagen bezog er stets aus »seriösen« Zeitungsmeldungen, Fernsehreportagen oder Erzählungen, die ihm sein tief in der linksalternativen »Szene« verwurzelter Freundeskreis zutrug. So fertigte Born, von einem Junkie auf die

Idee gebracht, einen Kurzfilm an über den relativ gefahrlosen Weg, den Kokainkuriere mit EU-Paß einschlagen, wenn sie über Martinique nach Deutschland fliegen. Alle gezeigten Personen waren verkleidete Kumpane Borns, das Koks harmloser Puderzucker, wieder einmal blieb das Ergebnis weit hinter den Vorstellungen des Regisseurs zurück (»Das Ganze läuft tatsächlich wie in einem Low-Budget-Hollywoodschinken ab. Unglaublich«), und erneut merkte die einkaufende Redaktion nichts, nicht mal, daß der Mann, der in Borns Schmiere den Drogenspediteur am Frankfurter Flughafen abholte, derselbe war, der den Kurier beim Transatlantikflug begleitet hatte. Die technischen Defizite des Materials, die Undiszipliniertheit der Fälscher (»Niko und ich trinken ziemlich viel Burgunder«) wurden frag- und klaglos hingenommen, weil im ästhetischen Kanon des Fernsehens zumal das verwackelte und verwaschene Bild für »Authentizität« einsteht.

Borns Kunden wollten, wie er gelegentlich bemerkt, keine Reportagen, sondern *Geschichten*, Minidramen, »Faction«-Stücke, die weniger mit der empirischen Realität als den Klischees von Krimiserien zu tun haben; er zitiert einen Redakteur, der einen ausnahmsweise nicht mit Laienspielkunst angereicherten Film zusammenkürzte und dabei räsonierte: »Wußtest du nicht, wir machen Fernsehen für Doofe, dein Bericht hat viel zuviel Informationen.« Ein Fernsehen für Kluge, wäre hier zu ergänzen, existiert nicht; außer sie heißen mit Vornamen Alexander und leben davon, ausgeschaltet zu werden.

Born hat sich aufs Fälschen verlegt, um Bilder zu bekommen, die anders nicht zu kriegen sind. Er stand den Redakteuren tatkräftig und wortmächtig bei, wenn sie wegen seiner Schwindeleien in die Bredouille kamen. Nie fiel ihm, solange die Kriminaler ihm vom Hals blieben, ein, das üble Metier ans Messer zu liefern. Zwar diktiert er im Knast eine hübsche Anekdote über ein vorgeblich »geplantes« Coming-out, das man schon sehr gern gesehen hätte: »Wir bieten dem Magazin ein Live-Satelliteninterview mit Saddam Hussein an. Direkt während der Sendung ins Studio, total unrealistisch. Die würden niemals nein sagen. Bis der Starmoderator merken würde, daß ihn, anstelle von Saddam, Kläuschen mit angeklebtem Schnauzbart, Uniform und Barett angrinst, wäre das Ding schon gelaufen.« Aber Born hat eben nicht, niemals, leider, seine hervorragenden Kontakte zu den Deppen von *stern-TV* für eine Partisanenaktion genutzt. Er würde heute noch sein faules Zeug verticken, wenn Schlamperei und Großspurigkeit plus Alk (»Der Abend verläuft bierselig«) sein Werk nicht vollends in die Sphäre der Amateurfilmerei hinabgezogen hätten. Die Redakteure liebten ihn, weil er sie mit Szenen belieferte, die kein anderer zu bieten hatte, und wenn er, der bekennende Moslem, sich etwas ernsthafter an die Gebote seines Propheten gehalten und die Finger vom geliebten Malt gelassen hätte, sie fielen heute noch auf ihn herein.

Was ihm, wie allen Pionieren, abging, war die letzte, routinierte, abgefuckte Skrupellosigkeit beim Betrug. Er verklopfte Schwindeleien und empfand dennoch schädliche Fassungslosigkeit vor den Lügen, die redaktionell auf seinen Quatsch gestülpt wurden. »Die Produktionsfirmen halten sich den Rücken frei und benutzen freie Produzenten für die Drecksarbeit, die ihnen zu gefährlich und zu schmutzig ist.« Daß die degoutante Industrie zusammenbräche, sobald Zwischenhändler und Entensortimenter wie Born sich verweigern, ist ihm weiterhin nicht bewußt. Dennoch darf man ihm glauben, daß er beizeiten angeekelt war von der leichten Gläubigkeit seiner Abnehmer und von deren afterjournalistischen Maximen. »Fernsehen«, doziert Born mit Fug, »ist ein Geschäft geworden. Diese Entwicklung begann mit dem Einzug des Privatfernsehens in die Haushalte. Da hat sich so einiges verändert. Früher ging ein Journalist viele Jahre durch eine harte Schule, fing ganz unten an. Heute kann man innerhalb eines Jahres vom Volontär zum Chefredakteur aufsteigen und wird auf den ahnungslosen Zuschauer losgelassen.« Er, Born, war eigentlich »zu alt für diesen Scheiß« *(Lethal Weapon I–IV)*, jedoch unfähig, die Sachen zu unterlassen, die ihm nicht paßten.

Einem Medium verschworen, das nichts mehr haßt als die

nüchterne Erwägung, war Michael Born der perfekte Lieferant: »Trinken, mein Lieber, trinken«, schrie er mal einem Kompagnon zu, »vielleicht fällt uns dann was ein.« Oder auch: »Wir sind bestimmt nicht die einzigen, die Beiträge im Vollrausch konzipieren.« Bzw.: »Natürlich war das Thema wieder eine Suffidee.« Er verkleidete einen seiner Jungs mit dem falschesten aller Bärte und einer gräßlich verschnittenen Lodenjoppe als Waidmann, der obsessiv auf Katzenpirsch geht; *stern-TV* sendete. Er las im *Spiegel* von einer neuen »Modedroge« namens »Methylbufotenin«, welches die Coloradokröte ausschwitzt, erwarb im Zoohandel eines der verdächtigen Tiere, beträufelte es mit Dosenmilch und ließ seinen Statisten dran lecken; *stern-TV* sendete. Er inszenierte eine Séance, um der Lieblingsredaktion was zum Thema »Satanismus« zu bieten, und selbst die hohle Stimme, die er aufbot, um parapsychischen Grusel zu simulieren, die jedoch außerhalb der Augsburger Puppenkiste niemanden beeindruckt hätte, wurde ohne Einwände gekauft; *stern-TV* sendete. »Der Dreh selbst war eine einzige Lachorgie«, die Requisiten und Laiendarsteller hielten sich selber nicht stand, aber die Kölner Krawallredakteure fraßen alles ohne Magenbrummen – »[da] drückt man schon mal gerne beide Augen zu, wenn die gelieferten Bilder nur spektakulär sind und Einschaltquote versprechen«. Doch der Tag rückte näher, an dem es allen Beteiligten hochkommen sollte.

1995 setzt sich »Trans-World-Pictures« auf die Spur des Ku-Klux-Klan und seiner Beziehungen ins Stammland aller Nazis. Born und Kompagnon »Niko« haben wochenlang das Horst-Wessel-Lied und antisemitisches Scheißgerede eingeübt, um sich bei den amerikanischen Kameraden als waschechte Braunhemden einschleimen zu können: »Deutsche Faschisten auf Kontakttour in den USA, die einen Film für die Volksgenossen zu Hause drehen.« Sie lernen Tom Metzger kennen, den Gründer der White Aryan Resistance, eine der übelsten und einflußreichsten Figuren der US-Neonaziszene. »Niko und ich springen auf, schlagen die Hacken zusammen und reißen den Arm hoch«; gelernt ist halt gelernt. Metzger vertraut den völkischen Filmern schnell, parliert über die segensreiche Wirkung von Brandanschlägen auf Asylbewerberheime (»Damit habt ihr doch schon die Regierung gezwungen, die Ausländergesetze zu verschärfen«), geifert über Jidden und Nigger und verrät zum Schluß, sein »Mann im Reich sei Bela Ewald Althans«. Dann schickt er die nachgemachten Nazis weiter zu »Reverend« Richard Butler, dem Obergangster der Church of Aryan Nations. Der überläßt, zweiundachtzig und komplett senil, das Reden erst mal seinem Adjutanten und »Colonel Staff Leader«. Tim Bishop führt die Gäste übers Gelände und präsentiert voller Stolz einen nachgebauten Auschwitz-Wachturm. »›Zum Trainieren [...], irgendwann kriegen wir sie schon wieder.‹ Am liebsten würde ich ihm jetzt eine auf die Fresse hauen.« Zurück in der Kirche der Killer, sabbelt Butler über die Heimat aller Arier, den »Stern Aldebaran«, und die Ufos, mit denen die NS-Elite 1945 ins Innere der Erde evakuiert worden sei. Etwas handfester sind seine Ausführungen über Kontakte in Germanien: Man versorgt deutsche Nazis mit Gerry Laucks *NS Kampfruf*, und Bela Althans ist ein alter Bekannter.

Auch Dennis Mahone, der letzte Interviewpartner Borns in den USA und vermutliche Drahtzieher des Bombenanschlags von Oklahoma City, nennt Althans als Alliierten. Er fordert »zu offenem Terror auf und erklärt, er sei mehrere Male in Deutschland gewesen, um dort Gruppen zu gründen. [...] Als Mahone und seine Kumpanen uns [...] anbieten, extra für uns einen Neger zu lynchen, verpissen wir uns mit einer Ausrede.« Einige Tage später, in München, tritt der Liebling der US-Nazis, Bela Althans, vor Borns Kamera. Er fordert 2000 Mark Honorar, der Reporter sagt eine Überweisung zu (die er nie tätigt) und präsentiert, nach längeren Ausführungen über das internationale Netzwerk der Neofaschisten, den »Mann, der für die USA-Verbindungen zuständig ist«. »Trans-World-Pictures« hat alles beisammen, um den Undercoverbericht zu liefern, der mit *stern-TV* verabredet war, und wenngleich man nicht mit den saubersten Mitteln gearbeitet hat, so sind doch alle Nazis, die *vor* der Kamera agierten, zum Einsperren echt.

Die massiven Beweise für deutsch-amerikanische NS-Kooperation reichen dem zuständigen Redakteur nicht. Er verlangt Bilder von einer Klanversammlung in Deutschland. Born weiß, daß die nicht zu haben sein werden. Und leider, ungeachtet des gar nicht komischen Themas, geht er mit seinem Material nicht zu einem anderen Sender, sondern entscheidet sich für den dümmsten und schludrigsten Fake seiner Karriere. Er läßt aus Bettlaken Ku-Klux-Klan-Kostüme schneidern; die aufgeklebten roten (!) Hakenkreuze sind lachhaft verschnitten, teilweise seitenverkehrt appliziert. Die berüchtigten Klankapuzen mißraten völlig; »spitz zugerollte Pappen überklebt Axel mit weißem Stoff. Am Ende sehen sie aus wie Zuckertüten von Erstkläßlern.« Born trommelt Statisten zusammen, und kurz darauf wird auf einer Burgruine im Westerwald der konspirative Treff deutscher KKKler fingiert. Und natürlich geht alles schief: Die Kreuze brennen nicht, die angeblichen Nazis quatschen, als wären sie auf einem Ausflug der Pfadfinder, der »Dreh ist einfach versaut«.

Zwei Tage später steigt der nächste Versuch, diesmal in einer Höhle, und wieder regiert der pure Murks. Immerhin brennt jetzt das Kreuz, auch die Abfackelung einer israelischen Flagge sowie mehrerer Bücher klappt. Doch die Statisten und ihre Maskerade bleiben ein schlechter Scherz. »Kläuschen«, alter Bekannter und Helfershelfer Borns, mimt den Anführer der deutschen Klanbrüder und grölt in die Kamera den unsterblich blöden Satz: »Lodere, Flamme, lodere, reinige die arische Rasse!« Das Produkt, das Born in Köln abliefert, ist unübersehbar gefälscht: Die Anschlüsse stimmen nicht, und weder wackelnde Kamera noch schlechte Belichtung camouflieren die, buchstäblich, grottenschlechte Aufführung. Michael Born wird aber nicht hochkant aus dem Schneideraum geschmissen, sondern muß bloß, wie bereits bei dem Katzenjäger-Fake, eine eidesstattliche Erklärung über die Authentizität seines Materials signieren.

Daß er zu weit gegangen war mit der ebenso unnützen wie degoutanten Klanklamotte, bekam er bald zu spüren. Denn noch am Abend, als *stern-TV* den »aufgehotteten« Bericht über deutsch-amerikanische Nazifreundschaft ausgestrahlt hatte, fiel einem Staatsschutzbeamten, der Born schon länger observierte, »Kläuschens« Stimme als dieselbe auf, die einst aus dem Puderzuckerschmuggler von Caracas gesprochen hatte. Es folgten Hausdurchsuchungen, Videoanalysen und Anfragen bei RTL. Am 23. November 1995 verriet »Niko« dem Justitiar von *stern-TV* »alle Beiträge, die Fakes enthielten. Aber noch am 6. Dezember 1995 teilte der Justitiar in seiner Strafanzeige der Koblenzer Staatsanwaltschaft mit, es handele sich nur um zwei Beiträge [...]. Ich schloß daraus, daß die Redaktion die Sache [...] herunterspielen wollte. [...] Um 21.00 Uhr rief ich den einzigen Menschen an, der sich mit Medienfälschungen auskennen mußte. Konrad Kujau. Ich erklärte ihm die Situation, er glaubte nicht an eine Verhaftung.« Grober Irrtum.

Die Gerichtsverhandlung gegen Born bot Momente von irisierender Verlogenheit. Zumal Günther Jauchs Auftritt hätte, in einem zivilisierten Land, seinen Ruf für alle Zeiten ruinieren müssen. Er verkündete, wiewohl lange Jahre selbst Chefredakteur von *stern-TV* und weiterhin Moderator der Sendung: »Ich bin im Grunde genommen nie in einem Schneideraum dringewesen.« Sein Verständnis von journalistischer Sorgfaltspflicht erschöpfe sich darin, achtzugeben, »ob eine Geschichte stimmig ist«. Das heiße freilich nicht, den Wahrheitsgehalt eines Beitrags zu überprüfen, sondern abzuschmecken, »ob der Zuschauer der ›Geschichte‹ auch folgen kann. Ähnlich vielsagend waren die Auskünfte, die Jauch Anfang '96« – also kurz nach Borns aufsehenerregender Verhaftung – »in *Making of stern-TV* gab: ›Man hat 'ne Vorstellung, wie die Filme ungefähr sein werden. Und man sorgt sich dann, ob das ungefähr so funktioniert.‹« (Volker Lilienthal im Nachwort zu *Wer einmal fälscht ...*)

Ihren Zeugenaussagen zufolge hatten alle Redakteure von *stern-TV* nicht den Anflug eines Schimmers; im Zweifelsfall plagten sie Erinnerungslücken. Die eidesstattlichen Erklärungen, die sie Born unterzeichnen ließen, genügten ihnen als Gewähr für die Seriosität seines Materials. Angesprochen auf die nachträglich in die Tonspur gemischte Bombenexplosion von Betlehem und den eigenartigen Umstand, daß die

Touristen, die durchs Bild spazieren, nach dem Knall nicht einmal zusammenzucken, hatte der verantwortliche Redakteur schon der Polizei zu Protokoll gegeben: »Ich kenne mich dort auch nicht aus und mußte diese Ungereimtheiten auch so nicht erkennen.« Die Schamlosigkeit, mit der sich Jauch und seine Spießgesellen auf ihre Inkompetenz und Blauäugigkeit herausredeten, verursachte dem Richter Bauchgrimmen: Er bedauerte bei der Urteilsverkündung, daß es in Deutschland zwar Gesetze gegen Betrug an Redaktionen, nicht aber Paragraphen gegen das Belügen des Publikums gebe.

Insgesamt 350000 Mark hatte Michael Born von *stern-TV* zusammengeschwindelt. Dennoch verdankte er seine außergewöhnlich hohe Haftstrafe durchaus nicht der Abzockerei: Einerseits hielt das Gericht den »eingetretenen Schaden« für eher gering, andererseits die angeblich Geschädigten mitnichten für schuldlos. Es waren die bescheuerten Nazitiraden im Ku-Klux-Klan-Film, die Born am 23. Dezember 1996 vier Jahre hinter Gittern einbrockten. »Die Vorgabe des Beschuldigten, er habe Aufklärung über die rechte Gefahr leisten wollen, ließ die Staatsanwaltschaft und ließ das Gericht nicht gelten: Es sei Nachahmungsgefahr gegeben.« (Lilienthal) Eine Ansicht von hoher Absurdität. Born ist niemals ein Nazihetzer, sein Bericht, abzüglich des dämlichen Fakes, eindeutig der, wiewohl reißerische, Versuch gewesen, vor der Nazi-Achse Deutschland-USA zu warnen. Born wurde das Opfer einer üblen bundesrepublikanischen Justiztradition: SS-Mörder werden aus hanebüchensten Gründen freigesprochen, doch die bloße – überdies spiegelverkehrte – Abbildung eines Hakenkreuzes mobilisiert bei den Behörden ungeheuren antifaschistischen Ehrgeiz. So endete die eklatante Karriere des »Galgenvogels« mit einem lupenreinen Justizskandal. Denn wenn bereits die *Inszenierung* eines Nazikarnevals »volksverhetzend« wirken soll, wieviel mehr Unheil muß dann erst die landesweite Ausstrahlung dieser Szenen stiften? Doch Jauch und die anderen Gülleschaufler laufen weiterhin frei herum. »Die wahren Täter in den Sendeanstalten«, notierte Oliver Gehrs am Tag nach der Urteilsverkündung in der *taz*, »können sich indes zurücklehnen [...]: Bestraft wurde der Kleindealer und nicht die Paten.«

Michael Born wird nach seiner Entlassung aus der Haft höchstwahrscheinlich nicht mehr als Reporter arbeiten können. Man möchte hoffen, daß er's gar nicht erst versucht. Gute Vorsätze hat er im Knast jedenfalls gefaßt: Er wolle den deutschen TV-Usern beibringen, »die Glotze gleich ganz aus dem Fenster« zu werfen; und bis zu diesem, allerdings dringend zu wünschenden Tag werde er »für die Wahrheit kämpfen«. Toi, toi, toi. (k. s.)

Fliegende Händler dürfen, so das oberste Gericht, in Italien legal Markenfälschungen verkaufen. Grund: Kunde König wisse sowieso nicht, daß die z. B. Rolex für 50 Mark nicht echt sei.

Express, 6. März 2000

Unser Bier von hier? Ihr Bier!

Die Sitten verlottern, der Sitte Wachsamkeit tut not. Der Etikettenschwindler ist ein Vizemeister aus Deutschland. Kreuz und quer wird gebraut, der Verbraucher an der Nase herumgeführt gleich dem Tanzbären am Ring durch die Manege, und Werbebanden und Banden von Werbern künden lokale Spezialitäten und regionale Bräus (»Das Bier von hier«) an, als seien sie das Ei des Kolumbus – dabei ähneln sich mehr Biere, denn der Kunde ahnt, wie ein faules Ei dem anderen.

Papier ist geduldig, die Banderole dem aufhorchenden, mißtrauischen, einst gutgläubigen Konsumenten ein kruder Arno Schmidtscher Schmierzettelalptraum. Schreiben läßt sich viel, behaupten alles. »Wer lohnbraut, kriegt auf die Vorhaut«, drohten wir kürzlich, erfolglos. Es schwappt drunter und drüber, und kein Brauer wagt Farbe zu bekennen, obschon er weiß, wer für wen und wessen Traditionsprodukte mischt, daß es der Landsau graust.

Niemand erleidet Schaden, erwirbt und trägt er dummstolz eine falsche Rolex. (Weltweit 500 Milliarden Mark Schaden erwachse der »Wirtschaft« aus »Produktfälschungen«, jammerte Ende März 2000 der Deutsche Industrie- und Handelstag und forderte, die gemeine Lacoste-, CD-, Video-, Software- und Teletubbies-Flut einzudämmmen.) Die Marke als warenästhetisches Blendwerk und distinktionsheischendes Signal genügt ohnehin allein den »theologischen Mucken« (Marx) der Tauschmetaphysik und ihren sozialen Effekten: symbolisches Kapital zu akkumulieren oder: unter Beweis zu stellen, der dollste Hahn im Partykorb, der prächtigste Hecht im Krampfhennenteich zu sein.

Knallharter Handlungsbedarf entsteht, wo die Kunsthandwerker der Sudhäuser den Gebrauchswert, die eigentliche und ontologische Qualität geratener Rausch- und Genußsubstanzen, zum Lockmittel degradieren und glitzernde Namen in »Fangworte« (Hans Platschek) ummünzen. Meilensteine setzte hier zuletzt die selbstredend des Kulmbacher Sohnes Thomas Gottschalk erzkriminelle Sat.1-Kinonacht alimentierende Kulmbacher Brauerei, ein Unternehmen, auf das Michael Rudolfs leider gerichtsnotorisches Wort vom »Organisierten Erbrechen« u. U. nicht ganz zu Unrecht zuträfe. Doch jenen, die das wirtschaftsweit beispielgebende Lügengebaren deutscher Brauereien zu entmystifizieren trachten, sind die Hände gebunden. Davor sei das noch eine Mikrohopfenspur verheucheltere Fortbestehen des sog. Reinheitsgebotes.

Die jederzeit, nämlich gebietsspezifisch zuständige *Fränkische Landeszeitung* dokumentierte am 22. Dezember 1999, abseits des supermarktalltäglichen Beschisses, einen wiederum paradigmatischen, indes offen zutage liegenden »dreisten Bierschwindel«: »Neue, aber nicht legale Absatzmöglichkeiten für sein fränkisches Pils hat ein Brauereibesitzer aus Hirschaid (Kreis Bamberg) erfunden: In Zusammenarbeit mit drei Frankfurter Getränkehändlern« – wem sonst? – »füllte er seinen wenig bekannten und preiswerten selbstgebrauten Gerstensaft in die Fässer bekannter außerbayerischer Großbrauereien. Dann ließ er das Bier unter deren Markennamen teuer weiterverkaufen. Jetzt ermittelt die Kripo gegen das Quartett.«

Zu DDR-Zeiten fuhr man die Sude mit Blaulichteskorte aus, heute fängt sie die Grüne Minna ein – normale verquere Mehrwertorientierung statt abträglicher, nervenzutzelnder Mangelökonomie. Daß aber ein einzelner, der Brauer, den angeblich transparenten Markt zu neppen versteht, ja hinter der seit Hobbes oder Adam Smith litaneiisierten »unsichtbaren Hand« der genuinen Ehrlichkeit des Gütertausches und der Profitrealisation dem Wohl der Allgemeinheit dient (kein Orientale hegte je den Gedanken, er trete dem Abnehmer seiner Ware ohne Kniffe, ohne Hintersinn gegenüber, und dies jedoch auf der idealiter suggerierten Ebene gleichberechtigter Feilscher und Fintierer) – das deucht unsereinem und der ausnahmsweise vernünftig beschäftigten Staatsmacht dubios: »Seit gut vier Jahren betrieb der Hirschaider Braumeister nach Angaben der Bamberger Polizei den schwunghaften Handel mit dem falsch deklarierten Bier. Rund 110000 Liter seines selbst hergestellten fränkischen Pilses füllte er seit 1995 in die Markenfässer so bekannter Brauereien wie Warsteiner, Licher, Bitburger und Binding.«

Warum? Warum: Licher? Binding? Wahnsinnswarsteiner? Weshalb muß der Produzent eines, der blanken und naheliegenden Vermutung nach, allemal gepflegteren, besseren Biers unbedingt der Etikette(n) der denkbar vier übelsten Panscherpaläste sich bedienen? Jener Sprüche, die, annonciert die just zuhandene Bitburger-Flasche, prahlen: »Sehr begehrt seit 1817«?

Wir lernen: Nichts hat Bestand. Jeder trinkt das Bier, von dem er sich einreden läßt oder von dem er glaubt, es sei seines. Seins ist es selten. Die Skandalfässer rollen, und manchmal platzt die Seifenblase. »Einen weiteren Fund«, ergänzte die *Fränkische Landeszeitung*, »machten die Ermittler im hessischen« – wo sonst? – »Ort Okarben/Kreis Wetterau: Dort lagerten die Händler rund 250 leerstehende Stahlbehälter mit den Aufschriften der Brauereien. Die drei Männer aus Frankfurt wurden festgenommen. Die Polizei geht davon aus, daß auch die Inhaber einer Reihe von Gaststätten und Getränkemärkten aus der Frankfurter Region über die falsch deklarierten Bierfässer Bescheid wußten. Gegen den Hirschaider Brauer wird jetzt wegen Verstoßes gegen das Markengesetz ermittelt. Wieviel er an dem Bierschwindel verdiente, ist bislang nicht bekannt.«

Auch nicht, wieviel wir erlitten.

PS: Und Wein? Sie meinen, der wäre eine Alternative? Burgenländischer Glykolverschnitt? Rhein-Mosel-Mansche? Und der antikische und mittelalterliche Verschnitt- und Etikettierkonsens? Wunder geschehen: »Dem deutschen Weingesetz ist etwas Erstaunliches gelungen, nämlich die gleichmäßige Verteilung des Sonnenscheins auf alle Anbaugebiete.« (Fuld: *Lexikon*) (j. r.)

F. W. Bernstein

Aus der Welt der Gastronomie

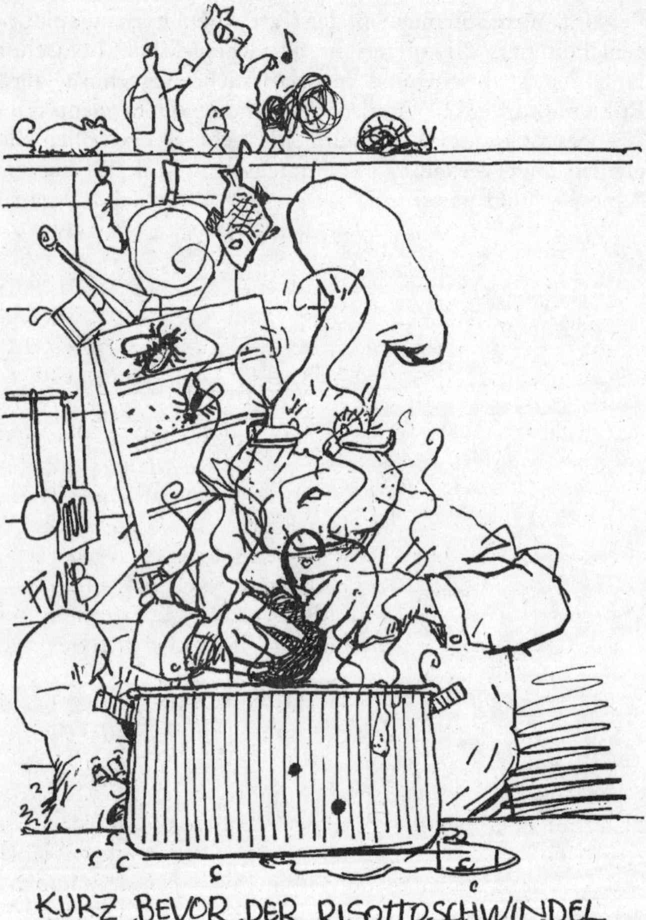

KURZ BEVOR DER RISOTTOSCHWINDEL AUFFLOG ...

Sinnschwindel, schwindende Sinne – Köhler antwortet Bernstein

»Wo waren wir stehengeblieben?« fragt der Maler, Dichter, Zeichner, anarchistische Ideologiekritiker und Deuter planetarischer Werbe-, Politiker- und Kultursprachenkorruption F. W. Bernstein in einem Brief an den Doktoranden Peter Köhler vom 10./11./12. April 1983 (vgl. Peter Köhler: *Nonsens – Theorie und Geschichte der literarischen Gattung*, Heidelberg 1989) und nagelt fort: »Daß seit der Erfindung der Rationalität viel Sinn in Umlauf gesetzt wird und so viele Verrichtungen begründungspflichtig wurden – ›wage es, Dich Deines Verstandes zu bedienen‹, fordert Kant vom mündigen Bürger –, aber die meisten bedienen sich nur vollmundig der Sprache; und Unternehmungen voll Kraft und Nachdruck verdienen nicht mehr den Namen der Tat – Hamlets Befürchtung ist ungerechtfertigt: nicht durch des Gedankens Blässe wird heute einer lahmarschig, sondern eher durch der Sprache Klapperwerk – und die abgedroschenen Sinnsätze behindern auch keinen bei seinen Untaten – im Gegenteil! Die amtlichen Begründungen für den Vietnam-Krieg waren verheerend für den Sprachgebrauch – und fast hastu Dich gewöhnt an den Schwampf und Schwindel, mittels welchem ün düsem unseröm Lande Häuserräumungen, Atomkraftwerke, Einsparmaßnahmen gerechtfertigt werden und Friedensbewegungen, Alternativ-Technik und was weiß ich noch disqualifiziert werden«;

– auch antizipierte Bernstein Joseph Joschka Fischers und Dany C.-Bendits schamlose Verdrehungen, Richtungswechsel und gauneröse Gurkereien; und konnte doch nicht vermuten, daß der Schüler siebzehn Jahre später, am 28. März 2000, mit einer ingeniösen, alle universitäre und fernsehoffizielle Bluff- und Blasenlaberei zerschmelzenden *taz*-»Wahrheit«-Wetterbox dem gesamtgeschichtlichen Trug und Stuß der Sinnbeterei und dem Schwampfschwindel des philosophisch-»geisteswissenschaftlichen«, rechtens »Diskurs« gescholtenen begriffsfetischistischen Bastlertums den Garaus machen sollte: »Endlich hat Bedeutung wieder Sinn. Allzu lange schon war Sinn ohne Bedeutung ein Zweck ohne Ziel. Wo aber Bedeutung ohne Ziel ist, bleibt der Sinn ohne Zweck fürbaß. Vom tiefen Sinn der Bedeutung ganz zu schweigen. Anders ausgedrückt, hat Bedeutung den Zweck im Ziel, so hat Sinn das Ziel im Plan. Dann und nur dann hat annoch der Grund ein Motiv, Sinn zu sein. Ergo hat Zweck wieder Sinn und also Bedeutung im Sinn dito. Folglich findet auch der Nutzen im Zweck ein Motiv als Sinn im Plan per Bedeutung selbander. Damit aber differenziert hic et nunc Bedeutung zwingend sich aus, zum Absinn, Aufsinn, Obersinn, Zwischensinn, Aneinandersinn et al. pp. Quod erat demonstrandum esse delendum, carthaginem sine qua non. Hurra!«

Der Kunst trauen, die der Beobachtung, den Sinnen traut. Bernsteins etwa. Den Rest in die Tonne. (j. r.)

Seichter Tiefenschwindel – Vom Love-sit-in zum Draufsitzen

Der Lehre Freuds ähnlich eng verbunden wie der Marxschen Fetischcharakter- und Teilen der Werttheorie, bemängelte Adorno 1952 an der »revidierten Psychoanalyse« (vgl. *Soziologische Schriften I*, Frankfurt/Main 1972), »daß sie in Adlers Oberflächlichkeiten zurückfällt, indem sie Freuds dynamische, aufs Lustprinzip gegründete Theorie ersetzt durch bloße Ichpsychologie«. Das Ich, abgelöst von den Herrschaftsmechanismen der »traumatischen Gesellschaft« (so Adorno gegen die voreilige Behauptung einer geglückten »Totalität des Charakters«), die sich im Es sedimentieren, wird nun Sammelplatz »emotionelle[r] Antriebe, Impulse, Bedürfnisse oder Leidenschaften« (Karen Horney; zit. n. Adorno). Man hatte den einzelnen zur Versklavung freigegeben – unterm Deckmäntelchen des Beistands, der Reparatur solcher Schäden, welche die postfaschistische Ausbeutung verursachte.

Der »Turbokapitalismus« (R. Kurz et everyone), nach erfolgreichem Abbau der letzten Reste sozialstaatlichen Schutzes für Schwächere, Renitente, Unglückliche, entbehrt, fünfzig Jahre später, gänzlich der nicht mal (sozialdemokratisch) regulativen und erst recht nicht kritischen Idee des Individuums, das seiner selbst gehorchte, gesellschaftlicher Zwänge eingedenkend. »Überhaupt von gesellschaftlichen Einflüssen zu reden«, notierte Adorno, »ist fragwürdig: bloße Wiederholung der ideologischen Vorstellung der individualistischen Gesellschaft von sich selber.« Und gab zu bedenken: »Das läuft darauf hinaus, daß ›Störungen im Bereich der Beziehungen zum Mitmenschen zum Hauptfaktor bei der Entstehung von Neurosen‹ werden.«

Was er nicht wissen konnte: daß dieser Tage a) die »Globalisierung« die phylogenetisch denkbar mächtigste Neurose, b) jene einfach Lüge, c) der Run auf die – unterdessen füglich so benamsten, dem gemeinen Handwerker kein Gran nachstehenden – »Seelenklempner« der wiederkehrend duplizierende Nepp und Betrug am Subjekt, d) die halbe Bekanntschaft der Autoren zumindest temporär gefangen ist im perfiden Heilsversprechensgebaren und Hilfenetz therapeutischer Scharlatane; und e) derart die Manipulation des Bewußtseins, die profitable Auszehrung je singulärer und doch sozial erzeugter Nöte kleinkulturindustrielle (und freilich televisionäre) Dimensionen angenommen hat.

Betrachten wir, wenn auch widerwillig, z. B. den Annonceteil des *Journal Frankfurt* (6/2000); ignorieren wir die jenseitigen Bumspassagen der *B.Z.*, der *Bild* und jedes beliebigen verfrickelten Stadtmagazins, die leistungsnachweisgeilen Protz-, Prahl-, Proleten- und gattungsprostituierenden Pißnelkenrochaden »sexueller Not- und Nachhilfe« (F. W. Bernstein), die Gemeinheitsadressen an den einst wahren, relativ unverstellten, erlaucht befriedigenden, prima rumorenden und hernach matt und mummelig ruhenden Sexus; und lugen wir; lustlos.

»Im April 2000 beginnt eine neue Selbsterfahrungsgruppe für Männer und Frauen. Für weitere Infos einfach anrufen, wir bieten ein kostenloses Gespräch an«, und für das stehen zweifellos die (Ex-)»Achtundsechziger« gerade, die, notfalls zu »OF-City Tel: 069 818199« hockend und quasselnd, versprechen: »John Gray ist weit weg – Rolf Stangenberg in Ihrer Nähe! Er zeigt Ihnen, wie Sie den richtigen Partner finden und für immer Beziehungsprobleme lösen. Lernen Sie die Tricks, die Sie attraktiv und begehrenswert machen.«

Wo? Und womit? »Körperpsychotherapie berührt tiefere Schichten der Persönlichkeit und zielt gleichzeitig auf die Erweiterung des aktuellen Handlungsspielraums. [...] Aktivität und Vitalität gefördert.« Fitmacherficker on Tour. »Streßabbau – Energieaufbau mit Chakra [...]. Personality-Coaching Energy house – wellness for business consulting.« Das könnte und kann meinen: »Yoga am Zoo«; »Holunder Naturladen« (OF); bzw. schon eher und tiefengründelnd zweiter Klasse (nicht, gottseidank, zum Barmen der BARMER und einreichbar): »Körperorientierte Psychotherapie«. »Hypnotherapie ist die geeignetste Methode, Probleme im Unterbewußtsein aufzulösen und Selbstheilungskräfte wieder zu aktivieren«, per »Coaching/Kurztherapie für berufl. u. private Probleme«, »Paartherapie«, »Kraniosakraltherapie«, »Supervision«, »Feldkraismethode (Gruppen- u. Einzel) Shiatsu, Fußreflexzonenmassage« dürfte's aber auch klappen.

Ziel ist und bleibt (und in einer Stadt ohnehin, die das ungeheure Lokal *Lebensfreude pur* beherbergt): »Lebensfreude! Nutzen Sie die Methode nach Milton Erickson. Durch eine verbal eingeleitete Trance finden Sie leicht Zugang zu Ihrem Unterbewußtsein, um dort verankerte Probleme und Blockaden direkt zu lösen.« Den »Weg aus der Krise« vermögen desgleichen die etwas handfesteren Varianten zu weisen: »Berührung Pur! Individuell gestaltete Ganzkörpermassage«, »Durch die Kunst der Berührung den Alltag vergessen!«, »The art of touch Hingabe an das Meer der Sinnlichkeit«, »Sie bietet phantasievolle Körperreise für Sie und Ihn durch gefühlvolle Massage«, »tiefenpsychologische

Körpertherapie«, Gestalttherapie sowieso – und: »Soma-Neuromuskuläre Integration. Gelöster Körper – befreiter Geist. Tiefe Körperarbeit gibt mehr Beweglichkeit, größeres Wohlbefinden + weniger Verspannungen. ›Aufrichtung‹ des Körpers in 10 Sitz.«

Den Gang zu E. Bloch spart man sich. »Mit dem Körper lernen!« blubberte allerdings bereits die aufschneidersitzende Sit-in-K1-Kanaille Rainer Langhans, dessen dazumalige und aktuelle Geistesverfassung (»Mir ist klargeworden, Spiritualität in Deutschland heißt Hitler« oder: »Wir müssen die besseren Faschisten sein, denn der Faschist ist in meinen Augen jemand, der erst mal natürlich das Himmelreich auf Erden holen wollte, also der wirklich Gutes tun wollte. Also unter diesem Gesichtspunkt ist Hitler selbstverständlich für uns alle ein großer Lehrer, das wird keiner ablehnen können«) exakt dem entspricht, was uns aus den schwindelerregend leimsiederischen Spalten entgegenschlonzt: »Advaita-Tantra-Schule – Tantra für Rebellen. Energetisch und intensiv, sexuelle Heilung, Kultivierung des Eros.«

Wo die Freudsche Kulturtheorie und von einem elementaren »Unbehagen« die Rede war, sollte Kultivierung und mag demnächst der Kult des Eros, die Show des Thanatos, die ganzjährig ganzheitliche Erotikmesse und der verlorene Schatz des Biobrots Gegenstand und Standard werden; ergänzt durch »Lach-Seminare«, die Suche nach den völlig unverzichtbaren »alten« resp. »verlorenen Erinnerungen«, »Stimm-, Atem- und Sprechtraining für Firmen«, spießgesellige »Inseln der Ruhe inmitten des hektischen Alltags« und, die Niedertracht quasi kulturbetriebssymbiotisch zu vervollkommnen, die Schurkerei allseitigen Schauspielens: »›Einmal-anders-sein‹-Theater« oder »Pantomime und Clown in der Türkei: 14-tägiger Intensiv-Workshop Ostern und Sommer 2000; Schnupperwochenenden für Jedermann in der Eifel.«

Doch, das hat was: Hofmannsthal-Bauerntheater identitätsfaselnder Brokerpinsel, und daheim kriegen sie die »effektive Kommunikation« (SK-coaching), den »Schwindel der Kommunikation« (Adorno: *Sittlichkeit und Kriminalität*, in: *Noten zur Literatur*, Frankfurt/Main 1974) verpaßt.

Der »Neustart für Ihr Denken! Das Power-Seminar von Dr. Markus Schoor. Drücken Sie die Reset-Taste in Ihrem Kopf! Misten Sie schlechte Denkgewohnheiten aus und gewinnen neue Lebensfreude!« findet schließlich auf »Dekorativen Bodenkissen für Meditation, Yoga oder einfach zum Draufsitzen« statt.

Vorgebliche Tiefenwissenschaft ward das Terrain des Geseichs, des Gewerbes der Aussitzer, der einträglich zurechtgefalteten Emotionalität und des auf naturreinen Opportunismus geeichten Gruppengefasels. In der Workshop-, Seminar- und längst auch das zu stählende Soma kolonialisierenden Wellness-, Creative- und Managerfitnesslifestylekultur kulminiert und explodiert – unabhängig vom genuin infamen akademischen Vereinigungswesen und von klinisch-neurotischen Fachzirkeln, Symposien und Geldzuschusterwirtschaften – der Jahrhunderttrug der Psychoanalyse, als esoterisches Geraune und Geschlämme, als pestilenzialische Beratungsbücherschwemme oder eben, hinunter zu den ganz Doofen der Großstadtkleinanzeigenbranche, als Kokoloreskursus »Körper & Seele«.

Therapier- resp. kurierbar sind sie alle miteinander nicht. Vielleicht wird sich der HErr erbarmen und ihr Geschmarre und unzüchtig Handwerk generös zur törichten Verfehlung erklären. Es wäre der Gnade größtmögliche. (j. r.)

Da ich Opfer eines langfristig und gezielt geplanten Anschlags bin und somit unschuldig, widerspricht das Vorgehen des DLV meinem Rechtsempfinden. Ich werde und kann eine Sperre nicht akzeptieren.

Dieter Baumann laut *taz*, 24. Januar 2000

Dopende Depperl

Das Land liegt flach. Fürchterlich. »Selbst die saubersten Sportler haben einen Flecken auf der Weste«, ächzte der honorige Reinhold Beckmann am 26. November 1999 im Rahmen der bescheuerten ARD-Gala *Die Ersten – Deutschlands Sportler 1999*, und gar die ehrliche Ochsenhaut Edmund Stoiber, die sich vor laufenden Kameras wegen der neuen Hochkonjunktur des »Fairplay nach dem Fall der Mauer« naß machte, blickte etwas verdruckst drein.

Deutschlands Sportler 1999 heißt – nein, nicht J. Ullrich, der nominierte »Rad-Gigant« *(Bild)* und mutmaßliche Pfuscher und spätsaisonale Blutwertepusher; sondern: Martin Schmitt, anabolikaresistenter, EPO-inkompatibler, da fliegenpapierner Skiflieger. Der Arsch Deutschlands heißt seit dem 19. November Dieter Baumann, der schwäbische Wunderlangstreckenläufer, der »weiße Afrikaner«, wie die Leichtathletikwelt den 1992er Olympiasieger über 5000 Meter bis vor kurzem rief.

»Ist denn im Sport gar nichts mehr sauber?« fragte *Bild*. Kein Trikot, kein Rallyereifen, kein Bolzplatz? Keine Renn- und keine Blutbahn? Alles ein schmutziges Geschäft ums dreckige Geld? Ein Run auf Gagen und gaga Goldmedaillen? »Ausgerechnet unser Gold-Baumann! Der sein Leben lang gegen Doping kämpfte. Dem wir in Niederlagen zujubelten, weil wir der Konkurrenz mißtrauten.« Und jetzt: der Bruch! Die Treue zum »Saubermann« – schmählich sind wir hintergangen worden. Warum? Warum findet das Kölner IOC-Labor des Wilhelm Schänzer 20 Nanogramm Nandrolon, das Zehnfache des Erlaubten, in Baumanns Urin? »Er kann uns doch einfach nicht so scheinheilig belogen haben …«

Viele fatale Fragen, null Antworten. Wortreiches Entsetzen. Fassungslosigkeit. Deutsche Depression. Man kehrt den Rinnstein, spült Mülleimer aus, sortiert häuslichen Unrat. Und ein Irrer, das Idol der Idioten, einer, der stets plärrte: »Sauberen Athleten kann doch nur durch Politik und Polizei geholfen werden«, sieht sich plötzlich konfrontiert mit seinem eigenen perversen Katechismus: »Für mich ist Doping ein Strafbestand. Die Strafen müssen hart sein.«

Baumann kann frohlocken. Ein autoritärer Charakter wird gezüchtigt, gesperrt, suspendiert, das verleiht positive Gefühle. Völlig Wurscht, ob das Anabolikum endogener oder exogener Herkunft ist. »Baumanns Denkmalsturz« (*Süddeutsche Zeitung*, 23. November 1999) kommt zur rechten Zeit. Die einen dürfen gelehrig streiten und Nachweisverfahren diskutieren, die anderen jammern, als sei der Kaiser in die Grube gerauscht.

Allein, wer trägt denn nun den Titel »Doping-Depp« (*Bild* über den dreifachen illegalen Muskelmäster Ben Johnson) davon? Dieter B.? Das doofe Deutschland? Oder endlich die professionelle Leibesertüchtigung en bloc, jener ohnehinnige Leistungswahnsinn jenseits des Menschenwürdigen?

Gebt die Gurkerei frei, und laßt schmutzige Körper rennen. Es zwickt 's Hirn langsam heftig; zumal, keine vier, fünf Monate vergingen, ohne daß nicht wöchentlich neue Wasserstandsmeldungen eintrafen, spätestens im März 2000 der bigotte Sportschwindel heillos in sich selbst verknäult war und Gutachter, Experten und Ermittler nun röhrten und raunten, bis doch der ersehnte »Stillstand im Fall Baumann« (*Stuttgarter Zeitung*, 23. März 2000) eintrat. Bereits am 10. März hatte die *Süddeutsche Zeitung* berichtet, der Tübinger Staatsanwalt Rolf Kindsvater wolle nicht länger mit dem kindischen Gezerre um einen Fabulanten, der sein edles, römischehrliches Profil in taktisch klug gewählten Abständen den Pressekonferenzkameras zur Verfügung stellte, beschäftigt werden: »Wenn nichts Sensationelles mehr auf den Tisch kommt, steht noch einmal ein Brainstorming an, und dann hat sich der Fall erledigt«, denn er »habe nach wie vor ›keinen konkreten Ansatz‹, wer die Zahnpasta des wegen Dopingverdachts suspendierten Läufers manipuliert haben könnte.«

Baumanns »Anschlagtheorie« schien sich als Schlag ins Kontor und Anschlag auf sein Konto zu erweisen. Gegen den Konkurrenten Stephane Franke, der während eines Trainingslagers »Zugang zum Badezimmer seines Rivalen gehabt haben soll«, mochte man ebensowenig vorgehen, »weil unsere Polizisten auch noch anderes zu tun haben«, und, listig schöne Wendung der juristischen Vernunft, die Tübinger Tube (»Schneller, Dieter! Du schaffst den Rekord! Drück' auf die Tube!« pflegte wohl Trainerin und Ehefrau N. N. ihn anzufeuern) selbst lief jetzt Gefahr, wegen falscher Verdachtsäußerungen (Zahnpastatheorie) und einer gigantischen Grille, heißt: »wegen Vortäuschung einer Straftat« auf die Mütze zu kriegen.

Taumel, Tumult, Realitätsverlust und Selbstbetrug: Den »allgemeinen Glaubenskrieg« forcierte einer, der mal der Deutschen liebster Sekundärtugendbold war und abschmierte, ausglitt auf jener Seife, die er, ständig von sich gab. »Langsam wird's grotesk«, schnaubte die treue *Stuttgarter Zeitung* und fügte eine weitere Beklopptheitspetitesse hinzu: »Fritz Sörgel, der Leiter des Instituts für biomedizinische und pharmakologische Forschung, hatte in den vergangenen Wochen wiederholt die Erwartung geweckt, er könne einen wesentlichen Beitrag zur Klärung des Dopingfalls Baumann leisten. [...] Noch gestern behauptete Sörgel, er habe der Staatsanwaltschaft am 14. März ein ›Arbeitsgutachten‹ mit einer klaren Stellungnahme zukommen lassen. Baumann, der auf entlastende Indizien gehofft hatte, muß nun fürchten, daß der Nürnberger Institutsleiter weit mehr versprochen hat, als er halten kann.«

Wir vermögen schwer auszuhalten, was weiters die Trimmwelt uns stündlich an Winkelzügen zumutet; etwa des weichen weißen Riesen Axel Schulz (Zone) freilich unwillentliche Verwicklung in eine der üblichen Gaunereien der Schlägerbranche, dergestalt dessen Las-Vegas-WM-Kampf gegen George Foreman am 25. April 1995 »nur durch finanzielle Bestechung des amerikanischen Titelverteidigers und seines Promoters Bob Arum zustande gekommen« (*FAZ*, 31.

Januar 2000) war und folglich die Internationale Boxing Federation (IBF) sowie demnächst gewiß alle anderen Gewichtheber, Faustkämpfer, Schwimmer und Eissprinter der eben bloß dem Berufsverbrechertum namens Sport inhärenten strukturellen Hintergehung der Gegner und des armen Publikums überführt werden dürften; von Formel-1-»Falschfahrerei« (*Sport Bild*, 19. April 2000), spanischen, italienischen und globalen Fußballschiebungen, Absprachen, Baslereien, Anthony Yeboahschen Alterslügen bzw. Jahrgangsmysterien und Wettmachenschaften, von Pferdemogeleien und Tommy Haas' »Schnitzel-Doping« (*BamS*, 7. Mai 2000) bis hin zu bösen Bobmanipulationen und Wrestlingsimulationen hier keuchend gar nicht zu plappern. Damit a Ruh' sei, bitte.

(Na, und was schreien die Titellettern der gerade zum ruhigen Genuß und zur Entspannung gekauften *Motorsport aktuell*, 28. März 2000, aus? »Schwindelt McLaren?« Aber jajanzsicher. »Alles Lug und Betrug« [*FAZ*, 10. April 2000], »Täuscher und Trickser in der High-Speed-Branche«, japs.) (j. r.)

Ob Marktwirtschaft oder ewige Liebe. Wir haben ihnen jeden Schwindel geglaubt.

Hermann Peter Piwitt: *Rothschilds*

Das Gefälschte und Schlechte zieht magnetisch seine Verteidiger an, und noch die Subalternsten werden scharfsinnig weit über ihre geistigen Verhältnisse hinaus, wenn sie Argumente suchen für das, wovon sie im Innersten selber wissen, wie unwahr es ist.

Theodor W. Adorno: *Fernsehen als Ideologie*

Mogelmöpse, Eierhalter, Gagenpreller usf. – Das Weibliche löckt, das Männliche lügt

Deutschland und die Welt im Jahr 2000 des stumpfalten, woxelnden HErrn: ein irres Chaos. Die Showbranche deliriert. »Der amerikanische Finanzexperte Dana Giacchetto (37)«, ein gewißlich Mafiasprößling ehern ersten Grades, »galt als«, und das gibt es jetzt auch, »Popstar der Anlageberater, köderte«, knallte die *BamS* vom 9. April 2000, »durch Charisma und falsche Versprechungen berühmte Kunden gleich scharenweise« und teufelte u. a. Giovanni »Leo« Leon zu Caprio, Matt Damon »und die schöne Cameron Diaz« in den Ruin, die schöne Frau Feldbusch gerade noch mal verpassend.

Der vierzig Millionen starke Gagenpreller und treulose Veruntreuer und »Betrüger Giacchetto« und »Hochstapler fälschte seinen Lebenslauf«, eine quasi vertrauensbildende Maßnahme gegenüber den Hollywoodeinfaltspinseln. Die olle Krachschachtel und sattsam stramme Feldbusch griff lediglich zur längst kanonisierten »Busen-Lüge« (Silikonaufschüttung, Latenz-Tendenz Körbchengröße 75 B oder A oder Rh positiv 0)[1], so *BamS* bereits am 15. Februar 1998; indes de-

1 Wir vermelden ergänzend »Ein Wunder! Max Schautzer wachsen wieder Haare« (*BamS*, 13. Dezember 1998); und staunen: »Da rei-

ren giftige und gleichsam recht grundlos existente US-Version Pamela Anderson, wenigstens gemessen an Jürgen Bräunleins scharfer Erkenntnis, die schwarzmähnige deutschbolivianische Wunderknalltütentusse sei »Prototyp dessen, was als dumme Blondine gilt« (*Die Welt*, 11. April 2000), der pudelnackten Tatsache und, vice augensplitternd versa, haarigen Schönfärberei gewahr werden mußte, die »ungeschminkte Wahrheit« stehe ihr eben weder zu Gesicht noch lasse die stolzen Brüste schwellen; sondern das Haupt sinken angesichts ungeschönter Fakten wie, Donnerwetter, »kein Make-up, plattes Haar, Schlabber-Look«. – »Frauen haben es ja schon immer gewußt, jetzt kriegen es endlich auch die Männer schwarz auf weiß: Sex-Symbol Pamela Anderson (32) ist ungeschminkt auch nur eine stinknormale Frau«, verreckgleich.

Bleibt jedoch, darauf ein Pfungstädter »Exclusiv« (RTL) Edel Pils Exclusiv, den, wer weiß, seit zwei Jahrzehnten verstärkt quillenden Hype um plastische Chirurgie und die Semiotik der »Mode« (Ulf Poschardt) und deren verhüllende, entbergende und letztlich verführen sollende schmierenkomödiantische Qualitäten endlich abwürgend, die Pamela eine so oder so ewig unbeschreiblich hinanziehende, lustvoll löckende Himmelsherrscherin. Dawider der non-grungy, antizyklisch muskelshirtbewehrte Zlatko Trpkovski (24)

fen über Nacht plötzlich üppige Busen, wie von Geisterhand verschwinden Falten. Krumme Nasen verwandeln sich in makellose Prachtexemplare, und wer früher unter Schlupflidern litt, strahlt plötzlich aus beneidenswert großen Augen. Woher kommt bei Dieter Bohlens schöner Naddel die bemerkenswerte Oberweite? Früher hatte die schlanke Schönheit weitaus weniger vorzuweisen. Oder ›Kaiser‹ Franz Beckenbauer und Sänger Costa Cordalis. Sie vereint das seltene Glück, daß Falten und Furchen mit zunehmenden Jahren einer bemerkenswert glatten Haut weichen.«

Bemerkenswert. Bemerkenswert. »Naddel: Wo kommt der Busen her?« Ein »Schönheitschirurg«: »Es ist eindeutig, daß die [Oberweite] nicht echt ist. Die Brüste sind zu groß für diese Frau, kleben in der Mitte fast zusammen. Man hätte die Silikonkissen tiefer einsetzen müssen, dann würde der Busen natürlicher fallen.« Kommentar »Kaiser« Franz: »Bei Männern ist das doch absoluter Schmarrn.«

nicht und nicht eine Schnitte sieht, und wenn dieselbe *BamS*, 9. April, bangte, »der Industriearbeiter mit den aufgepumpten Oberarmen« könne per Zuschauervotum sich gezwungen sehen, Leine zu ziehen aus ihrer verwichsten Öffentlichkeit; dergestalt der Bumskopf die volksdeutschen Schädel tatsächlich totalitär verwirrte und, Feldbusch-forcierter Schwabenmakedonier, der er ist, nach vierzig Tagen als offensiver Krawallprollpart aus der sog. Realitysoap *Big Brother* (RTL 2) abgewählt ward. Um, schnauf, jenen extrem kraßspeziellen Nichtigkeitsfall ins maßlos Ameisenfickende erweiternd, zwei Tage später die Jodelpresse eierhaltend, hodenschaukelnd zur Raserei zu bringen, weil man ihm die sechsteilige Dokusoap *Zlatkos Welt* (RTL 2) zuschanzte.

Da brummte der Bräunlein Jürgen (a. a. O.) über den »neuen proletarischen Helden des Banalen«, er, »entwaffnend ehrlich«, serviere »Authentizität [...] in Zeiten der allgegenwärtigen Inszenierung. Kein Spielfilm kann den Moment von Wahrheit überbieten, in dem Zlatkos Mutter feuchte Augen bekommt, weil ihr Sprößling zum besten gibt: ›Ich erfülle meiner Mutter den Wunsch: Einmal soll ihr Sohn im Fernsehen sein.‹ Das bessere Publikum ist darin geübt, solch ehrlichen Stolz zu unterdrücken.«

Jetzt räubert's komplett durcheinander. Eine Knallcharge der professionellen Lügner garantiere, da das Format, die »Doku«, angeblich Reales transportiere, Echtheit, derweil der Zwang zur Inszenierung herrsche, jener windelfeuchte, süßraspelnde Trash- und Campzirkus, den Bräunlein wiederholt begeistert begrüßte – i. S. einer gottseidank eingetretenen Abkehr von »deutschem Ernst«, Bildung und zumal dem terroristischen Republikschatten Adorno (samt Schüler und Anhänger). Keinen Gedanken haben, und es kommt ein Artikel heraus. Der akkurate Blödmann (»Soviel Körper und sowenig Geist waren noch nie«) erspäht »ein Jahrmarkt-Event zwischen Ernst und Ironie – wie einst schon [bei] Guildo Horn« – und schämt sich nicht; sondern orgelt im madigen Geiste Arnold Gehlens: »Diese plötzlich und schnell wieder verglühende Sympathie mit dem Einfachen hat etwas Entlastendes: Der Star wird banal.«

Wo Es war, sollen alle Banane werden, mei. »Phänomen Zlatko«, gravierte *Bild* (11. April) aufs duldsame Papier und befahl, »Zladdi for Kultus-Minister!«, »Medienredakteur« (was ein spiralförmig verdrechselter wahrhaftiger Lügenschleim) Joachim Huber zum Rapport: »Zlatko ist echt.« Echt knorke, stinkend normal, konkret: der falstaffeiste »Bauch des Landes« *(B.Z.)*, aus dem's faucht, grummelt und grantelt wie schlicht nicht gescheit. Wer lächerlicher lügt, die Kommentatoren oder die völkisch beseelte Masse, die vorm Kölner *Big-Brother*-Container der stringenten Dumpfbacke schlechthin, dem entfesselten Barbaren und potentiellen Totschläger, dem Führer ins Reich der Anpassung huldigt und die ehrwürdige »Demo« wiederbelebt (»Vermummte werfen Flaschen, Teenies brechen ohnmächtig zusammen«) – schwer zu entscheiden. Das Kollektiv ist der Lump, der Redakteur pumpt sich auf.

Dem neuapostolischen »Helden der schweigenden Mehrheit« *(Bild)*, der gar nicht so schweigsamen, jenem grotesk und daher repräsentativ dreistmäuligen ideellen Gesamtschrauber, dem forsch geldorientierten Medienparvenü – springt zuverlässig der Tiefsinnige zur Seite, der wähnt, dem ontologisch Talentlosen die Grenzen aufzuzeigen; beispielsweise der *stern*, exakt der, und seine »humoristische Fakeseite« *(taz)*. »Echtheit und Falschheit sind die Grundbegriffe im längsten Spielfilm der Welt«, faselt *taz*-Autor Detlef Kuhlbrodt (»Ein Held unserer Zeit«), als hätte das Kino je einen Furz auf Grundbegriffe gegeben. »Sei, wie du bist. Das geht nicht mehr im normalen Leben, das wohl das falsche sein muß, sondern nur in der Simulation des echten Lebens im falschen.«

Nein, das geht doch. Doch den Adorno doch einfach nie verstanden zu haben – und ihn doch zur paradochsen Grille zu postmodernisieren.

Wo's eh stinkt zum Firmament, schweflig, giftig.

»Shakespeare war Zlatkos medialer Durchbruch.« Recorderbediener Zlatko, der niemals ein Buch las, urteilte, vielleicht ahnungsvoll, über eine *Romeo-and-Juliette*-Verfilmung, sie sei »Deppengeschwätz, wo ich nach zehn Minuten keinen Bock mehr hatte. Was die für 'n Scheiß da labern ...« »Das war toll«, schob Kuhlbrodt hinterher, »›denn Shakespeare ist nicht das reale Leben, das reale Leben heißt Zlatko‹ (*Big-Brother*-Zeitung).« Und säuselte, taub, tonnentumb und stolz, feldbuschfesch: »Jeder Mensch wird vielleicht mal seine Chance bekommen«, und das ist mal eine handfeste Lüge, »ich hab' absolut nicht erwartet mit so was. Daß hier von wegen auch Fans da sind. [...] Eine Sache wär' cool, finde ich: Ich möchte Werbung machen, und Fotos machen wär' geil. Egal für was. Außer nackt.«

Die Lüge trägt Kleider, die Leute machen, die nichts machen, außer sich zu entblößen. »Er ist richtig Kult jetzt«, stöhnte eine Verehrerin via Internet, und Hans Meiser, der CreaTV-Produzent des Mists und Murks', ließ vor Zlatkos Demission den RTL-*Aktuell*-Helikopter über der Kölner Knastbaracke kreisen. »Mag er auch an Veronika [sic!] Feldbusch erinnern«, schwelgte Kuhlbrodt, »ein Idiot ist Zlatko sicher nicht.« Sondern sicher so clever, Pathologie rules, wie Montaguens Sohn Romeo; der seinerseits sich wunderte, regelte er heuer sein Liebesschicksal, das ein glücklich Ende fand, gleich jenen Herden heldenhafter Stiere, denen *Bild* (20. März 2000) qua Rubrik »Das Frauen-Thema« verriet, warum sie, »warum Männer so wunderbar lügen können«.

»Ich ruf' dich an« sei »eine blöde Lüge«, zürnte *Bild*-Woman Margot Dankwerth, und »US-Psychologin Dr. Dory Hollander« (vgl. *Die Lügen der Männer*, München 2000) beruhigte: »Sie begreifen einen solchen Satz nicht als Lüge, sie drücken sich nur vor einer klaren Aussage, das ist einfacher.«

Sie haben's halt in petto, die Gockel. »Männer flunkern wesentlich häufiger als Frauen: 36 Prozent bekennen sich offen dazu« – und scheitern. Der »Standard-Lüge« »Ich liebe dich«, einer reinen Sexualreizritualkomponente, hinzu gesellen sich die Macht demonstrierende, aufmaschelnde »Angeber-Lüge« (»Ich kann dir einen Job besorgen« – und mehr), die mitleidheischende »Seitensprung-Lüge«, die weicheiwabrige »Bloß-kein-Ärger-Lüge« (»Nein, dein Po ist nicht zu dick«) und die »Bequemlichkeits-Lüge« (Pilstrinken statt Poppen).

Das Männliche nämlich ermangelt vielem, das dem Menschen unentbehrlich ist: des »Selbstbewußtseins«, der legendären »Konfliktfähigkeit«, der offenen, unverblümten Zielansprache oder der puren Potenz. Von Angesicht zu Angesicht fliegt die Chose eher auf. Deshalb meidet der Lügner »Blickkontakt, macht ein betont unschuldiges Gesicht und kann nicht stillsitzen. Er redet pausenlos, weil er glaubt«, im Fernsehen zu sein und »daß er so alle Zweifel ausschaltet.« (Hollander) »Ich glaub', ich bin im Kino«, stammelt er, wird er überführt – was selten geschieht, denn: »Manche Lügen glauben Frauen auch richtig gerne«, die Luder.

Zwischen Pinocchios langer Nase, die das holde Weib dem Werber zeigt, und Casanovas Maschen laviert der moderne Kerl; Fährnisse noch und noch; Klippen umschiffen, Skylla und Charybdis, der ganze Stiefel; Trojanische Pferde bauen, Bären aufbinden, die auf keine Kuhhaut gehen; und, »himmlische Heuchler« hin, »charmante Schmeichler« her, die Entlarvung des Schönredners und hoffnungsvollen Speichelleckers ist unausweichlich.

Lügen haben behaarte Beine und »Zappel-Arme« (*BamS*, 13. Dezember 1998). Und Augen: »Sie sind das Spiegelbild der Seele.« Schau mir in die Augen, Kleines? Haha. Unsinn. »Hat jemand Angst vor seiner eigenen Lüge, senkt er den Blick. Vor allem Männer können dem Gegenüber dann nicht in die Augen schauen.« Männer beginnen »zu dozieren«, lenken ab, raunzen, statt zu maunzen, schwitzen, das Waterloo erwartend (Weiber, vegetativ weniger aufgepeitscht, »erröten« bloß), und hampeln »wild in der Gegend herum«, hauen den Wirtshaustisch zu Klump, »kratzen« die marode Bollerbirne wund und würden diese vermaledeiten Stopsellegs am liebsten unter die Arme nehmen.

Unmögliche Szenen. »Frauen dagegen«, die souveränen Wesen, geschmeidigen, eleganten Katzerl und Schlangen, lugen und linsen, lassen Lider fallen, verdrehen Pupillen, »wiegen den Oberkörper hin und her«, wippen mit den Titten, »klimpern mit den Wimpern« – ein erhabenes Schauspiel.

Die »Wissenschaftler« *(BamS)* sagen ja dazu: »Wer seinen Partner liebt, muß auch mal lügen! Kaum eine Beziehung ist so stark, daß sie ständig völlige Offenheit verträgt.« Mon Dieu, mon Chérie! »Phantastisch siehst du aus, hast viel mehr Erotik als die meisten Zwanzigjährigen!« fummelt der Gatte die

»Schmeichellüge« hervor und zieht desgleichen die »Respektlüge« (Catharina Lohmann; vgl. *Frauen lügen anders*) oder die »Unterlassungslüge«, praktisch die Verschweigungslüge aus dem Hasenhut und über den strammen Lumpenleisten.

Irgendwann allerdings, trotz partnerschaftshygienischer und volksgesundheitlicher Effekte, drohen Tod und Teufel, Zeter und Mordio, Atombusenbambule und nukleare Eiszeit. »Lügen sind wie Medikamente«, warnt Peter Stiegnitz, »die Dosis entscheidet. Ein bis zwei helfen, hundert bringen uns um«, etwa dann: »Keinen Gefallen tut die Frau ihrem Partner mit einer hartnäckigen Sex-Lüge. ›Zwar will jeder Mann ein guter Liebhaber sein – schließlich definiert er sich auch über Leistung und Potenz –, aber Vorsicht: Ständige Unzufriedenheit im Bett darf nicht verschwiegen werden‹, so Stiegnitz. ›Kommt irgendwann die Wahrheit heraus, bricht das Selbstbewußtsein des Mannes wie ein Kartenhaus zusammen.‹«

Soviel Körper war nie, der Geist schwächelt, die Architektur des Selbst bröselt, das »Haus der Lüge« (Einstürzende Neubauten) schwankt bedenklich. Zu vermuten ist, bald kommt ein neuer eineiriger Hitler und schafft die Sexualität ab. Oder Zlatko Kolle räumt die Klemmliebe weg.

Die Presse jedoch bleibt. Die wahre Erdenmacht, unser aller Peinigerin. »Aber es reicht jetzt.« (Hermann P. Piwitt)

(j. r.)

DDR auf den Punkt gebracht oder: Die Fähigkeit zu mauern

»Niemand hat die Absicht, eine Mauer zu errichten«, sprach Walter Ulbricht. (j. r.)

Spiel, Satz, Schnitzler

Der Schriftsteller Wiglaf Droste erzählt, wie er einmal, lange nach dem Fall des Lügen-»Schandwerks« (Gerhard Polt) der Mauer und dem Niedergang des Stasispitzelstaates, den ehedem zweitlautesten Aufklärer des geteilten Fernsehens, Karl-Eduard von Schnitzler *(Der schwarze Kanal)*, und dessen sympathische, kluge und rhetorisch versierte Frau daheim besuchte. Während »Sudel-Ede« gerade den jüngsten gesamtdeutschen und kapitalistischen Systembetrug geißelte, rief die Gattin aus dem Nebenzimmer herüber: »Karl-Eduard, du bescheißt beim Scrabble!« (j. r.)

In fact, it was wrong.

Bill Clinton, der »Pinoccio des ausgehenden Jahrtausends« *(FAZ)*

Bill, Busen, Bambule

Seit etwa 1776 haben die Vereinigten Staaten von Amerika nicht nur zielstrebig Skandale und Schweinereien angehäuft, die den später weiter südlich operierenden Militärverbrechern unter tatkräftig krimineller Mithilfe der weltpolizeilichen Zivilisationsmacht als Vorlagen dienten, um ihrerseits neue Dimensionen der Gewalt, des Terrors, der Lüge, der Vertuschung und des Betrugs an den jeweiligen Bevölkerungen – vulgo der Ausplünderung und bewußt hingenommenen oder kalkulierten Verelendung – zu erschließen; seit eben verschärft dem 20. Jahrhundert operiert die globale Eingreiftruppe nicht lediglich im Inneren und Äußeren nochmals verstärkt schurkisch und großgaunerhaft (ausgenommen die D-Day-Landung in der Normandie), von United Fruit über Vietnam, Nicaragua, El Salvador, Allende, Kuba, Watergate und Iran-Contra bis sonstwohin, immer ordentlich nach dem Muster, durch das eine Spektakel das andere mißliche zu bemänteln (wahrscheinlich das global gültige Modell für heutige moderne Politik) – und bedient sich dabei des effektivsten und teuersten Lügenapparats der Weltgeschichte, der CIA samt angeschlossenen Hilfsdiensten; nö: nicht nur eine »Bill of rights« brachte die USA zustande, sondern auch einen Bill.

Und auf daß – und angesichts der atemberaubenden Bilanz – unser weiterhin frischer und fideler und fadenscheiniger, unser porentief pur puritanischer Nato-Bündnispartner hier nicht beinahe ungeschoren davonkomme, würdigen wir seine vorerst wirklich letzte große, olympiaverdächtige Leistung auf dem Feld der Ehre durch die bündige Zusammenfassung der 1998er Monicagateaffäre, des nach Lady Dis Heimgangspresseprozessionen zweitstrahlendsten Ausweises der Macht des weltumspannenden organisierten Schwindelns, das über den »Kotball« (J. Wezel) Erde den matten Schimmer des Entschlummerns legt.

Großer Saal der Kenneth-Starr-Behörde. Grand Jury. Ab und zu springen die Hauptpersonen, wie es das Hollywood-Gerichtsdrama à la Im Namen der Ehre, Zeugin der Anklage *oder* Anatomie eines Mordes *vorschreibt, schreiend, brüllend, keifend, fauchend, beteuernd oder bestreitend auf. Der Bühnenhintergrund zeigt vor dem schattenhaften Umriß des Oval Office eine zwei Meter lange Krawatte und eine im Querschnitt drei Meter zehn messende Havanna.*

BILL. Sex ist, wenn es direkt auf der Haut geschieht, ja. Aber ich habe nie die Brüste von Frau Lewinsky berührt.
LINDA TRIPP *(wogenden Atombomberbusens, bewegter, beinahe heiserer, ja heißer Stimme).* Monica sagte mir: »Hätte ich dieselben Gefühle, daß es so falsch ist, etwas zu leugnen, würde ich es nicht tun.« Ich glaube fest, daß meine Freundin Monica es im Innersten nicht mag zu lügen.

Ankläger. Stimmt das, Fräulein Lewinsky?
Monica. Ich glaube, daß das niemand gerne tut. Ich würde im Zeugenstand für meine Familie lügen. So wurde ich erzogen.
Linda. Sag das nicht! Du redest dich damit um Kopf und Kragen.
(Der Ankläger stenographiert erregt.)
Linda. Ich würde beinahe alles für meine Kinder tun, aber ich glaube nicht, daß ich für sie im Zeugenstand lügen würde.
Ankläger. Reden Sie nicht von Glauben, reden Sie von Tatsachen. Beide!
Monica *(als hätte sie den Einwurf nicht wahrgenommen, fast wie in Trance)*. Ich bin mit Lügen groß geworden. Ich habe mein ganzes Leben gelogen.
Ankläger. Und Sie, Frau Tripp, glauben Sie, Sie könnten wenigstens hier und heute, für einige Minuten, nicht lügen und die Wahrheit sagen?
Linda. Euer Ehren, die Wahrheit, und nichts als die Wahrheit, unterbreite ich Ihnen. Wir schmiedeten einen Plan, wie ich eine Aussage unter Eid umgehen könnte. Nur ein kleiner, sagen wir, »Unfall«, der mich am Erscheinen vor der Jury hindern würde. Ich sagte zu Monica: »Schau, ich kann unter Eid nicht lügen, deshalb muß ich mir einen Weg ausdenken, um das zu vermeiden.«
Ankläger. Na, das ging ja schief. Frau Lewinsky, Sie besprachen sich vor unserer Sitzung heute mehrmals mit dem Präsidenten?
(Bill rutscht unruhig hin und her.)
Monica. Linda sagte mir, er wisse, daß ich lügen würde, für ihn, für uns.
Bill *(verträumt)*. Es war nett, du warst zärt ...
Monica *(kaum noch gefaßt)*. Ich habe es ihm aber nicht gesagt, daß ich lügen wollte. Oder ... äh ...
Linda. Ich dachte, daß du das in der Nacht, als er angerufen hat, klargemacht hättest.
Monica *(völlig außer Kontrolle)*. O nein, Scheiße, fuck, shitshitshit!! Ich weiß es nicht mehr, FUCK! Jesus! O Jesus Christus, o ...

Ankläger. Mäßigen Sie sich!

Linda. Ich hatte das Gefühl, Herr Präsident glaubte, es würde im Moment nicht noch weitergehen, denn er glaubte nicht, daß Monica die Wahrheit sagen würde.

Monica *(sehr schwach).* O, Jesus.

Ankläger. Und dann? Fräulein Lewinsky, was geschah dann? Bitte, ich bitte Sie jetzt aber entschieden, endlich fortzufahren!

Monica. Meine Mutter verstand, daß Linda glaubte, daß es notwendig sei, die Wahrheit zu sagen. Außerdem fand sie den Plan brillant, einen Unfall ...

Ankläger *(wirsch).* Schon gut. Frau Präsidentin, ich möchte Sie fragen, ob ...

Hillary *(platzt dazwischen).* Sexgate! Ha! Methoden wie bei McCarthy sind das hier! Das geht bis zu den Nazis und Hitler! Eine lichtscheue Clique werden meine Familie und ich genannt! Verleumdung! Verschwörung! Rufmord!! Eine weitläufige rechte Verschwörung! Sie, Euer Ehren, wollen doch nur den politischen Prozeß durch Strafjustiz und Sonderermittlungen ersetzen. Ich glaube, daß dies eine Schlacht ist. Es werden hier andere Dinge ans Tageslicht kommen!

Ankläger *(überrumpelt).* Ihr Mann hat gelogen, das können Sie doch nicht ...

Hillary. Bill, hast du mich angelogen?

Bill *(etwas unverständlich, in sich versunken).* ... Sorgen und Träume, die mich bewegen ... bin ein gebrochener Geist, das, was meine Bibel so nennt ... brauche Gottes Hilfe, um der Mensch zu werden, der ich sein will. Was heißt dies für mich und für uns? In erster Linie werde ich meine Anwälte ...

Ankläger. Wie bitte? Entweder reden Sie so, daß es alle verstehen, oder Sie warten, bis ich Sie anspreche. Also, bitte weiter.

Bill. Dies ist die ethisch beste Regierung der Geschichte!

Hillary. Bill, hast du ihre Mädchen angefaßt? Bill?

Bill *(eingeschüchtert).* Hm. Du kennst mich doch, ich kann ... Versuchung ...

Hillary *(dreht durch).* Dreckschwein!! Schlammschlacht!!!
Der rüstige deutsche Pressevertreter Augstein *(sich ungefragt einschaltend).* Mit Verlaub, Herr Präsident, unter dem ständigen Druck von Spermaproben und Schwänzeleien sollten Sie sich einen Ruck geben und Al Gore Platz machen im Oval Office.
Ankläger *(den Einwurf ignorierend).* Sie haben, wissen wir aus verläßlichen Quellen, Ihre Frau schon am Hochzeitstag betrogen! Und nun ein ganzes Land, eine ganze Nation belogen, die Glorie und ruhmreiche Geschichte der Vereinigten Staaten, gegründet in Freiheit und zur Verteidigung der westlichen Werte der Familie, des Friedens und der Demokratie, in den Schmutz Ihrer perversen Gesinnung gezerrt! Das erfüllt den Tatbestand des Meineids, zu dem Sie auch Ihre, wie soll ich sie nennen, Kurtisane genötigt haben, mit Hilfe Ihrer Winkeladvokaten Reid und …
Bill *(energisch, aber stotternd).* … es war nur mit dem Mund. Das ist kein Ehebruch. Ich habe die Wahrhei …
Hillary. Komm mir nicht mit dem Scheiß! Du bist ein Scheißkerl, Bill, weißt du das? Ein richtiger Scheißkerl!
Monica *(decrescendo).* Ich habe mein ganzes Leben …
Bill *(den Krokodilstränen nahe).* Ich fühle mich wie eine Figur in einem Roman. Ich fühle mich wie jemand, der von einer grausamen Kraft umzingelt ist, die eine Lüge über mich erfindet. Und ich kann die Wahrheit nicht herausbekommen.
Hillary *(tosend und trampelnd ab).* Ich stehe zu meiner Ehe, ich glaube an diesen Präsidenten, ich liebe ihn sehr …

Die anderen Beteiligten sinken schlaff und schluchzend zusammen. Die Sonne geht für immer unter. Vorhang. Klappe.

Die Playmate des Jahrhunderts trägt ein Pappschild über die Bühne: »Es kommt ein neuer Tag.« (j. r.)

[...] die Beliebigkeit der postmodernen Warenwelt verschluckt jede objektive Wahrheit, und die sogenannte Postmoderne ist ja folgerichtig nicht nur beim totalen Markt, sondern auch beim totalen Relativismus gelandet, also in einer Paradoxie. »Alles ist nur ein Film.« Somit entfällt jede kritische Reflexion über das Gewordensein »dessen, was ist«. Es »ist« einfach und damit Schluß. Für dieses Denken (oder vielmehr für diese Gedankenlosigkeit) kommt allerdings dem medialen und ideologischen Schein genausoviel Tatsachengehalt zu wie dem realen Sein; genauer gesagt »scheint« es keinen Unterschied zwischen Realität und Inszenierung mehr zu geben. Die Lüge ist genauso wahr wie die Wahrheit, und somit leben wir mitsamt unserer demokratischen Freiheit längst in einer Orwellschen Welt.

Robert Kurz: *Schwarzbuch Kapitalismus*

Der Krieg ist eine zu ernste Angelegenheit, um sie den Militärs zu überlassen.

Georges Clemenceau während des Ersten Weltkriegs

Die Journalisten waren gleichsam Soldaten – in dem Sinne, daß sie der Öffentlichkeit erklären mußten, warum dieser Krieg wichtig war.

Jamie Shea laut *Woche*, 5. November 1999

Fakten, nichts als Fakten!

CNN-Korrespondenten während des zweiten Golfkriegs

Krieg als äußerstes Liveerlebnis

»Was als Wissenschaft präsentiert wird«, nahmen sich Alain Sokal und Jean Bricmont (*Eleganter Unsinn*, München 1999) den Architekten, Stadtplaner und Essayisten Paul Virilio zur Brust, ist »eine Mischung aus stupenden Verwechslungen und wilden Phantasien. Außerdem sind seine Analogien zwischen der Physik und gesellschaftlichen Fragen so willkürlich wie nur möglich, wenn er sich nicht ohnehin ganz einfach an seinen eigenen Worten berauscht.« Virilio verwechsle die Begriffe »Geschwindigkeit« und »Beschleunigung« und rühre einen Brei aus Unverstandenem und geblähtem Pseudosprech an, dem er – simultan zum nichteuklidischen Raum der postmodernen Saufkumpane – das der passiven Optik opponierende Konzept des »realzeitlichen Interface« und der »Teletopologie« entnehme.

Der redliche Linke und rumorende Wissenschaftsscharlatan Virilio habe, konstatieren Sokal/Bricmont deprimiert, »das vollkommenste Beispiel für literarische Diarrhöe« geliefert. Bedauerlicherweise nahmen sie dessen Golfkriegstagebuch *Krieg und Fernsehen* (1991; dt. München/Wien 1993) nicht zur Kenntnis, in dem der flinke Finger das bis dato gewaltigste tödliche Lügenhappening nach 1945 als Vorlauf zum dritten Weltkrieg analysierte.

»In dieser Region der Erde«, informiert das Kapitel »Krieg der Geprellten«, »in der einst der Turm von Babel errichtet wurde«, *das* Symbol der Hybris, Trug, häßliche List und Argwohn unterm zoon logon echon, dem zur Sprache und zur Verständigung begabten Tier, zeugenden Konfusion, »sind wir Zeuge einer ungeheuren Verwirrung, einer ungeheuren Verschleierung der Tatsachen geworden.« Die »nie dagewesene Verseuchung der Medien« sei nicht auf den waffengangnotorischen »schlechten Umgang mit Nachrichten«, sondern darauf zurückzuführen gewesen, daß »die strategischen Köpfe dieses Krieges die wahre Information dauerhaft monopolisiert« hätten.

Laut Schopenhauer ist die Welt, nüchtern betrachtet, das banale und blamable, das fürchterliche Unwahre, eine Laterna magica. So sahen das, unwillentlich, aber im Eifer des TV-Gefechtes, das sie selbst anzettelten und dirigierten, auch die Militärs, deren Dramaturgie sich in einem einzigen »Taschenspielertrick« erschöpfte, der dem Zuschauer vorspielte oder -exerzierte, was er meinte fressen zu müssen: den Livewar, den wochenlangen Infight, das Wrestling zweier Gangster, der Supermachtmaschine Uno/USA und des Hitler-Wiedergängers Saddam Hussein, der teuflischen Reinkarnation sämtlicher »Nazikommunisten« *(Die Simpsons)* der Weltgeschichte.

Virilios Befund stimmt finster. Während Pressephotographen von US-amerikanischen Truppen festgesetzt wurden, weil sie mißliebiges Material hätten liefern können, organisierte das Militär die Medienmacht als »Protektionismus neuer Art« – und der heimische Betrachter hieß jene Methode »einer einfachen Verneinung der Notwendigkeit, informiert zu werden«, gut. Der Endpunkt der »Involution« (J. Agnoli) war erreicht: die »Auslöschung der öffentlichen Meinung«, Hannah Arendt zufolge das sicherste Indiz für totalitäre Herrschaft. Im Namen der Menschenrechte und der »freien Marktwirtschaft«.

Die innere Spionage, die Denunziation, die Verleumdung sind mit Watergate, trotz späterer Aufklärung, zum probaten Mittel der Politik avanciert. Kaum zu entscheiden, ob sich, so es der Golfkrieg minütlich demonstrierte, der Generalstab erfolgreich hat zur Medienmacht mausern können oder die Technologie, das Kabel- und Satellitenfernsehen, selbst die Herrschaft übernahm. »Unzählig sind die Streiche, die die Kommunikationsmittel seit der Watergate-Affäre, die Präsident Nixon das Amt kostete, denjenigen spielten, die glaubten, sie zu beherrschen. [...] Nun gibt es aber vergiftete Geschenke und Zeiten, in denen man, wie Vergil mit Bezug auf das Trojanische Pferd sagte, die Griechen und ihre Geschenke fürchten muß.«

Nixon beabsichtigte, ein System zu installieren, das ihm ermöglicht hätte, vom Weißen Haus auf Knopfdruck jeden US-amerikanischen Fernseher zu beschallen. Die Abrichtung des Wählersubjekts wäre perfekt gewesen. Der Zuspruch, den 1969 die Übertragung des Apollo-11-Fluges erntete, lieferte das Muster. Die fingierte Marslandung, die Peter Hyans Spielfilm *Unternehmen Capricorn* (GB/USA 1978) inszeniert, spendierte das Motto – zum Krieg am Golf: »Kommen wir zu dem, was man den Augenblick der Wahrheit nennt.«

Der Triumph der vollendeten Lüge. Der Augenblick. Jedermanns nervöses Auge, das verfolgt, was hic et nunc passiert. Krieg geschieht. In Echtzeit. Dabeisein ist alles.

»Wir sind weit entfernt vom Eden der Medien, von dem

Marshall [!] McLuhan vor dreißig Jahren oder auch Ted Turner«, CNN-Boß, »in jüngster Vergangenheit träumten.« Wir sind seit zehn Jahren (erneut) in der irdischen Hölle. Das Jüngste Gericht wird folgen. Der »erste Tarnkrieg der Geschichte« vollendete die genuin diktatorische Gesinnung einer totalen Kontrolle des Öffentlichen; und schaffte die Idee der Agora ab. Jeder nimmt teil, niemand hat was zu melden.

Desgleichen eliminierte der Golfkrieg, »Desert Storm«, generalstabsmäßig durch die Golfkrise (»Desert Shield«) vorbereitet, den Melder und jeden anderen soldatischen Akteur. Das Kommando rissen Programmierer an sich. Sie errichteten die »Herrschaft der Satelliten« und etablierten die »orbitale Macht«. Statt zu sinnieren, welche Schlachtordnung zu wählen und wie der Gegner zu täuschen sei, suchte man nun die Hoheit über die Erfahrungsfähigkeit zu gewinnen: »Die erste ›Kriegslist‹ ist also kein mehr oder weniger einfallsreiches Strategem mehr, sondern die Möglichkeit des Erscheinens der Fakten wird unterbunden. Da der Untergang der Fakten dem der Waffen vorausgeht, ist es heute weniger effektiv, ein brillantes Manöver oder eine durchdachte Taktik anzuwenden«, notiert Virilio, »als Informationen und echte Kenntnis zu verhindern durch ein Verheimlichungs- und Desinformationsverfahren, das eben nicht mehr mit Fälschungen oder nachweisbaren Lügen operiert, sondern die Abschaffung des Prinzips der Wahrheit bedeutet.«

Flugblätter, einst probates Mittel der psychologischen Kriegführung und bewußten Fehlinformation (und, vgl. Fuld: *Lexikon*, nach Artikel 24 der Haager Konvention als Kriegslist ausdrücklich gestattet; z.B. Alfred Kurella tat sich verdienstvoll hervor, da er Sabotagebefehle der Obersten Heeresleitung an die Stalingradrecken fälschte), fallen wie faules Laub. Radiopropaganda ist obsolet. Es gibt keine Botschaft. Gekämpft wird für nix, nicht mal für das Öl der Friedensbewegung. Der Krieg als Selbstzweck, als reine Prozedur der Vernichtung, kappt die letzten Bezüge zur Wirklichkeit und gehorcht den Gesetzen der Inszenierung. Nicht länger bewegt sich ein Berichterstatter »auf der Höhe« des Geschehens oder der Zeit. Das Ereignis setzen die Befehlshaber absolut. Für

Handelnde fehlt der Platz. Der reine Schein gerät zum Subjekt: »Angesichts der unauffälligen Abwertung des territorialen Raums, die sich aus der Eroberung des orbitalen Raums ergibt, werden sowohl die Geostrategie als auch die Geopolitik Bestandteil der List eines Systems der gefälschten Zeitlichkeit, bei dem die Unterscheidung von WAHR und FALSCH bald keine Gültigkeit mehr besitzt und zum Schaden der Leichtgläubigkeit des Publikums nach und nach durch die Unterscheidung von AKTUELL und VIRTUELL ersetzt wird ...«

Star wars – die Lüge, die nie des Leugnens des Realen entbehrt, wird schrankenlos, Gegenwart pulverisiert. »Auf diese Weise treten wir im Zeitalter der simulierten Übung militärischer Unternehmungen in eine Epoche der allgemeinen Verheimlichung ein«, Objekt und Bild verschmelzen, und alle stieren gebannt. Die falsche Identität von Schein und Sache kulminiert in einer Verwaltung der Kriegshandlung, die, zeigt Virilio überzeugend, die Verfahren des »modernen« Marketings adaptiert: das Ohr am Puls der Zeit haben, rasante Produktionsflüsse, rasende Umsetzung von Ressourcen resp. Kapital und Realisation von Handelsoptionen.

Daß der Golfkrieg einem endlosen Commercial spot glich, einer permanenten Waffenmesse, generierte die fetischistische Magie des »technischen Integrismus« – »ein neuer Illuminismus«, der düsterste Prospekte offerierte. »Die Grenze des Wahren«, referiert Virilio René Thom, sei »nicht das Falsche, sondern das Sinnlose«. Der Wahrheitskern der von Adorno verspotteten angeblichen Atombombendichtung Samuel Becketts, womöglich zeigt er sich seit 1991 doch, da Ted Turner die Gelegenheit der Sekunde ergriff und erstmals die Diplomatie, ein Feld, auf dem *gesprochen* wurde, zugunsten der Allmacht des Echtzeitbildes, der Impression aus dem Blitzkrieg, dem Feuerwerk, das Bomber *on air* veranstalteten, vernichtend zerschlug.

»Es ist also unnötig, sich die Frage zu stellen, was ›Information‹ noch von ›Propaganda‹ unterscheiden könnte.« Die »Fernsehserie« Golfkrieg bestimmt die Spielregeln, die sie selbst formuliert – qua Bild. Die nächtliche Soap kennt keine identifizierbaren Figuren, keine Opfer, keine Scheißheroen, nur das »beckerhafte« (Gerhard Polt) Drinsein. Sie attackiert das Bewußtsein bis zur Kapitulation. »Kann das denn wahr sein?« Was sein kann, ist: »Bei der Offensive der Direktübertragung ist alles wahr, ›wahr‹ im instrumentellen Sinn des Wortes, das heißt, operativ und unmittelbar wirkungsvoll.«

Die grundfalsche Unmittelbarkeit, die erzwungene Identifikation mit dem Angreifer, sichert die Illusion, dem Wahren, dem Zweck beizuwohnen. Virilio wählt den Begriff der »Teleaktion« und meint: »was zählt, ist [...] Darstellung in Echtzeit«. Regression auf einen Zustand, in dem »wahr« und »falsch« ununterscheidbar sind, lautet das Kriegsziel. Fühlung aufnehmen, dabeisein. »Auf Verlangen der Verbraucherverbände hat man vor kurzem ein Anti-Playback-Gesetz vorbereitet, mit dem die Praxis des Playback von der Bühne und aus dem Fernsehen verbannt werden soll. Auch der Krieg, ganz Ausdruck seiner jeweiligen Zeit, gibt sich nicht mehr mit dem Replay zufrieden, er fordert Direktübertragung.«

Der Golfkrieg besiegelte das Ende der Reflexion. Er zwang den einzelnen, der daheim der Dinge harrte, im Zuge »einer Teleaktion im Wohnzimmer« zur Selbstauflösung, zur Auslöschung seiner Fähigkeit, aus der Distanz, die dem bearbeiteten Bild (dem Bericht, Kommentar, der Nachricht) ehedem eingeschrieben war, zu urteilen – wenn auch restringiert. Das Innen ward auf der Frequenz der Fernsehausstrahlung gleichgeschaltet. Der mobilisierende Effekt strahlte in zweierlei Richtung: Einerseits erlebte der Konsument den Moment des Bombenabwurfs und des Raketeneinschlags, andererseits vollzog er die Tat der Zerstörung, als wäre er selbst Kommandierender. »Ebensowenig wie die Wettervorhersage eine gewöhnliche Information ist, sind Fernüberwachung und Fernalarmierung der Anschauungsweisen eine propagandistische Praxis (im Sinne der Propagandastrategie eines Goebbels zum Beispiel), sondern vor allem die Einstellung eines öffentlichen Bildes, die Hervorbringung einer Art von hoher Auflösung der kollektiven Wirklichkeit. Das, was sich bei der Presse einst innerhalb eines Tages abspielte, dann mit dem Radio im Stundentakt, spielt sich nun augenblicklich ab, im echtzeitlichen Augenblick eines im Fernsehen ausgestrahlten Kommuniqués. Hierin besteht der Unterschied zwischen dem propagandistischen Gebrauch der Kino-Wochenschauen während der zwei Weltkriege und dem Gebrauch eines weltweiten Fernsehnetzes während der Golfkrise.«

Man muß niemanden mehr überzeugen. Der »mediale Drill« zeigt Wirkung, ohne daß – ob durch den General oder den Anchorman – geschrien, befehligt, auf die falsche Fährte gesetzt würde (Habermas' berühmte perlokutionäre Sprechakte). Die Wahrheit kapituliert. Der militärisch-industrielle Komplex entdeckte die Mechanismen der Kulturindustrie für seine und die bis dato weitreichendsten Zwecke. In Umkehrung der Expansion des Internet, daselbst eine militärtechnische Entwicklung die Zivilgesellschaft eroberte, enthüllte der Tötungsapparat die Potenzen kulturindustrieller Zurichtung des Bewußtseins. War der Krieg einmal, nach Clausewitz' Definition, die Fortsetzung der Politik mit anderen Mitteln, ist er am Golf die Eliminierung der Politik mit den Mitteln der Bewußtseinsmaschinerie.

1953 veröffentlichte Adorno den *Prolog zum Fernsehen* (in: *Eingriffe*, Frankfurt/Main 1963) und beschrieb die »Tendenz, das Bewußtsein des Publikums von allen Seiten zu umstellen und einzufangen«: »Wie man außerhalb der Arbeitszeit kaum mehr einen Schritt tun kann, ohne über eine Kundgebung der Kulturindustrie zu stolpern, so sind deren Medien derart ineinander gepaßt, daß keine Besinnung mehr zwischen ihnen Atem schöpfen und dessen innewerden kann, daß ihre Welt nicht die Welt ist.«

Es ist die Welt des Fernsehens der gewichsten Generäle. Sie lenken noch den Schlaf, den der White collar worker nicht findet, da er den Flug der Scud- und Patriot-Raketen verfolgt. »Vermutlich macht das Fernsehen sie nochmals zu dem, was sie ohnehin sind, nur noch mehr so, als sie es ohnehin sind«, charakterisierte Adorno die diabolische Verdoppelungs- und Abdichtungsmechanik der realen Fiktion des TVs. »Je vollständiger die Welt als Erscheinung, desto undurchdringlicher die Erscheinung als Ideologie.« Die Welt ist alles, was sie scheint.

Wo die Grenze zwischen Bild und Ich fällt und das Schlafzimmer eine Kammer darstellt, in der das mystische Ritual der Einverleibung des einzelnen durch den kollektiven Wahn, endlos wiederholt, die Normalität definiert, überschlägt sich sozusagen der »Trug des doppelten Lebens« – in »der spezifischen Fernsehsituation des Heimkinos«; »auch sie wird eine Tendenz der gesamten Kulturindustrie verstärken: die zur Herabsetzung der Distanz von Produkt und Betrachter, im wörtlichen und übertragenen Sinn. [...] Die Grenze zwischen Realität und Gebilde wird fürs Bewußtsein herabgemindert. Das Gebilde wird für ein Stück Realität, eine Art Wohnungszubehör genommen, das man mit dem Apparat sich gekauft hat.«

Adorno lieferte den Prolog; und erahnte, welche Konsequenzen das Liveprinzip nach sich ziehen würde: »Distanzlosigkeit, die Parodie auf Brüderlichkeit und Solidarität, hat dem neuen Medium sicherlich zu seiner unbeschreiblichen Popularität mitverholfen.« Die Einschaltquoten sprechen ihre Sprache, und sie sind die Sprache der Welt. Das System der Kontrolleure und Zensoren weicht dem allgegenwärtigen Zauber der Entzauberung: Alles ist mitteil- und übertragbar und vollecht, »authentisch« (die dickste Lügenvokabel der Neuzeit) rezipierbar. Kriegerischer Regisseur und Abnehmer finden zusammen. Solch perverse Symbiose – Thomas Pynchons Romane spielen deren Genese und Folgen durch – bedarf nicht länger der Verstellung oder Verheimlichung. Die zweite Natur läßt keine Erinnerung an die erste mehr zu, an die Beziehung zwischen den Menschen und den Menschen und den Dingen. »Die Kulturindustrie grinst: werde was du bist, und ihre Lüge besteht gerade in der wiederholten Bestätigung und Verfestigung des bloßen Soseins, dessen, wozu der Weltlauf die Menschen gemacht hat.«

Virilio verfaßt den Epilog, den Abgesang auf Zeiten, in denen die Rede von einer Dichotomie zwischen Medium und Wirklichkeit, Simulation und Erfahrung, Lüge und Wahrheit noch Sinn beanspruchte und der Kritik die normative Grundlage bereitstellte. Die Kriegsindustrie grinst und verrichtet ihren Job – per Computergraphik, Schaubild, dem

»Sinnbild« des Tarnkappenbombers, das verdeutlicht, wie die Darstellung über die Sache triumphiert. Unsichtbar und wirkungsvoll: Jener neue Flugzeugtyp, so Virilio, realisiert kriegspraktisch den Anspruch, »das virtuelle Erscheinen zugunsten des Erscheinens im Augenblick der Aktion, der Echtzeit der zerstörerischen Aktion zu vermeiden«.

Der »erste totale elektronische Krieg der Geschichte« zerstörte blitzartig sämtliche Epochen der Geschichte (oder deren »Kulturleistungen«), die Sagengeschichte, Geschichte der Überlieferung, der Traditionssicherung, der Aneignung waren. Ob Oralität oder Schriftlichkeit: Die Organisation der Gesellschaft wurde auf das Bild abgestellt – durch die Demontage der Zeiterfahrung und die Herstellung einer globalen Simultanität, die das Simulierte für das Echte und einzig Reale ausgibt: »Während [...] im Vietnamkrieg das zeitversetzt sendende Fernsehen in der Tat fast ausschließlich die amerikanische öffentliche Meinung beeinflußte und die bekannten Wirkungen erzielte, läßt der echtzeitliche Fernsehsender aus Atlanta die gesamte Weltbevölkerung und damit der ganzen Welt interagieren.«

Virilio rekonstruiert »drei große Zeitalter des Krieges«: das taktische lokal begrenzter Belagerungsschlachten mit Obstruktionswaffen wie Verteidigungswällen, das strategische als die Bevölkerung einbeziehende Zerstörung unter Raketen-, Panzer- und sonstigem Feuer und das logistische, den »totalitären Krieg der Kommunikationsmittel«, den »Blitzkrieg«, den postmodernen Konflikt, der im und über das Fernsehen abgewickelt wird.

»Zum erstenmal«, ließen sich israelische Bürger vernehmen, »gibt es einen Krieg im Nahen Osten, den wir uns vom Bett aus im Fernsehen ansehen können.« Kam schon Dekaden zuvor die Politik auf den Dreh und den Hund der Reklame, schienen nun die Möglichkeiten der massenmedialen Manipulation wirklich ausgeschöpft. »Es ist also unnütz«, kommentierte Virilio, »sich im Zusammenhang mit diesem Krieg der Echtzeit Gedanken über die Zensur und das öffentliche Fehlen bestimmter Bilder von der Front zu machen; das Wesentliche ist die Wirkung, die Unmittelbarkeit der im

Fernsehen ausgestrahlten Nachricht.« Metternich hätte sich am Stand der technologisch-ideologischen Entwicklung gelabt. Von der Zensur, der operationalen Lüge, über die Propaganda, die strategische Intervention in den Corps, bis zur zwanglosen Gleichschaltung auch der Nichtteilnehmer beschritt man einen langen Weg. Die Nazis und ihre Volksgenossen begriffen das neue Medium zunächst i. S. einer eskapistischen Vergnügungsveranstaltung. Erst Leni Riefenstahls *Triumph des Willens* atmete den Geist der Verschweißung. Jener »Standardfilm der nationalsozialistischen Bewegung. Die Seele des Nationalsozialismus wird in diesem Film lebendig!« (Goebbels) gab die Richtung vor hin zu *Jud Süß* und kinematographischen Manifestationen der Euthanasie. »Die Kontrolle der Medien zur Zeit des deutschen Nationalsozialismus«, schreibt Heiko Zeutschner (*Die braune Mattscheibe – Fernsehen im Nationalsozialismus*, Hamburg 1995), »war total und rigide. Gleichschaltung und Führerprinzip waren die fundamentalen Organisationsprinzipien«, und zugleich lenkte Goebbels eine »Unterhaltungspropaganda«, deren manipulative Effekte ihm vorläufig »wirksamer« erschienen als offene Denunziation.

Gleichwohl kam das TV dort zu sich, wo »die militärische Instrumentalisierung der Fernsehtechnik nahezu ausschließlicher Leitgedanke« wurde – unter den Ingenieuren, die Kameras »Fernsehkanonen« tauften, und 1937 auf dem Nürnberger Reichsparteitag, der der Welt die erste Konferenzschaltung schenkte. Die sog. »Fernsehgegensprechanlagen« reizten die Optionen vorerst aus: Ein »staatlich subventionierter Tarnbetrieb«, der parallel zu seit 1931 durch das Reichspost-Zentralamt unternommenen Kabelexperimenten wuchs (und Hitler, gleich Nixon, wünschte die Installation eines »Stichkabels über Berchtesgarden zum Obersalzberg«, das ihm »die Möglichkeit geben sollte, ›in deutschen Gauen wie in einem Bilderbuch zu blättern‹«), ward entscheidend gefördert 1935, da ein Führererlaß von der »großen Bedeutung des Fernsehwesens für die Flugsicherung und den nationalen Luftschutz« plärrte. Zu Peenemünde forcierte die innovative Signalübertragung die V2-Fertigstellung: »Auf diese Weise waren das Fernsehen und seine Techniker mittelbar beteiligt am Raketenterror gegenüber der englischen Zivilbevölkerung in den letzten Jahren des Krieges.« (Zeutschner)

Die Volksgemeinschaft bedurfte »öffentlicher Fernsehstellen« und »Fernsehtheater«, gleichsam kollektiv rhythmisierender Arenen, die der in *Mein Kampf* (Kap. »Propaganda und Organisation«) postulierten »Fanatisierung« der Massen nachhalfen. Zur flächendeckenden Belieferung mit bild- und segenspendenden »Volksempfängern« kam es aus kriegsökonomischen Gründen aber nicht mehr. Die fortgeschrittene Industriegesellschaft erst vollbrachte jene Leistung der totalen Integration via Sendesignal, die sich das Lügensystem erträumte. Angesichts der drohenden atomaren Katastrophe dirigierte sie, wie Herbert Marcuse (*Der eindimensionale Mensch*, Neuwied 1967) konstatierte, die einzelnen auf *die Totale* hin: »Unter diesen Umständen fällt es unseren Massenmedien nicht schwer, partikulare Interessen als die aller einsichtigen Leute zu verkaufen. Die politischen Bedürfnisse der Gesellschaft werden zu industriellen Bedürfnissen und Wünschen, ihre Befriedigung fördert das Geschäft und das Gemeinwohl, und das Ganze erscheint als die reine Verkörperung der Vernunft.«

Totale Kommunikation ist der Kitt zwischen den Klassen, hält den Laden zusammen und bindet die verblendeten Subjekte fetischistisch ans Bestehende. Ihre integrierende Leistung verdoppelt die Lüge des hochentwickelten Kapitalismus, das sog. Gemeinwohl bügele die Antagonismen aus durch sozialpartnerschaftliche Regelungen, die »das betrügerische Einverständnis von Kapital und organisierter Arbeiterschaft« festigen. An der »Unterscheidung zwischen wahrem und falschem Bewußtsein« hält der Ideologiekritiker fest, der das Ganze als das Unwahre decouvriert.

Marcuse betont die synthetisierende und synchronisierende Rolle der Medialisierung und der neuen technischen Standards: »Im Medium der Technik verschmelzen Kultur, Politik und Wirtschaft zu einem allgegenwärtigen System, das alle Alternativen in sich aufnimmt oder abstößt.« Die Differenz zwischen Anschauung und Gegenstand, Denken und Wirklichkeit, Transzendenz und Immanenz verschwimmt und geht schließlich ganz verlustig – zugunsten einer verheerend falschen Subjekt-Objekt-Identität: »Im Ausdruck dieser Denkgewohnheiten verschwindet allmählich die Spannung zwischen Erscheinung und Wirklichkeit, Faktum und Faktor, Substanz und Attribut. Die Elemente der Autonomie und Entdeckung, des Beweises und der Kritik weichen der Bezeichnung, Behauptung und Imitation. Die Rede wird der Vermittlungen beraubt, die die Stufen des Erkenntnisprozesses und der erkennenden Bewertung sind.«

Derart perfekt vollzieht sich die Mimikry, daß die reaktionäre Floskel »Politiker lügen, sobald sie den Mund aufmachen« einen höheren Wahrheitsanspruch behaupten kann gerade dann, wenn die Regierten nicht mehr glauben, es existiere neben der Praxis des Betrugs an ihren Interessen (und nicht lediglich schmiergeldliche und andere korrupte Akte) die Bereitschaft weniger, die Dinge beim Namen zu nennen. Die Sprache selbst ward medialisiert, Medium nicht der Verhetzung und Demagogie, sondern der unausgesetzten Beeinflussung und Täuschung über die realen Besitz- und Machtverhältnisse. Der Austreibung der Reflexion folgt die sublime Abrichtung qua hypertropher Repräsentation, Versimpelung. Sprache gerät zum Zeichen ohne (Gegen-)Wert, zur Warenmarke, zum permanenten Kommando, Dauerbeschuß aus der Nebelkanone: »Es ist das Wort, das Befehle erteilt und organisiert, das die Menschen veranlaßt, etwas zu tun, zu kaufen und hinzunehmen. Es wird in einem Stil übermittelt, der eine wahre Sprachschöpfung ist, in einer Syntax, bei der die Struktur des Satzes derart abgekürzt und zusammengedrängt wird, daß zwischen den Satzteilen keine Spannung, kein ›Raum‹ mehr verbleibt.«

Uwe Pörksen (*Plastikwörter – Die Sprache einer internationalen Diktatur*, Stuttgart 1988) attackierte zwanzig Jahre nach Marcuse den inflationären Gebrauch von Visiotypen und ortete in »der Verbreitung sogenannter ›Plastikwörter‹ die Anzeichen einer neuen Form von Diktatur – einer Diktatur, die ihr wahres Gesicht nicht zu erkennen gibt, weil sie sich unbemerkt in das Bewußtsein der Beherrschten eingeschlichen hat. Herrscher und Beherrschte sind in einem sprachlichen Einverständnis zusammengeschlossen.« (Jürgen Schiewe: *Die Macht der Sprache – Eine Geschichte der Sprachkritik von der Antike bis zur Gegenwart*, München 1998) Marcuse erblickte das Unheil in der strukturellen Verarmung sprachlichen Handelns. Die »Funktionalisierung der Sprache«, durch »Verteidigungslaboratorien und Vollzugsämter, die Regierungen und Maschinen, die Aufseher und Manager« vorangetrieben, verkürze und vernichte den Sinn der Rede. Um Partizipation zu erzwingen, bedienen sich die ideologischen Apparate feiner Steuerungsmethoden. Sie kastrieren den Ausdruck, fertigen Symbole, Clichés, »repressive Konstruktionen« und »starre ›Bilder‹«. Denken und Handeln werden wieder in den Bann des mythischen, bildhaften Sprechens geschlagen. Die Routine der »Einschüchterung und Glorifizierung« spinnt, ähnlich der Orwellschen Diktion, ein Netz aus beziehungslosen, wirkmächtigen »hypnotischen Formeln«. Der »Schwindel der Kommunikation« (Adorno) fliegt dennoch niemals auf. »Nichts bleibt als Ideologie« (Adorno), »die ganze Kommunikation hat einen hypnotischen Charakter und gleichzeitig einen Anspruch von falscher Vertraulichkeit«, die Adressaten nehmen, was man ihnen vorsetzt und verkauft, für bare Münze.

Das Geschäft läuft, nur Falschgeld im Umlauf, der Rubel rollt. Die Gewinne lassen nichts zu wünschen übrig. Die Remythisierung der Gesellschaft ist ein einträgliches Prozedere. Gehorsame Untertanen fragen und opponieren nicht. »Relativ neu ist, daß die öffentliche und private Meinung diese Lügen allgemein akzeptiert und ihren ungeheuerlichen Inhalt vertuscht. Verbreitung und Wirksamkeit dieser Sprache bezeugen den Triumph der Gesellschaft über die Widersprüche, die sie enthält; sie werden reproduziert, ohne das soziale System zu sprengen. Und gerade der ausgesprochene, schreiende Widerspruch wird zu einem Rede- und Reklamemittel gemacht. Die Syntax der Verkürzung verkündet die Versöhnung der Gegensätze, indem sie diese zu einer festen und vertrauten Struktur zusammenschweißt. Ich werde zu zeigen versuchen, daß die ›saubere Bombe‹ und der ›harmlose atomare Niederschlag‹ nur die extremen Schöpfungen eines normalen Stils sind«, charakterisiert Marcuse die schlimmsten Lügen inmitten einer Normalität, die jeden zwingt, sich mit den Begebenheiten zu arrangieren.

Schnell, aktuell und grell agieren die Medien, planieren die Gegensätze, untergraben die Urteilsfähigkeit, beseitigen die »Kriterien von Wahrheit und Falschheit, Fortschritt und Regression«, bis man »vor den unmittelbaren Tatsachen kapituliert«. Eine Gesellschaft ohne Tendenz zur Transzendierung strukturiert die geschichtliche und die individuelle Zeit. »Wir sehen den Menschen oder die Sache in Operation und nur in Operation – anders kann es nicht sein«, erklärt Marcuse, und die Operation »Desert Storm« vollendete das Werk der Visualisierung, der Sichtbarmachung als Verhüllung: »Auch wenn jeder Krieg Listen und Lügen aller Art und damit die Notwendigkeit des Schutzes davor notwendig machte«, fährt Virilio fort, »so tritt jetzt noch ein neues Element zutage: Während bisher das Objekt verheimlicht, durch ›Kriegsbemalungen‹ oder gefärbte Uniformen getarnt, die Kampfvehikel oder die Abschußstellen mit Tarnnetzen vor direkten Blicken geschützt werden mußten, müssen jetzt auch die Flugbahnen getarnt werden«, so daß zu realen »die virtuelle Flugbahn im elektromagnetischen Umfeld dieser Köder und Störmanöver, die für die kriegführenden Parteien nichts anderes als falscher Schein sind«, hinzukommen.

Virilio nennt die »ikonische Munition« das entscheidende Merkmal der »postindustriellen Kriegsmaschinerie«, im durchaus doppelten Sinne des zweifachen Beschusses: des dämonisierten Gegners und des Zuschauers. Der Liveempfang begründete eine Interaktion der »Plötzlichkeit« und des »tele-präsenten Augenblicks«, die den Gewaltakt zum Videospot stilisierte und verklärte. »Unmittelbarkeit ist Trug«, zitiert Virilio Dietrich Bonhoeffer, und sie lotet in »das Bewußtsein der erstarrten Menschen« (Virilio) so tief hinein, daß deren Zentralnervensystem auf Affekt und gereizte Affiziertheit geeicht bleibt.

Womöglich gab die Direktübertragung des rumänischen Aufstandes im Dezember 1989 den Startschuß zur Vollendung der »Massenvision«, die den »alten Massendiskurs« der Presse seit 1914 peu à peu ablöste und den Dreischritt »Informationsbeschränkung – Informationsunterlassung – Desinformation durch Überinformation« besiegelte. »Der knallharte Job der Friedenssicherung« (Pro-7-Trailer zu einem *Galileo*-Beitrag über »Top guns« o. ä., 17. Mai 2000) wird heute an der Informationsfront durchgezogen, knallhart am beschissenen Publikum. Die üblichen Verschleierungsformeln (»chirurgische Eingriffe«, »Kollateralschäden« etc.) gar nicht berücksichtigt, zementierte der Golfkrieg die Kumpanei zwischen Militärs und Journaille auf einem neuartigen Niveau, das Urteil erhärtend, »daß ein bestimmtes Bild genauso wertvoll ist wie eine freiwillige Verpflichtung zum Frontdienst«. Beides bedeutet abermals: Dabeisein ist alles.

»Live-Berichterstattung, das [...] ist nichts anderes als die strategische Organisation einer gigantischen Verschleierung, das heißt einer vorteilhaften Blendung.« Fernsehen erzieht die Menschheit zum Lumpenpack. »Für die Journalisten und die Fernsehzuschauer«, postulierte Virilio, »wird es zu einer Notwendigkeit, nicht mehr seinen Augen zu trauen. Wenn nicht, nimmt man früher oder später in Kauf, ein X für ein U vorgemacht zu bekommen, so wie im vorigen Jahr in Rumänien.«

»Wie lange«, fragte Virilio beinahe adornitisch hoffend, »werden es die Fernsehzuschauer noch dulden, Stunde für Stunde von Nachrichtensprechern und ›zivilen‹ Journalisten auf dem laufenden gehalten zu werden, die ständig von einem General oder von einem Admiral gedoubelt werden?«

Er konnte Jamie Shea nicht kennen, der nach absolviertem Balkangang verkündete, man habe »zu 99 Prozent die Wahrheit gesagt«, und das sei zwar »nicht perfekt, aber aller Ehren wert« gewesen (*Frankfurter Rundschau*, 19. Juni 1999). Und dem *stern* verriet er ein halbes Jahr später: »Ich bin mir sicher: Verglichen mit früheren Konflikten haben wir einen neuen Maßstab für Transparenz und Offenheit gegenüber den Medien gesetzt.«

PS: Die ärgerliche Pointe: In seiner Nachbetrachtung, dem Kapitel »Vergessen – verschwunden – Der Golfkrieg 1993«, bemerkt Virilio, daß »der postmoderne Mensch sogar das Ausmaß der Gewalt auf seine kleinstmögliche Ausdrucksform reduziert: auf ein Bild« – und muß umgehend den Beweis erbringen, den postmodernen Analogienschwindel wirklich richtig gefressen zu haben: »Durchzieht die Faszination durch die Miniaturisierung im übrigen nicht das gesamte wissenschaftliche Denken und seine lapidaren Formen: $E = mc^2$? Ist sie nicht eine Konstante der experimentellen Wissenschaften, die den Krieg zu einem ›elementaren‹, d. h. ATOMAREN Krieg machten?«

Anschaulicher schilderte der Medienpraktiker Michael Born *(Wer einmal fälscht ...)* die Initiation des Jahres 1991: »In diesem Krieg habe ich dann kapiert, was ›faken‹ wirklich bedeutet, denn der ganze Golfkrieg war ein schlecht inszenierter Hollywoodstreifen. CNN beschiß die ganze Welt, und die Welt riß CNN die Filme förmlich aus der Hand, wog sie mit Geld auf. Die Wahrheit zählte nicht mehr, nur noch spektakuläre Bilder wurden verlangt, und niemand interessierte sich dafür, wie sie zustande kamen. Zum Beispiel waren alle Bilder von der Panzerschlacht bei Basra [...] vom Stativ gedreht. Journalisten kamen auf alliierter Seite gar nicht an die Front, also wurden die Bilder von amerikanischen Militärteams gedreht und über CNN verbreitet. [...] Der Golfkrieg markierte einen Wendepunkt im Journalismus. Hoffähig wurde der Fake zwar auch hier nicht, aber jeder wußte davon, und alle hielten den Mund. Das makabre Resultat war, daß vor allem die privaten Magazine von da an Bilder verlangten, die eigentlich nur noch auf krumme Tour herzustellen waren. Der Golfkrieg war also ein Auslöser für die gehäufte Ausstrahlung von gestellten beziehungsweise gefälschten Fernsehbildern, sogenannten Fakes.« (j. r.)

Militarismus als Geisteszustand

Vor gut hundert Jahren, »Anfang April 1899«, wie die Kopfzeile meldete, erschien in Wien erstmals die durch Karl Kraus verantwortete Zeitschrift *Die Fackel.*

1919 publizierte Kraus ebenda *Die letzten Tage der Menschheit – Tragödie in fünf Akten*; ein Drama, so stellte er voran, das »einem Marstheater zugedacht« war, das er während der Sommermonate 1915 und 1917 aus dem »wortgewordene[n] Grauen« komponiert hatte und dessen prophetischer Gehalt, der gänzlich entfesselte Wahn der Kriegslust, des Antisemitismus, der Hetze und abgründigen Infamie, sich Zeile für Zeile bewahrheiten sollte.

»Die unwahrscheinlichsten Gespräche, die hier geführt werden, sind gesprochen worden«, versicherte Kraus. Den ersten Akt beschließt ein vierzigseitiger Dialog zwischen Dem Optimisten und Dem Nörgler, letzterer unverkennbar das Alter ego von Karl Kraus.

Den menschheitsgeschichtlichen Schock, den der Weltkrieg als erster Waffengang unter Einsatz gewaltiger Arsenale auslöste, nachdem die Zivilbevölkerung in ein nie gekanntes Abschlachten hineingezogen worden war, hat man später oft zu beschreiben versucht. Auch Kraus' Nörgler konstatiert eine Zäsur: Angesichts »der Verwandlung der Menschheit in maschinelle Energien« sei »die Welt« so weit gekommen, »daß sie mit Gasbomben ihre Geschäftsbücher in Ordnung bringen will«. Den Deutschen hält er vor, sie »meinen Export und sagen Ideal« und betrieben »die gräßliche Vermischung des Gebrauchsgegenstandes, nämlich der Bombe, mit dem Gemütsleben«. Der »Militarismus als Geisteszustand«, die bis dato eisern währende Gewaltgeilheit der »Pressgenossenschaft« (*Fackel* Nr. 1) und ihrer angeschlossenen dt. Minister und Parteichargen, bewirke einen »Krieg zur höheren Ehre der Rüstungsindustrie. Wir wollen nicht nur mehr Export und darum mehr Kanonen, wir wollen auch mehr Kanonen um ihrer selbst willen: darum müssen sie losgehen.«

Dem »Unrat« der Hohenzollern und Habsburg, der Schröder und Fischer assistiert der Journalismus, das Reich der »neuzeitlichen Phantasie«. Kraus hatte die *Neue Freie Presse* vor Augen, deren Erbe dieser Tage vom Boulevard bis zum Fernsehen jedes mutmaßlich »berichtende« Meinungsinstitut antritt. »Hätte man also Phantasie«, erklärt Der Nörgler, »so wüßte man, daß es Verbrechen ist, das Leben dem Zufall auszusetzen, Sünde, den Tod zum Zufall zu erniedrigen [...]. Hätte man Phantasie, so brauchte man keine Technik, die ihr den Tod ersetzt, keine Zeitung, die ihr das Leben verzehrt. Ach, der Tod draußen schwebt in einer Gaswolke, und das Erlebnis von hier ist im Bericht abgebunden. 40000 russische Leichen, die am Drahtverhau verzuckt sind, waren nur eine Extraausgabe, die eine Soubrette dem Auswurf der Menschheit im Zwischenakt vorlas [...]. Nie war eine riesenhaftere Winzigkeit das Format der Welt. Die Realität hat nur das Ausmaß des Berichts, der mit keuchender Deutlichkeit sie zu erreichen strebt. Der meldende Bote, der mit der Tat auch gleich die Phantasie liefert, hat sich vor die Tat gestellt und diese unvorstellbar gemacht.«

Kein jede Wirklichkeit verkennender und verleugnender Bericht während des Kosovokriegs, der nicht vom »Unvorstellbaren« gesprochen, keine Sondersendungsmoderation und keine Pressekonferenz, kein aufgewühltes Politikerspezialstatement und keine Extraglossen, die nicht den Wunsch verraten hätten, Serbien sterbien lassen zu wollen. »Und so unheimlich wirkt seine«, des Boten »Identität mit dem Täter, daß ich in jeder dieser Jammergestalten, die uns jetzt mit dem unentrinnbaren, für alle Zeiten dem Menschenohr angetanen Ruf ›Extraausgabee –!‹ zusetzen, den verantwortlichen Anstifter dieser Weltkatastrophe fassen möchte.«

»Alles was geschieht, geschieht nur für die, die es beschreiben, und für die, die es nicht erleben.« Das von nichts als krimineller Dummheit und bösartiger Kabinettsmoralität zeugende Gewese der Jahre 1914–18/99 weiß um das unverbrüchliche Einverständnis, welches die Presse der »Politik« ergebenst entgegenbringt – in einem permanenten Akt wütender »Korruption«. Die Psychologie diagnostizierte Regression. »Denn der Krieg«, spricht Der Nörgler, »verwandelt das Leben in eine Kinderstube, in der immer der andere angefangen hat, immer der eine sich der Verbrechen rühmt, die er dem andern vorwirft und in der die Rauferei die Formen des Soldatenspiels annimmt.«

Eine, immerhin, Säkulumbilanz kosmischer Dimension – »im Taumel der Barbarei, kurz vor dem Jahrtausendwechsel« (hessen fernsehen, 6. April 1999), triumphiert statt Marx'/Engels' nach Jahrtausenden des Elends und des neuzeitlich mehrwertproduzierenden Betrugs endlich und vergeblich lichtspendender Diktatur des Proletariats (und dem via Lenin eingeleiteten und durch Stalins Hitlerpakt und Säuberungsprozesse perfekt gemachten Selbstverrat der in fortschrittlicher Menschheitsmission wühlenden Arbeiterklasse) die »Diktatur der Lumperei«. (j. r.)

Die Mudjahedin der Menschenrechte – Tödliche Lügen im Kosovokrieg

Der Greuelfaktor

»Titos Vielvölkergefängnis«: So hieß die Mutter all der Lügen, die vor, in und nach dem Kosovokrieg tausendfach kursierten, um ein veritables Verbrechen wider internationales Recht, den Raketen- und Bombenterror der Nato gegen die Einwohner Jugoslawiens nämlich, als heroische und gar »friedenssichernde« Tat hochzuschwindeln. »Titos Vielvölkergefängnis«: Mit dem bösen Titel belegten erstmals 1991 deutsche Journalisten und bald auch Politiker die Bundesrepublik Jugoslawien. Dabei wurden weder besondere Einschränkungen der Reisefreiheit noch gar rassistische Verfolgungspolitik aus dem vormals semikommunistischen, inzwischen stinknormal, nämlich parteioligarchisch dirigierten Land gemeldet. In einem »Gefängnis«, angeblich, lebten die »Völker« resp. »Ethnien«, weil die Zentralregierung in Belgrad ihnen die volle staatliche Souveränität nicht zugestehen mochte. Allerdings ging es den Bürgern Jugoslawiens nicht eben blendend. Die wirtschaftliche Situation des Landes hatte sich seit dem Ende des »Realsozialismus« und damit der Sonderrolle Jugoslawiens als Pufferstaat und Umschlagplatz zwischen Plan- und Marktwirtschaft dramatisch verschlechtert. So erscholl denn auch zuerst aus jenen Regionen, die sich zugunsten ärmerer Teilrepubliken »ausgeplündert« fühlten, der Schrei nach Autarkie sowie Unterstützung ihres nationalistischen Unfugs durch das Ausland.

Er wurde, leider, erhört. Gegen die Mehrheitsmeinung seiner EU-Kollegen und trotz vehementer Bedenken in Washington verfügte der damalige deutsche Außenminister Hans-Dietrich Genscher die diplomatische Anerkennung Kroatiens und Sloweniens. Damit, *darum* brachen die Sezessionskriege aus, die Jugoslawien in viele kleine Stücke schlugen, Zehntausenden Menschen das Leben, Hunderttausenden Gesundheit, Bleibe und Habe kosteten, von der ökonomischen Misere, die sich seither nur verschlimmerte, nicht zu reden. Das Leid, welches Chauvinismus ebenso wie ein seltsamer Freiheitsbegriff (»jeder Clan soll frei sein, bei der UN eine eigene Botschaft zu eröffnen«) über die Insassen des vormaligen »Vielvölkergefängnisses« gebracht haben, konnten vier Jahrzehnte »Titoismus« bzw. »eiserne Hand« zusammen ihnen nicht antun, nicht entfernt. Vielleicht ist fraglich, ob die Gemetzel in der Krajina, in Bosnien-Herzegowina und schließlich im Kosovo hätten verhindert werden können, wenn die sog. »westliche Staatengemeinschaft« solchen Figuren wie dem bekennenden Faschisten Franjo Tudjman oder dem eifernden Islamisten Alija Izetbegovic die helfende Hand verwehrt hätte. Doch würden ohne deren Solidaritätsadressen die Warlords erheblich weniger Resonanz bei dem jeweiligen Völkchen, das sie zum Bürgerkrieg mobilisierten, gefunden haben.

Den Ton der westlichen Medien und Politik im Umgang mit der jugoslawischen Selbstzerfleischung gaben von Beginn an die Deutschen vor. Sie, die in zwei Weltkriegen bestialisch auf dem Balkan gewütet hatten, machten sofort einen Unhold aus, den es niederzuzwingen galt: *den Serben*. Als hätten sie es immer noch nicht verwunden, von Titos Partisanen einst besiegt worden zu sein, kramten sie alle Ressentiments wieder heraus, die sie unter Wilhelm Zwo und Goebbels willig erlernt hatten, und verdrehten die Ursachen des Bürgerkriegs diametral. Statt einzuräumen, daß auch die deutsche Bundesregierung auf der Stelle Truppen aussenden würde, wenn z. B. Edmund Stoiber, mit Hinweis auf diplomatische Anerkennung durch Samoa und San Marino, die volle Souveränität Bayerns ausriefe, verteufelten die Genscheristen und Reißmüllers den legitimen Unwillen des Belgrader Regimes zur Sezession als blanke Willkür, ja als Menschheitsverbrechen, Neusprech: »Serbenterror«.

Verdächtig schnell verfielen die Erben des Dritten Reichs auf die Idée fixe, es treibe in Gestalt des jugoslawischen Premierministers Slobodan Milosevic ein »Diktator« bzw. »Schlächter« von weltgeschichtlicher Dimension sein Unwesen. Sie relativierten das Erbe, das sie nie angenommen, nie wirklich als Verpflichtung zu *tätiger* Reue begriffen hatten, indem sie aus *den Serben* die Nazis von heute machten. Die *Zeit* veröffentlichte Ende 1992 eine »Karikatur«, auf der Stalin und Hitler zu erkennen sind, wie sie von einem Leichenhügel auf eine düstere Gestalt herabblicken, welche weitere Kadaver herbeischafft, und wohlwollend grunzen: »Schau, schau, der Serbe ...« Die Zeitschrift *Super Illu* tat sich noch weniger Zwang an; in ihrer Ausgabe vom 6. August 1992 erklärte ein anonymer Scharfmacher, unterstützt von dem üblichen psychoanalytischen Quatschkopf, »was für ein Mensch [...] eigentlich der Serbe« sei. Nämlich von Geburt an »grausam«: »Greuelfaktor Mutterkomplex: ›Weil serbische Mütter ihre Söhne abgöttisch lieben, ziehen sie verwöhnte, narzißtische Männer heran, die auf Kränkung aggressiv reagieren‹ (Experte Prof. Grossarth). Greuelfaktor Macho-Stolz: Verfassung verbietet Kapitulation. [...] Der Serbe und seine schlimmste Tat. – Sarajevo, 28. Juni 1914: Terrorist Gavril Princip (20) erschießt den österreichischen Thronfolger [...].

Folge: 1. Weltkrieg, 10 Mio. Tote […] Der Serbe und seine Lieder. – Grausame Menschen kennen blutige Lieder.« (Zit. n. Wolfgang Schneider [Hg.]: *Bei Andruck Mord – Die deutsche Propaganda und der Balkankrieg*, Hamburg 1997) Dieser barbarische Serbenhaß war kein »Ausrutscher«, sondern ist bis heute der schweinische gemeinsame Nenner fast aller deutschen Meinungsmacher und Politiker.

Von den 750000 serbischen Zivilisten jedoch, die durch Wehrmachts-, SS- und Ustaschaschergen während des Zweiten Weltkriegs ermordet worden waren, las und liest man nur dort, wo das berechtigte Mißtrauen gegen Deutschland noch lebt, nämlich in der Zeitschrift *konkret*. Es sei »kein Zufall«, schrieb Herausgeber Hermann L. Gremliza bereits im August 1991, »wenn das neue deutsche Reich jetzt vor allem die ›Befreiung‹ jener Völker verlangt, die vor 50 Jahren an der Seite seines Vorgängers standen«. Und es gefiel den neuen alten Verbündeten der Kroaten, bei ihren antiserbischen Propagandaexzessen eine Miene zu ziehen, als würden sie Bill of Rights und UN-Menschenrechtscharta mit der Muttermilch eingeschlürft haben, indes sie doch bloß eine perfide Strategie des Reichsführers SS, Heinrich Himmlers, neu aufleben ließen: »Bei der Behandlung der Fremdvölkischen im Osten müssen wir darauf sehen, so viel wie möglich einzelne Völkerschaften anzuerkennen und zu pflegen […] Ich will damit sagen, daß wir nicht nur das größte Interesse daran haben, die Bevölkerung des Ostens nicht zu einen, sondern im Gegenteil in möglichst viele Teile und Splitter zu zergliedern.« Die scheinheilige, jeder Geschichtskenntnis abholde Alt-68er-Fassung des Himmlerschen *Divide et impera* bog Klaus Hartung in der *taz* zurecht: »Ignoriert wurde und wird, was auf der Hand liegt: daß von Slowenien bis zum Baltikum der […] Emanzipationsprozeß über die Wiederentdeckung der Nation und über die Rückkehr zu den Landesreligionen läuft. Der Begriff der Demokratie ist damit unlösbar verbunden.« Denn bekanntlich haben die Untertanen aus purer Liebe zur Freiheit »Hurra!« gebrüllt, als ihr Kaiser sie mit den Worten in die Schützengräben schickte: »Ich kenne keine Parteien mehr, ich kenne nur noch Deutsche«; und wie jedermann weiß, walten in Afghanistan die herrlichsten basisdemokratischen Zustände, seit die Talibanmilizen ihren Schutzbefohlenen die regionalspezifische Liebe zu Allah wieder eingebleut haben.

Nationalismus braucht *die anderen*, um den Trug, der er von Grund auf ist, aufrechterhalten zu können. Sich selbst als Angehörigen eines Volkes von Dichtern und Denkern zu begreifen, obwohl bis auf das eine Goethezitat sämtliche Klassiker einem am Arsche vorbeigehen, befriedigt nicht wirklich. Lebenswichtig aber wird das Eigenlob für den Gemütshaushalt des Nationalisten, weil darin mitklingt: Ihr *anderen* seid eben keine Dichter und Denker, viel weniger wert als wir, ein kulturloser Abschaum! 1989 hatten die Deutschen zu schreien gewagt: »Wir sind ein Volk!«; seit 1991 wissen sie wieder, warum, haben sie sich doch damals mit *den Serben* jenen absolut bösen Widerpart erfunden, vor dem sie sich als Supermoralisten spreizen konnten, sie, die Kinder und Enkel von Nazis und Völkermördern. »Der Krieg«, schrieb Gremliza in *konkret* 9/1995, »zur Zerstückelung Jugoslawiens wurde geführt zur Vollendung der inneren Einheit der Deutschen. Das Stahlbad, das sie den anderen bereitet haben, war ihr Jungbrunnen.« Was aber noch fehlte, um den eigenen Chauvinismus der Welt als Ideal aufstempeln zu können, war die offene, nicht mehr bloß verbale Schlacht gegen den phantasierten Erbfeind. Im März 1999 war es soweit, und die Deutschen, die sich die Serben solange als Untermenschen fingiert hatten, bis deren flächendeckende Bombardierung als Realisierung von Menschenrechten verkauft werden konnte, zogen in einen Krieg, an dem alles Lüge war außer dem Blut, das zur Satisfaktion der Lügner und ihrer Großmachtgelüste fließen mußte.

Der Gestank

Der Überfall der Nato auf Jugoslawien war nicht die »humanitäre Intervention«, von welcher die Räuberhauptleute, die den Abwurf von Streubomben auf Passanten befahlen, munter schwindelten, sondern ein imperialistischer Akt, rücksichtslose Macht- und Niederwerfungspolitik, ein rasender Rücksturz in die »große Zeit« von 1914 ff. Eine Zeit, die, mit ihrem bedeutendsten und hellsichtigsten Chronisten Karl Kraus zu reden, »dröhnt von der schauerlichen Symphonie der Taten, die Berichte hervorbringen, und der Berichte, welche Taten verschulden« (*In dieser großen Zeit*, in: *Die Fackel* Nr. 404, Dezember 1914).

Kraus' Wort vom Reporter, der »die Greuel, die er erlügt, zur Wahrheit« macht, wird am 5. August 1998 in der *taz* erneut bestätigt. Unter dem Titel »Massengräber jetzt auch im Kosovo entdeckt« berichtet der Hauskorrespondent Erich Rathfelder, nahe der Stadt Orahovac ein Feld mit exakt 567 verscharrten Leichen – nein, eben nicht entdeckt, aber gewittert zu haben: »[Der] Gestank [...] ist aus der Ferne schon zu riechen.« Rathfelder beruft sich auf einen namenlosen »Augenzeugen«, der verfolgt haben will, wie die Massakrierten, darunter 430 Kinder, vergraben wurden. Die schreckliche »Entdeckung« geht durch die In- und Auslandspresse, Vertreter der Organisation für Sicherheit und Zusammenarbeit in Europa (OSZE) eilen zum Ort des Grauens, finden aber nur 37 Einzelgräber, in denen, was schon seit längerem bekannt ist, Opfer lokaler Gefechte zwischen der separatistischen Terrororganisation UCK und jugoslawischen Milizen liegen. Der grausige Geruch, den Rathfelder seinen Lesern als Leichengestank weisgemacht hatte, entströmt einer Müllkippe – aber er hat sich längst in ein Gerücht verwandelt, gegen das Tatsachen nicht ankommen, weil sie eben nicht auf der Titelseite, sondern lieber unter ferner liefen plaziert werden. Dank des Reporters Nase für das Aroma verwesender Menschenleiber weiß jetzt die Welt: Die Serben verüben an den Kosovoalbanern Massenmord, und die meisten ihrer Opfer sind unschuldige Kinder. Warum jedoch der Reporter, der zunächst aberhundert Kadaver geschnuppert haben wollte, *nach* dem Statement der OSZE denselben »Augenzeugen«, der die Toten so ungewöhnlich genau gezählt und »mitbegraben« hatte, flunkern ließ, »viele Leichen« seien »auf Pferdekarren« abtransportiert worden – warum Bodysnatcher Rathfelder von seiner Zeitung nicht zum Teufel gejagt worden ist, erläutert wiederum Kraus: »[Ehe] Journalisten und die von ihnen benützten Diplomaten abrüsten, müssen Menschen es büßen.«

1997 hatte die UCK mit zahlreichen Attentaten auf serbische Polizisten und andere Regierungsbeamte den Bürgerkrieg ums Kosovo eröffnet. Belgrad erwiderte mit massiven paramilitärischen Aktionen. Bis in den Sommer 1998 ließen die Natostaaten Milosevic gewähren; die mafiosen Strukturen der UCK waren wohlbekannt, und kein Außenministerium konnte sich vorstellen, in einer Organisation, deren zerstrittene Anführer Machtfragen prinzipiell mit dem Revolver lösen, einen soliden Verbündeten zu finden. Überdies fehlte den Meldungen aus den Kampfgebieten die schaurige Note, welche man von Bosnien her gewohnt war: Die Einsätze der serbischen Truppen im Kosovo unterschieden sich ja durchaus nicht von, z. B. der Taktik der britischen Armee gegen die IRA. Erich Rathfelder half dem Defizit an Horror ab. Er war nicht der einzige, aber der erste, der den satanischen Serben wieder wirken sah, »himmelhochjauchend« (Thomas Wark, ZDF, 12. Juni 2000).

Die Propagandamaschinerie, die vormals im bosnischen Stammesgemetzel außer Karadzic und seinen »Tschetniks« keine Kriegsverbrecher zugegeben, wiewohl nicht eine der beteiligten Parteien Kriegsverbrechen ausgelassen hatte, dieser »Phönix, der aus fremder Asche farbenprächtig aufsteigt« (Kraus), breitete seine Geierschwingen weit übers Amselfeld. Kurz nachdem Rathfelder für seine wüste Halluzination von den jugoslawischen Behörden aus- bzw. Richtung Heimat eingewiesen worden war, mußte ARD-Korrespondent Friedhelm Brebeck seine Akkreditierung abgeben, weil er in der *Tagesschau* ein brennendes Haus als Beweis für »ethnische Säuberungen« durch die serbische Armee präsentiert hatte; Belgrad warf ihm vor, selber der Brandstifter gewesen zu sein. Daß die meisten Menschen, die im Spätsommer 1998 durch die Wälder des Kosovo zogen und deren allerdings trauriges Los für Nachrichtensendungen und Zeitungen erst dank Rathfelder und Brebeck interessant geworden war, vor der jugoslawischen Armee flüchteten *und* vor der UCK, kam kaum am Rande vor. *Der Serbe* zeigte, jedenfalls im Spiegel der westlichen und besonders der deutschen Medien, wieder seine Mörderfratze, und die Regierungen, denen eben noch die Scharmützel im Kosovo so gleichgültig gewesen waren wie die »Kosovo-Befreiungsarmee« suspekt, fühlten sich gedrängt, den altbösen Feind wenigstens pro forma in die Schranken zu weisen. Die Nato wartete, bis aus Belgrad mitgeteilt wurde, die Offensive gegen die UCK sei siegreich beendet worden, ehe sie, in Person des US-Spezialemissärs Richard Holbrooke, am 12. Oktober 1998 erstmals mit Bombardement drohte, sollte Milosevic nicht seine Streitkräfte aus der Region zurückziehen und 2000 OSZE-Beobachter hineinlassen. Der »Serben-Hitler« stimmte zu. Aber die Saat, die auf einer Müllkippe bei Orahovac gestreut worden war, ging nun erst richtig auf: Von Stund an lauerten Medien und Politiker auf einen Vertragsbruch Milosevics. Und als der ausblieb, erfand man einen.

Das Grauen

Am 15. Januar 1999 wurden aus dem Dorf Racak Scharmützel serbischer Sicherheitskräfte mit UCK-Guerilleros gemeldet. Tags darauf erschien der Leiter der OSZE-Mission im Kosovo, William Walker, vor Ort und ließ sich von Söldnern der UCK zu einem Graben führen, in dem 45 Leichen lagen. Ohne die Meinung eines Gerichtsmediziners einzuholen oder auch nur das Mindestmaß an Zurückhaltung, das von einem »internationalen Beobachter« erwartet werden darf, zu wahren, plärrte Walker in die lauernden Mikrophone: »Ich sehe Leichen, denen, wie bei der Hinrichtung, aus kürzester Entfernung ins Gesicht geschossen wurde. Dies können nur Menschen getan haben, für die das menschliche Leben keinen Wert hat. [...] Ich war in anderen Kriegsgebieten und habe sehr grauenvolle Dinge erlebt. Dies aber übertrifft alles, was ich je in meinem Leben gesehen habe.« Die moralische Empörung Walkers beeindruckte die Öffentlichkeit nicht wenig, war aber nur dick aufgetragen. Diana Johnstone zitiert den Mann, der in den achtziger Jahren bei so gut wie allen schmutzigen Verwicklungen der USA in die Bürgerkriege von Nicaragua und El Salvador die Fäden mitzog, aus der Zeit, da er als Botschafter in Salvador für die gute Zusammenarbeit der Todesschwadronen mit US-»Militärberatern« sorgte und eine Serie von Morden an Nonnen und Jesuitenpriestern die Welt empörte: »Ich dulde es nicht. Aber in Zeiten wie diesen, in denen Emotionen und Ängste hohe Wogen schlagen, geschieht so etwas manchmal.« (*Das Racak-Massaker als Auslöser des Krieges*, in: Thomas Deichmann/Klaus Bittermann [Hg.]: *Wie Dr. Joseph Fischer lernte, die Bombe zu lieben*, Berlin 1999)

Es fällt schwer, *kein* betrügerisches Komplott zu vermuten, wenn man das »Massaker« von Racak näher betrachtet. Zweifel an Walkers Blitzexpertise wurden gleich nach seinem vehementen Auftritt geäußert, doch kaum beachtet. Er hatte behauptet, am frühen Morgen des 15. Januar seien serbische Polizisten in das Dorf eingefallen, hätten Männer aus den Häusern geschleppt und sie am Ortsrand exekutiert. Ein Kamerateam von Associated Press TV, das am Tag des »Massakers« in Racak filmte, berichtete hingegen, es habe weder diesen Vorgang noch die Leichen, die am folgenden Tag gefunden wurden, gesehen. Ein anderer Reporter begegnete am Nachmittag mehreren OSZE-Inspektoren im Ort. Obwohl sie mit drei Albanern gesprochen hatten und sich auch um zwei leicht verwundete Zivilisten kümmerten, wußten sie ihm »nichts Außergewöhnliches mitzuteilen«.

Christoph Châtelet war einer von sehr wenigen Journalisten, denen eklatante Ungereimtheiten an Walkers Schrekkensmär auffielen: »Wie sollen die serbischen Polizisten in der Lage gewesen sein, eine Gruppe von Männern zusammenzutreiben und sie ruhig zu ihrer Hinrichtung zu führen, obwohl sie die gesamte Zeit [...] unter Beschuß waren? Wie kann es sein, daß der Graben [...] von Dorfbewohnern [...] nicht bemerkt wurde? Und wieso haben ihn Beobachter, die für mehr als zwei Stunden in diesem kleinen Ort waren, nicht bemerkt? [...] Ist es nicht wahrscheinlicher, daß die Leichen der Albaner, die im Kampf gegen die serbischen Polizisten ums Leben gekommen waren, im Graben nebeneinander gelegt wurden, um ein grauenvolles Szenario zu präsentieren, das die öffentliche Meinung mit Sicherheit mit Schrecken erfüllen würde?« (*Le Monde*, 21. Januar 1999; zit. n. Johnstone)

Deutsche Zeitungen – erstaunliche Ausnahme: Springers *Welt* – wollten von solchen Petitessen wie Gegenrecherche oder einem Blick ins Hausarchiv, Stichwort: Walker, William, nicht im Feindbild irritiert werden und stellten ganz andere Fragen: »Wie lange noch will der Westen mit einem Mann verhandeln, von dem er längst erkannt hat, daß er nicht die Lösung für das Problem, sondern das Problem selbst ist?« (*Zeit*, 21. Januar 1999) Gemeint war Beelzebub Milosevic. Und der Ruf der Journalisten nach dem Ende der Diplomatie und offenem Krieg kam beim neuen Bundeskanzler an: »Deutschland kann und will keinen Sonderweg gehen. Wir sind im Bündnis mit unseren amerikanischen Freunden Schritt für Schritt erwachsen geworden«, sagte er im Februar auf einer Nato-Konferenz für Sicherheitspolitik und lieferte eine Begründung für seine und seinesgleichen Kriegsgeilheit, die an Bigotterie und Obszönität schwerlich zu überbieten, allerdings von einer überwältigenden Mehrheit der Deutschen sofort akzeptiert worden ist: »[Die] historische Verantwortung, die Deutschland hat, [erlegt] uns auch [auf], den Massenmorden, wie wir sie in Bosnien erlebt haben, mit allen uns zu Gebote stehenden Mitteln zuvorzukommen.« Weil also die Wehrmacht einst Hunderttausende Serben abschlachtete, darf die Bundeswehr heute nicht zaudern, deren Nachkommen »mit allen Mitteln« umzubringen – das hätte Goebbels dreister und gemeiner nicht belfern können. Sage keiner, die Erziehungsarbeit, die das millennare Lügenmaul vom Niederrhein und seine Propagandakompanie (PK) einst verrichteten, sei ohne Spuren im kollektiven Stammhirn geblieben: Schröders abenteuerliche, aberwitzige, vollends barbarische Verdrehung all dessen, was zivilisierte Menschen unter »historischer Verantwortung« oder »Lehren der Vergangenheit« begreifen, ist *das*, buchstäblich, Totschlagargument für alle deutschen Befürworter des Kosovokriegs geworden und geblieben. Es wird uns, in Kadenzen und noch ekelhafteren Crescendi, wieder begegnen.

Das »Massaker« von Racak war auf dem Weg zur Verwüstung Jugoslawiens der wichtigste Schritt. (»Natürlich war die Episode [...] entscheidend für die Bombardierung«, konstatierte post festum zufrieden Initiator Walker, die US-Außenministerin Albright nannte den Vorfall ein »galvanisierendes Ereignis« und ihr deutscher Kollege Fischer den »Wendepunkt«.) Dem Belgrader Regime wurde keine echte Chance mehr gelassen, dem Strafgericht, auf das die Falken in Washington, London und Berlin gierten, zu entkommen. Wer Bedenken anmeldete gegen die Mobilmachung der Nato-Luftflotten und die täglich militaristischere Rhetorik, der wurde mit dem Hinweis auf Racak als zögerlicher, im Grunde unmenschlicher, mit dem Monster Milosevic paktierender *Pazifist* verächtlich gemacht. Auch während des Krieges diente das »Massaker« zur moralischen Aufrüstung der Öffentlichkeit und als Beleg für Milosevics Absicht, an den Kosovoalbanern einen Völkermord zu begehen. Was jedoch tatsächlich begangen wurde, war Betrug, eine willentliche Entstellung der Tatsachen zum Zweck, Restjugoslawien zerschlagen und dabei als wehrhafter Hüter der Humanität figurieren zu können.

EU-Kommission und OSZE beauftragten ein Team finnischer, jugoslawischer und belorussischer Pathologen unter Leitung der *Zahnärztin* Helena Ranta, die Leichen von Racak auf Indizien für eine Massenexekution zu untersuchen. Die Vorlage der Ergebnisse ließ außergewöhnlich lange auf sich warten – erst *nachdem* die Verhandlungen von Rambouillet gescheitert waren, die Nato-Kriegsmaschine dröhnte bereits auf Hochtouren, präsentierte Ranta einen sehr vorläufigen, sehr dünnen Bericht. Ihm zufolge »gab es keine Hinweise, daß es sich bei den Betroffenen nicht um unbewaffnete Zivilpersonen handelte«. Den Begriff »Massaker« zwar vermeidend, benutzte Ranta jedoch den nicht minder drastischen Terminus »crimes against humanity«. »Das an jenem 17. März veröffentlichte Kurzkommuniqué umfaßte nur fünf Seiten – die übrigen [...] Unterlagen [...], laut *Berliner Zeitung* 21 Kilogramm schwer, nahm der damalige EU-Ratspräsident [Joseph Fischer] unter Verschluß. Nicht einmal die Regierungen der anderen EU-Mitgliedsländer scheinen informiert worden zu sein – jedenfalls bestritt zumindest das niederländische Verteidigungsministerium, das Dossier bekommen zu haben.« (Jürgen Elsässer, in: *konkret* 5/2000)

Erst ein volles Jahr nach dem knappen Statement der Gerichtsmediziner kamen die vollständigen Protokolle – gegen den Willen des Fischer-Ministeriums – ans Licht. Und darin findet sich kein einziges Indiz für ein sadistisches Greuel, wie es Walker und seine Kombattanten ausgemalt und kolportiert hatten. Man hatte die Toten weder verstümmelt noch enthauptet. Zwar waren alle an Schußwunden gestorben, doch in keinem einzigen Fall verifizierten die Pathologen einen für Exekutionen typischen »aufgesetzten Schuß«; die Kugeln waren aus größeren Distanzen und je verschiedenen Richtungen in die Körper eingedrungen – wie bei einem Gefecht. Die Behauptung, es habe sich bei den Getöteten um Zivilisten, darunter mehrere Frauen und Kinder, gehandelt, blieb unbestätigt: Zum einen fand sich unter den Opfern nur eine Frau sowie ein 15jähriger Junge, alle anderen waren männliche Erwachsene, zum zweiten hatten die Forensiker überhaupt nicht nach Indizien für oder gegen Walkers Unterstellung gesucht. Natürlich wäre es nicht verkehrt, jedes Mal, wenn Menschen durch kriegerische Akte ums Leben gebracht werden, von einem Verbrechen gegen die Menschlichkeit zu sprechen. Doch entzöge dies sämtlichen Armeen der Welt die Geschäftsgrundlage – und wo, wie im Fall Racak, eine hohe Wahrscheinlichkeit besteht, daß die angeblich Massakrierten zum allergrößten Teil kämpfende Angehörige der UCK gewesen sind, da hätte die vollständige Veröffentlichung des Obduktionsberichts dem hochmoralisch aufgeladenen Getöse der Nato die Grundlage entzogen.

Vielleicht log Helena Ranta in ihrem hastigen Kurzkommuniqué nicht, doch gab sie vage Vermutungen als hiebfeste wissenschaftliche Erkenntnisse aus. Den Journalisten war's gleich: Kaum einer fragte nach jenen stichhaltigen Evidenzen, die das Papier verschwieg (weil sie einfach nicht vorlagen bzw. nicht gesucht worden waren), die wenigsten wunderten sich, warum es partout das Wort »Massaker« vermied, oder stutzten bei der Prämisse des Rapports: »Die Kommentare geben die persönliche Meinung der Verfasserin Dr. Helena Ranta wieder und stellen keine autorisierte Mitteilung im Namen der Fachabteilung für forensische Medizin der Universität Helsinki oder des EU-Teams forensischer Experten dar.« Eine Woche später flogen die Cruise Missiles, um ein Verbrechen zu sühnen, das Meinungssache einer Medizinerin war, die durchaus keine Expertin ist.

Und nicht einmal Ranta teilte die Ansicht, die sie der kriegsgeilen Presse und der Nato Mitte März 1999 gefällig unterbreitet hatte. Am 18. August d. J. gab sie der Berliner Wochenzeitung *Jungle World* ein Interview, das den unbedingten Willen der Deutschen und ihrer Verbündeten zum Krieg derart eindrucksvoll belegte, daß es vorsichtshalber von fast allen Zeitungen und sämtlichen Fernsehsendern ignoriert wurde. »Es gab natürlich Druck von verschiedenen Seiten«, bekannte sie. »Grundsätzlich habe ich in der Racak-Zeit meine Instruktionen vom deutschen Außenministerium bekommen. Botschafter Christian Pauls hat mich kurz vor der Pressekonferenz instruiert.« Sie erklärte, die Formel »crimes against humanity« durchaus »nicht im juristischen, sondern im moralischen Sinne« verwendet zu haben, und deutete an, immer noch unter Kuratel zu stehen: »Die ganze Situation war sehr delikat. Vielleicht kann ich eines Tages ganz offen darüber sprechen, wie das mit Racak war. Jetzt geht das aber nicht.« Erstaunliche Aussage von einer »unabhängigen« Kommissarin; und noch erstaunlicher diese Sätze: »Ich wollte eine vollständige Aufklärung erreichen, aber das wurde mir damals nicht erlaubt. Ich bin mir auch nicht sicher, ob das Haager Tribunal an einer weiteren Untersuchung tatsächlich interessiert ist.« Sie redet von eben jenem »überparteilichen« Tribunal, das im Mai 2000 den Antrag der jugoslawischen Regierung, gegen die Nato wegen Kriegsverbrechen zu prozessieren, zurückwies, weil er »keine Basis« habe.

Eine Basis hatten nach dem fingierten »Massaker« von Racak jedenfalls die Vertreter der »westlichen Staatengemeinschaft«, um, erneut Bombardierungen androhend, die jugoslawische Regierung zu Kapitulationsverhandlungen in Frankreich zu beordern. Ein weiteres »Massaker«, diesmal im

Flecken Rugovo, half bei der Erpressung. Zwar wurde diesmal nicht geflunkert, die Toten seien »unschuldige Zivilisten«, doch dank Racak war die UCK von einer Terrorbande zur hehren Freiheitspartei avanciert und galt jeder im Kampf gefallene albanische Guerillero als Opfer eines »Ethnozids«. Nüchterne Beobachter des Bürgerkriegs im Kosovo hatten längst bemerkt, daß die UCK all ihre Aktionen darauf ausrichtete, die westlichen Medien mit Schreckensszenen zu füttern. Die Nato sollte zum Eingreifen provoziert werden; und nachdem die Racak-Inszenierung ohne Beschwerden geschluckt worden war, konnten die Paten der »Kosovo-Befreiungsarmee« gewiß sein, daß es nur mehr galt, der Journalistenmeute was zum Fressen hinzuwerfen.

Am 6. Februar begannen im Jagdschloß Rambouillet »Verhandlungen« zwischen Vertretern der UCK – mit denen, man muß es wiederholen, noch ein halbes Jahr zuvor kein Diplomat der Natostaaten auch bloß die Visitenkarte wechseln mochte –, und der Belgrader Regierung, moderiert von einer »Kontaktgruppe«, die unter Neutralität verstand, den Serben nicht zu vertrauen und dem frischgebackenen Paten der Kosovoalbaner, dem Mörder und Drogendealer Hashim Thaci, jede denkbare Unterstützung zu leisten. »80 Prozent unserer Forderungen werden durchgepeitscht«, prahlte während der gespenstischen Konferenz der EU-Vertreter Wolfgang Petritsch – als wäre es neuerdings die Aufgabe eines Vermittlers zwischen verfeindeten Parteien, etwas anderes zu garantieren als eine gedeihliche Gesprächsatmosphäre und die eigene Objektivität. Am Rechts- und Sittenverständnis der »humanitär« bombenschmeißenden Staaten gemessen, wirken die Tricksereien und Machtspielchen Slobodan Milosevics nachgerade altmodisch.

»Die Kontaktgruppe stellte den Parteien Ultimaten und damit das Prestige der Nato zur Disposition, nach dem Motto: ›Kommt nach Rambouillet, unterzeichnet unser Dokument oder seht euch unseren Luftangriffen ausgesetzt!‹«, resümiert der Direktor der schwedischen Transnational Foundation for Peace and Future Research, Jan Øberg, die diplomatische Taktik der euro-amerikanischen »Peacebuilder«. Sie konnte nicht gutgehen, sollte wohl auch nicht. Schließlich legte die »Kontaktgruppe« einen »Friedensvertrag« vor, in dessen Anhängen, zumal in dem kurzzeitig recht berühmt und berüchtigten »Annex B«, von der jugoslawischen Regierung nichts weniger gefordert wurde als die vollständige Aufgabe ihrer Souveränität zugunsten der Natotruppen. Gleichzeitig fehlte dem »Vertrag« irgendein verbindlicher Paragraph betreffs Entwaffnung oder bloß Nennung der UCK. »Daraus ergibt sich«, schreibt Øberg, »die zentrale Frage, wie man eine Organisation, die in einem Vertrag nicht einmal namentlich erwähnt wird, jetzt und später für ihr Handeln zur Rechenschaft ziehen will.« *(Wie Dr. Joseph Fischer [...])*

Unterschreiben durfte diese Organisation trotzdem. Die jugoslawische Abordnung hatte nach Vorlage des Knebelpapiers entrüstet den Verhandlungsort verlassen. Der gelernte Zuhälter und Heroinbaron Thaci, schlicht zu dumm und ganovenargwöhnisch, diese glänzende Gelegenheit zu erkennen, wollte gleichfalls abreisen, ließ sich aber durch Madeleine Albright und Joseph Fischer drängen, den Kontrakt zu signieren. In Rambouillet sollte nicht der Friede im Kosovo, sondern die totale Unterwerfung Milosevics erreicht werden. Keiner der »neutralen« Diplomaten erwartete ernsthaft, diese Kapitulation durch bloßes Gerede zu erzwingen. Aber den *Schein* zu wahren, vor den Abwurf der radioaktiven Luftminen ein zivilisatorisches Ritual zu setzen – war den angehenden Kriegsherren der Nato ebenso wichtig wie vormals Hitler, Goebbels und Co. der Trug, auf Polen »seit 5 Uhr 45« deshalb zurückzuschießen, weil die perfiden Nachbarn den Rundfunksender Gleiwitz usurpiert hätten. Wir wissen heute, daß die Usurpatoren verkleidete SS-Soldaten waren. Wir könnten, wenn es nicht gegen den aktuellen Konsens verstieße, wissen, daß Rambouillet allein dem Zweck diente, *die Serben* als unbelehrbare Taktierer und Täuscher hinzustellen.

Es gab nur einen Grund, weitere Verhandlungen unmöglich zu machen. Es gab unzählige Gründe, sie fortzusetzen. Doch existierte gar kein Interesse bei den Natostaaten, auf die Farce von Rambouillet eine *seriöse* Konferenz zu setzen. Sonderbotschafter Holbrooke fuhr am 22. März 1999 nach Belgrad, die OSZE-Beobachter waren soeben aus dem Kosovo abgereist, und Holbrooke wunderte sich, vielleicht ernsthaft, daß der jugoslawische Premier glaubte, er, Milosevic, könne sowieso nichts richtig machen: »Sechs Stunden saßen wir uns gegenüber, und es gab kein Anzeichen eines Nachgebens. [...] Sie wissen, was jetzt passiert, wenn ich unverrichteter Dinge weggehe, sagte ich. ›Ja, Sie werden uns bombardieren‹, war seine Antwort. ›Na und? Die Supermacht USA kann alles tun. Wenn Sie an einem Sonntag sagen, es ist Mittwoch, dann ist es Mittwoch.‹« (*Spiegel* 2/2000)

Die Gesinnungstäter

An einem Mittwoch, dem 24. März 1999, in den frühen Abendstunden, brach der Krieg los, den zu vermeiden so wenig gekostet hätte, daß ein Opernhaus voll Lügen aufgestapelt werden mußte, um ihn endlich anzetteln zu können. Der *Spiegel*, ein loyales Programmheft, titelte: »Krieg gegen das Morden« (13/1999). Welchem »Morden« aber präzis die Fehde erklärt ward, wußte auch das »Sturmgeschütz der Demokratie« nicht. Racak, klar, Rugovo, und ... und sonstwo. Und i wo – Herrgott, sowieso! Die allgemeine Überzeugung, von den Deutschen in die Welt gepflanzt, man habe es bei *den Serben* mit Bestien und nachgeborenen SS-Leuten zu tun, war in den Hauptquartieren der Allianz angekommen und zumal Madeleine Albright felsenfest überzeugt, Verhandlungen mit Milosevic seien das Gleiche wie einst die Appeasement-Politik gegen Hitler. Die Ahnungs- und Bildungsschwäche der führenden Kreaturen im Kosovokrieg nicht bemerkt, sogar geteilt zu haben, gereicht den Medien zur weiteren Schande. »Aus Jugoslawien sollte«, quatschte der *Spiegel* (a. a. O.), natürlich ohne Quellenangabe, über die angebliche Ideologie Milosevics, »ein neues ›Serboslawien‹ werden. Wer sich diesen Herrenvolk-Ambitionen nicht fügen wollte, gehörte eliminiert.« Die *Berliner Zeitung* phantasierte am 29. März 1999: »Milosevic nimmt immer stärker die Züge eines zweiten Hitler an.« Und *Bild* krakeelte am 1. April: »Hitler und Stalin sind in Milosevic wiederauferstanden.«

Der Verdacht, daß eine Bande gewissenloser, opportunistischer, scheinheiliger Hasardeure den Krieg als Gelegenheit nutzte, die ominöse »Regierungsfähigkeit«, welche den rotgrünen Amateuren bis dahin vehement und mit Fug abgesprochen worden war, unter Beweis zu stellen, lag diesen Journalisten selbstverständlich fern. Sie, die für eine noch so windige »Enthüllungsgeschichte« gern mal das Scheckheft zücken und sechsstellige Summen eintragen, witterten den Schwarm fauler Fische nicht, der ihnen aufgetischt wurde, sondern kochten ihn begierig auf. 's war halt Krieg, und sie hatten ihn herbeigeschrieben – wozu noch Recherche oder bloß ein kleines Verwundern über die Worte, mit denen die Brandschatzer sich zu Friedensfürsten salbten? Kanzler Schröder verkündete, während über Pristina die Tornados heulten: »Wir haben keine andere Wahl, um das Morden im Kosovo zu beenden.« Wer aber keine andere Wahl kennt, dem Mörder in den Arm zu fallen, als selber zu einem zu werden, wer weismacht, es gebe zu Zerstörung und Tod keine Alternative, der hat als Henker gewiß sein Diplom bestanden, sollte jedoch als Amtswalter der Staatsmacht, sofern das Gerede von Demokratie einen Wert besitzt, keine Minute länger regieren dürfen, sondern sofort in Sicherheitsverwahrung genommen werden. Aber es ist ja alles nur Gerede: »Wir führen keinen Krieg, aber wir sind aufgerufen, eine friedliche Lösung im Kosovo auch mit militärischen Mitteln durchzusetzen.« Er führte keinen Krieg, als er ihn vom Zaun brach, er wollte den Frieden und dafür beendete er ihn, und die Öffentlichkeit, der er's einträufelte, jagte ihn nicht etwa zum Teufel, von dem er und seine Spießgesellen geritten wurden, sondern applaudierte und freute sich über soviel Bullenbeißerdreistigkeit.

Der *Berliner Kurier* verstand den amoklaufenden Peacenik nur zu gut und titelte, froh offenbar, daß in dieser großen Zeit die Lüge nicht etwa verfolgt werden würde, sondern staatstragenden Charakter besaß: »Irrer Serbe stürzt uns in den

Krieg« (25. März 1999). Die Nato hatte, ohne Kriegserklärung, ohne Mandat der UN, ohne Not, unter Mißachtung des Völkerrechts ebenso wie ihres eigenen Statuts, den souveränen Staat Jugoslawien überfallen (und, wie es Sitte ist unter Ganoven und Schlitzern, nach Anbruch der Nacht), die Bundeswehr beteiligte sich an einem Angriffskrieg, den ihr das Grundgesetz und übrigens auch der »Zwei-plus-vier-Vertrag« ausdrücklich verboten – nur unter der Auflage, »keine seiner Waffen jemals« einzusetzen, »es sei denn in Übereinstimmung mit seiner Verfassung und der Charta der Vereinten Nationen«, war den Deutschen 1990 die Wiedervereinigung gewährt worden –: Aber die Kontraktbrecher und Outlaws aus übler Überzeugung durften sich freuen, daß praktisch niemand sie an den Pranger stellen mochte, vielmehr die Schuld, die sie trugen, gehorsam und erfreut *dem Serben* in die Schuhe geschoben wurde. *Er* hatte angefangen, was, nach konvenierender Sprachregelung der Natogangster, ein Krieg nicht genannt werden durfte (Walther Stützle, Staatssekretär des deutschen, haha, Friedensministeriums, besaß sogar die Unverschämtheit, sich zu verbitten, daß die Bombardierung Jugoslawiens als Bombardierung bezeichnet wurde); er, der »Serben-Zar« *(Spiegel)*, hatte die Menschenrechtler in Berlin, London, Washington und Paris gezwungen, die Instrumente zu zeigen ... und damit diese schier pathologische Verdrehung der Tatsachen nicht auffiel, mußte der Provinzautokrat mit den Invektiven belegt werden, die, bei Licht besehen, in jenen Tagen berechtigter den Kriegsfürsten der westlichen Allianz zustanden: »Der Schlächter – Slobodan Milosevic immer wahnsinniger«, brüllte *Bild* am 27. März 1999.

Einer von einer schmalen Handvoll Journalisten, die unterm Schatten der Stealthbomber nicht den Verstand verloren, war Heribert Prantl, der am 26. März in der *Süddeutschen Zeitung* eigenartige psychische Verwerfungen bei den Alt-68ern der rot-grünen Kriegskoalition notierte: »Und sie reden nun, als Bellizisten, mit derselben Häme von den ›Friedfertigen‹ und ›Tagträumern‹, mit der sie früher über Spießer und Amerikaner geredet haben. Es fällt die Inbrunst auf, mit der sie das Gegenteil von dem predigen, was sie gestern gefordert haben – aber auch das wieder im Namen der Humanität: Aus ›Frieden schaffen ohne Waffen‹ wird ›Frieden schaffen – mit aller Gewalt‹.« Männer und Frauen ohne Gedächtnis, aber mit einer hehren Gesinnung, die je nach Jahreszeit bzw. Infratestumfrage wechselt, erfrechten sich, moralisch zu werden, und die Auftritte der durchgeknallten Menschenrechtsschlächter vorm Reichstag am 26. März 1999 offenbarten neben einem ausgeprägten Willen, Auschwitz zu relativieren, wie kaum ein Neonazi es vormals wagte, eine manische, panische Verlogenheit, die beim langen Marsch von der *Maobibel*-Exegese zum MdB-Mandat zweifellos hart erlernt worden war.

Der Regierungschef beschwindelte das Parlament über Rambouillet: »Einzig die Belgrader Delegation hat durch ihre Obstruktionspolitik alle, aber auch wirklich alle Vermittlungsversuche scheitern lassen. Sie allein trägt die Verantwortung für die entstandene Lage« – so ähnlich reden Geiselnehmer, wenn sie sich vor Gericht herausjammern wollen für die Ermordung ihres Opfers: Die Polizei ist schuld, weil sie die Lösegeldübergabe hintertrieb! Der eisendumme Kanzler warf den Diplomaten Milosevics – mit einem prächtigen Fremdwort, das er sich aber garantiert vom Ghostwriter hat erklären lassen – Verschleppungsstrategie vor und gab, da hatte der Geisterschreiber nicht aufgepaßt, indirekt zu, daß die Nato eben nicht »alle Möglichkeiten« auszuschöpfen bereit war, ehe sie Jugoslawien unterm Bombenteppich begrub. Sondern rasant die Geduld verlor: »Wir hatten deshalb keine andere Wahl, als gemeinsam mit unseren Verbündeten die Drohung der Nato wahrzumachen.« Sie hatten keine Wahl, weil sie keine wünschten; sie, die Kerle, die sich erfolgreich vorm Barras gedrückt hatten, wollten die Initiation endlich nachholen und wie *echte Männer* handeln, d. h. mit Knarren fuchteln, und da konnten Diplomaten, die ihren Job seriös erledigten und also »obstruierten«, natürlich nur stören. Ein »Vermittlungsversuch« (geschweige mehrere, wie Schröder hochstapelte) hatte in Rambouillet nie stattgefunden. Sondern bloß eine brachiale Erpressung. »Die Verantwortung für die entstandene Lage«, märte Schröder, »trägt allein die extremistische Belgrader Führung.« Angela Marquardt, PDS, klatschte, die Vermutung nährend, daß ein Vakuum zwischen den Ohren hierzulande genügt, um als »Querdenkerin« zu gelten, herzlich Beifall zu dem Lumpengeschwätz.

Joseph »Joschka« Fischer, *der* Prototyp eines Meinungsbastards und Gesinnungslumpen, wenn je einer war (wie Christian Schmidt in seiner verdienstvollen, materialreichen und viel zuwenig bekannten Monographie *Wir sind die Wahnsinnigen*, München/Düsseldorf 1998, schlüssig und materialreich beweist), log am 26. März im Parlament: »Die Bundesregierung hat gemeinsam mit unseren Partnern nun wirklich alles versucht, um Belgrad eine Brücke zu bauen [...] Insofern trägt Milosevic an dem jetzigen Krieg die alleinige Schuld und eine schwere Verantwortung.« Und seit 18 Uhr 45 wird jetzt zurrrückgäschossän. »Wir können nicht zulassen«, salbaderte der Mann, der außer einst für den Taxameter noch nie eine Verantwortung zu übernehmen bereit war, »daß sich in Europa eine Politik der Gewalt durchsetzt.« Und deshalb gab er, Fischer, sein Placet der Gewalt. »Meine Damen und Herren, für mich ist ganz entscheidend, daß die Verantwortung bei Milosevic liegt.« Die »Activation Order« als Befehl *des Serben* auszumünzen, hätte Goebbels nicht obszöner zu fälschen vermocht. Der Mörder ohne Gewissen (»Mit mir als Mensch bin ich völlig im reinen«) übergab das Mikrophon an einen ewigen Klassentrottel, der zum ersten Mal in seinem Leben ernstgenommen wurde. Denn auch über den lächerlichsten Idioten reißt niemand mehr Witze, wenn er mit Bomben um sich schmeißt.

Rudolf Scharping, als Kanzlerkandidat und SPD-Vorsitzender verlacht, gedemütigt von Oskar Lafontaine, gedeckelt von Schröder, »ein Gamma-Männchen, ein hodenloser Witz sozusagen« (Wiglaf Droste), hatte auf einmal die Macht, über Leben und Tod zu entscheiden, und er genoß sie von Herzen. Konnte man dem Kanzler und seinem Minister des Äußersten noch unterstellen, sie handelten aus blankem Machtkalkül wie Schurken, hätten aber zu ihrem Seelenfrieden nicht unbedingt tote Serben gebraucht (obschon die schlimmstenfalls störten), so sah man dem eifernden, geifernden, schreienden Kreuzritter Scharping die Wahrhaftigkeit beim Lügen, die pathologische Selbstsicherheit, ja Genugtuung bei Mord und Betrug deutlich an. Er faselte von dem »Jahrhundertverbrechen, das da im Kosovo im Gange« sei, und präzisierte: »Im Kosovo findet ein ethnisch begründeter Völkermord statt.« Er hatte für diese massiven Worte kein Fetzchen eines Beweises, und wäre er nicht von den paar Journalisten, die sich noch erinnerten, was sie bei Kogon und Hilberg über einen anderen »ethnisch begründeten Völkermord« gelesen hatten, gedrängt worden, seine sadistische Phantasmagorie zu belegen, hätte er immer so fröhlich weitergeröhrt. »Wir müssen«, brüllte er die Fraktionen an, »heute mit einem Völkerrecht umgehen, das ich nicht geringschätzen will.« Sondern gleich für null und nichtig erklären: »Aber ist es wirklich zu rechtfertigen, an den Weltsicherheitsrat gebunden zu sein [...]?« Den demokratischen Prozeß, d.h. Widerspruch und divergierende Meinungen, kippte er gleich mit über Bord; in der, in seiner großen Zeit duldete er keinen Defätismus: »[Unsere] Soldaten und ihre Familien brauchen noch etwas anderes, nämlich Rückhalt im Parlament und in der Öffentlichkeit. Dieser Rückhalt könnte durch Debatten geschmälert werden, die dafür nicht gut sind, die allenfalls gut für die eine oder andere Schlagzeile sind.« Was er dagegen lesen wollte, stand am selben Tag in *Bild*: »Scharping – er wird ein richtiger Soldatenvater. [...] Voller Anteilnahme erkundigt er sich nach der Stimmung in der Truppe: ›Ist alles in Ordnung, sind die Männer wohlauf ...?‹«

Weniger psychopathetisch als die deutschen Auschwitzverharmloser (»Milosevic«, kreischte der bündnisgrüne Staatsminister im Auswärtigen Amt, Ludger Volmer, »handelt nicht anders als Hitler«), dafür professionell und mit einer Miene, die anzeigte, wie kalt die angerichteten Blutbäder einen modernen Kriegsherrn lassen, agierte der Sprecher der Nato, Jamie Shea, in Brüssel. Deutsche Journalisten, denen schon die aufgeblasene Rhetorik ihrer Regenten nicht aufgefallen, vielmehr lobenswert erschienen war – »Der ewige Verlierer«, freute sich z. B. am 27. März die so was von freche *taz* für Scharping, »nun auf der Siegesstraße« –, schrieben erst recht und brav alles mit, was Shea ihnen trocken diktierte, und fragten, wenn überhaupt, bloß nach der Technologie der eingesetzten Mordgeräte, nie freilich, woher Piloten, die aus fünf bis zwölf Kilometern Höhe ihre Sprengkörper abwarfen, wissen konnten, daß sich im Zielgebiet keine Zivilisten aufhielten. Der Mund der Nato sprach von einwandfrei »militärischen Objekten«, und die Mäuler, die's an die Leserschaft weitertragen sollten, schluckten alles, auch die widerwärtige, durchaus eines Eichmann würdige Verschleierungsvokabel »Kollateralschaden«, die Shea nach dem ersten *bekannt gewordenen* »Fehltreffer« aus der Lage- munter in die Pressekonferenz eingeschmuggelt hatte. Der praktisch alle deutschen Kriegsberichter einende Serbenhaß mußte es ihnen allerdings nur konsequent und sogar angemessen erscheinen lassen, wenn die Toten, welche die heiligen Krieger der Nato aufhäuften, als Nebensächlichkeit abgetan wurden. Lange nach dem Schlachtfest, dessen Conférencier er mit unversieglicher Heiterkeit gegeben hatte, setzte Jamie Shea auf das obszöne Wort eine ebenso obszöne Entschuldigung: »Ich bedauere sehr«, heuchelte er Anfang 2000 im *stern*, »daß ich diesen Ausdruck benutzt habe. Es ist ein schlimmes Wort. Im nachhinein sage ich: Ich hätte es auch [wie die Gesellschaft für deutsche Sprache] zum Unwort gewählt.« Er bedauert natürlich gar nichts; den kriminellen Akt der Nato schönzureden, ist sein Beruf gewesen, und so oft, wie er das »schlimme Wort« gebrauchte, kann er sich »im nachhinein« alle Seife der Welt kaufen: Die Fresse, aus der es fiel, wird er nie reinwaschen können.

Der Gestörte

Keiner hatte die deutschen Journalisten zwingen müssen, in die neue PK einzutreten – kurzerhand und ohne viel Federlesens hatten sie sie selbst gegründet. »Kriege«, resümiert Hermann L. Gremliza, der schärfste und konsequenteste

Kritiker der neuen deutschen Landserherrlichkeit, »und insonders deutsche Kriege, kennen keine Parteien. Der Krieg kennt nur noch Deutsche, Volksgenossen. Wo es aber keine Parteien mehr gibt, gibt es keine zwei Meinungen, und wo es keine zwei Meinungen gibt, gibt es keine Information, sondern Propaganda.« Also verkündete der *Spiegel* am 5. April 1999, wofür es keine Beweise gab, sondern allein den dubiosen Leumund eines Eiferers und seiner nicht ganz so verrückten, aber gleichfalls gemeingefährlichen Kumpane: »Obwohl die Experten [!] wissen, daß die Vertreibung und Ermordung der Albaner aus dem Kosovo schon anfingen, bevor die Nato sich zum Eingreifen entschloß, beginnen Ursache und Wirkung zu verschwimmen.« Die Experten, die den Titel *verdienten*, wußten jedoch, daß die »270 000 Menschen«, die laut Scharping *vor* dem Überfall der Allianz im Kosovo auf der Flucht gewesen sein sollen, einfach aus den Zahlen des Jahres 1998 addiert und nach Auskunft der OSZE zum allergrößten Teil längst wieder in ihre Häuser zurückgekehrt waren.

Es ist beileibe keine »nachträgliche Besserwisserei« (Scharping), diese Lüge zu entlarven. Die »ethnische Säuberung«, die zu verhindern die Nato mobilisiert hatte, begann erst drei Tage *nach* den ersten Luftangriffen. »Wer jetzt kommt und sagt«, plärrte der Kriegsverbrecher von der Hardthöhe am 28. März bei *Sabine Christiansen*, »durch das militärische Eingreifen sei die humanitäre Katastrophe erst ausgelöst worden, hat ein absolut zynisches Verständnis von dem, was dort wirklich los ist.« Aber genau dies war passiert, weil die absoluten Zyniker, die den Startbefehl erteilt hatten und die den Unterschied zwischen »human« und »humanitär« nicht begriffen, wissentlich in Kauf nahmen, daß die serbische Führung die albanische Bevölkerung des Kosovo als Kombattanten der Nato behandeln würde. Und selbstredend besteht auch ein *direkter* Zusammenhang zwischen den Laserbomben und den Flüchtlingstrecks: Niemand, der bei Trost ist, hält sich gern in einer Gegend auf, über die pausenlos riesige Geschwader von Kampfflugzeugen donnern, in der täglich aberhundert Raketen und Luftminen detonieren.

Willy Wimmer, als CDU-Mann nicht gerade verdächtig, ein böser *Pazifist* zu sein, Vizepräsident der Parlamentarischen Versammlung der OSZE, schilderte ein wesentlich anderes Bild von der Situation im Kosovo vor dem Krieg: »Die internationalen Beobachter, die OSZE-Beobachter, sie haben eindeutig erklärt [...], daß die jugoslawische Seite nach den Oktober-Vereinbarungen sich an diese auch gehalten hat. Und daß hingegen die UCK systematisch diese unterlaufen hat.« (*junge Welt*, 26. März 1999) Noch wenige Tage, bevor die »Operation allied forces« anrollte, wiesen deutsche Gerichte Asylbegehren von Kosovoalbanern mit der Begründung zurück, es gebe keine Hinweise auf eine Verfolgungsstrategie der serbischen Polizei oder Armee.

Hashim Thaci, der zwielichtige Pate der UCK, verbreitete via *Tagesthemen* die Lüge, in Pristina seien »20000 Menschen in einem Konzentrationslager« eingepfercht, und niemand bemühte sich um eine Überprüfung der greulichen Erzählung, schon gar nicht der Kriegsminister: »Wenn ich höre, daß im Norden von Pristina ein Konzentrationslager eingerichtet wird [...] – dann ist da etwas im Gange, wo kein zivilisierter Europäer mehr die Augen zumachen darf.« Doch wer sie aufmachte, sah: nichts. Bis heute ist es den Untersuchungsteams der Nato, die sich wahrlich Mühe gegeben haben, jeden gewöhnlichen Friedhof zum »Massengrab« zu ernennen, mißlungen, in Pristina Spuren des Thaci-Lagers zu finden. Dem Eiferer, der wegen extremer Kurzsichtigkeit einst ausgemustert worden war, konnte kein Gerücht entsetzlich, kein Märchen schauerlich genug sein, er nahm alles, was seinen Wahn bestärkte, gläubig auf und schrie es in die Welt. »In Srebrenica mußten die UN-Truppen zusehen, wie 30000 Menschen umgebracht wurden.« (UN und Rotes Kreuz wissen bei dem berüchtigsten und von den Kriegshetzern in Deutschland – Freimut Duve faselte ahistorisch, nachgerade blutbesoffen, mit der Emphase eines Gerhard Frey über die »Rampe von Srebrenica« – buchstäblich ausgeschlachteten Massaker des bosnischen Bürgerkriegs nur von 7000 »Verschwundenen«, gefunden wurden 480 Leichen.) Also, folgerte der Mordshochstapler Scharping, dürfe *dem Serben* nicht wieder Gelegenheit gegeben werden, Massen zu morden, die allein in seiner sadistischen Phantasie existierten.

»Tags darauf, am 29. März, der Völkermord findet seit Tagen statt [...], läßt er durchblicken, daß er nichts weiß. Scharping sagt: ›Die Präsenz von Militär und die vorliegenden Informationen signalisieren, daß hier ein Völkermord beginnt.‹ [...] [Am] ominösen 1. April weiß Scharping was vom Hörensagen: ›Es gibt Anzeichen für eine systematische Ausrottung.‹« (Hermann L. Gremliza: *Mein Kriegstagebuch*, in: *konkret* 12/1999) Das Lügenmaul, das zu Beginn des Krieges dröhnte, im Kosovo sei »Völkermord im Gange«, das, konfrontiert mit einer allmählich doch skeptisch werdenden Öffentlichkeit, mangelhafte »Informationspolitik« der Nato bejammerte (er meinte selbstverständlich nicht die Schwindeleien über Präzision und Skrupulösität der Bombardierung) und die Veröffentlichung sämtlicher photographischer Dokumente des »Völkermords« gelobte, sobald die Bundeswehr-Luftaufklärung ihm welche liefere, doch nie, bis zum heutigen Tag nicht, trotz Aberhunderter »Drohnen«-Flüge überm Kosovo, die Aufnahme auch nur eines »Konzentrationslagers« vorgelegt hat; der Mordbrenner, der die ARD-aktuell-Redaktion am 24. März telephonisch maßregelte, nachdem die *Tagesschau* es gewagt hatte, eine Meldung des jugoslawischen Fernsehens über den Abschuß eines deutschen Jets – mit Vorbehalt – zu zitieren, aber zufrieden die schuftige Schnauze hielt, als *Bild*, am 1. April, überm Videoprint eines Flüchtlingszugs, der soeben, ungefährdet, die Grenze zu Albanien passierte, acht Zentimeter hoch titelte, ganz in seinem dreckigen Geiste: »... sie treiben sie ins KZ«, und im Fließtext ergänzte: »Nun wird der Alltag im Kosovo KZ-Wirklichkeit« –: Der obsessive Betrüger und begeisterte »Soldatenvater« hat sich inzwischen auf jenes Völkerrecht zurückgezogen, das er zu Beginn des Kriegs auf den Müllhaufen geworfen hatte. Die Genfer Konvention, rabulierte er bei den »Mainzer Tagen der Fernsehkritik« am 16. Mai 2000, »sagt ja nicht, er muß eingetreten sein, um von Völkermord sprechen zu können. Sie sagt, vier Alarmkriterien, dann beginnt Völkermord. Und diese vier Alarmkriterien: Kennzeichnen einer Bevölkerungsgruppe, Festlegen der Einheiten, Festlegen des Vorgehens und dann beginnendes tatsächliches Vorgehen – wenn das vorliegt, dann beginnt Völkermord. Der Sinn der Konvention ist doch, Kriterien zu nennen, bei deren Vorliegen Einschreiten als geboten angesehen wird, um Völkermord zu verhindern.«

Offensichtlich, hier hat ein Gangster Tips von seinen Hausjuristen bekommen, um der Lüge, die er am lautesten verbreitete, irgendwie den Schein der Wahrheit zu verleihen. Doch hat er schon wieder gelogen, mehrmals, verbogen und verdreht, damit der berühmte Text, mit dem er wichtig wedelt, zu seinen anderen Lügen paßt. Die »Alarmkriterien« lauten in der »Konvention zur Verhinderung und Bestrafung« des Genozids so: »[Eine] der folgenden Handlungen [wird begangen] mit der Absicht, eine nationale, ethnische, rassische oder religiöse Gruppe ganz oder zum Teil zu vernichten, und zwar: a) Ermordung [...]; b) Verursachung ernsten körperlichen oder seelischen Schadens [...]; c) Vorsätzliche Eingriffe in die Lebensbedingungen der Gruppe zu dem Zweck, ihre physische Zerstörung im ganzen oder zum Teil zu erreichen; d) Auferlegung von Maßnahmen, die dazu gedacht sind, Geburten [...] zu verhindern; e) Erzwungene Überführung von Kindern der Gruppe in eine andere Gruppe.« Das sind sogar fünf, nicht, wie der Lump, der ansonsten die Zahlen nie gewaltig genug haben kann, quasselt, »vier« Kriterien, und dennoch kommen die, welche er nannte, nirgends vor. Die seit März 1999 geübte Generösität im Umgang mit dem Völkerrecht mag Scharping eben auch vierzehn Monate später nicht aufgeben; und wenn denn eines Tages die Kommissionen der Nato und der OSZE ihre Ermittlungen im Kosovo abgeschlossen und »leider« keinen einzigen Beweis für »beginnenden Völkermord« gefunden haben werden, wird der Bube sich eine andere hanebüchene Finte einfallen lassen, um den opaken Panzer der Lüge, in dem er sich so kannibalisch wohlfühlt wie hunderttausend Säue, nur nicht ablegen zu müssen.

Die Beweisnot setzte Scharping während des Krieges einigermaßen zu. Um den Medien irgendwas hinzuwerfen – die ihm bestimmt nicht übelwollten, aber einfach nicht begriffen, weshalb der rasende Mann, dessen Besessenheit ihnen durchaus imponierte, nun schon fünf Wochen lang keine Dokumente für den »Völkermord« vorgelegt hatte –, präsentierte er am 26. April 1999 in der täglichen Pressekonferenz des Kriegsministeriums Bilder von den Leichen, die in Rugovo gefunden worden waren. »›Wir werden‹«, zitiert er sich selbst in *Wir dürfen nicht wegsehen* (Berlin 1999), seiner, sagen wir, sehr subjektiven Chronik der großen Zeit, »›Ihnen Photos präsentieren von einem Massaker, das schon am 29. Januar 1999 stattgefunden hat. [...] Ich rate allerdings dazu, gute Nerven mitzubringen, denn das sind Bilder, die ein OSZE-Beobachter aufgenommen hat, und wir haben erst Ende der letzten Woche erfahren, daß er diese privaten Bilder unter etwas riskanten Umständen gemacht hat. [...] Sie können genau sehen, was da schon seit Januar im Gange ist‹« (Auslassungen im Original).

Scharping log schon wieder. Ein anderer »OSZE-Beobachter«, der deutsche Polizist Henning Hensch, der als erster Vertreter der Organisation in Rugovo eintraf, berichtet in *konkret* 7/2000: »Es hat über drei Tage, vom 27. Januar bis zum 29. Januar '99, militärische Auseinandersetzungen zwischen der UCK und den serbischen Sicherheitsbehörden [...] gegeben. In diesen drei Tagen kamen insgesamt 35 Menschen ums Leben. Ein Massaker ist es ganz sicher nicht gewesen.« Er bestätigt, daß einige der Toten offensichtlich exekutiert worden waren, beklagt auch, daß die Serben, trotz militärischer Überlegenheit, die Guerilleros lieber abknallten als festnahmen. »Es ist allerdings [...] nicht so gewesen, daß dort die serbischen Polizeieinheiten die UCK-Leute zusammengetrieben und erschossen haben.« Scharping erging sich bei der Darbietung der in der Tat scheußlichen Bilder in detaillierten, empörten Beschreibungen der stattgehabten Greuel: Besonders erregte ihn, daß die Opfer mit Baseballschlägern aufs bestialischste traktiert worden seien. Hensch: »Einwirkungen durch Baseballschläger kann ich nicht bestätigen [...]. Es war ein Toter dabei, bei dem der Schädel zertrümmert war, und einer, bei dem die Stirnfront eingeschlagen war. Die übrigen sind durch Schußeinwirkung umgekommen.« Über den, natürlich anonymen, OSZE-Mann, einen Oberstleutnant der Bundeswehr, der – so Scharping noch bei den »Mainzer Tagen der Fernsehkritik« – die Photographien »ganz privat« angefertigt haben soll, ehe die Serben den Tatort »arrangierten«, bemerkt Hensch: »[Ich] weiß nicht einmal, wer dieser Oberstleutnant überhaupt war.« Und zu den vorgeblich »authentischen« Bildern selbst: »[Scharping] hat auf seiner Pressekonferenz einen Leichenberg gezeigt, um den Beweis eines Massakers per Bild antreten zu können. Doch die Photos [...] entstanden definitiv nicht am Tatort. Vielmehr zeigten sie Leichen, die [...] von der Polizei zusammengelegt wurden, damit wir sie besser identifizieren konnten.« Kurz: »Die Darstellung des Verteidigungsministers war sachlich falsch.«

Da er von der Lüge, mit der er in den Krieg gezogen, nicht lassen konnte, ohne daß dieser Krieg selbst als das Verbrechen kenntlich wurde, welches er angeblich verhindern sollte, mußte der greuliche Mann laufend weitere Lügen in die Welt setzen. Doch dieselben Preßbanditen, die sich einige Monate später vor moralischer Entrüstung kaum mehr einkriegten, vor Enthüllungseifer schier zersprangen, als es galt, die Spendenlügner im CDU-Vorstand zu demaskieren, hielten schön still, bis die Nato-Massaker in Jugoslawien eingestellt wurden, ehe sie, sehr zaghaft, Erkundigungen einzogen, was denn wirklich dran sei an Scharpings G'schichten aus dem Amselfeld. Geld mobilisiert den Journalisten eben allemal mehr als tausend Tote; und »dann fällt mir zufällig bei, an einem trüben Tage wird es klar, daß das Leben nur ein Abdruck der Presse ist« (Kraus). Sie hatten sich mit dem Erpresser, dem Betrüger, dem Mörder hundsgemein gemacht, und jeden »Fehler«, den die Nato beging, seit Jahren vollinhaltlich vorgeschrieben. Scharping zu zerreißen, wie es ihm gebührt, können seine Getreuen von der PK sich einfach nicht leisten.

Die Gang

Im Januar 2000 veröffentlicht der *Spiegel* einen Dreiteiler, betitelt *Der etwas andere Krieg*, in dem einige der Legenden, an deren Propagierung maßgeblich der *Spiegel* mitgewirkt hat, partiell korrigiert, dafür andere geboren werden, beispielsweise die neueste Variante der Legende vom »Dolchstoß«, wonach die Deutschen von den USA in die »Operation verbündete Kräfte« gezwungen, ja, ihnen »die Daumenschrauben angelegt« worden seien, denn Schuld an einem Krieg, der nicht im Triumph endet, haben in Deutschland stets die anderen. Die offenbaren Lügen Scharpings benannte das Blatt nur halbherzig und flüchtig, nimmt ihn sogar in Schutz (»von den Erzählungen der Vertriebenen sichtlich gerührt, schürt [er] in der Öffentlichkeit Emotionen für die Nato-Bombardierungen«). Diese Verständnisinnigkeit hat einen Grund, und der stand im *Spiegel* vom 5. April 1999: »Scharping, dessen Vater in erster Ehe mit einer Jüdin verheiratet war, hat sich ein Leben lang damit herumgeschlagen, daß diese Ehe unter dem Druck der Nazi-Rassengesetze zerbrach. Kein Wunder, daß im Verteidigungsminister, der sich schon lange angewöhnt hat, seinen Körper zum Panzer [!] gegen Gefühle zu versteifen, jetzt – für jeden erkennbar – ein eisiges Feuer glimmt.« Solche Prosa in der großen Zeit nicht gemieden zu haben, verpflichtet hernach zu einer gewissen Zurückhaltung. Außerdem könnte bereits morgen der nächste Krieg »unvermeidlich« sein, und da möchte man nicht abseits der PK stehen. Haben die Medien im Frühjahr 1999 versagt? »Natürlich nicht«, antwortet Hermann L. Gremliza, »im Gegenteil: Sie haben vorzüglich funktioniert und sich qualifiziert für all die Kriege, die jetzt kommen werden. [...] Unter schwierigsten Bedingungen – so gut wie ohne jedes seriöse Material – haben die Medien ihre von Schröder, Fischer, Scharping, Beer und Duve gestellte nationale Aufgabe vorbildlich erfüllt: den angesichts der dürftigen Nachrichtenlage immensen Bedarf an Falschmeldungen und Stimmungsmache gestillt, das nationale Kollektiv zusammengeschweißt, keine störenden, unnötigen Fragen gestellt.« Und was mit den restlichen Journalisten geschieht, denen, die es wagen, der Nato querzukommen, durften die rapportierenden Orgelpfeifen am 23. April 1999 zur Kenntnis nehmen und abnicken (was ihnen nicht einmal schwerfiel), als Kampfjets das RTS-Sendezentrum in Belgrad einebneten.

Nach zwei Wochen Krieg, Zehntausenden Bomben und Cruise missiles war fast die gesamte albanische Bevölkerung des Kosovo auf der Flucht (und, vor den Natoangriffen und der marodierenden UCK, auch große Teile der serbischen, was deutsche Medien weiträumig verschwiegen). Die Haudegen im Kriegspressehauptquartier nörgelten, es sei nun wohl höchste Zeit, mit Infanterie und Panzern *dem Serben* einzuheizen, die Ungedienten schlugen vor, es vielleicht mal mit einer Feuerpause zu probieren. Die Kriegsherren, die gar nicht genug zivile Infrastruktur in Jugoslawien vernichten konnten, doch das kostbare Leben ihrer Soldaten auf keinen Fall riskieren mochten, wiesen beide Ansinnen brüsk zurück. Um seine PKler bei Laune zu halten, mußte Scharping in die Trickkiste greifen. Und er holte, am 8. April 1999, den sog. »Hufeisen-Plan« heraus, den die jugoslawische Armee bereits im Dezember 1998 ausgeheckt haben soll. »Endlich haben wir einen Beweis dafür, daß [...] eine systematische Säuberung und die Vertreibung der Kosovoalbaner geplant worden waren. [...] [Der Plan] sah vor«, schwindelt Scharping in seinem Kriegsjournal weiter, »daß in einer ersten Phase, nach dem Jahreswechsel 1998/1999, die kosovoalbanische Bevölkerung im Norden der Provinz und entlang eines breiten Streifens beiderseits der Hauptverbindungsstraßen im Kosovo vertrieben werden sollte.« Das hatte sich bei Hans-Peter von Kirchbach, dem damaligen Generalinspekteur der Bundeswehr, der den Plan i. A. seines manischen Ministers der Presse präsentierte, noch anders angehört: »Hauptziel der ›Operation Hufeisen‹ war, ist aus unserer Sicht die Zerschlagung beziehungsweise Neutralisierung der UCK im Kosovo.« (Zit. n. *konkret* 5/1999) Von dieser *militärischen* Zielsetzung hat Scharping nie geredet, die erscheint nämlich sogar in seiner Version der Genfer Konventionen nicht als »Alarmkriterium für Völkermord«.

Freilich war Kirchbachs Satz mehr dem Druck der Improvisation geschuldet. Er sollte eine Fälschung verkaufen, und das scheint ihm nicht besonders gelegen zu haben. Zumal das Falsifikat eine überaus schlampige Arbeit war, so schlampig, daß das »Original« bis heute von Scharping unter Verschluß gehalten wird, angeblich, um die »zuverlässige Geheimdienstquelle«, die es der Hardthöhe »zugespielt« hatte, zu schützen. Vorerst immerhin verfing der Bluff des Kriegsministers blendend. Im Bundestag zeigte sich der Chef der SPD-Fraktion, Peter Struck, am 15. April tief betroffen von der blühenden Phantasie seines Genossen: »Nach und während des Holbrooke-Abkommens ist der Vertreibungsplan ›Hufeisen‹ entworfen worden, während Milosevic seine Leute am Verhandlungstisch sitzen ließ.« Koalitionskompagnon Rezzo Schlauch machte seiner Erleichterung Luft, endlich über eine Rechtfertigung für den Angriffskrieg, dem auch er ohne Zögern zugestimmt hatte, zu verfügen: »Es kann kein Zweifel daran bestehen, daß die Verbrechen von Milosevic gegen die Menschlichkeit von langer Hand geplant waren.« Karl Lamers von der CDU, die gegen die Kriegsgeilheit der Regierung nur insofern opponierte, als ihr ein bißchen zu oft über Wiedergutmachung der Naziverbrechen geschwätzt wurde, gelang eine interessante Volte: »Milosevic [nutzt] die Nato-Luftschläge, um die schon lange geplante Vertreibung der Albaner mit brutaler Konsequenz umzusetzen und so auch noch den Schein eines ursächlichen Zusammenhangs herzustellen.« Allein Gregor Gysi, Vorsitzender der PDS-Fraktion, der einzigen, die dem Kanzler nicht in den Krieg gefolgt war, spuckte in die Suppe: »Darf ich Ihnen sagen, was an diesem Plan merkwürdig ist? Der Generalinspekteur [...] hat die Originalüberschrift [...] vorgelesen. Diese Überschrift war in Kroatisch und nicht in Serbisch abgefaßt. Kann man sich ernsthaft vorstellen, daß das serbische Militär in kroatischer Sprache einen solchen Plan verfaßt?« Doch den suspekten Kriegsgegner hatte die Gesinnungslumpengemeinde von Beginn an als Verräter resp. »5. Kolonne Belgrads« (Gerhard Schröder) und »Weißwäscher für eine neue Form von Faschismus« (Joseph Fischer) durchschaut und gebrandmarkt, und darum stutzten sie nicht mal. Diesen herrlichen »Beweis«, den ihre Hetzreden allerdings dringend nötig hatten, wollten sie sich nicht nehmen lassen. Dieweil andere ihn gar nicht erst zu Gesicht bekamen. Nato-Oberbefehlshaber Wesley Clark mußte am 19. April – elf Tage nach Kirchbachs Pressemitteilung! – auf eine Anfrage der BBC passen; er kannte das »Hufeisen« nicht. Scharping, nimmermüd, die Geheimniskrämerei der Nato zu beklagen, hatte das sensationelle »Dokument« für sich behalten; er wußte, warum.

Denn sein Trug fällt schon bei der zartesten Berührung in sich zusammen. Er konnte einfach nicht riskieren, daß die ziemlich widerspenstigen »Bündnispartner« in Italien und Griechenland den »Hufeisen-Plan« unter die Lupe nahmen. Die Sache mußte in Deutschland bleiben, wo öffentliche Kritik am Krieg rigoros und unisono als Kollaboration mit Milosevic und Beihilfe zum »Völkermord« diffamiert wurde, so laut und lynchfreudig wie in keinem anderem Natostaat. Heinz Loquai, Brigadegeneral a. D., seit 1996 Mitglied der für den Balkan zuständigen OSZE-Mission, veröffentlichte im März 2000 eine Studie (*Der Kosovo-Konflikt – Wege in einen vermeidbaren Krieg*, Baden-Baden), die von Scharpings erbärmlichem, dennoch tödlichem, den deutschen Kriegswillen neu belebendem Machwerk nichts hinterläßt als den Haufen Mist, auf dem er gewachsen. Zu der »Übersicht« bspw., die das BMVg aus dem unsichtbaren Plan gebastelt hatte, notiert Loquai: »Bemerkenswert ist, daß [sie] weder in ihrer Diktion noch in der ganzen Form einem militärischen Operationsplan auch nur ähnelt. [...] Der Plan schien auch kein Operationsziel zu enthalten, denn in der ›Übersicht‹ wird lediglich eines vermutet (›hiesigen Erachtens‹). In einem echten Operationsplan ist aber der wichtigste Teil die Absicht, das Operationsziel.« Und das werde auch in der »Übersicht«, wie vormals durch Kirchbach, nicht mit »ethnische Säuberung« umschrieben, sondern als »Zerschlagung bzw. Neutralisierung der UCK im Kosovo« benannt.

Mögen den Profi umgehend Zweifel beschlichen haben – die Amateure, Trottel und scheinheiligen Krieger, die Scharping ermächtigten, serbische Hausmeister, Studenten und Kinder zu ermorden, konnte er frohgemut weiter leimen. Am 11. Mai '99 schickte er den MdBs eine Broschüre, in der das Märchen »Hufeisen-Plan« wiederum beschworen wurde: »Wie wir seit April wissen [!], waren die Vertreibungen und gewaltsamen Übergriffe keineswegs unmittelbare Reaktionen auf die Luftangriffe der Allianz, sondern von vornherein Teil der sogenannten Operation ›Hufeisen‹, die [...] seit Beginn dieses Jahres ausgeführt wurde.« (Zur Illustration der Lüge lag eines der notorischen Rugovo-Bilder bei – vollendete Virtualität, allerdreistester Schwindel und eine unfaßbare Trottelei.) Loquai hat die Frontmeldungen der Hardthöhe und in den »detaillierten Berichten vor Ort« gelesen, doch eine »Ausführung« des dubiosen Plans nirgends feststellen können. »Es zeigt sich [...], daß bei aller Brutalität des jugoslawischen Vorgehens von einer geplanten und großangelegten Vertreibung der Albaner [...] vor Beginn der Luftangriffe nicht gesprochen werden kann. Scharping liefert hierfür selbst einen Beweis. In seinem Buch *[Wir dürfen nicht wegsehen]* findet sich auf Seite 233 eine Grafik über die Flüchtlingsentwicklung im Kosovo. Dort zeigt sich eine starke Zunahme der Flüchtlinge erst ab dem 27. März 1999.« Und Wesley Clark bekräftigte nach dem Krieg, »niemand« – er meinte die Technokraten, nicht die Trottel der Allianz – habe »das vorhergesehen, daß Milosevic Hunderttausende aus dem Kosovo vertreiben würde«.

Während Scharpings Kollegen noch mit Propagandabroschüren, an denen bloß die Druckerschwärze echt war, eingedeckt wurden, wies Louise Arbour, damals Chefanklägerin des UN-Kriegsverbrechertribunals und durchaus der Unparteilichkeit oder Zimperlichkeit unverdächtig, den »Hufeisen-Plan« als Beweismittel gegen Milosevic zurück: »Wäre das Dokument mit Deckblatt, Unterschrift und Datum, so wäre es phantastisch [!]. Aber meist sieht so etwas eher nach Gesprächswiedergaben und Schlußfolgerungen aus.« In der Anklageschrift des Tribunals taucht der Begriff »Hufeisen« kein einziges Mal auf. – Anfang April 2000, Loquais Studie sorgte für einigen Wirbel, trompetete Scharping, die besten Belege für die Existenz des Plans seien, erstens, die »vielen hunderttausend geflüchteten Albaner« (eine Tautologie, direkt aus der Gummizelle) und, zweitens, daß er, die berühmte ehrliche Haut, unerschütterlich sage: »Ja, es gibt ihn.« Wem das nicht genügte, den ließ er von seinem Pressesprecher mit der Phrase abspeisen: »Es besteht kein Gesprächsbedarf.«

»Milosevic gehört nach Den Haag und nicht an einen Verhandlungstisch«, keifte der Trickser mit dem Bombentick Ende März 1999. Ihn, den übelsten und gefährlichsten, weil überzeugtesten Lügner einer durch die Bank kriminellen Regierung ebenfalls dort zu erleben, ist ein Ziel, aufs innigste zu wünschen. Der »Gesprächsbedarf« eines engagierten Tribunals könnte enorm werden.

Die Greuelmacher

Es wird beim Wunsch, leider, bleiben. Ende Mai 2000 legte amnesty international einen 60 Seiten starken Bericht über Verstöße der »Allied forces« gegen die Genfer Konvention vor. Obwohl die Rechercheure sich vornehmlich auf Informationen stützten, die ihnen von der Nato zur Verfügung gestellt worden waren, nannte Sprecher Shea die Studie »haltlos« und »schlecht belegt«. Er mußte sich beim Dementieren keine Mühe geben. Bereits einige Wochen zuvor hatte Carla del Ponte, die neue Chefanklägerin des Internationalen Kriegsverbrechertribunals, also der einzigen Institution, vor der ein Prozeß gegen die alliierten Killer angestrengt werden könnte, den Antrag der jugoslawischen Regierung auf ein Verfahren abgeschmettert: »Nach intensiver Beschäftigung mit allen Anschuldigungen und Vorwürfen [...] komme ich zu dem Schluß, daß es keine Basis gibt, die die Aufnahme von Ermittlungen [...] rechtfertigen könnte. Ich kann zufrieden feststellen, daß die Nato im Verlauf ihrer Bombardements nicht gezielt Zivilisten oder illegitime Angriffsobjekte attackiert hat.« Die Frau weiß, wer in der Welt das Sagen hat.

Der Bericht von amnesty konzentriert sich auf neun der

blutigsten »Kollateralschäden«, welche die Nato evtl. nicht willentlich verursachte, doch billigend in Kauf nahm – was für eine Strafverfolgung gemäß den Genfer Verträgen durchaus genügte. Die tägliche Ausweitung der Luftangriffe, die immer wahllosere Zerstörung der jugoslawischen Industrie und Verkehrswege ließ die Möglichkeit von »Fehlern« exponentiell ansteigen. Brüssel definierte jede Woche neu und schwammiger, was ein »kriegswichtiges Ziel« sei, und schließlich gab es kein Gebäude im Kosovo oder Serbien mehr, das nicht »legitim« in Schutt und Asche hätte gebombt werden dürfen. Die Genfer Konvention gilt seither nur noch bei Bedarf, d. h. für die Feinde der Nato. Was immer einst bezweckt war mit diesem Vertrag, ist von Blair, Clinton, Schröder und ihren Spießgesellen zur Makulatur gemacht worden. Ihnen und, dank der faktischen Abschaffung des alten Kriegsrechts, auch dem Haager Tribunal fehlt seit dem 24. März 1999 jegliche juristische, geschweige ethische, Legitimation, »Kriegsverbrechen« anzuprangern und zu verfolgen. Außer der einen: die besseren Waffen zu besitzen.

Wer sich selbst über Gewohnheitsrecht, Gesetze und Kontrakte stellt, wohlwissend, daß die Polizei, die in der Lage wäre, einzuschreiten, zum eigenen Stall gehört, der wird sich beim Vertuschen und Wegschwindeln keinen Zwang antun. Vier- bis sechshundert zivile Opfer der Natoattacken hat amnesty aus den – dürftigen und, propagandahalber, eher weit untertriebenen Zahlen der jugoslawischen Behörden – errechnet. Da noch von »Fehlern« zu reden, wie es Jamie Shea oder Rudolf Scharping mit einer Gelassenheit tun, vor der gewöhnliche Serienmörder erschrecken könnten, offenbart eine derart verkommene »Moral« und Verachtung menschlichen Lebens, daß es der massiven Widerlegung ihrer zahllosen Lügen bei den »Lageberichten« gar nicht bedürfte, um sie, die sich wider den Unhold Milosevic moralistisch spreizten wie noch keine Regenten der Weltgeschichte, als Strolche und Hochstapler anzuprangern. Ein »Kartenfehler« z. B. habe die Sprengung der Chinesischen Botschaft am 8. Mai 1999 verschuldet; dabei starben drei Menschen, zwanzig weitere wurden verletzt. Man bedauerte und bombardierte sofort mit unverminderter Brutalität weiter – als wäre, bei der behaupteten Gewissenhaftigkeit der Nato, nicht eine gründliche Inspektion der Zielplanung und die Einstellung der Angriffe geboten gewesen! Als hätte dieser kriegerische Akt gegen eine Atomwaffennation nicht die ragende, den ganzen Planeten gefährdende Inkompetenz der Natostäbe bewiesen und alle Beteuerungen über die »Verschonung« der Zivilisten im Gefechtsgebiet endgültig als Geschwätz erwiesen! (Im Oktober 1999 veröffentlichte die englische Zeitung *The Observer* einen Artikel, in dem mehrere europäische und US-Geheimdienstler angaben, die Chinesische Botschaft sei absichtlich bombardiert worden, weil die Nato dort eine Funkstation der jugoslawischen Armee geortet haben soll. Dieser Bericht gibt den Zielplanern in Brüssel ihre, nun ja, Berufsehre zurück, läßt jedoch die Unverantwortlichkeit der Allianz nur noch monströser erscheinen.)

Am Mittag des 12. April 1999 feuerte ein amerikanisches Kampfflugzeug zwei Lenkraketen auf eine Eisenbahnbrücke nahe dem südserbischen Grdelicka. Sie explodierten im selben Augenblick, als ein Passagierzug – kein Truppentransporter – die Brücke überquerte. Mindestens zwölf Menschen starben, Human Rights Watch schätzt die Zahl der Opfer auf zwanzig. Oberbefehlshaber Clark bedauerte am folgenden Tag den »Fehler«, der aber schon mal passieren könne, schließlich habe sich der Jet mehrere Kilometer über dem Ziel befunden und die beiden Piloten erst in der allerletzten Sekunde die heraneilende Eisenbahn bemerkt. Dazu spielte Clark Videos ab, welche die Zieloptiken der Rakete übermittelt hatten und seine Darstellung, scheinbar, belegten. Am 6. Januar 2000 meldete die *Frankfurter Rundschau*, die Filme seien auf der Pressekonferenz im Zeitraffer abgespielt worden, mindestens dreimal schneller als beim tatsächlichen Vorgang. Die Nato bestätigte, camouflierte den Betrug jedoch mit einem »technischen Problem« beim Kopieren des Bandes. Anders als bei allen Videos, die während des Krieges veröffentlicht wurden, fehlte diesem die eingeblendete Statusanzeige mit technischen Informationen, »darunter eine Uhr, die Sekunden zählt, mutmaßlich die seit dem Abschuß verstrichene Zeit« *(Frankfurter Rundschau)*. Über die Rücksichtslosigkeit des Bombenschützen, der den nahenden Zug sehr wohl wahrnehmen konnte und dem gut *sieben Sekunden* blieben, um den Beschuß abzubrechen, schweigen seine Vorgesetzten sich bis heute aus.

Am 14. April offenbarte die entfesselte Kriegsmaschine vollends, wie ganz und gar gleichgültig ihr die Ziele waren, Hauptsache, sie wurden getroffen. Bei der Bombardierung eines Trecks flüchtender Kosovoalbaner in der Gegend von Djakovica wurden über siebzig Menschen getötet, rund hundert verletzt. Shea behauptete umgehend, die Attacke sei von der serbischen Armee geführt worden. Kenneth Bacon, Sprecher des Pentagon, legte nach und munkelte von »Berichten«, die jugoslawische Luftwaffe habe schon mehrmals Flüchtlinge im Kosovo angegriffen, beweisen konnte er, natürlich, nichts. Am 15. April bekannte der diensthabende Presseoffizier, General Marani, in Brüssel die Schuld der Nato. Er spielte ein Tonband vor, von dem er selbst nicht wußte, woher es stammte, und das »uns vielleicht eine Schilderung des Vorfalls liefert«. Die namenlose Stimme, die nun zu hören war, beschrieb den Abwurf einer Bombe auf ein »Militärfahrzeug«. Inzwischen waren weitere Nachrichten aus der Region im Umlauf: Nicht nur ein, sondern gleich vier Trecks seien unter Feuer genommen worden. Darauf angesprochen, stritt Jamie Shea, am 16. April, erneut ab und bat die Reporter, sich mit ihren Fragen bitte »an Belgrad« zu wenden. Am 19. April legte die Nato ihren Untersuchungsbericht vor, in dem *zwei* Bombardierungen von Flüchtlingen eingeräumt wurden. Die Ausrede der Verantwortlichen, die Piloten hätten aus fünf Kilometern Höhe einen Trecker von einem Armeejeep »leider« nicht sicher unterscheiden können, ließ wiederum von der permanent beschworenen »Umsicht« und »Zurückhaltung« der Nato und ihrer Todesschwadronen nichts übrig als heiße Luft. Sie wollten killen, und sie haben gekillt, eiskalt, unter Mißachtung sämtlicher Bestimmungen der Genfer Konvention zum Schutz der Zivilbevölkerung.

Am 7. Mai 1999, gegen Mittag, schlugen auf dem Marktplatz und nahe einem Hospital in der serbischen Stadt Nis mehrere sog. »Streubomben« ein – Luftminen, die beim Aufprall in eine Vielzahl kleiner Sprengkörper zerfallen und deren Einsatz bis zu diesem Tag von der Nato energisch bestritten worden war. Vierzehn Menschen starben, etwa dreißig wurden verletzt. Da Videobilder vom Tatort vorlagen, konnte die Nato am folgenden Tag nicht dementieren: Zahlreiche Blindgänger aus den Behältern der »Cluster bombs« lagen in Vorgärten und auf den Wegen von Nis. General Walter Jertz, Scharpings neuer Mann in Brüssel, beteuerte, Streubomben würden ausschließlich gegen Ziele eingesetzt, »von denen wir wissen, daß keine Kollateralschäden eintreten können«, und flunkerte von einer »technischen Fehlfunktion«. (Das Muster dürfte inzwischen klar sein: Sobald Natovertreter das Wort »Fehler« benutzten, logen sie. Resp., Shea zu zitieren: »Wir hatten tägliche Briefings. Das erhöht das Fehlerrisiko. Aber die übergroße Masse unserer Informationen war korrekt. Ich bin mir sicher: Verglichen mit früheren Konflikten haben wir einen neuen Maßstab für Transparenz und Offenheit gegenüber den Medien gesetzt.«) Wo hätten Waffen, bei denen es weniger auf Präzision als auf größtmögliche Zerstörung ankommt, fürchterlichere »Kollateralschäden« anrichten können als am hellichten Tag auf einem gut besuchten Markt? Daß die Bomberpiloten, laut Jertz und Kenneth Bacon, ein Objekt anvisiert haben sollen, welches ganz in der Nähe des getroffenen Marktes und Krankenhauses liegt, bezeugt ein weiteres Mal die Gleichgültigkeit der Alliierten gegen »human casualties« unter Nichtkombattanten.

Reicht das? Ein einziger von Bombenschrapnellen Verstümmelter reichte hin, die Luftpiraten der »internationalen Staatengemeinschaft« in Schande aus ihren Ämtern zu jagen und ihre publizistischen Handlanger gleich hinterher. Den Strategen aber genügte es noch lange nicht. Die Liste ihrer »Fehler« ist entsetzlich lang, viel zu lang für ein ganzes Buch, von einem einzelnen Buchkapitel nicht zu reden, ihre Kaltblütigkeit und arrogante Schlampigkeit beim Schönreden und »Bedauern« reichten der des Erzfeindes Milosevic mindestens das Wasser. Und alle die »Unfälle«, die in Wirklichkeit pure Absicht, einwandfreier Mord aus Vorsatz gewesen sind – denn es gab keinen Grund, Jugoslawien mit Bomben zu pflastern, außer einem: es *dem Serben* zu zeigen –, werden nicht einmal durch irgendeinen »humanitären« Erfolg entschuldigt. General Mike Jackson, seinerzeit Natokommandeur der Kfor, sagte post festum zum *Daily Telegraph* (1. August 1999): »Was am 3. Juni geschah [als die Russen Belgrad zwangen, auf die Bedingungen der Nato einzugehen], scheint mir das Ereignis zu sein, das die allergrößte Bedeutung für das Ende des Krieges besaß.«

Denn es hatte immer eine Alternative gegeben zum Bombenterror, doch das einzige Möbel, das sich die Eiferer und Mordredner von Fischer bis Albright, von Robin Cook bis Javier Solana, von Renate Flottau *(Spiegel)* bis Antonia Rados (RTL) als *dem Serben* angemessen vorstellen konnten, 78 Tage lang, war eben nicht der Verhandlungstisch, sondern der Sarg. Und so marschierten sie in den Nachkrieg – aufgeräumt, selbstzufrieden, von keinem Jota eines Skrupels angefressen, auch dann nicht, als sie am 1. September, genau 60 Jahre nach Ausbruch eines anderen Krieges, dem Scheindiplomatie und eine unverschämte Lüge nachgeholfen hatten, vom Sprecher der Kfor, Roland Lavoie, erfuhren, es seien seit dem Einmarsch der »Friedenstruppen« 286 Menschen ermordet, 912 Fälle von Brandstiftung und 965 Plünderungen registriert worden. Was hätte die Kriegsgewinnler bestürzen, womöglich zur Selbstkritik bringen sollen? Bestimmt nicht der Umstand, daß fast alle Mordbrennereien an Serben und Roma begangen worden waren. Herrgott, die UCK machte ja bloß nach, was sie von der Nato gelernt! Außerdem hatte es die unmenschlichen Bedarfsmenschenrechtler gleichfalls kein mattes Stirnrunzeln gekostet, als das UN-Flüchtlingshilfswerk mitteilte, seit dem Einmarsch der Kfor am 12. Juni seien 172 000 Nichtalbaner aus dem Kosovo geflohen – innerhalb von nur sechs Wochen. Spendenaufrufe in den deutschen Medien zugunsten *dieser* Vertriebenen blieben natürlich aus; schließlich waren auch Zigeuner und Juden darunter.

»In den Reichen der Phantasiearmut«, wußte Karl Kraus 1914, und seine Erkenntnis gilt genauso für die große Zeit, welche sich die Herren der Einen Welt 85 Jahre später verschafften, »wo der Mensch an seelischer Hungersnot stirbt, ohne den seelischen Hunger zu spüren, wo Federn in Blut tauchen und Schwerter in Tinte, muß das, was nicht gedacht wird, getan werden, aber ist das, was nur gedacht wird, unaussprechlich.« Einer, der das Schwert weidlich in Blut gebadet hatte, wusch es, ein halbes Jahr nach seinem Coming-out als Sadist und bigotter Betrüger, mit Tinte, befahl: *Wir dürfen nicht wegsehen*, machte sich keine Gedanken und hat darum alles ausgesprochen, was an Defekten, Demenz und destruktiver Phantasie in ihm wütet – er lebt in einer Welt, according to Scharp, und wer ihm folgt, der wird den Ausgang erbrechen müssen.

King Liar, Mai 2000

ICH DARF NICHT WEGSEHEN: Da sitzt er, vielleicht fünfzehn Meter von mir entfernt, im grauen Anzug, macht auf nachdenklich, das Kinn in der linken Hand, die Beine übereinandergeschlagen, lauscht der langen unsortierten Vorrede des ZDF-Chefredakteurs Brender, freut sich, daß so viele Leute gekommen sind, ihm auf die gespaltene Zunge zu sehen, und er weiß, daß diese »Mainzer Tage der Fernsehkritik«, veranstaltet von einem Sender, der ein Jahr früher Kritik an seiner Kriegführung nicht gewagt, nicht gedacht hatte, besucht vornehmlich von Leuten, die der PK der Hardthöhe schon lange beigetreten waren, als die Tornadopiloten in Piacenza noch gemütlich Skat spielten, statt Tag und Nacht auf serbische Funker zu schießen – Rudolf Scharping weiß, daß ihm weder Brender noch die Schlaffis im Saal etwas anhaben können, ihn unversehrt lassen werden wie jeglicher Einwand gegen seine Wahnvorstellungen, und nun ist Brender endlich fertig, der Minister zieht die Hand vom Kinn, beschreibt, ganz Bananenstaatsmann, gemessene Gesten durch die Luft, und die nöldumpfe Stimme, das wie unter einer doppelten (dreifachen?) Tagesration Valium stehende, schleppende Sprechen, dieser Dorfdeppentonfall, der allen, die schneller, schöner, gewitzter schwatzen als er, signalisieren soll: »Jetzt rede ich, unterbrich mich nicht, du Besserwisser, sonst fang' ich gleich an zu schreien«, dieses grauenhafte Organ, das zur Obszönität der Rede noch die akustische Belästigung fügt, mogelt los: »Manchmal drückt sich ja in der Wortwahl schon was aus.«

Solche Worte wählt der Mann, der immerhin *diese* Wahl gestattet, nachdem die bedeutendere, die zwischen Leben und Tod für die Einwohner von Nis, Pristina, Belgrad oder Novi Sad, von ihm verboten ward: »Ultimative Einladung ... Legitimationsbedarf ... gefährlicher Holzweg ... Haltung haben«. Derart faseln seelenlose Technokraten, aber so einer wolle er nicht sein, grölt Scharping etwas später, wieder, wie so oft im Krieg, verliebt in die eigene Entrüstung, begeistert davon, daß ein dumpfer Typ gleich ihm wenigstens beim Pöbeln einen Abglanz von Emotion erleben kann. Wann er den Dachschaden, mit dem er die Deutschen nachhaltig für sich eingenommen hat, erlitten haben mag, ob bei seinem Radunfall vor ein paar Jahren oder schon als junger Mann, simultan mit dem Eintritt in die rheinland-pfälzische SPD – ist eine Frage, auf die sich auch vis-à-vis dem Leibhaftigen keine Antwort findet. Jedenfalls spinnt er und läßt, obschon die PK ihn vor zwei Monaten ein bißchen, der Form halber, in die Mangel genommen und seine blutigen Windbeuteleien reihum widerlegt hatte, schon wieder keine Lüge aus, in sich und seinem kohärenten Wahne ruhend, unangreifbar, unberührbar außer für den Staatsanwalt, vor dem jedoch, darauf kann er Gift nehmen, man wird ja noch mal einen Vorschlag machen dürfen, der Bombenbuddha gefeit ist bis zum Sanktnimmerleinstag.

Racak? »Ein Massaker«, und sein Vertrauen auf die Lüge, mit welcher der Krieg auf den Weg geschickt worden war, sei »erhärtet« dank der »finnischen Ärzte« (die Weißrussen und Serben im Team unterschlägt er, man weiß nicht, ob aus sträflicher Unwissenheit oder zur Natur gewordener Verlogenheit), und dank des »gerichtsmedizinischen Befunds«, freut er sich, sei ja wohl an diesem »Massaker« kein Zweifel mehr. Und übrigens: »Wann hat Rudolf Scharping sich zu Racak geäußert, und was war daran falsch?« Ein Murren im Raum, aber kein Aufstand bei diesem schmierigen Schwindel; ist doch eh alles zu spät, Kind im Brunnen, was gibt's heute in der ZDF-Kantine?

Brender flattert die Hose, so nah an dem grobgewachsenen Mann, dem Kultur, Verstand und Selbstreflexion derart frappant abgehen, daß man allerdings nicht wissen kann, ob er nicht gleich eine Knarre zieht, im BMVg liegen die ja überall rum ... Brender bittet nun um Auskunft zum »Hufeisen-Plan«. Scharping packt die Debattentaktik aus, die er im Ortsgruppenverband gelernt hat, unterbricht den, das ist ihm nicht entgangen, Schlappschwanz Brender (»Woher wissen Sie das?«), als der von Louise Arbors Bedenken gegen das »Dokument« erzählt; Brender stottert, sie habe es doch selbst gesagt; »wo?« kläfft Scharping; und der TV-Zombie, etwa so gut präpariert wie ein Schülerzeitungspraktikant, stammelt, »die« sitze »in Den Haag«. »Nicht mehr«, kontert Scharping und sagt damit ausnahmsweise die Wahrheit. Brender verliert völlig den Faden, der Schurke lächelt zufrieden und hält jetzt einen Vortrag über das »Abhören des Funkverkehrs« durch ein »Flottendienstboot« in der Adria, und dieses »systematische Abhören« habe alles bestätigt, was die Fälschung seines Hauses vorgaukelte. *Die* Variante ist neu.

»Ich bin sehr gegen geschlossene Weltbilder«, plustert Scharping sich auf und kehrt sogleich die Hermetik seiner Demenz heraus, indem er, »mit Verlaub«, einen »Bedarf, manipulativ Legitimation zu besorgen«, abstreitet, wiewohl sämtliche Propagandaaktionen, die er initiierte, die wissentlich mit gefälschten Legenden versehenen Bilder aus Rugovo, das »Massaker«-Märchen von Racak, der »Hufeisen-Plan«, die Gruselgeschichten von Baseballschlägern und aus dem Bauch ihrer Mütter gerissenen Föten sowie über allem sein gellendes, unbeirrbares »Völkermord«-Geschrei – obschon jedes Wort, das ihm während des Kriegs aus dem Lumpenmund fiel, z. B. in die Broschüre, die er Anfang Mai '99 den Abgeordneten des Bundestages schicken ließ, eine Legitimation herbeimanipulieren sollte für den Überfall der Nato auf Jugoslawien. Und jetzt beginnt er wieder zu schreien, er habe im Kosovo ein Haus inspiziert, in dem »alles schwarz verbrannt« war, er brüllt von »einer schwarzen Masse« auf dem Boden, aus der »Skelette« ragten, und die Rage, in die das Grauen ihn versetzt, könnte man beinahe für aufrichtig halten, wüßte man nicht, daß er im vergangenen Jahr ebensolche Greuel selbst ohne Zaudern mitbefohlen hat. Seine Fans im Saal, der harte Kern der PK offenbar, applaudieren dem Ausbruch begeistert, am heftigsten, ach je, Marcel Ophüls, der Sarajevo um seines Verstandes willen besser nie betreten hätte.

Brender läßt nun Publikumsfragen zu, und obgleich Dieter Lutz, der Friedensforscher, sich redlich bemüht, Scharping ins Schwimmen zu bringen: Der Beifall hat ihn gestärkt, und von oben herab verteilt er weitere Lügen. Ein »Massaker« in Rugovo? Davon habe er nie gesprochen. Er hat es, in seinem Kriegstagebuch und hundertfach in jedes Mikrophon, zuletzt vor knapp anderthalb Stunden, auf die zweite Frage Brenders. Was verschlägt's? Er watscht Thomas Deichmann, einen von vielleicht zehn Journalisten im Raum »mit einer Haltung«, der ihm korrekt Verfassungsbruch vorwirft, ab als den Vertreter einer »Minderheitenmeinung« und kommt dann ins Schwärmen über Deutschland, die Wiedervereinigung, den Kanzler der Einheit und »Danny Goldhagen«, der überhaupt kein lebenswerteres Land kenne als das, in dem ein komplett Verrückter über Leoparden und Tornados gebietet. Dieser delirierenden Tirade kann Brender, der längst vor dem König der Lügen kapituliert hat, nur mit einer Flunkerei begegnen, die seine Kollegen und der alles überwachende ZDF-Intendant Stolte beifälligst abnicken: »Es gibt kein anderes Land in Europa, in dem dieses Thema in den Medien so selbstkritisch diskutiert wird.«

Genau eine Woche später, am 23. Mai 2000, meldet »in kürze«, der Kürze, die man in solchen Fällen seit Jahr und Tag übt, die *taz*: »Kosovo – Natobombe tötet Kind. Bei der Explosion einer [...] Natobombe sind am Sonnabend [...] ein siebenjähriges Kind getötet und zwei weitere schwer verletzt worden. Die drei Kinder hatten beim Spielen versehentlich den Zünder aktiviert, so ein UN-Sprecher.« (k. s.)

Die Wurzeln der extremen Demokratisierung müssen von der Theorie her beseitigt werden.

Mao Tse-Tung: *Über die Berichtigung falscher Ansichten in der Partei*

Antje Vollmaus – Ungehaltener Brief an Hermann »Lenin« Kremliza

Lieber Genosse!

Wenn es denn neben dem Nobelpreis auch einen Preis für resistentes Insistieren wider die Zeitläufte und ihre Schatten in unseren Herzen und Hirnen, kurz: Seelen geben würde, Du, Hermann L. Kremliza, hättest ihn verdient. Warum?

Wie er, Du, all die Jahre durchgehalten hat (bzw. hast), eine sich mehr und mehr entfernende Wirklichkeit bissig, umfassend und kritisch zu kommentieren, macht nicht nur einem Weaner Schlaweaner alle Ehre dieser Welt (bzw. Wöld), sondern ist auch schlicht des Bewunderns würdig. Ohne dessen und daher auch Deinen unverrückbaren Stand-Punkt hätte der sich rapide umwälzenden Wirklichkeit ein wichtiger Fix- und Orientierungspunkt, ja Fixstern gefehlt. Die politische Öffentlichkeit braucht ihren Kremliza, so wie sie ihren FJS brauchte und, das weiß ich besser als jedeR andereR, ihren/seinen Mao braucht.

Der Große Vorsitzende und Steuermann des Kineservolkes, der mir ein Lehrmeister gewesen ist und ist bis heute, muß Dich, Hermann, gekannt haben. Er sprach: »Weil sein Vorschlag gut und für das Volk vorteilhaft ist, haben wir ihn angenommen.« (Mao Tse-Tung: *Dem Volke dienen* [8. September 1947], in: *Ausgewählte Werke*, Bd. III, Peking 1969, p. 205f.) Das war sicherlich eine Utopie. Sie ist bis heute nicht erfüllt. Nicht eingelöst! Aber sie nimmt nichtsdestotrotz in unser aller Leben einen Platz ein, der kaum eindringlicher mahnen könnte – denn wir wollen es trotz alledem versuchen, wir wollen das Geträumte, das Unmögliche tun: des Volkes und auch unsere eigenen Partikulargeschicke in humane Bahnen, freundliche Kielwasser zu leiten, zu navigieren. »Wir brauchen uns nur im Interesse des Volkes an all das, was richtig ist, zu halten, im Interesse des Volkes all das, was falsch ist, zu korrigieren, dann werden unsere Reihen wachsen und erstarken« (ebd.). Für Dich, Hermann, bedeutete dieser Auftrag des Weisen und Fahrtenschwimmers aus Beijing, nicht nur leere Worte wie Stroh zu dreschen, das unter den heftigen Niederschlägen des Frühjahrs schwach und brüchig wurde, sondern durchgreifende Begriffe am starken, unnachgiebigen Halm der Erkenntnis zu züchten, der emporrankt wie die reife Rebe in der Sonne der Brüder, die endlich zur Freiheit streben.

Die Art und Weise, wie Du, lieber Hermann Kremliza, diesen Auftrag Monat für Monat in Deiner Zeitschrift *beton – Politik & Kultur* pünktlich präzise erfüllst, macht Dich erst recht zum Phänomen sui generis chinesici. Unerbittlich wie alle Intellektuellen im Gefolge Tse-Tungs, ohne einen einzigen Wimpernschlag gegenüber den Gegen- und Widerständen, aber mit unnachahmlicher Militanz durchschreitest Du regelmäßig das ranzige Jammertal der wachsenden Distanz zwischen dem Wahren und dem Wirklichen. Unser beider Mentor Mao wußte entschieden zu beweisen, daß die Wahrheit nur dann eine Chance, und zwar eine menschheitsgeschichtlich bedeutende, erhält, wenn sie sich der Widersprüche, die im Innersten des kapitalistischen Systems wachsen und sich zuspitzen, unerbittlich stellt und sie auf eine Spitze treibt, mit der sie sich als Speer gegen die theologisch-teleologische Lüge (s. Francis Fukuyama) des gegenwärtig herrschenden kapitalistischen Weltschweinesystems wenden läßt. Das gesamte Philister- und Couponschneiderwesen leugnet diesen Zusammenhang. Mao dagegen (*Über den Widerspruch*, in: a. a. O., Bd. I, p. 367) erkannte: »Im Gegensatz zur metaphysischen Weltanschauung vertritt die dialektisch-materialistische Weltanschauung die Meinung, daß wir beim Studium der Entwicklung der Dinge von ihrem inneren Gehalt, von dem Zusammenhang des einen Dinges mit anderen ausgehen sollen, das heißt, daß wir die Entwicklung der Dinge als ihre innere, notwendige Selbstbewegung betrachten, wobei sich jedes Ding in seiner Bewegung mit den anderen, es umgebenden Dingen in Zusammenhang und Wechselwirkung befindet.«

Du, lieber H. K. (amüsiert es nicht auch Dich, daß Deine Initialen die von Hong Kong sind gleichfalls, der mittlerweile in des Volkes Republik heimgeholten Enklave des Pfandwuchers?), Du hast mich in den letzten Jahren des öfteren bespöttelt als eine Genossin, die ihre Mission erfüllte, indem sie das Amt der Vizepräsidentin des Bundestages annahm und voller Würde zelebrierte. Des Fisches Schuppen indes sträubten sich gegen den mächtigen »Strom« (*Yang-Tse-Gedanken*, apokryph [Mao Tse-Tung zugeschrieben]; vielleicht auch: Mao Tse-Tung: *Die brüderliche Sonne des Volkes ist der Generator der Revolution*, Shanghai/London 1961) der Zeiten und Gezeiten; und stemmten dawider den reinen Gedanken, nur Volkes Macht verwirkliche sich nur dort, wo Elektrifizierung nicht der Macht der Munition entbehre.

Lieber Hermann: Wir waren selbst, wir beide, gewißlich das eine um das andere Mal in Versuchung, zu den »Waffen« zu greifen. Dank Deiner und Deiner *beton*-Kolumne hast Du uns, den Genossen, sicher mehr Disziplin beigebracht als der Duden oder das Grundgesetz und beinah soviel wie der Mann, der tausend Blumen blühen ließ. Unvergeßlich und unersetzlich sind vor allem Deine Zurechtweisungen von Michail Gorbatschows »Wind-of-change«-Metaphern im allgemeinen und besonderen. Metaphern aber, Hermann, sind die fallenden Blätter von der Blüte der Einsicht des Volkes. Und die fallenden Blätter vom Baum der Erkenntnis sind die Früchte, um die die Schlange einen Bogen macht. Die Schlange aber heißt: Bourgeoisie.

Und der Wind, der den Wechsel bringt, verheißt nicht Skorpione im glühenden Sand der wuchernden und wütenden Konsumwüste. Sondern Aufbruch zur Terra incognita, wo niemand ein Inkognito mehr benötigt. Daran ließest Du, »Lenin«, nie einen Zweifel. 1989 war Dir klar, in geringer Abwandlung von Maos Schrift *Über die neue Demokratie* (a. a. O. [Januar 1940], Bd. II, p. 447): »Das neue [Land] ist in Sicht, laßt es uns willkommen heißen! Die Mastspitzen des Schiffes zeigen sich schon am Horizont. Klatschen wir dem neuen [Land] Beifall! Begrüßen wir das Schiff! Streckt beide Hände aus, das neue [Land] ist unser!« Schon einen Monat später, damals, sah unser Ma(estr)o, als er *Für eine neudemokratische konstitutionelle Regierungsform* (a. a. O., Bd. II, p. 481f., Anm.) kämpfte, die Gefahren, die aus der reformistischen Ecke erwuchsen: »Zu jener Zeit waren viele Genossen in der Partei – verwirrt durch die verlogene Propaganda Tschiang Kai-scheks [d. i. heute Laodao Bis-quit] für die sogenannte Verwirklichung einer konstitutionellen Regierungsform [d. hieß zwei deutsche Staaten] – der Meinung, daß die Kuomintang diese in der Tat einführen könnte. In dieser Rede entlarvte Genosse Mao Tse-tung den Betrug Tschiang Kai-scheks, riß ihm die Waffe der Propaganda für die Errichtung einer konstitutionellen Regierungsform aus den Händen und verwandelte diese Propaganda in ein Mittel zum Wachrütteln des Bewußtseins des Volkes, damit es von Tschiang Kai-schek Demokratie und Freiheit fordere. Infolgedessen mußte Tschiang Kai-schek schleunigst auf seine Demagogie verzichten.« In gleicher Absicht, verehrter Hermann L. K., ging ich infolgedessen trotz Deines Einspruchs kürzlich zum Tag der Vertriebenen des Volkes der Deutschen in Böhmen und derer in Schlesien, einem Woodstock der Widerstehenden und Widerständigen, um jenen, die von Revanche träumen, den Dolch, mit dem sie sich erstochen wähnen, aus den Händen zu winden und ihn zu einer Waffe zu wirken, die nicht Wunden öffnet, sondern die Narben der Teilung schließt und schweißt – wie der Speer des Amfortas in Wagners (seherisch kurz vorm Boxeraufstand komponierter!) Revolutionsoper *Parsifal*.

Notabene, Hermann: Wir müssen uns unserer Geschichte nicht schämen. Ich selbst habe den langen Marsch durch die Institutionen von zersplitterter K-Gruppe über Cardenhal-Theologiekolleg und Gründung der Grünen bis hin zur Komlizenschaft mit Holger »Dachlatte« Börner und zuletzt dem Bomben»spaß« im Kosovo an Leib und Seele absolviert. Ich habe gezürnt, geweint. Aber ich habe eingesehen: Es geht nicht anders, es gibt keinen anderen Weg. Wir wollen alternativ sein – nicht alt. Du bist, ich weiß es, einer Meinung nicht mit mir, mit uns. Du hast uns Verräter genannt, weil wir Granaten schießen ließen, wenige Monate, nachdem wir im Wahlprogramm versprachen: »Keine Konfliktlösung mit militärischen Mitteln.«

Du hast recht. Doch im Recht bist Du nicht. Die Schlampe ist das Wahre. Ich darf, als dritte Frau im Staate, ein letztes Mal, auch daran erinnernd, was sich in der bayerischen Landeshauptstadt m(a)omentan »zusammenbraut«, unseren und den Dir gleichermaßen lieben Genossen Mao aus seiner Intervention *Die Intrige um ein »fernöstliches München« entlarven* (a. a. O., Bd. III, p. 25) mahnend und weisend zitieren: »Japan, die USA und Tschiang Kai-schek hecken gemeinsam einen heimtückischen Plan aus, den Plan eines ›östlichen München‹, der darin besteht, durch einen Kompromiß zwischen Japan und den USA auf Kosten Chinas die Voraussetzungen für den Kampf gegen den Kommunismus und gegen die Sowjetunion zu schaffen. Wir müssen diesen Plan entlarven, ihn bekämpfen.«

Der Kampf geht weiter. Du streitest an der Front des Über-Ichs, das mir beim Abgleiten in die reizvollen Zonen des Kitsches immer klarmachte, was ich da trieb und zu treiben nicht lassen kann; ich Luder. In diesem Sinne – und Sinnlichkeit ist Merkmal GRÜNER Politik – segne ich die nächsten Ausgaben von *beton*. Nur dort wage ich es zu glauben, des bislang ungemeißelten Gesetzes »L'etat c'est mao« harren zu dürfen.

Deine Antje

(j. r. & k. s.)

Eckhard Henscheid

Von Aalen bis nach Athen – Eine Kurzgeschichte der CDU/CSU

Es hieße die in den ersten Nachkriegsjahren etwa synchron gegründete Doppelpartei CDU/CSU glatt überzubewerten, bestaunte man sie, von heute aus gesehen, lediglich als Forum für frappante Gaunereien, groteske Karrieren und ähnlich umstandslose Umtriebe. In Tat und Wahrheit waren die beiden hie mit einem parasozialrevolutionären Aalener Programm (inkl. Mitbestimmungsauftrag) und dort einer Herkunft aus der alpenländisch christlich-ultramontanen Arbeiterbewegung primär schon auch stark langweilende und sich dabei fünfzig Jahre lang unverdrossen selbstbelügende Weltanschauungsvereine; nicht allein zum eigenen und privaten Wohl; sondern eben dadurch, und durchaus auf der Linie des Adam Smith, intentional zum Gemein- und Gesamtwohl; manche Parteisoldaten/innen glauben ja heute noch, wie die Tränen bei der jüngsten Spendenaffäre bewiesen, aufrechten Herzens dran.

Allerdings nun wieder umgekehrt erstaunen und bezaubern und z. T. begeistern retrospektiv vom neuen Jahrtausend schon aus betrachtet auch noch heute die kriminellen Energien, wie sie sich ab ovo in dieser Doppelpartei zeigten und oftmals richtiggehend epiphanisch offenbarten und den davon geblendeten Zeitgenossen überwölbten und übertölpelten. Bezogen auf den langjährigen Vorsitzenden und prominentesten CSU-Protagonisten bisheriger hitlerüberwindender Nachkriegszeit, Franz Josef Strauß, heute noch gut nachles- und bewunderbar etwa in Bernt Engelmanns einst richtig populärem und auflagenstarkem *Schwarzbuch Franz Josef Strauß* aus den siebziger und achtziger Jahren: Straußens hemmungslos angetretene und durch nichts und niemand zu bremsende und durch fast jede Amtseidverletzung und Unkorrektheit und Lügenhaftigkeit hindurch geführte Karriere, die da von seinerzeit sprichwörtlichen Stichwörtern wie »HS 30«, »Starfighter«, »Onkel Aloys«, »Fibag«, »*Spiegel*-Affäre« umrankt und ummythisiert wurde – wobei Engelmann den vorerst letzten Komplex noch nicht einmal wissen konnte oder vielleicht auch aus juristischen Vorsichtsgründen aussparte: die auch heute noch seitens der dafür eigentlich zuständigen Journalisten elementar zu klärende Frage nämlich, woher sich die für ein Minister- bzw. Ministerpräsidentengehalt enormen, ja unermeßlichen Reichtümer des Franz Josef Strauß und seiner noch vorrätigen Sippschaft eigentlich herschreiben; die später bekanntgewordene Pointe hier mal beiseite, daß die drei hinterlassenen Kinder im Moment nicht allzu genau zu wissen scheinen, wo genau das überwiegend in die Schweiz verschleppte Geld vor lauter Geldgier und Versteckssucht und Verschleierungsangst möglichst abrufbar aufhältig sein könnte.

Ein anderer Komplex speziell christlichsozialer Untaten und Sonderlichkeiten der Frühzeit ist nachzulesen (und für dieses vorzügliche Lese- und Nachschlagewerk wäre seitens des noch lebenden Autors endlich eine – ergänzte – Neuausgabe sehr fällig) in Heinrich Senffts Büchlein *Glück ist machbar* von 1988, worin der Hamburger Fachjurist und sehr fähige Schriftsteller meist aus der persönlichen rechtsanwaltlichen Erinnerung und Betroffenheit heraus bilanzierende Rückschau hält auf das unter CSU-Einfluß vollends exotisch geratene erste und zumal süddeutsche Nachkriegsjahrzehnt – mit Abstrahlung noch in die achtziger Jahre hinein: die z. T. unglaublichen und restlos abenteuerlichen Vorgänge rund um die Bayernpartei/CSU-Spielbankensache von 1954ff.; damals, als es von Lügen und Gaunereien und Verbrechen und Selbstanzeigen und Selbstmorden und Meineiden nur so rauschte und schäumte. Den letzteren schwor Straußens Parteisekretär und Kohls nachmaliger Innenminister Fritz Zimmermann; er vermochte sich zwar auf periodische Absenz hinauszureden, darf aber seither strafverfolgungslos als »Old Schwurhand« bezeichnet werden, das Gericht bestätigte es gegen Zimmermanns Widerstand ausdrücklich.

Leider sind sprechende und farbige Namen wie Geislhöringer, Wehgartner, Baumgartner, Panholzer, Hundhammer, Horlacher und Freisehner, welche in diesem vielfach verschlungenen und vielfachst kriminellen Zusammenhang vorstellig und eine Zeitlang höchst öffentlich wurden, inzwischen restlos tempi passati und vollkommen verweht – die schönste Facette im Zusammenhang der ursprünglich nur die Auflösung der Bayernpartei umgreifenden Sache ist bei Senfft, Seite 248ff., nachzulesen, an sie sei hier exemplarisch wenigstens sträflich kurz erinnert: Wie nämlich Straußens führender Dunkelmann und CSU-Generalsekretär Zimmermann Ende der fünfziger Jahre mit keiner irgend mehr erkennbaren plausiblen Kausalität einen gewissen Ludwig Fraundorfer, den Finanzier des Kaufmanns und Metzgers und überaus an einer Spielbankkonzession interessierten Aspiranten Karl Freisehner, um die beiden hinzuhalten und irgendwie abzulenken, mit nach Athen schleppt, bloß um ihn dort bei einem über die Bonner Botschaft arrangierten Mittagessen dem griechischen Ministerpräsidenten Stephanos Stephanopoulos vorzustellen. Der dürfte darüber sehr erbaut gewesen sein, wurde ihm bei der Gelegenheit doch die hohe Aufgabe als Bitte zuteil, den angereisten Tegernseer zum frei ersehnten Konsul ehrenhalber zu schlagen.

Falls das mit der Spielbank trotz aller unabdingbaren Zimmermannschen Einsatzbereitschaft nichts würde.

An Frechheit, Schamlosigkeit, gutgelaunter Anarchie dem Treiben von 1954ff. ungefähr ebenbürtig erwies sich dann rund zwanzig Jahre später die ebenso vielfach verschlungene CSU-Affäre rund um den niederbayerisch-banatstämmigen Bäderkönig Dr. Eduard Zwick; dem die dicke Freundschaft mit dem von derlei aus heißem Wasser Gold machenden Piongestalten höchst angetanen F. J. Strauß zunächst gewisse megasteuerlichen Annehmlichkeiten eintrug – später aber eben leider doch Flucht in die Schweiz und mancherlei noch heute post mortem nicht ganz abgeschlossene Verfolgungen durch die Finanz- und Strafbehörden. Scheißrein, nun heute beide, Strauß und Zwick, maustot sind, dürfen wir uns besonders ungebrochen der Erinnerung an diese beiden Dioskuren und Deppen erfreuen: Wie sie da 1980 miteinander einen Bundestagswahlkampf samt Kanzlerkandidatur durchzogen, nicht ohne die zwischenliegenden Wochenenden dafür zu nutzen, in Zwicks überaus scheußlichen Besitztümern an der französischen Mittelmeerküste samt zugehörigen Satelliten (Tandler, Gerstl, zwei Ehefrauen, Sohn Zwick) nächtelang den dies alles straflos zulassenden Herrgott einen guten Mann sein zu lassen und – Farbphotos beweisen es unveräußerlich bis zum Jüngsten Tag – aus prächtigen Pokalen mit beidseits riesigen Rüsseln zur Strafe für ihre blöde Existenz endlos Champagner o. dgl. in sich hineinzusaugen.

Übertrumpfend damit den hier aber auch nicht ganz zu vergessenden Fall des Günzburger Oberstudienrats und Bonner CSU-Fraktionsvorsitzenden und faktisch zweiten Manns nach Strauß, Leo Wagner, der sich da schon etwas vorher, in den frühen siebziger Jahren, in ein derartiges Bonner Doppelleben und in dermaßen gewaltige Schulden hineineskalierte, daß selbst die Radaubrüder Strauß & Zwick hätten neidisch werden können; und daß aber auch die Partei schließlich selber, nach einigen nichts ausrichtenden Darlehensversuchen, nicht mehr helfen konnte; sondern Leo Wagner endlich für wahnsinnig erklärte und möglichst stillschweigend aus dem Verkehr zu ziehen trachtete. Ehre gleichwohl seinem raren Eingedenken.

Und die CDU aber, die größere Schwesterpartei? Zugegeben, es dauerte etwas, es dauerte lange, sehr lange, ehe ab Spätherbst 1999 – und offenbar schon den Glanz des neuen Jahrtausends im Visier – nach mehr als fünfzig Jahren trübseliger Nachkriegsgeschichte mit der Kiep-Kohl-Schreiber-Schäuble-Koch-Prinz-Casimir-Sache halbwegs vorzeigbares CSU-Äquivalentes ans darüber schwer erfreute Tageslicht sickerte und uns damit die ersten drei oder fünf Monate des neuen Millenniums über ausreichend prachtvoll zu unterhalten vermochte: mit Glanzstories aus schweiz-deutschen Grenzstadtsupermärkten, wie sie sich zur Schmiergeldübergabe besonders gut eignen; mit zimmermannähnlich steindummen Zastertransferierungen von Hessen nach Liechtenstein; mit Barem, das die je führenden Parteivorsitzenden am allerliebsten vatergrafgleich in großen Einkaufstüten von da nach dort trugen. Oder auch nicht; alles kam da im Frühjahr 2000 auch vorm gestrengen Untersuchungsausschuß ja noch keineswegs raus.

Ein Strohfeuer, angefackelt lediglich, um den Jahrtausendwechsel halbwegs festlich zu illuminieren? Könnte es sein, daß mit der schrecklich lauteren Angela Merkel alles wieder möglichst unerträglich anständig, ja ganz treuherzig und bieder wird? Mit und inmitten dieser »tollen Partei«, in der sie, Merkel, es noch toller findet, daß sie »zur Verfügung stehen darf« (20. März 2000)?

Nein. Unser Glaube, nein, fußt darauf, daß Kräfte wie Kiep, Weyrauch, Prinz Casimir zu Sayn-Wittgenstein oder auch vordem schon Barschel und Barzel und Gerstenmeier in einer großen und lebendigen Volkspartei wie der CDU niemals ganz zum Aussterben und zum Erliegen kommen. Und sich auf Dauer und aufs Ganze sogar wieder mühelos durchzusetzen vermögen. Und die Gesamtrichtung bestimmen.

Und wir heißen euch also entsprechend hoffen.

Ich finde es unerträglich, wenn hier Leute leben und auch viel Geld verdienen, was ich ihnen von Herzen gönne, und gleichzeitig nicht versteuern. Das Schlupfloch ins Ausland muß zugestopft werden.

Helmut Kohl, September 1998

Wo Werte Zukunft haben.

Slogan des CDU-Bundesparteitags 1999

Mein Famili, mein ganze Fam – Ein CDU-Dossier

November 1999: Danke schön. Nichts zu danken

Also, von Anfang an lief diese Geschichte nicht gut.

Hans Leyendecker,
Berlinkorrespondent der Süddeutschen Zeitung

Die Gerichtsstraße im idyllischen Königstein im Taunus lag noch verlassen da. Nur ein eilig herbeigerufener Wachtmeister, eine Protokollführerin und die Haftrichterin Christine Rademacher waren am vergangenen Freitagmorgen schon vor sieben Uhr erschienen.

Der Spiegel 45/1999

Walther Leisler Kiep, ehemals niedersächsischer Finanzminister, 21 Jahre lang Bundesschatzmeister der CDU, soll am 4. November 1999 ein Haftbefehl wegen Verdachts der Steuerhinterziehung zugestellt werden. Dies gelingt aber erst am 5. November. Es geht um eine Million Mark, vom Waffenhändler und Industrieagenten Karlheinz Schreiber, 65, an Kiep übermittelt, nachdem das Bundeskabinett am 27. Februar 1991 die Ausfuhrgenehmigung für 36 Spürpanzer des Thyssen-Modells *Fuchs* an Saudi-Arabien erteilt hatte.

Chronik KS

Das war eine Spende für die CDU. Herr Kiep hat von dieser Million keinen Pfennig bekommen und mußte deshalb auch nichts versteuern.

Günther Kohlmann, Steuerstrafrechtler, Anwalt Kieps

Das war eine ganz normale Parteispende.

Karlheinz Schreiber

Und natürlich finden wir nirgends Unterlagen über den Vorgang. Wir wissen aber inzwischen, daß Kiep die Summe auf einem Treuhandkonto deponieren ließ, streng geheim, nicht wahr. Ein Sumpf tut sich hier auf, ein Morast.

N. N., CDU-MdB

Bemerkenswerter Vorgang – rückhaltlose Aufklärung –

Angela Merkel, CDU-Generalsekretärin

Kiep hinterlegt noch am 5. November die Kaution in Höhe von 500 000 Mark beim Gericht in Augsburg. Sein Anwalt schiebt alle Schuld dem CDU-Finanzexperten und Vertrauten Helmut Kohls, Horst Weyrauch, zu.

Chronik KS

Am 26. August 1991 begab sich Herr Horst Weyrauch auf Ersuchen des Bundesschatzmeisters [Kiep] zu einem Termin nach St. Margrethen [Schweiz]. Nach einigen erklärenden Worten wurde Herrn W. ein Behältnis übergeben, in dem angabegemäß DM 1 Mio. enthalten sein sollten.

Günther Kohlmann, Steuerstrafrechtler, Anwalt Kieps

Ich kann jetzt nichts sagen, ich muß erst mal nach Amerika. Ich bin unschuldig.

Walther Leisler Kiep

Sehen Sie, schon wenige Tage nach Kieps Verhaftung waren beinahe alle Verdachtsmomente auf dem Tisch: Sonderkonten, der Verkauf von Leuna an Elf Aquitaine, die Namen von Brigitte Baumeister und Max Josef Strauß wurden gehandelt. Aber wie groß die Sache werden würde, geworden ist, ahnte eigentlich noch keiner. Aber es war verdammt viel Geld im Spiel. In der Konzernzentrale von Thyssen wurden Unterlagen beschlagnahmt, aus denen hervorging, daß bei dem »Fuchs«-Deal 219,7 Millionen Mark »Provisionen und nützliche Aufwendungen«, also Schmiergelder, den Besitzer wechselten. Davon 24,4 Millionen an Schreiber, der den Bimbes dann weiterverteilte. Zum Beispiel zahlte er dem damals zuständigen Staatssekretär im Verteidigungsministerium, Ludwig-Holger Pfahls, 3,8 Millionen für freundliche Unterstützung.

Interview der Verfasser mit dem Politologen Heinz H.

Max [Strauß] wg. LK [Leisler Kiep] wie geht's weiter.
LK 1 – 1 000 000 DM

Einträge in Schreibers Terminkalender 1991

Die Sache stank von Beginn an enorm. Und natürlich wollten in der Woche nach Kieps spektakulärer Verhaftung alle erfahren, was der ewige Vorsitzende, der ehemalige Bundeskanzler, über Schreiber, die Geldkoffer und die ominöse Großzügigkeit des früheren Schatzmeisters wußte.

Interview der Verfasser mit dem Politologen Heinz H.

Sie können noch so ein Spurensicherungsgesicht machen, es ändert nichts an der Tatsache: Wir haben von dieser Sache nichts gewußt. Sie wollen eine Verleumdung starten, das sehe ich Ihrem Gesicht an. Verschwinden Sie jetzt!

Helmut Kohl, seinerzeit Ehrenvorsitzender der CDU

Rückhaltlose Aufklärung – erstaunt mich auf das Äußerste –

Angela Merkel

Schreiber avanciert zu landesweiter Berühmtheit. In Toronto, Kanada, recht gelassen das Auslieferungsverfahren, das die Staatsanwaltschaft Augsburg gegen ihn beantragt hat, abwartend, redet er wenig, deckt die Verdächtigen nach Kräften. Noch.

Chronik KS

Die Vorwürfe der Staatsanwaltschaft sind ein Haufen Scheiß.

Karlheinz Schreiber

Nun, Ende November, geriet die hessische CDU erstmals ins Visier. Eine Überprüfung ihrer Rechenschaftsberichte und jener der Bundespartei ergab einen eigenartigen Zweijahreszyklus unterm Posten »Sonstige Einnahmen«. 1988 beim Landesverband: ein paar hunderttausend Mark. 1989 rasanter Anstieg auf vier Millionen. 1990 wiederum nur 250 000 Mark. Bei der, und jetzt wird's spannend, Bundes-CDU 1989 vergleichsweise Kleckerbeträge beim »Sonstigen«, 1990 aber satte 5,7 Millionen. Und so fortan in den folgenden Jahren. Wo die wohl herkamen? Was ging hier vor sich? Wie viele »Treuhandkonten« hatten die Finanzstrategen des Konrad-Adenauer-Hauses angelegt? Na, das wollen ja seither alle wissen. Und der Mann, der's sagen könnte, heißt Weyrauch. Kohl natürlich auch.

Interview der Verfasser mit dem Politologen Heinz H.

Wirtschaftsprüfer Weyrauch und Kapp, die mehr als 25 Jahre lang für die CDU die Feinarbeit beim dunklen Geldtransfer erledigten, haben offenbar einen Dreh gefunden, von den schwarzen Konten nicht nur Ausgaben zu erledigen. Auch der Zufluß ins offizielle Parteivermögen [ist] still und diskret gelungen. Die Kanzlei [...] arbeitete, so die Vermutung, ähnlich wie eine edle Geldwaschanlage.

Der Spiegel 48/1999

Der Chef ist jetzt nicht da. Er ist sowieso nur selten im Büro.

Sekretärin Horst Weyrauchs

Ich mache Ihnen ein konkretes Angebot – jetzt hören Sie bitte zu! In der Art und Weise, wie hier verleumdet wird, kann das so nicht stattfinden!

Helmut Kohl, während der Haushaltsdebatte des Bundestages am 24. November 1999 die umgehende Einsetzung eines parlamentarischen Untersuchungsausschusses fordernd

Das war bei Kohl immer so. Wenn es ernst für ihn wurde, wurde er rotzfrech.

Wilfried Penner, SPD

Ich bedaure, wenn die Folgen dieses Vorgehens mangelnde Transparenz und Kontrolle sowie möglicherweise die Verstöße gegen die Bestimmungen des Parteiengesetzes sein sollten. Das habe ich nicht gewollt. Ich wollte vor allem meiner Partei dienen.

Helmut Kohl am 30. November in einer Presseerklärung

Dezember 1999: Die Gefährlichkeit der großen Ebene

Bei dieser Veranstaltung [einem »Sponsorenessen« der CDU] bin ich Herrn Schreiber begegnet, so. Das war's. Ohne Koffer. Also, ich hab vielleicht 'n Aktenkoffer dabei gehabt, weiß ich gar nicht. So. Aber es ist jedenfalls weder von Panzern oder von sonst etwas die Rede gewesen. Das war im Frühsommer oder im Herbst 94.

Wolfgang Schäuble im Bundestag, 2. Dezember 1999

Immer neue Fakten belegen, wie listig und jenseits der Gesetze das System Kohl über Jahrzehnte arbeitete. Im Schattenreich des ewigen Kanzlers lief es offenbar wie geschmiert. Allein 1986/87 flossen auf Geheiß Kohls [...] rund 2,75 Millionen Mark aus der schwarzen Kasse ab: je eine halbe Million für die Landesverbände Hamburg, Saarland und Niedersachsen, die CDA-Sozialpolitiker bekamen 250 000 Mark für neues Mobiliar im Schulungsheim Königswinter.

Der Spiegel 49/1999

Weiterhin leugnen Rühe, Baumeister, Wissmann und Schäuble, irgendwas von schwarzen Konten und eigenartigen Transaktionen mitgekriegt zu haben. Die Landesverbände unterstützten ihren Helmut, weil sie ihn liebten. Sie hintertrugen ihm noch den kleinsten Muckser und natürlich auch echte Putschpläne aus blanker Loyalität. Mit spendablen Überweisungen hatte das alles bestimmt nie zu tun. »System Kohl«? Nie gehört.

Chronik KS

Kohl hat Generalsekretäre gehabt, die exakt wußten, daß Geld an der offiziellen Kasse vorbeigegangen ist.

Eberhard v. Brauchitsch, Ex-Flick-Manager und -Lobbyist

Sie haben kein Recht, hier zu sitzen. Sie lungern vor meinem Büro herum und schnüffeln. Das sind Methoden wie in einer Diktatur! Ich sorge dafür, daß das ein Ende hat. Wie die ersten Menschen!

Helmut Kohl zu Journalisten

In der heißen Phase des Parteispendenskandals, um die Jahreswende 1999/2000, wies [...] Schäuble Fragen nach den Details der CDU-Schmiergelder stets mit dem Hinweis auf die bevorstehende »Aufklärung« durch die Wirtschaftsprüfer der Partei zurück. [...] [Die] »Nachprüfer« [sind] genau jene Wirtschaftsprüfer, die seit Jahrzehnten den jährlichen Rechenschaftsberichten der CDU testierten, sie seien korrekt. [...] [Die Firma] heißt Ernst & Young, mit 85 000 Mitarbeitern und 20 Milliarden Jahresumsatz die weltweit drittgrößte Firma der Branche [...]. Ihr Wirken ist denn auch verknüpft mit Korruptionsskandalen in aller Welt. – – – *1973–2000, Elf Aquitaine:* Ernst & Young stellt [...] ohne jede Beanstandung die jährlichen Prüfvermerke aus. Dabei hat das [...] Unternehmen allein von 1989 bis 1993 rund 900 Millionen Mark zur Bestechung aus- und inländischer Politiker eingesetzt. – – – *1973/1976, Lockheed:* [...] seit Jahrzehnten Politiker in aller Welt geschmiert [...], u. a. der holländische Prinzgemahl Bernhard, der frühere Bundesverteidigungsminister Franz Josef Strauß und der japanische Altfaschist Yoshio Kodama, der 1945 als Kriegsverbrecher verurteilt worden war. Wirtschaftsprüfer von Lockheed: Ernst & Young.

Conrad Schuhler, in: konkret 4/2000

Diese Bundesvorstandssitzung am 8. Dezember war schon eine Schau: Geschlossenheit, Treueschwüre, das muffige Eingeständnis Kohls, einen »Fehler« gemacht zu haben; aber wer sich die Damen und Herren genauer ansah, der erkannte heftige Anflüge von Panik. Und nur zwei Tage später platzte ja die nächste Bombe. Aus Liechtenstein waren drei stattliche Vermögen an den CDU-Landesverband Hessen bzw. den Kreisverband Frankfurt überwiesen worden. 1989 3,99 Millionen Mark, 1991 5,47 Millionen, 1996 3,12 Millionen. Angeblich Erbschaften, angeblich von unbekannten Gönnern. Und wer mischte als Treuhänder der Legate wieder mit? Uwe Lüthje, Kieps alter Generalbevollmächtigter.

Interview der Verfasser mit dem Politologen Heinz H.

Unter ganz strengen Maßstäben würde ich nicht unter Eid aussagen, ich hätte niemals davon gehört, daß auch außerhalb der im Haushalt ausgewiesenen Positionen Geld geflossen ist. Wir dachten, dafür hat er [Kohl] spezielle Spenden.

Wolfgang Schäuble

Rückhaltlose Aufklärung – ohne Ansehen der Person – keine Alternative zur Wahrheit – will wieder Spaß an der Politik haben –

Angela Merkel

Wir haben viel aufzuklären, aber nichts zu verbergen.

Wolfgang Schäuble, Kleiner CDU-Parteitag in Berlin, 13. Dezember 1998

Und wieder eine Enthüllung, die nicht aus dem Adenauer-Haus stammt, sondern vom politischen Gegner, den Grünen diesmal, lanciert wird: 1998, kurz vor Ende seiner Kanzlerschaft, erhielt Kohl vom milliardenschweren Ehepaar Ehlerding, vermittelt durch Kohls Vertrauten Hans Terlinden, 2,4 Millionen Mark für die fernere Staats- und Parteiführung. (Daß der Verkauf von 112000 bundeseigenen Eisenbahnerwohnungen im Juni 1998 an den Immobilienkonzern der Ehlerdings damit in Zusammenhang steht, wird natürlich nie zu beweisen sein.) Alter Übung treu landete das Geld nicht auf dem offiziellen Konto der CDU-Bundesgeschäftsstelle, sondern auf einem sog. »Poolkonto«, das Weyrauch als Kohls schwarze Kasse bei der Privatbank Hauck & Aufhäuser unterhielt. Ein paar Tage später, am 30. September 1998, die Wahl war soeben gelaufen und Kohls Ära beendet, brauchte der kommende Ex-Vorsitzende den Zaster nicht mehr und ließ ihn aufs »offizielle« Konto überweisen. Freilich war auch diese Adresse ziemlich exklusiv: Zugriff auf die Auszüge hatte allein Terlinden. Eben jener treu ergebene Diener Kohls, der das Verhör Weyrauchs durch die Staatsanwaltschaft Augsburg erst mal dem Ehrenvorsitzenden, nicht jedoch, wie es geboten gewesen wäre, Schäuble zugeleitet hatte und dafür Anfang Dezember gefeuert wurde. Seither herrscht ja bekanntlich Kleinkrieg zwischen dem Alten und seinem Thronfolger.

Chronik KS

Ich habe ihm [Kohl] dann gesagt, er soll seine Märchen jemand anders erzählen. Das sei nun ein Vertrauensbruch, der unerträglich sei.

Wolfgang Schäuble

Ich habe gespendet, damit die Demokratie auch funktioniert.

Karl Ehlerding

Der bizarrste, atemberaubendste Moment der Affäre, bislang? Das war dieser unglaubliche Fernsehauftritt Kohls Mitte Dezember. Da dachte ich wirklich, der wird morgen gelyncht. Von Schäuble, Merkel und Rühe persönlich. Weggemacht, verklappt, ratzfatz. Seit sechs Wochen kochte die Angelegenheit nun bereits, eine Vorstandssitzung jagte die andere, aber das, was er jetzt erzählte, überraschte nicht nur uns, sondern seine engsten Kameraden. Die ihn verzweifelt gedeckt hatten und die nun genauso alt aussahen wie Kohl! In Italien können Sie nach solch einem Vertrauensbruch in kein Auto mehr steigen, ohne vorher *sehr* gründlich Unterboden und Motorblock kontrolliert zu haben.

Interview der Verfasser mit dem Politologen Heinz H.

Ich habe Spenden entgegengenommen in einem Umfang zwischen 1993 und 1998, der zwischen anderthalb und zwei Millionen Mark liegt. Die Spender haben mir ausdrücklich erklärt, daß sie die Spende, die ich dringend brauchte angesichts der Finanzlage der CDU in den neuen Ländern, nur geben, wenn es nicht in die Spendenliste kommt. Ich habe mein Wort gegeben.

Helmut Kohl im ZDF, 16. Dezember 1999

In Bonn formulierte das Präsidium der CDU am Mittwoch die dringliche Erwartung, daß Kohl endlich die Spender offenbaren solle, von denen er nach eigenem Eingeständnis mindestens 1,5 bis 2 Millionen Mark zwischen 1993 und 1998 erhalten haben will [...].

Der Spiegel 52/1999

Was wollt ihr denn, ihr habt doch auch Geld bekommen!

Helmut Kohl auf der Weihnachtsfeier der CDU-Bundestagsfraktion

Er hat ein Netz von Abhängigkeiten aufgebaut wie ein Landsknechthauptmann, der König geworden ist.

Kurt Biedenkopf, Ministerpräsident und CDU-Vorsitzender in Sachsen

Leuna-Verkauf an Elf-Aquitaine: alle relevanten Akten der Jahre 1991 bis '94 aus dem Kanzleramt verschwunden. Ging ja bloß um knapp fünf Milliarden Mark. Muß man doch nicht ewig aufheben. 100 Millionen soll Elf an Provisionen verteilt haben, natürlich auch an die CDU. Aber beweisen wird da niemand was. Keine Chance.

Interview der Verfasser mit dem Politologen Heinz H.

Ich muß mich mit aller Entschiedenheit gegen den erzeugten Eindruck verwahren, als sei während meiner Amtszeit eine solche Aktenvernichtung auf meine Anweisung, durch mich selbst oder wie auch immer vorgenommen worden.

Friedrich Bohl, Kanzleramtsminister unter Kohl

Am 29. Dezember teilte Dieter Irsfeld, Oberstaatsanwalt in Bonn, dem Bundestagspräsidium mit, er beabsichtige, gegen den Abgeordneten Dr. Helmut Kohl ein Verfahren wegen des Verdachts einer Untreue zum Nachteil der CDU-Bundespartei einzuleiten.

Chronik KS

Januar 2000: Auf der Suche nach Dr. Q

Ich glaube, daß ich ein sehr guter Vorsitzender der CDU bin.

Wolfgang Schäuble

Für zusätzliche Aufregung [während einer Klausurtagung des CDU-Vorstands am 8. Januar] sorgten Gerüchte, der nordrhein-westfälische Landesvorsitzende Jürgen Rüttgers werde von alten Kohl-Getreuen gegen Schäuble in Stellung gebracht. Der Altkanzler befürworte [...] eine Kampfkandidatur von Rüttgers [...] im April: »Meine Truppen stehen«, soll der Altkanzler geunkt haben.

Der Spiegel 2/2000

Wenn unsere Verfassungsordnung auf der Voraussetzung gründen würde, daß die, die Verantwortung tragen, moralisch nicht fehlbar sind, wäre das der erste Schritt in eine Ordnung der Unfreiheit. Die Demokratie beruht auf dem Prinzip, daß wir allzumal Sünder sind. Der Druck der Medien verführt dazu, ständig Fragen zu beantworten, obwohl noch gar nicht alles geprüft ist. Deswegen werden wir uns nicht mehr äußern, bis der Bericht der Rechnungsprüfer vorliegt.

Wolfgang Schäuble

Was Sie hier da betreiben, das wissen Sie ja auch, ist nichts anderes als eine Hetzjagd rund um die Uhr. Es geht Ihnen weder um die Wahrheit noch um sonst was, es geht um Sensationen, die Sie erzeugen wollen. Und das machen Sie mit mir nicht. Die »Wahrheit« ist das, was ich in Ihrem Gesicht sehe.

Helmut Kohl zu ihm auflauernden Reportern

Ich glaube, der Schaden ist ein begrenzter.

Wolfgang Schäuble

Wie sich Schäuble dann in der ZDF-Sendung *Farbe bekennen* geoutet und zugegeben hat, Karlheinz Schreiber doch zu kennen und Geld von ihm erhalten zu haben – das war der zweitbizarrste oder, wenn Sie so wollen, vollends groteske, völlig wahnsinnige Moment der Angelegenheit. Saß da rum mit gefalteten Händen und »bekannte Farbe«, das heißt, er wurde rot, weil er gelogen hatte und, weiß der Kuckuck, vermutlich immer noch log. Und erzählte natürlich nur, was Schreiber schon aus Toronto in die Welt posaunt hatte; kein Wörtlein mehr.

Interview der Verfasser mit dem Politologen Heinz H.

Es stimmt einfach, daß ich ihm [Schäuble] das Geld gebracht habe. Und die Vorgänge, die mir bekannt sind, sind andere.

Karlheinz Schreiber

Ich habe den Herrn Schreiber kennengelernt. Der hat dann am Tag danach eine Spende in bar abgegeben. Ich habe ihn zwei Mal getroffen. Die Wirtschaftsprüfer prüfen's noch.

Wolfgang Schäuble

Die Ähnlichkeiten der CDU-Parteispendenaffäre mit dem Bundesligaskandal in den 70er Jahren werden immer frappierender. Zumal dieser Schreiber, ein rechter und wahrer Schmierlappen von dubioser Profession, alter Strauß-Mann überdies bzw. natürlich, der nun in Kanada hofhält wie das Licht der Welt und seinen alten Kumpanen von der Union Angst und Schrecken einjagt – fällt denn niemandem außer mir auf, wie sehr der hanebüchene Mann dem OFC-Funktionär Horst Gregorio Canellas nachgeboren ist? »Am Montag wird die Öffentlichkeit ungeheure Dinge erfahren!«, drohte damals Canellas am Sonntag und am Dienstag: »Am Mittwoch wird die Öffentlichkeit ungeheure Dinge erfahren!« Der Schieber lehrt die anderen Schieber Zähneklappern; ein so alter Hut, man müßte mit ihm herumgehen, für einen neuen zu sammeln.

Aus dem E-mail-Verkehr der Verfasser

Das ist für mich kein Rücktrittsgrund. Ich bin ganz ordnungsgemäß verfahren. Frau Baumeister hat offensichtlich einen Fehler gemacht. Nun muß ich den Kopf dafür hinhalten. Ich bedaure und entschuldige mich dafür.

Wolfgang Schäuble

[Am 14. Januar] erschienen [Hessens Ministerpräsident] Koch und der frühere CDU-Landeschef Manfred Kanther gesenkten Hauptes vor der Presse. Ja, man habe die Öffentlichkeit getäuscht […]. Das Geständnis der Hessen räumt den nach der Summe bisher größten Fall von schwarzen Konten ein – mindestens 30 Millionen Mark sollen es sein, davon wurden 13 als Vermächtnisse ausgegeben. […] Das Geld […] lagerte zunächst beim Schweizer Bankverein […]. [Casimir Prinz zu Sayn-Wittgenstein] war der Mann, der Anweisungen gab, Teile des gebunkerten Geldes aus der Schweiz zu holen. […] Die Abwicklung übernahm der Mann, der auch Kohls schwarze Kassen führte: der Frankfurter Wirtschaftsprüfer Horst Weyrauch.

Der Spiegel 3/2000

Ja, der Rechenschaftsbericht ist leider in der Vermögensspalte unrichtig, und ich bedaure dies zutiefst. Aber das ist meine Botschaft heute hier, und die weiteren Dinge müssen wir aufklären.

Manfred Kanther

Die Sprachlosigkeit verwandelt sich in Entsetzen.

Heiner Geißler

Schwer zu fassen – erst mal verarbeiten – keine Alternative zur Aufklärung –

Angela Merkel

Wir bemühen uns um brutalstmögliche Aufklärung.

Roland Koch

Am 20. Januar legen die »Kontrolleure« von Ernst & Young ihre Nachprüfung der CDU-Rechenschaftsberichte vor. Die Herkunft von gut zwölf Millionen Mark bleibt ungeklärt.

Chronik KS

Sie kennen das ja selbst: Ein sehr schwüler Spätsommertag, der Himmel dick zugezogen, und es müßte nun jeden Augenblick ein Riesenschauer runtergehen, man betet fast drum. Aber nichts passiert. Etwa so erging's mir in der dritten Januarwoche – ich hab gefleht um Blitz und Donner. Daß dieser schreckliche Karnickelzüchterverein mit seinen taschengeldgeilen Kassenwarten, Quatschlaberern und schwitzlippigen Häuptlingen in tausend Stücke gesprengt werde! Kann man natürlich lange drauf warten, ewiglich.

Interview der Verfasser mit dem Politologen Heinz H.

Manche konnten sich in vielen Jahren nicht in der Nähe genug aufhalten, und manche ... Ich halte es für ganz wichtig, daß man auf seine Ehre hält. Es gibt diese Spender. Das sind keine Erfindungen von mir. Ich habe ihnen mein Wort gegeben, daß ich aus Gründen, die ich akzeptiere, ihre Namen nicht nenne. Und ich halte dieses gegebene Wort. Das ist für mich sehr wichtig.

Helmut Kohl auf dem Neujahrsempfang der Bremer CDU am 21. Januar

Schäuble: Du hast gar keine Spender.
Kohl: Doch. Es gibt sie.
Schäuble: Wenn du sie nicht nennst, dann muß ich zurücktreten.
Kohl: Dann tritt halt zurück.

Gespräch vom 18. Januar, rekonstruiert in der TV-Dokumentation »Schäubles Fall«

Wenn das mein Beitrag zur Geschichte ist, dann können mir die Leute doch richtig dankbar sein.

Karlheinz Schreiber

Wolfgang Schäuble hat alle Solidarität verdient, deshalb unterstützen wir ihn von der CDU Nordrhein-Westfalen in vollem Umfang.

Jürgen Rüttgers

Ich habe immer wieder erlebt, daß bösartige Intrigen gespielt worden sind.

Wolfgang Schäuble

In Hessen gestand Ministerpräsident Roland Koch [am 27. Januar], seine Partei habe nicht 8, sondern 17,7 Millionen Mark in die Schweiz geschafft – davon seien mindestens 8,5 Millionen einfach spurlos verschwunden.

Der Spiegel 5/2000

Schlimmer als jetzt kann es nicht mehr werden. Es gibt nur noch eine Rettung: die Wahrheit.

Norbert Blüm am 31. Januar

Ist Kohl noch normal?

Titelzeile des stern 5/2000

Februar 2000: Keep Out

Wenn die Union gegen mich vorgeht, wird die Republik erschüttert.

Horst Weyrauch

Drohungen, Andeutungen, nebulöses Mafiosogefasel – wenn Sie sich mal genauer ansehen, anhören, was die Hauptbelastungszeugen in der Affäre so von sich geben, dann finden Sie dahinter gar nichts. Es verschafft ihnen, die jahrzehntelang der Partei zu schönen Immobilien und prächtigen Wahlkämpfen verholfen, ohne dafür öffentlich Ruhm und

Ehre geerntet zu haben –, es bereitet ihnen gewaltige Freude, derart und endlich im Zentrum der medialen Aufmerksamkeit zu stehen.

Interview der Verfasser mit dem Politologen Heinz H.

Montag, 2. Februar: Nach »Durchsicht seiner Terminkalender« räumt Schäuble ein drittes Treffen mit Karlheinz Schreiber ein.

Chronik KS

Vorstellung, daß mein Vorstellungsvermögen nicht erweiterbar – Verhalten von Frau Baumeister leider nicht verständlich –

Angela Merkel

Der Bundesvorsitzende sitzt fest im Sattel. Die Stimmung ist ordentlich: Wir kriegen das in den Griff, aber das dauert noch.

Roland Koch

Ich beantworte alle Fragen, sage, was Sie wollen. Aber ich nenne die Spender nicht. Ich habe zu keinem Zeitpunkt etwas von den Anderkonten der CDU gewußt.

Helmut Kohl

Degoutant? Ja, vielleicht ... nein, bestimmt! Aber vor allem: rasend dämlich. Sie alle, jeder und jede einzelne von diesen Top-Politikern, sie mauerten, unterschlugen, phraselten, als hätten sie noch immer nicht bemerkt, daß keine ihrer Lügen länger als vier Wochen standhielt. Insofern der Allerdümmste war zweifellos Roland Koch. Denn er mogelte, obwohl ihn die Wahrheit viel weniger gekostet hätte, viel weniger Nerven jedenfalls. Ansonsten ist dem Kerl, der auf dem Rassistenticket ins Amt reiste und mit Wahlkampfgeldern, die angeblich von toten Juden stammten, ausgerechnet!, natürlich bis heute nichts passiert.

Interview der Verfasser mit dem Politologen Heinz H.

Er [Koch] mußte gestern [am 8. Februar] zugeben, daß er bei einer Pressekonferenz am 10. Januar im Zusammenhang mit dem Darlehen des früheren Landesschatzmeisters Sayn-Wittgenstein an den Landesverband eine falsche Aussage gemacht habe.

taz, 9. Februar 2000

Juristisch war diese Darstellung möglicherweise korrekt, politisch aber war sie falsch und unkorrekt. Ich habe eine Dummheit begangen, für die ich mich entschuldige.

Roland Koch am 8. Februar

Hältst du's noch aus? Oder erträgst auch du diesen Nonsens nicht länger? Wie die lieben Kollegen Tag für Tag über Rücktritte, Verhaftungen, ruinöse Rückzahlungsforderungen an die CDU spekulieren? Und wieder kommt eine Gaunerei heraus und wieder unendliches Gerede, und wieder öden und ätzen diese Lemuren einen weiter an. Welch ein zäher und verklebter, weitgehend undramatischer, unter Phrasen und Wortmüll begrabener »Skandal«! Daraus ein lesbares Stück für unser Buch zu formen, wird schier unmöglich. Ich hab's so satt, ich habe die Nase dermaßen voll – ich könnte glatt aufs Fernsehen verzichten. (Auf *Die Simpsons* selbstredend nicht.)

Aus dem E-mail-Verkehr der Verfasser

Findet sich keiner der Berliner Aufklärer zu einem Solidaritätsauftritt mit dem selbsterklärten Verfechter einer »brutalstmöglichen Aufklärung« bereit? Kurz gesagt: Will niemand ihn retten? Offenbar nicht.

taz, 11. Februar 2000

Die FDP beschleunigt den politischen Umbruch gewaltig. Illusionslos ehrlich provozierten die machthungrigen Liberalen, mitten in einer Häutungsphase der deutschen Politik, aus schierem Eigennutz eine tektonische Verschiebung im politischen System Deutschlands.

Der Spiegel 7/2000

Wir verbitten uns jede Einmischung von der Bundesebene.

Ruth Wagner, Vorsitzende der FDP Hessen

Was ist das denn – ein Lügendetektor?

Besucherin einer Veranstaltung mit Angela Merkel angesichts eines Metallspürers am Eingang

Also, was haben wir jetzt, hier, in Hessen? Einen Miniprä, der sich bei einer reichlich überflüssigen Schummelei hat erwischen lassen. Eine Regierungspartei, deren widerlicher, ausländerfeindlicher Wahlkampf zu einem guten Teil durch Gelder finanziert wurde, die aus gehobener Steuerhinterziehung stammen. Und wir haben deren Koalitionskumpane, die keine Lust verspüren, gleich alle schönen neuen Posten hinzuschmeißen, nur weil der gemeinsame Premier ein bissel geschummelt hat. Ein echter Schade für die Bewohner Hessens oder gar der Bundesrepublik? Ist nicht entstanden, freilich ein moralisch dubioser Vorgang zu bemerken. Den die so called »politische Kultur« hierzulande allerdings viel besser wegsteckt als ein liberales Einbürgerungsrecht. Sind die Sachen, die da passierten, illegal gewesen? Vielleicht. Ein rechtskräftiges Urteil liegt allerdings nicht vor – und wird, wenn Sie mir Mal das Raten erlauben, noch viele Jahre auf sich warten lassen. Und was lernen wir aus der Affäre? Daß Macht tatsächlich korrumpiert, z. B. Doch das begreift man ja schon im Kinderhort. Nein, wir dürfen vor allem ein weiteres Mal wahrnehmen, wie ungemein schlicht und einfältig unsere Repräsentativintellektuellen sind. Nur Idioten fordern von einem taktischen Rassisten ernsthaft Integrität. Und ich rede nicht von Wolfgang Gerhardt oder Guido Westerwelle.

Interview der Verfasser mit dem Politologen Heinz H.

In einem »Wiesbadener Appell« sprechen sich zahlreiche Prominente für Neuwahlen in Hessen aus: Der Nobelpreisträger Günter Grass, der Philosoph Jürgen Habermas und der Schrifsteller Peter Rühmkorf fordern, die FDP solle die Koalition verlassen und so dazu beitragen, »unseren Rechtsstaat und die politische Kultur« zu bewahren.

taz, 14. Februar 2000

Schäuble, zweimal beim Heucheln ertappt, unfähig, Kohl sofort, als der anfing zu mauern, über die Klinge springen zu lassen, Schäuble, Sündenbock für die Partei, dem soeben eine Rückzahlungsforderung über 41 Millionen Mark vom Bundestagspräsidenten zugestellt wurde, gleichwie für den wüst via Rüttgers herumkonspirierenden Funktionsvorgänger – Schäuble tritt am 16. Februar, entnervt durch Koch und die ganze Frankfurter Prinz-Casimir-Weyrauch-von-Kanther-Blase, bedrängt vom CDU-Präsidium, welchem der Arsch natürlich näher ist als die Hose, ausgelutscht und wohl auch fürchtend, sich nur mehr lächerlich zu machen, zum nächsten Bundesparteitag der CDU im April vom Amt zurück. Die Union hat das repräsentative Opfer, nach dem die Republik lechzte, gebracht, und was immer jetzt folgt, kann nur ein Epilog sein, Diadochengemache. Denn das einzige, na ja, Drama, das aus diesem riesigen klebrigen Brei der letzten elf Wochen gelöffelt werden mag, wenn schon, ist das von Wolfgang Schäuble. Doch was für eine jämmerliche, ehrgeizzerfressene, leberwurstige und bestimmt nicht zu bemitleidende Hauptfigur!

Chronik KS

Nein, nein, da hat sich eine Entwicklung vollzogen, ein Zerstörungsprozeß, ein Prozeß der Selbstzerstörung, der tragische Ausmaße wirklich hat. – In der Politik oder wenn Sie öffentlich tätig sind, sagen Sie nie alles, wär ja ganz furchtbar, Sie können nie alles sagen.

Wolfgang Schäuble

Die Gespräche werden nicht aus Kanada [von Schreiber] geführt, sondern sie werden aus diesem Gebäude [Fraktionshaus der CDU in Berlin] heraus geführt. Und da muß ich sagen, das sind Dinge, die ich mir Anfang Januar so noch nicht hatte vorstellen können. Eine ziemlich ordentliche Intrige, ich sage, mit kriminellen Elementen; das Maß, das jetzt gelogen wird und mit Falschaussagen operiert wird, mit Unterstellungen, wie immer neue Fährten aus dem Handbuch der konspirativen Desinformation getrieben werden: Das war dann jedenfalls ein Kampf zur Vernichtung mindestens einer Person. – Ich hoffe, daß irgendwann die Wahrheit auf den Tisch kommt, irgendwann wird sie auf den Tisch kommen. [Eigentlich] ist das so verachtenswert, das Verhalten, daß man eigentlich nicht soviel darüber reden sollte.

Wolfgang Schäuble

Ich bedaure diese Entwicklung zutiefst.

Helmut Kohl über Schäubles Rücktritt

März April Mai 2000: Fortsetzung des Berichts

Der Wiedergänger. Mit seiner Sammelaktion versucht Helmut Kohl in seiner Partei ein Comeback.

Der Spiegel 11/2000

Leo Kirch, Medienunternehmer, 1 000 000 Mark / Prof. Ernst Cramer, Axel Springer Verlag, 100 000 Mark / Uschi Glas, Schauspielerin, 10 000 Mark / Dieter-Thomas Heck, Fernsehmoderator, 10 000 Mark / Heiner Lauterbach, Schauspieler, 10 000 Mark

Auszug aus Kohls nicht geheimer, neuer Spenderliste

Als CDU haben wir getan, was wir zur Aufklärung tun konnten. Außerdem hat die Öffentlichkeit das Interesse an der Geschichte offensichtlich verloren.

Wolfgang Schäuble

(k. s.)

Letzte Meldung: »Schwindler entlarvt«

»Schon Pinocchio hatte das Problem: Sobald er zu lügen begann, verriet ihn seine riesige Nase. Ebenso wie die hölzerne Puppe müssen sich künftig auch menschliche Schwindler vorsehen. Denn Patienten mit gestörtem Sprachverständnis können offenbar problemlos Lügner entlarven, wie US-Forscher herausfanden [...]. Patienten, deren linke Hirnhälfte geschädigt ist, verstehen zwar einzelne Wörter, jedoch keine Zusammenhänge. Doch gerade dieser Defekt sensibilisiert sie offenbar dafür zu bemerken, ob jemand aufrichtig ist oder nicht. Die Mediziner verglichen zehn Personen mit geschädigter rechter Hirnhälfte. Alle Teilnehmer sahen sich Videoaufnahmen an, auf denen eine Person einmal über ihre echten positiven Gefühle berichtete und einmal ihre heftigen negativen zu verbergen suchte. 73 Prozent der Kranken unterschieden mühelos zwischen Sein und Schein. Bei den Kontrollpersonen konnten dies nur 50 Prozent, was der statistischen Trefferquote entspricht. Entscheidend dafür, daß die Kranken die Schwindler ertappten, war vornehmlich der Gesichtsausdruck. Daß auch die Tonlage der Stimme sich änderte, war bedeutungslos.« (*Süddeutsche Zeitung*, 16. Mai 2000)

(j. r.)